中国人民大学刑事法律科学研究中心系列丛书

电子证据与网络犯罪治理20讲

刘品新 谢鹏程 主编

赵琦 副主编

U0274579

清华大学出版社

北京

图书在版编目（CIP）数据

电子证据与网络犯罪治理 20 讲 / 刘品新，谢鹏程主编 . -- 北京：清华大学出版社，2024.10. -- (中国人民大学刑事法律科学研究中心系列丛书). -- ISBN 978-7-302-67524-2

Ⅰ. D925.213.4；D924.364

中国国家版本馆 CIP 数据核字第 2024X0Y516 号

责任编辑：刘　晶
封面设计：徐　超
版式设计：方加青
责任校对：宋玉莲
责任印制：丛怀宇

出版发行：清华大学出版社
　　　　　网　　　址：https://www.tup.com.cn，https://www.wqxuetang.com
　　　　　地　　　址：北京清华大学学研大厦 A 座　　　　邮　　　编：100084
　　　　　社 总 机：010-83470000　　　　　　　　　　　邮　　　购：010-62786544
　　　　　投稿与读者服务：010-62776969，c-service@tup.tsinghua.edu.cn
　　　　　质 量 反 馈：010-62772015，zhiliang@tup.tsinghua.edu.cn
印 装 者：定州启航印刷有限公司
经　　销：全国新华书店
开　　本：185mm×260mm　　　　印　　张：20.25　　　字　　数：451 千字
版　　次：2024 年 11 月第 1 版　　印　　次：2024 年 11 月第 1 次印刷
定　　价：98.00 元

产品编号：100267-01

用电子证据解锁网络犯罪新难题

网络是人类当下的一种生活方式。无论是国家、社会还是个体，在享受互联网带来的空前利好的同时，均不得不面对由此产生的种种冲击和挑战。生产和存储海量数据的新一代互联网影响力度之烈、范围之广，人们感受日深。习近平总书记在多次重要讲话中反复强调："过不了网络关，就不过了时代关。"金句饱含智慧，对于全体法律人提出了闯关的时代要求。

在各种待闯的"网络关"中，网络犯罪的治理"通关"显要而关键。所谓治理（governance），原意为"控制、引导和操纵"，近代通常融入了"善治"的理念。在网络犯罪语境中，治理指的是对网络犯罪一手抓打击、一手抓防范，且力求改变被动应对、走向主动作为的范式。这是司法机关办理网络犯罪案件的理想状态，更是融入数字中国建设、促进中国式现代化的责任担当。然而，司法机关面对网络犯罪治理如何转换陈旧理念、确立新型机制、锻造新质技能、塑造屠龙之术以达至满意效果等，可谓充满艰难险阻。网络犯罪检察承担无上光荣的使命，也深受兼具刑事法、证据学和信息科学等学科知识的跨界人才缺乏之困。

基于此，2020 年由中国人民大学法学院主动提议，商请最高人民检察院网络犯罪研究中心，联手推出"电子证据与网络犯罪检察论坛"。第一场系当年 8 月 18 日线上举办的"电子证据如何讲故事——以网络犯罪案件为例"（即本书第一讲），一时声名鹊起。此后陆续以讲座式论坛、沙龙式论坛等系列线上、线下活动进行，取得了助推网络犯罪司法治理和法学教研的良好效果。迄今论坛已经举办 26 场，并更名为"电子证据与网络犯罪治理论坛"，由 10 多所高校、实务部门的志同道合之士提供学术支撑。"论坛"一直聚焦于电子证据与网络犯罪的前沿问题，于新近微调至新型电子证据与新型数据犯罪的研究领域。

办专业论坛是公益事，其间我们受益匪浅、感触良多。就如何"以电子证据为钥匙，解网络犯罪之难题"的初衷而言，我们获得了几点特别的感受。它们不仅仅内生于持续主办之晓悟，更是各位主讲者从不同知识背景给出的网络犯罪治理之智识。在此归纳为要点，供读者诸君品鉴。

一是"由实践而理论"。经过几十年的发展，国内外电子证据实践变迁日新月异，理论创新成为"在甲板上吧嗒吧嗒拼命喘气的鱼"。一方面，电子证据进入以代际转换为特征的新阶段，涌现出以海量数据为底色的大数据证据、区块链证据、物联网证据、云证据、人工智能证据、元宇宙证据、算法证据等新样态；另一方面，法律人仍然普遍以工业时代的证据法理论来嵌套电子证据实践，茫然不解电子证据真问题是什么、从何来、向何去。在法律人熟悉的比较法研究失灵后，中国搭建自主知识体系的目标容易迷失在大航行中。这需要人们锚定实践一线的演变并提炼内在的规律，进而抽象扎根于中国大地的实在理论。

"电子证据如何讲故事——以网络犯罪案件为例"作出了第一个示范，揭示了电子证据依靠内在属性、关联痕迹、证据组合、印证体系、"鉴—数—取"体系、两个空间对接等原理查明和证明案件事实的数字式事实重建原理；"漏洞思维下的移动终端取证——手机取证的前沿技术"从实际案例出发，阐释了漏洞思维下的移动终端取证理论，并运用于十大场景中；"区块链监测与溯源取证技术——网络行为分析"以各种区块链应用、区块链交易站点等的主动、被动网络测量为基础，构建了区块链网络行为分析原理；"暗网中的网络犯罪与取证调查"系统阐述了暗网中的犯罪类型和规模，论证了暗网取证溯源技术原理和执法管辖原理；"电子数据审查判断案例解析：一名检察技术人的实践思考"以"两高一部规定"为样本，重新诠释了电子证据审查判断一般原理；"破解电子证据时代的挑战：海量电子证据如何审"则通过梳理司法办案通用模型，设计了海量数据智能辅助审查模型及知识图谱原理。可见，真正有用的电子证据理论一定是源于并高于丰富司法实践的。本书编辑时将它们归拢于第 1 ~ 6 讲，汇成用于理论进阶的宝贵资源。

二是"由打击而治理"。网络犯罪具有严重后果，严防重于严打。实践证明，政法系统启动网络犯罪专项严打的边际效益不断递减，而社会各方力量协同治理的价值不断飙升。2022 年，我国率先推出的《反电信网络诈骗法》是一个良好的开端，推出了预防、遏制和惩治相关网络犯罪的新立法例。将电子证据作为应对网络犯罪的工具，在主阵地以聚焦治理为要，而非固守打击。

"从智能化证据审查到大数据法律监督：网络犯罪治理的检察履职"以"智能化证据审查""大数据法律监督""网络犯罪治理"三个关键词为主线，揭示了检察机关借鉴智能化证据审查思路、开发大数据法律监督模型、实现高质量治理网络犯罪的履职目标的学术方案；"知识产权刑事案件电子数据的收集与审查"强调全面收集海量数据并从中筛选出关键证据，通过客户端程序比对证明源代码的同一性等，实现知识产权刑事案件的有效治理目标；"网络犯罪国际治理态势与中国路径选择"系统展示了网络犯罪国际治理的前沿态势，全面分析了国际组织、世界主要国家关于防治网络犯罪国际合作的基本立场、核心价值诉求以及我国的路径选择；"新型网络犯罪防控辩新思路——从电磁波证据谈起"以电磁波证据为切入点，探讨新型网络犯罪的有效防控；"电信网络诈骗犯罪治理与新型证据运用"则以新型电子证据甄别未发生的电信网络诈骗犯罪案件，属于群策群力的治理路线图。它们构成本书的第 7 ~ 11 讲，属于承前启后之枢纽。

三是"由事实而法律"。网络犯罪究竟为何物？当下网络犯罪的演变已经不能靠望文生义的方式理解。其中有网络技术形态复杂化的因素，更有语词字汇有限性的因素。在对网络犯罪疑难问题进行论证时，一些人已经习惯于先由技术专家介绍犯罪手法、过程和后果等，再由法律专家进行刑事法规范意义上的解释。这一"技术＋法律"合成方式显得捉襟见肘。不过，它清晰地表明网络犯罪案件之"事实纠纷＋法律纠纷"的构成中，事实层面乃基础和切入点。

　　"网络犯罪的技术中立问题——从'网络爬虫第一案'谈起"解读了"网络爬虫第一案"——"魔蝎"案，让人们认识到网络爬虫非字面理解的一种坏"昆虫"，而是中立性质的信息内容复制技术，但若被滥用于对个人信息权益的严重侵犯则构成犯罪；"纯正计算机网络犯罪的几个实务问题"揭开了互联网空间中纯正计算机网络犯罪的神秘面纱，由"爬虫技术入刑第一案"公诉人通过客观数据解读核心罪名的适用难点、重点及法律依据、典型案例；"网络犯罪法律适用中的疑难问题探析"梳理了准确适用网络犯罪罪名的主要分歧，提出了"坚持对既有罪名体系进行系统考量，厘清个案的适用范围"，"尊重经济社会发展规律，合理解释和适用刑法"的解题思路；"'第四方支付'灰黑产业链的刑事风险分析与监督"透析了"第四方支付"的概况，整理了其关联行为的刑事认定方法；"网络帮助行为刑法规制的路径选择与制度适用"论证了网络帮助行为的实践特质、刑法规制争议，并阐述了网络帮助行为的片面共犯理论、量刑规则说以及国外相关判例做法；"网络洗钱犯罪的司法认定"从洗钱犯罪分子滥用互联网金融现象切入，剖析了洗钱犯罪中"上游犯罪"、洗钱方式、自洗钱、"明知"等问题；"网络犯罪可疑交易分析与打击洗钱犯罪"针对高发的电信网络诈骗犯罪案件，整理了可疑交易审查重点和分析要点，提出打击治理思路；"数字化版权的刑事司法保护实务"解读了数字化时代版权保护的实务难题，分析了数字化版权的保护路径；"App 侵犯知识产权案件疑难问题"阐释了办理侵犯手机游戏软件著作权犯罪案件、将手机游戏软件作为视听作品进行刑法保护及打击利用手机应用程序假冒服务商标犯罪的难点……这些讲座被纳入本书第 12～20 讲，个中讨论精彩纷呈。

　　除了主题讲座，本书还增设了"专家评议"和"观众互动"部分。

　　"专家评议"部分为该讲主题所在领域的权威学者、法律专家或技术专家与谈的内容记录，他们从不同角度和层面针对相关主题提供的专业解读，形成了多维度的讨论，使得本书内容更加全面和立体，并以学术交流的方式进一步推动电子证据与网络犯罪治理的发展与创新。

　　"观众互动"部分是观众与主讲专家、评议专家交流的平台，来自不同行业的观众对讲座内容的疑问和对具体问题的观点能够为本书增添个性化视角。观众在交流过程中提供的新的应用场景或解决方案，能够拓展本书内容的广度和深度，激发公众对电子证据与网络犯罪治理的关注和讨论。

　　归结起来，本书各讲的共性在于以电子证据切入，从多个维度聚焦网络犯罪治理，绘制法律人回应新型犯罪的现实图景。专家学者们协同努力的这一过程，值得整理成书，以兹纪念既往，并启迪未来。

　　我们期望，这一路走来的累积成果，可以助益一线司法实践，支撑学术理论；我们更期待，"电子证据与网络犯罪治理论坛"能够吸引更多志同者，携手向未来！

刘品新　谢鹏程

2024 年 8 月 4 日

目　录

第1讲
电子证据如何讲故事——以网络犯罪案件为例

主讲人介绍

刘品新，现任中国人民大学法学院教授、博士生导师，兼任中国人民大学刑事法律科学研究中心副主任、法学院证据学研究所副所长、智慧法律科技创新研究中心主任、网络犯罪与安全研究中心执行主任。研究领域为证据法学、电子证据法、网络法学、网络犯罪治理、智慧司法。长期致力于法学与信息科学的交叉研究，撰写了《电子证据法》《网络法：原理、案例与规则》等著作。

讲座主题

电子证据是网络犯罪司法的基石，其奥秘在于科学地还原案件事实。作为一种信息量极大的证据，电子证据可以依靠内在属性、关联痕迹、证据组合、印证体系、"鉴—数—取"体系、两个空间对接等原理查明和证明案件事实。面对变幻莫测的网络犯罪，法律工作者应当解剖案例细节，沟通刑法、证据法与信息技术知识，培养专业办理高科技犯罪案件技能。

讲座内容

一、引言

法学大师边沁说过，证据是正义的基石。现在，我想说，电子证据是网络犯罪司法的基石！如果法律工作者不能搞懂善用电子证据，那么形形色色的网络犯罪就难以得到有效治理。相关的理论创新、制度建设、服务工作、人才培养等也会受制于"网络空间究竟发生了什么"等现象不明的问题。我们形成这一认识，很大程度上受到了何家弘教授早年断言的启发。

"就司法证明方法的历史而言，人类曾经从神证时代走入人证时代，又从人证时代走入物证时代，也许，我们即将走入另一个司法证明时代，即电子证据时代。"这是何家弘老师在主编《电子证据法研究》时给我们讲的金句。现在看来，人类社会确实走向了"电子证据时代"。至少在网络犯罪司法领域中，"电子证据，为证据之王"是个现实。

我们通过调研发现，证据难题是网络犯罪司法的极大障碍。网络犯罪司法的证据难题主要包括：（1）如何指向和证明真正的作案人，即"工具人"问题；（2）如何证明情节严重，即"数数"问题；（3）如何有效审查指控证据，打造证据体系，即"证据审查虚化"问题；（4）如何实现罪刑均衡，精准地惩治和威慑网络犯罪，即"法定入罪门槛低、实际量刑缓刑多"问题。关于这些问题，我们也写了一些小文章发表、小报告提交。我们还发现，对于网络犯罪司法中的电子证据，公安司法人员、律师、鉴定人员等虽然遭遇了各种具体挑战，但总体来看"网络犯罪司法的电子证据问题趋于稳定"，归结为"如何取""如何审""如何用"三点。由此可见，要破解"网络犯罪证据难题"，就需要在"取""审""用"电子证据方面着力。

这三"点"归结起来就是一个中心任务，即如何有效使用电子证据进行网络犯罪案件事实的重建。为什么这么说呢？中国人民大学法学院教授李学军和朱梦妮同学的学术研究，给了我们这样的学术支撑。她们在《意见证据制度研究》一书中，归纳了培根和密尔的观点，揭示出"证据就是痕迹"的本质。大家知道，"痕迹"是一个很有意思的概念，它是"过去"留给"今天"的、是"今天"留给"将来"的，据此可以反推发生了什么"故事"。在侦查学领域，人们经常说侦查/办案就是"考古"，是通过查找各种"痕迹"进行"考古"，因此整个侦查/办案过程主要就是"案件事实重建"的过程。套用这些理论，电子证据就是"数字式痕迹"，网络犯罪司法中使用电子证据必须聚焦于"数字式案件事实重建"（Digital Event Reconstruction）。其实，"数字式案件事实重建"是西方法学领域中持续热络的一个研究主题。简单地说，它强调将电子证据看成一个信息"场"，由电子证据将案件事实的来龙去脉娓娓道来。这一"重建"也可以称为"电子证据重建"。它与人类社会出现的"人证重建""物证重建"是一脉相承的，展示的威力更巨大。

本次讲座的正标题为"电子证据如何讲故事"，就是阐述如何用电子证据重建案件事实；副标题确定为"以网络犯罪案件为例"，可以理解为本次讲座要顺便讲讲我们团队参与办理网络犯罪案件的点滴事迹和一些感悟。

二、原理

掌握依靠电子证据重建网络犯罪事实的技能，需要了解电子证据的一些基本原理，包括准确认识电子证据、有力揭示网络犯罪中电子证据的特色和求助于合格的指导性理论。

什么是电子证据？最高人民法院、最高人民检察院、公安部发布的《关于办理刑事案件收集提取和审查判断电子数据若干问题的规定》给出了如下定义。其第 1 条第 1 款规定："电子数据是案件发生过程中形成的，以数字化形式存储、处理、传输的，能够证明案件事实的数据。"第 1 条第 2 款规定："电子数据包括但不限于下列信息、电子文件：（一）网页、博客、微博客、朋友圈、贴吧、网盘等网络平台发布的信息；（二）手机短信、电子邮件、即时通信、通讯群组等网络应用服务的通信信息；（三）用户注册信息、身份认证信息、电子交易记录、通信记录、登录日志等信息；（四）文档、图片、音视频、数字证书、计算机程序等电子文件。"第 1 条第 3 款规定："以数字化形式记载的证人证言、被害人陈述以及犯罪嫌疑人、被告人供述和辩解等证据，不属于电子数据。确有必要的，对相关证据的收集、提取、移送、审查，可以参照适用本规定。"这是一个非常宽泛的定义，而且具有一定的开放性。可以说，一切"数字式信息"都有可能用作网络犯罪司法的证据。

那么，网络犯罪中电子证据的特色有哪些？这一问题主要是相对其他证据，相对其他案件而言的。吕宏庆同学曾经整理了国内外相关文献，概括出法律界不同人士提出的"技术依赖性"等五六十种说法，还被拿到人民大学的课堂上讨论。现在看来，这里概括的很多"特色"是似是而非的，至少是极富争议的（如"无痕性"）；很多"特色"是没有针对性的，不能将电子证据同传统证据区分开来（如"技术依赖性"）。在网络犯罪司法的语境中，我们强调的是电子证据具有"超容性"，也可以说是"巨量性"。下面我以这次讲座的海报发布过程中的"小插曲"为例进行说明。

这期讲座发送第一次海报时出了点小差错，主要是在微信公号发布的"推送摘要"一栏中，将举办日期写成了"1 月 18 日"（事实上的举办日期是 8 月 18 日）。假设我们要查清真相，那会是一个什么情形呢？我请郭树正同学做了一下简单检测，发现公号的第一次发送行为不仅产生了一个"公号消息"页面，同时也产生了很庞杂的信息，包括"本地留存信息"（如发布内容的数据、配图数据、关注者的数据、加密日志数据、加密数据库数据等），"网络数据"（如大量数据流、动态缓存、本机 IP、网卡地址、服务器 IP、网卡地址等），"网络服务提供商服务器"（如发布内容的数据、缓存数据、网络数据中包含的数据等）。这些"巨量"数据虽然不都是可以获得或者解读的，但至少部分数据可以获得并解读，也就构成了还原海报小差错事实的电子证据基础。

那么，如何处理网络犯罪中超容或巨量的电子证据呢？这显然离不开科学理论的指导。我们认为，可以选用原子主义与整体主义证明模式的理论。它们是不同认识理论在司法领域的呈现。

依照原子主义证明模式理论，办案人员应当对电子证据尽可能地进行拆解细分，将其分解至最小单元——"原子"的程度。当然，这里的"原子"是指"逻辑认识的原子"，不是"物理分析的原子"。英国哲学家伯特兰·罗素说过：世界是一个由许多孤立的逻辑原子或原子事实构成的逻辑结构。逻辑原子主义虽然最早由罗素提出，但他明确表示这个思想是对维特根斯坦思想的阐明。罗素明确承认："这些讲稿在很大程度上是关于我从我以前的学生、朋友——路德维希·维特根斯坦那里得到的某些观点的阐明。"在维特根斯坦的一生中，罗素是一个非常特殊的人物。他是维特根斯坦的老师，并且始终因结识维特根斯坦而庆幸。他在自己的著作中不止一次地向维特根斯坦致谢。他说，"结识维特根斯坦是我一生中最激动人心的思想遭遇之一"。有的学者认为他们之间的"情投意合"之处就在于信仰逻辑原子主义，并且都是它的创始人。逻辑原子主义是分析哲学的一个重要分支。分析哲学的基本思路是：希望分析出一个命题或事物的组成要素，再把各要素的组成要素进一步展开。也就是要追溯至最简单的组成要素。逻辑原子到底是什么？这很难讲清楚，维特根斯坦不会告诉你什么是逻辑原子，罗素是比维特根斯坦经验主义倾向更严重的一个人，所以他说逻辑原子，就是最基本的东西，就是我们观察世界最小的那个单位，比如最小的视觉单位（色块或色点）、感觉材料。这种论述方式其实是一种经验主义论述方式。维特根斯坦不主张告诉人们逻辑原子是什么，因为他认为最小的东西是什么这个问题是由科学家去研究的，哲学就告诉人们必须抓住最小的那个东西，并从那个东西出发展开知识体系。于电子证据定案而言，当下通常可以将电子证据的内在属性、关联痕迹、复合内容析解出来，以查明、证明网络犯罪案件事实。

依照整体主义证明模式理论，办案人员应当尽可能地将不同的电子证据、电子证据与其他证据结合起来，构成一个整体，用以查明、证明网络犯罪案件事实。维特根斯坦指出：世界是由许多"状态"构成的总体，每一个"状态"都是一条众多事物组成的锁链，它们处于确定的关系之中，这种关系就是这个"状态"的结构，也就是我们的研究对象。于电子证据定案而言，当下通常可以将电子证据的组合、印证体系、鉴—数—取体系、两个空间对接拼接起来，以查明、证明网络犯罪案件事实。从理论上讲，电子证据的组合、印证体系、鉴—数—取体系、两个空间对接这几个概念可能有重叠，但在实务中已经区分开来。

假如法律工作者能够在办案中适用先进的理论指导电子证据"讲故事"，并坚持和提升形成一种行动自觉，那就会掌握很多的实务技巧。

三、技巧

电子证据的原子主义与整体主义证明模式如何落地？这里不仅要考虑证据法知识、侦查学知识与信息科学知识的有效融合，也需要同刑法学知识相结合并产生火花。

（一）原子主义证明模式的技巧

原子主义是一种暗喻的说法。在大千世界，从物质到分子再到原子，颗粒越来越细。这反映了一种解构对象以加深对客体认识的思路。电子证据最细的颗粒是 0、1 的信号，但目前尚无用于司法实践的价值。我们认为，用作电子证据证明的逻辑原子现阶段可以界定为如下三个方面。

1. "内在属性"讲故事

电子证据的内在属性是数据生成、存储、传递、修改、增删而形成的时间、制作者、格式、修订次数、版本等信息。其作用在于证明数据的来源和形成过程，即讲述关于数据如何得来的"故事"，如电子邮件的制作人、发件人、收件人、传递路径、日志记录、文档本身的属性等，数码照片的拍摄机器、拍摄时间、拍摄地点、光圈快门等属性。简单地说，内在属性主要就是由鼠标点击某电子文件看到的信息。比如，在一张图片中，图片展示的是电子邮件的邮件头文件，其中就有很多属性信息，最重要的是发送邮件的 IP 地址信息等，这也能揭示出邮件发送、收到的情况和时间差等。

我们以快播公司传播淫秽物品牟利罪一案为例进行详细解读。在该案中，行政执法人员于 2013 年 11 月 18 日查获了快播公司托管的四台服务器，后公安机关从中提取到 21 251 个淫秽视频文件（qdata 格式文件）。这些服务器和淫秽视频文件是重要的证据，案件中产生了关于视频文件真实性的争议。核心争议是这些淫秽视频文件是否是被人"移植"进服务器的，即服务器是否被污染。最后，法院委托鉴定机构进行了重新鉴定。鉴定人员得出的鉴定意见是："经对四台服务器内现存快播独有视频格式文件 qdata 文件属性等各类信息的检验分析，没有发现 2013 年 11 月 18 日后从外部拷入或修改 qdata 文件的痕迹。"这一意见中的关键词是"qdata 文件属性"，也就是淫秽视频文件的"atime""mtime""ctime"等时间属性信息未发现异常。本次讲座先不讨论这一鉴定意见是否可靠，仅就其得出意见的根据来看，就是基于淫秽视频文件的"内在属性"重建其形成过程。

再看一起注入漏洞破坏计算机信息系统罪的案件。在该案中，警方通过远程勘验进入了被入侵的服务器，下载获得了该服务器记载入侵行为的日志文件等数据。这一过程是远程勘验笔录记录的，其顺序也符合一般规律，即"先登录服务器，再从该服务器中提取数据"。该次远程勘验获取的"日志文件等数据"是案件中一份重要的证据。那么，这一证据获取过程是否属实呢？有关电子证据的内在属性信息可以揭示真相。一般验证方法是，审查远程勘验笔录所附光盘记录的电子证据——远勘笔录附件，即一步一步截图形成的截屏文件（照片文件），看其属性能否反映截屏的时间及先后顺序。例如，远程勘验第七步的行为截图"图七，登录 107.jpg"的时钟为 18:31，其截图保存时间为 18:32:06；远程勘验第八步的行为截图"图八，107D 盘 .jpg"显示的时钟却为 18:30，其截图保存时间为 18:31:28。两相比较，显然"图八，107D 盘 .jpg"早于"图七，登录 107.jpg"形成。这是异常的，反映远程勘验笔录所反映的顺序不属实。这个远程勘验是否有效也会产生疑问了。这个例子给了法律工作者一个很好的启发，就是大家可以通过注意审查勘验、远勘、检查、侦查实验、鉴定所附的工作截图文件，来重建各种取证工作的全过程，审查控方取证的真实性。诚若如此，这将是倒逼警察取证规范化的一个重要举措。

在这起注入漏洞破坏计算机信息系统罪的案件中，警方还对被告人用于获利的记账数据——×××的淘宝账户的"订单报表"数据进行了提取，使用的也是远程勘验方式。远程勘验笔录表明，警方于 2015 年 6 月 9 日远程勘验 ××× 的淘宝账户得到了"ExportOrderList 201506091451- 订单报表 .xls"。那么，事实上是不是这样呢？我们可以对所附光盘中淘宝账户"订单报表"数据——"ExportOrderList 201506091451- 订单报表 .xls"的内在属性进行核验。该"ExportOrderList 201506091451- 订单报表 .xls"的"最后一次保存时间"是 2015/6/11 15:05，尽管其"创建内容的时间"显示为"2015/6/9 14:56"。这就意味着，警方在远程勘验完成之后对该文件于 2015/6/11 15:05 实施了操作行为。一个合理的猜想是，警方或其他人很有可能进行了增、删、改。在该案中，我们要求法庭进行了当庭验证，即当庭登录 ××× 的淘宝账户重新进行远程勘验——也就是远程下载，进一步发现"利用淘宝账户的批量导出功能，仅能生成属性为 .csv 格式的数据文件"，根本不产生 .xls 格式的文件。这佐证了我们的前述猜想。

　　在这起案件中，由于有较多电子文件在内在属性方面出现了异常，我们后来对疑点较大的电子文件进行了"内在属性"全梳理，特别是对前后一对电子文件（指先后取证多次形成的对应电子文件）进行重点梳理。主要技巧是用专门的取证工具（Winhex）查看 Word 文档的创建时间、修改时间、访问时间信息，查到之后可以精确到"百纳秒"级别，再行匹配找疑点。如果前后一对电子文件的创建时间、修改时间、访问时间信息在同一"百纳秒"级别是一致的，那就表明它们是同源文件，即后一 Word 文档是利用前一 Word 文档修改而来，而不是另行取证得来。在文档的内在（时间）属性特点上，胡忞同学研究较早，很早就写了一篇关于电子证据时间属性的论文，得出了许多重要的学术结论。

　　依靠电子证据的"内在属性"重建案件事实，几乎是每位法律工作者都能完成的任务，关键是具体工作人员是否有这一方面的意识。

2. "关联痕迹"讲故事

　　关联痕迹是在电子证据形成之际同时产生的一些独立"痕迹"。电子证据本身是"痕迹"，"关联痕迹"可以说是电子证据之"痕迹"边上的"专门痕迹"。通常来说，计算机等设备在生成、存储、传递、修改、增删数据时会引发信息系统环境产生新的相关的痕迹。它们包括后缀为 *.lnk、*.dat、*.identifier、*.sys、*.tmp 的各种痕迹文件，这是信息科学领域的痕迹文件；它们也包括该数据在数据磁盘层的存储规律，这是物证技术学领域的"痕迹"。后一痕迹在理解上有些困难，我可以举个简单例子进行说明。我们在电脑中编辑 Word 文档时，通常会产生快捷方式文件、临时文件、office 日志文件、软件杀毒记录文件等，但假设彻底检查一台电脑时没有发现与所编辑 Word 文档相关的任何快捷方式文件、临时文件、office 日志文件、软件杀毒记录文件等。这一"发现"就是物证技术学领域的"痕迹"，一如杀人现场的"擦拭血迹"。孙玉龙同学撰写过《基于电子痕迹的人身同一认定》一文，该文对各种电子痕迹进行了界定、归类及规律提炼，并提出可以用于对犯罪嫌疑人等进行人身同一认定。大家可以用作参考。

　　在我们团队中，郭树正同学对电子痕迹的研究最为专业。他曾经对各种常见电子文件的"关联痕迹"反复做过实验，如绘制电子文档的痕迹图谱，按照实体性痕迹、工具性痕迹两大类，分为网络层、应用层、操作系统层、文件系统层等层面进行过列举。如果大家感兴趣，可以仔细研读"电子痕迹图"；如果大家对此尚不熟悉，可以看看 lnk 痕迹、tmp 痕迹、office 最近访问记录。对于网络犯罪司法而言，"数据交互痕迹""网络缓存痕迹""网盘痕迹""软件使用痕迹""邮件痕迹"等值得特别关注，其中有些可能属于动态痕迹。

　　再来看一下 DDoS（分布式拒绝服务攻击）攻击一案。其基本案情是，嫌疑人对某网站进行 DDoS 攻击导致网站崩溃，公司因赔付数千万元而倒闭。主要证据是嫌疑人所使用的电脑硬盘；特别情节是嫌疑人使用虚拟机技术。在这起案件的办理中，为了查清犯罪嫌疑人是如何攻击、敲诈的，办案机关曾经聘请一家社会鉴定机构的鉴定专家检验，但没有发现相关痕迹。后来，办案机关委托到中国人民大学物证技术鉴定中心——我们团队的一个平台，由谢君泽同学组织开展鉴定并取得突破。他们通过取证工具分析虚拟磁盘，发现其中存在大量的数据交互记录，证明嫌疑人向被害单位所使用的 IP 地址发动 DDoS 攻击；他们在电脑空余空间中发现嫌疑人敲诈勒索的聊天记录碎片文件，证明嫌疑人曾于发动网络攻击后向被害单位实施敲诈勒索行为；他们在电脑空余空间中发现嫌疑人所使用的 VPS（即搭建 VPN 的服务器）服务器碎片文件，证明嫌疑人发动网络攻击所使用的中转服务器……最终，我们团队基于这些痕迹制作了 DDoS 攻击与敲诈勒索案大事表，包括嫌疑人开始学习黑客攻击技术、嫌疑人锁定受害公司、嫌疑人对受害公司实施 DDoS 攻击行为、嫌疑人对受害公司实施敲诈勒索行为、嫌疑人被逮捕等环节。这个大事表就是很直接的案件事实重建了。

再举一起破坏计算机信息系统的案件。这次我们要讨论的主要证据是一张光盘，即警方对嫌疑人账号文件远程下载而制作的光盘。一般来说，办案实践中很多人不看数据光盘。但是，假如我们查看光盘，会发现什么痕迹呢？我想至少可以看到刻盘痕迹、刻盘记录。我们通过侦查实验发现，刻录光盘的文件系统多为 UDF 文件系统。在这个案件中，警方也是使用 UDF 文件系统刻制光盘。该文件系统存在如下特征：在十六进制下进行分析，发现"根目录"的"修改时间"信息即光盘刻录的时间，光盘内存在的文件其"修改时间"信息即该文件被修改时的时间信息，该信息并未因光盘刻录而变化，且该文件原来的修改时间会将其他时间信息覆盖。请大家注意两个时间信息，其中"根目录"的"修改时间"为 2014/11/20 09:12:33，表明该光盘刻制于 2014/11/20；（网监）勘［2014］006 号"附件光盘"文件的"修改时间"为 2014/10/28 14:52:00，表明该笔录成稿于 2014/10/28。经核对该案中远程勘验笔录后发现，警方进行远程勘验的文字记录时间为 2014/10/23 21:30。这些"关联痕迹"解释出了一个十分不正常的过程：警方于 10 月 23 日进行远程勘验，之后 5 天内（到 10 月 28 日）还对提取的电子证据进行过修改操作，之后又过了近一个月才刻制光盘。这是严重违反取证规则的，严重影响了电子证据的真实性。

我们再看一起提供侵入、非法控制计算机信息系统程序、工具罪的案件。这个案件是我和徐菲同学合作的成果。这个案子中的主要证据也是一张光盘，是关于警方在线提取电子证据的光盘。笔录表明，在线提取证据工作的完成时间是 2018-5-17 9:10；"在线提取数据"光盘显示"××数据库远程勘验 .zip"文件的"修改时间"为"2018-05-23 10:05:11"，远远晚于在线提取时间。那么，这张光盘中的电子证据还有法律效力吗？

还有一起侵犯公民个人信息罪的案件。现场勘验记录的勘验时间是 2018 年 1 月 10 日 16:53，而勘验光盘制作的时间是 2018 年 2 月 1 日 16:50:34。这一反常也是令人生疑的！检察官因为注意到勘验光盘文件中的修改时间反常，决定自行对警方提取的数据库文件进行审查。幸亏警方在进行远程勘验时提取了涉案服务器的镜像文件，这给检察官事后补证提供了基础。

依靠警方光盘留下的"关联痕迹"重建取证过程，虽然一个很简单的技巧，但足以揭示一种常见的违法现象。我们在一些地区调研时发现，实务中警方几乎都是在事后刻制取证光盘，甚至是到了必须将案件移交检察院的时候才刻制，这与法律要求的同步刻制是背离的。我提醒听课的警察群体纠正这个"潜规则"，提醒听课的检察官、法官、律师注意识别这个"潜规则"。总之，网络犯罪司法中，"光盘"容易"惹祸"，不可不察！

3. "复合内容"讲故事

"复合内容"是受"复合文档"的启发而形成的一个概念。复合文档不仅包含文本，还包括图形、电子表格数据、声音、视频图像以及其他信息。这是当前电子证据内容的普遍承载方式。例如，大家审视一封电子邮件，看到的只是类似传统信件内容的"书信"吗？当然不是！电子邮件证据，除了邮件正文，还有封装的内容。

我们来看一起破坏计算机信息系统罪的案件。这起案件中最重要的电子证据是警方在抓获嫌疑人之后，使用嫌疑人账号、密码登录其邮箱获得的几百封电子邮件。它们能够证明嫌疑人推广流氓软件及获利的情况。对于这样一份电子邮件证据，我们要注意其内容不仅包括每封邮件的正文，也包括邮箱收件夹、发送夹等文件夹中有多少邮件（即邮件列表），还包括该邮箱反映的"最近登录"（也称为"上次登录"）形成的时间、地点信息。本案中邮箱显示"上次登录"时间为"11/03 17:20:18"，显示"上次登录"地点为"湖北省"（这里是纸质版，如果有电子版还能够进一步查清楚上次登录的 IP 地址等）。这些附带的"复合内容"就揭示了警方违规取证的过程。为什么呢？经过核对笔录，发现警方远程勘验结束的时间早于这里显示的"上次登录"时间"11/03 17:20:18"。这说明，警方远程勘验笔录记录不实，或者警方反复多次进入该邮箱而没有如实记录，也没有如实保全证据。这个案子在开庭时，我向法庭说明了这封邮件的"复合内容"——"上次登录"时间信息异常。公诉人回应说，可能远程勘验笔录写错了"远程勘验结束的时间"。我作为辩护律师回击说：不可能是这样的，因为这张图还显示了"上次登录"地点为"湖北省"，而被告人是外地人，被抓之前没有到过湖北。法官当时问被告人：那一天你在哪里？是否到过湖北上网？被告人回答：那时我已经被关在湖北的看守所了。可见，电子文件的内容不像我们看到的一张纸那么简单。对其内容挖掘越多、越深，我们的收获就越大。

我再补充一起关于电子邮件转发的案件。邮件转发是司空见惯的事情，一封邮件被转发后，就会一环套一环，形成多封邮件合一的效果。对于这样的邮件，大家要挖掘其中所附的原发邮件、回复邮件、转发邮件等，包括内容正文、发件人、收件人、回复人、转发人、抄送人等内容。在这里，我会特别提醒大家可以从中挖掘出所附的"广告信息"。该案件的转发邮件中有个完全一样的"广告信息"，这是不正常的。我们在法庭上要求当庭登录有关邮箱账号进行查看，结果发现涉案邮件对不上，邮件证据涉嫌重大造假。法庭最终排除了相关电子邮件。

回到前述提供侵入、非法控制计算机信息系统程序、工具罪一案。其中有一份电子证据是远程勘验笔录及数据。我们发现笔录的复合内容不仅写明了何人、何时、何地进行了勘验，而且注明了是使用密码"××××wangan2018"进行在线提取。这一密码显然指代网安警察，说明警方改了嫌疑人的密码，这就可能产生警方先进入嫌疑人服务器账号，后提取证据的怀疑。这一做法违反了公安部《公安机关办理刑事案件电子数据取证规则》第33条的规定："网络在线提取或者网络远程勘验时，应当使用电子数据持有人、网络服务提供者提供的用户名、密码等远程计算机信息系统访问权限。"我们挖掘出来的这一点内容，使得有关电子证据的真实性、合法性受到质疑。

以上就是原子主义证明模式的办案技巧。也就是说，我们要尽量"细化""揉碎"电子证据，"挖掘"不为人知的微观信息用于还原案件事实。那么，具体能够将电子证据"细化""揉碎"到什么程度？我的理解是进行二进制数据查看：对每一个电子文件都要分析文件头、文件中间、文件尾；对每一存储介质都要分析各个分区，特别是未分配空间。这是一种理想状态，实现这一点还有很长的路要走。但是，当下司法实践中法律工作者漠视电子文档、光盘、硬盘等介质的属性（往往只看笔录或打印出来的纸面材料），是极不合理的。

（二）整体主义证明模式的技巧

整体主义证明模式的逻辑要求：一个特定证据作为分析对象的证明价值，从根本上取决于其他所有证据。这一理论很容易同我国的证据组合、体系、锁链和印证等说法勾连起来。这一联想是有道理的。但是，电子证据遵循整体主义证明模式的改造，也会产生独特的火花。

1."证据组合"讲故事

"证据组合"是将能够支撑或反驳某一个案件事实的不同来源的证据结合在一起的思路。例如，为了证明犯罪目的，可以将相关口供、证人证言、书证同有关电子证据（主要是聊天类电子证据）汇总起来。这是不同形式证据的组合。对于电子证据而言，构成证据组合还有新的优势和切入点。这是因为同一份电子证据往往在不同层面呈现，人们可以打造不同层面证据的组合。

我们团队技术导师戴士剑是我国数据恢复学科的奠基人。他在早年帮助我办理的一起案件中展示了这种新方法。那是一起通过电子邮件获取商业秘密的案件，主要证据是一些带有扫描合同的电子邮件。为了还原通过电子邮件获取商业秘密的案件事实，戴老师绘制了网络行为图，表明一个完整的电子邮件行为会在网络层、应用层、操作系统层、文件系统层、物理层等留下证据，分别是电子邮件、PDF 合同文件、操作系统日志、文件操作日志、纸面合同证据或履约证据，从各层进行遴选组合就能完成任务。现在看来，虽然这种"网络行为图"的细节还有需要完善的地方，但是这一思路本身的确具有宝贵的价值。当时，我们顺着这个新思路扩大寻找证据的空间，确实收集到了足以构成"组合"的、丰富的电子证据。

试举一起破坏公用电信设施罪的案件。案情是，犯罪嫌疑人于 12 月 8 日至 10 日，在公众场所使用短信群发设备进行短信群发，向周围手机用户强行推送短信。嫌疑人于 12 月 10 日下午 2 点被刑事拘留。证明这样一种伪基站犯罪行为主要依靠电子证据。警方将其微基站设备（电脑）送检后，发现其系统时间归零了，无法确定哪些或哪一推送短信记录是嫌疑人在案发过程中留下的。通常，微基站设备中推送短信记录有很多条，要排查哪些是嫌疑人的行为产生的，哪些是其他人如电脑上家的行为产生的。对于这样重要的案件事实，无法依靠电子证据（日志文件）及相关鉴定意见证实，那怎么办？承办人员一方面对嫌疑人进行补充讯问，问清楚嫌疑人推送短信的精确内容是什么；另一方面调整鉴定请求，改为鉴定微基站设备中推送上述内容短信的日志记录"造成多少部手机通信中断"。

这样一来，电子证据、鉴定意见与讯问笔录（口供）就构成了一个有效的证据组合。

2. "印证体系"讲故事

"印证体系"指的是同一网络行为产生了若干份电子证据，特别是不同网络节点的多份电子证据，它们相互印证构成虚拟空间中的一种独特证据锁链。这些电子证据往往是同一行为或关联行为产生的。我们常说，发送电子邮件会在发件人电脑、发件人邮件商的服务器、收件人电脑、收件人邮件商的服务器等多点留下电子邮件；同理，发送短信、微信等都会产生可以相互印证的网络证据。将这些网络证据匹配起来，审查其内容是否一致，特别是审查相关时间信息、地址信息等是否正常，就可以还原整个网络行为事实。

试举一起网络诈骗罪的案件。该案是熟人之间的微信诈骗案件，在这一案件中，究竟该如何判断发生了什么？最有效、最简单的方法就是将不同手机中的微信聊天记录进行对照，按照逐条微信的发送时间、收到时间编排大事表，必要时还要查看微信登录日志（"登录设备管理"信息等）。我们查看这起案件的微信记录后，很快判断出嫌疑人通过编造"算命先生"等虚假身份进行诈骗，诀窍就在于制作了"基于微信印证体系构建大事表"。我们团队还在其他案件中制作过基于系列照片印证体系的大事表、基于电子邮件印证体系的大事表等。这些工作很多是毛自荐老师协助的。她的感受是，难倒不难，但很有意义。

再举一起通过网络泄露国家秘密罪的案件。案情是，嫌疑人通过互联网将一份重要的"国家秘密"文件传送到境外。侦查开始前嫌疑人对电脑进行了擦写。最后，专案组除了获取了泄密文档，还在电脑中获取了嫌疑人将泄密文档敲打成电子版本留下的输入法碎片文件、发送短信留下的碎片、跟同事进行QQ聊天留下的碎片，后来还顺藤摸瓜向邮件服务商调取了涉案期间的电子邮件。它们构成一个良好的印证体系，特别是系列QQ聊天记录（碎片）证明了嫌疑人的犯罪主观方面。

3. "鉴—数—取体系"讲故事

司法实践中，从来没有一起案件中只有孤立的电子证据的情况。我们观察，网络犯罪司法的主打证据体系往往表现为一种独特的电子证据结构，即由电子证据、"来源笔录"与鉴定意见组成的三位一体构造。在这里，"数"指的是电子证据，通常不是孤立地发挥证明作用；"取"指的是各种"来源笔录"；"鉴"指的是电子数据司法鉴定意见等，用于证实案件争议事实。三者结合形成一个稳定的架构，用于证明网络犯罪的主要案件事实。其中，直接证明案件事实的往往是"鉴"，而"鉴"是否可靠有效取决于"取"的支撑和"数"的验证。

回到前述提供侵入、非法控制计算机信息系统程序、工具罪一案。该案需要证明的基本事实是，被告人提供的软件是否属于侵入、非法控制计算机信息系统的程序、工具。案件中控方委托鉴定机构出具的一份鉴定意见书表明，该"××软件利用××服务器实现××登录，具有获取××相关信息、上传设备信息和用户账号密码的功能，这个功能突破了计算机信息系统的安全保护措施，未经授权获取了计算机信息系统的相关信息，属于侵入××系统的程序"。这些鉴定意见言之凿凿，是否就足以证明案件事实呢？

本案必须审查对应的"数"证据，即鉴定意见所使用的检材。经核查发现，上述鉴定意见书使用了 9 份检材，可以分为四大类，包括压缩文件"××V8085.rar"、证人手机中的文件"××1.rar"、侦查实验文件及被害人提供的"480800××apk.rar"文件。其中，最重要的指控证据是压缩文件"××V8085.rar"，它被认为是被告单位对外提供的。从表面来看，这些检材不是一个"软件"，那就要判断它们与被告单位的关系以及来源等真实性问题。

这就提示本案要配合审查对应的"取"证据。经核查发现，虽然鉴定意见书表明最重要的证据"××V8085.rar"源自被告单位的一位技术员工的个人电脑，但勘验笔录反映不出来这一事实（只反映出有另一个名为"××_kks.rar"的文件，而经过解压缩没有发现前述文件）；同时，虽然鉴定意见书表明"480800××apk.rar"文件是被害人提供的，但案卷中无任何笔录证明这是被告单位的软件。

在本案中，将这三者——"鉴""数""取"结合起来，就发现它们根本构不成证据体系。换个角度来说，它们至多构成一个千疮百孔的证据体系。我们在开庭过程中，询问鉴定人"送检程序"跟被告单位的关系，鉴定人说"我不清楚，也不管"；我们问出庭的警察，"送检程序"是哪里来的？警察回答，不是从被告单位扣押的完整软件，也不是来自第三方从被告单位接收的完整软件，主要是源自被告单位的一位技术员工的个人电脑。对于勘验笔录中没有记载这一程序，警方表示是疏忽，但确实是有这样一份文件。后来，控方竟然补充提交了一份新的勘验笔录，表明重新勘验到了这样一份文件。这次重新勘验合法有效吗？我们仍然从"鉴""数""取"进行体系性审查，结果发现并没有重新勘验，更发现这个硬盘自第一次勘验后没有封存，存在数据植入的可能。这个案子的庭审质证很精彩，大家可以看看庭审录像，领略我和徐菲同学的交叉询问艺术（http://tingshen.court.gov.cn/live/9719853）。最后，一审法院作出认定："本案中司法鉴定意见书不应作为定案的根据。"

4. "两个空间对接"讲故事

一般来说，电子证据对应信息空间，传统证据对应物理空间。如果我们能够基于电子证据还原虚拟空间的轨迹，基于传统证据还原物理空间的轨迹，将两个空间的人员轨迹对接起来，就能神奇地还原案件事实。这就是"两个空间对接"的技巧。我们团队中张杨杨同学一直钻研各种数据库记录定位的方法，他很早就发现淘宝等各种购物 App 获取用户轨迹的数据。当然，这些数据均可以用于查明和证明网络犯罪，解决证明网络犯罪行为究竟是谁实施的难题。

回到前述破坏计算机信息系统罪一案。该案的重要指控证据是一份鉴定意见，能够用于证明被告人获利达到 70 多万元。这份证据证明的事实准确吗？当时，我们进行了简单的"两个空间对接"：一是查到案件中有一份"情况说明"，表明被告人使用 ADSL 连接互联网犯罪共使用了 100 多个"××市"的相关网络 IP，比对鉴定意见书记载的检材发现"使用 SQL 语句注入漏洞的行为共涉及 3 440 个 IP 地址，其中被告人住所地 IP 地址 1 805 个，外地 IP 地址 1 603 个"。这就说明，虚拟空间的位置信息证据表明有其他人作案的可能性。二是核查言词证据等，确定被告人在案发期间没有离开当地。这样一来，电子证据反映的作案人轨迹同传统证据反映的被告人轨迹不一致，一大一小，就说明存在其他人犯罪的极大可能。相应地，鉴定意见书将获利 70 多万元全部归到被告人头上，也是错误的。

我在许多场合称赞过最高人民检察院发布的第 39 号指导性案例——朱炜明操纵证券市场一案。这是一个非常有价值的"两个空间对接"案例。2013 年 2 月 1 日至 2014 年 8 月 26 日，被告人朱炜明在任国开证券营业部证券经纪人期间，先后多次在其担任特邀嘉宾的《谈股论金》电视节目播出前，使用其实际控制的三个证券账户买入多只股票。于当日或次日在《谈股论金》节目播出时，以特邀嘉宾身份对其先期买入的股票进行公开评价、预测及推介，并于节目首播后一个至两个交易日内抛售相关股票，人为地影响前述股票的交易量和交易价格，获取利益。经查，其买入股票交易金额共计人民币 2 094.22 万余元，卖出股票交易金额共计人民币 2 169.70 万余元，非法获利 75.48 万余元。审查起诉阶段，朱炜明辩称：（1）涉案账户系其父亲朱某实际控制，其本人并未建议和参与相关涉案股票的买卖……检察机关审查认为，犯罪嫌疑人与涉案账户的实际控制关系，公开推介是否构成"抢帽子"交易操纵中的"公开荐股"以及行为能否认定为"操纵证券市场"等问题，有待进一步查证。针对需要进一步查证的问题，上海市人民检察院第一分院分别于 2017 年 1 月 13 日、24 日两次将案件退回上海市公安局补充侦查，要求公安机关补充查证犯罪嫌疑人的淘宝、网银等 IP 地址、MAC 地址（硬件设备地址，用来定义网络设备的位置），并与涉案账户证券交易 IP 地址做筛选比对；将涉案账户资金出入与犯罪嫌疑人个人账户资金往来做关联比对；进一步对其父朱某在关键细节上做针对性询问，以核实朱炜明的辩解。

简单地说，两种证据表明，在朱炜明出差期间涉案账户使用了其出差城市 IP 地址做证券交易，在朱炜明不出差期间涉案账户使用了其办公室 IP 地址做证券交易；而这些地址是其父不可能使用的。

以上就是整体主义证明模式的办案技巧。也就是说，我们要尽量将电子证据与其他证据进行整合，搭配搭建各种有效的证据组合、印证体系、"鉴—数—取"体系、两个空间对接等结构，以宏观的视角还原案件事实。当下，司法实践中对电子证据如何整理探索不多，经验不够，值得反思。

四、结论

网络犯罪是当今各国面临的时代挑战，电子证据是科技催生的秘密武器。本次讲座初步展示了网络犯罪司法借助电子证据进行重塑的实务经验、支撑理论和现实规律。归结起来，如图 1-1 所示，我们称之为"以电子证据切入改进网络犯罪司法"的知识图谱（或一把钥匙）。希望读者能够产生钻研的兴趣或者批判的冲动。

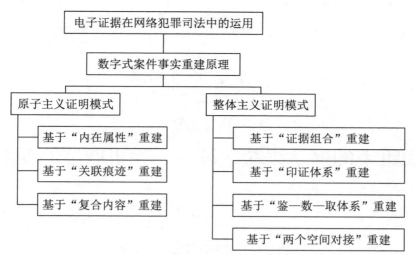

图 1-1　以电子证据切入改进网络犯罪司法

20 多年来，我研究电子证据的心得是：尽量弥补不同专业知识之间的沟壑。在向网络犯罪研究转型过程中，我更感受到寻找跨界桥梁的重要性。其中道理，只可意会，不可言传。我建议，主管部门（高检院）可以在这一方面做更多更好的推动，像美、加、英等国出版的《网络犯罪公诉指引》等手册，中国也该酝酿推出自己的版本了，并不时更新。

第 2 讲
漏洞思维下的移动终端取证——手机取证的前沿技术

主讲人介绍

谢春磊，奇安信司法鉴定中心技术总监，网神洞鉴司法鉴定所常务主任，中级工程师，电子数据司法鉴定人。有近 10 年移动 App 开发和移动安全领域开发经验，申请多个相关专利，擅长移动终端取证和移动 App 溯源分析、逆向分析，拥有丰富的电子数据司法鉴定实战经验。多次获得中国电子数据取证大赛一等奖，多次参与 BCS 取证论坛演讲、电子证据与网络犯罪检察论坛演讲、盘古石新产品与解决方案发布会。在多个取证鉴定相关期刊发表文章，参与编写《电子数据司法鉴定实务》（第三版）。

讲座主题

本次讲座主要通过实际案例、漏洞和提权、手机取证技术利用三个方面，全面展现漏洞思维下的移动终端取证所具备的优势及其为司法实践带来的帮助。

讲座内容

一、引言

2020 年 9 月 17 日，苹果手机发布了 iOS 14 的最新系统。当天，盘古石实验室就攻破了 iOS 14。在中国电子取证的实践中，手机取证一直处在技术对抗的阶段，苹果手机的系统相对比较封闭，在取证方面存在很多难题，也引发了很多棘手的案子，目前已知的几个特别有影响力的案件都是因为手机取证的数据读不出来而造成停滞，为了解决网络犯罪治理的这些难题，特开展此次讲座。

主讲人主要通过实际案例、漏洞和提权、手机取证技术利用三个方面，全面展现漏洞思维下的移动终端取证所具备的优势及其为司法实践带来的帮助。

二、漏洞思维下移动终端取证的实际案例

（一）案例 1：iPhone 备份密码的动态提权手段

第一个案例和 iPhone 备份密码的提取有关。案例中的检材是一台新发布的 iPhone12 手机，出厂的时候就已经是 iOS14.2，容量为 512G。已知手机的屏幕密码，但该手机另设置了备份密码。需要提取短信记录与系统内置邮箱数据，恢复已删除信息，并快速锁定相关人员。在不设置备份密码的情况下，按照传统的取证方式，可以通过为该手机重新设置备份密码的方式进行，即当手机连接 iTunes 的时候，可以帮助办案人员把手机上的数据备份到 PC 或者到云端。但如果手机设置了备份密码，情况就大有不同，提取上述数据就需要嫌疑人输入备份密码，而恰恰嫌疑人忘记了本人设置的备份密码或拒不交代。这会使得传统的手机备份技术受限，影响案件的正常推进。手机提权技术的发展突破了手机取证的备份密码机制的限制。手机动态提权的方式可以协助技术人员获取嫌疑人的备份密码，备份密码的获取为接下来的取证理清了道路。其一，使用备份密码解析嫌疑人手机的备份文件；其二，直接使用提权复制嫌疑人手机的全盘镜像，进而获得案情需要的数据和资料。

到底什么是动态提权？动态提权为什么能突破 iTunes 备份的限制？ iTunes 备份为什么备份不了？隐藏于其后的原因是什么？ iTunes 备份或者其他手机取证工具的弊端引发的黑盒困境，将在讲座的推进中一步步揭秘，展示备份协议以及手机提权和手机作为取证工具的应用。

（二）案例 2：iPhone 涉外应用证据提取

第二个案例是实践中经常遇到的，尤其是在涉政、涉诈、涉赌案件中，经常会遇到反侦查能力和反侦查意识极强的嫌疑人，为了逃避侦查，嫌疑人往往不会使用较为普及的聊天工具如微信、QQ 等，而是选用 WhatsApp 来进行通讯聊天。刑事侦查过程中，如何提取嫌疑人的 WhatsApp 等的聊天内容？此类案例与第一个案例具有很强的相似性，此时，我们首先想到的还是用 iTunes 备份协议，或者采用常规的取证工具提取嫌疑人的 WhatsApp 数据。但是，WhatsApp 的数据同案例 1 的情况相似，即 iTunes 备份协议不允许备份特殊的数据，以及当事人将 WhatsApp 设置为不允许备份，那此时的 iTunes 就无法自动备份，通过常规手段更无法提取手机数据。此时的解决方式是什么呢？就是漏洞，利用 iTunes 的漏洞可以将嫌疑人的手机数据做一个全盘镜像，刻制手机全部应用目录，一比一地拷贝手机数据。利用漏洞取证的方式是不受 iTunes 备份协议的限制的，可以实现手机取证的自由。

（三）案例 3：蝙蝠应用 15 秒快速定向取证

通过漏洞思维下的移动终端取证可以进行定向取证，定向取证首先需要考虑的要求就是隐私保护。手机取证的宗旨是定向且快速，而隐私保护要求在特定场景下的取证只能提

取嫌疑人的某一个应用的数据。此外，很多刑事案件证据的固定、收集、提取需要争分夺秒，如果证据提取时间滞后，嫌疑人可能利用一些说辞来推脱，或者想到一些理由，或者直接清理手机数据，甚至通过其他方式恶意干扰办案。这时候，最需要的就是快速提取，拿到对定罪量刑有利的数据和证据。我们在实际办案中就利用快速提取的功能提取了嫌疑人相关数据的蝙蝠应用。如果使用常规的取证手段，通常的做法是将手机 512G 的数据全部提取备份，再全部进行解析，而后再分析应用里面的聊天布局，这样操作的耗时通常会非常长，可能需要几个小时。但是如果使用提权的方式，利用漏洞对手机的文件系统进行提权，就可以访问任何一个文件夹以及任何一个文件目录的数据，通过这种数据就可以直接访问蝙蝠文件夹，从而像从电脑或者手机上复制一个文件夹一样简单、快速。最快可以以 15 秒的高效拿到当事人蝙蝠应用的聊天数据库进行快速分析，在几分钟之内就能快速找到与嫌疑人相关的联系人的证据。

（四）案例 4：应用变更日志目录分析辅助取证

通过漏洞挖掘，手机的漏洞分析能给侦查人员带来惊喜。比如利用漏洞分析，我们能在手机上获取司法机关想要的数据。不仅包括当事人安装的第三方应用，如 iPhone 手机上下载的微信、QQ、支付宝等，还包括一些手机自带的应用数据的采集，诸如健康数据、常去地点、应用日志等，对应用日志数据的采集较为全面，涉及当事人手机曾经安装的应用日志，如安装时间、卸载时间等。在盘古石实验室技术采集数据的过程中，工程师打开当事人手机上使用过的应用的变更日志，所选择的路径方式是在 Mobile Installation 之下，通过日志分析了解当事人曾经装过哪个应用及使用时间。这样的分析方式通常会在交警处理违章而当事人否认的情况下使用，实际案情一般是交警去办理违法抓拍，同时视频监控也印证了当事人在玩手机的情形，但问题是他自己不承认。之后通过提取当事人手机应用日志进行分析，发现当事人曾经在事发时间段使用了手机，且手机屏幕是打开状态，而且还确定了事发时间段其正在使用抖音。由此就证实了当事人在事发时间段正在玩手机。应用日志变更分析作为一个辅助判断，为司法机关最终定案和分析案情提供了强有力的辅助，该案当事人最终承认事发时间其确实使用了手机。日志分析会协助司法机关发现很多有价值的线索。比如，利用日志分析可以确定你打开了何种应用、阅读了何种信息、阅读时长及打开内容的 ID 等，类似的数据全部是系统产生的日志，通常情况下普通人是无法通过 iTunes 备份、查看 iTunes 或者手机的目录的，因为手机不会给我们这样的访问权限。类似于 Windows 管理员，管理权限越大就越能实施更高级的操作。对于 iPhone 来说也是如此，通过权限设定和 shell 呈现，可以访问任意的目录来达到司法人员想要达到的效果，利用应用日志目录变更的方式取证是当前的前沿技术，能有效协助公安司法人员解决手机取证的难题。

（五）案例 5：手机云取证助推案件线索的突破

此类案件涉及在当事人的所有手机数据已经完全抹除，且当事人拒不交代手机账号、密码的情况下如何取证并固定案件证据的实例分析。这种情况下，通过获取原手机的登录凭证，类似于微信首次登录之后，后续的登录就不再需要账号和密码的输入。同样的原理，在数据抹除的情况下获取到的手机登录凭证，可以不受嫌疑人不交代账号密码的限制，而是直接利用技术允许的工具去获取手机后台原始的账单数据，如支付宝账单数据、微信账单数据。同样，嫌疑人删除的数据信息也存在于手机内存更隐私的 key chain 目录下面，其表现为一些对称的密钥数据，对于苹果手机来说，这个保护非常严格。

盘古石实验室恢复和提取手机已抹除数据的范围很广，包括微信红包、支付宝的交易记录、WhatsApp、Telegram、Twitter 等涉外 App；还有一些随着手机安全功能逐渐强大而产生的云存储设备数据的提取，包括 iCloud 云、华为云、小米云、三星云等手机厂家自设的云存储数据平台。此时，本机的数据虽已删除，但是仍然可以通过云平台获取更多的数据，在"云"环境下识别、获取、分析、展示手机云端数据，如微信、支付宝红包金额与账单、行程订单、云端备份等数据。这些是对手机取证系列产品的有效补充，也能完善司法机关的调查，获取完整的证据链。

三、漏洞和提权

（一）"越狱"

为什么对手机取证来说不倾向于做越狱而是做提权？越狱与提权又有什么区别？为什么要越狱？越狱能获得什么？越狱的目的是什么？对于上述设问，接下来一一解答。

第一，越狱可以解除 iOS 上的限制，一般大众无法安装苹果手机 App Store 以外的软件，因为有 iTunes 备份协议，大众只能安装苹果手机系统内部线上审核过的 App Store 的应用，但有些人就想安装一些未经审核的应用，这时候就需要越狱。第二，越狱可以获取更高权限的系统，越狱之后就会拥有操作系统所有的权限，这个操作系统会给越狱人带来更多的便利性。第三，可以通过越狱使用 shell 程序，shell 程序有更高的权限，同时也可以利用 shell 程序随意返回任何一个文件夹的界面。第四，越狱后可访问、可写入 root 内部的文件，root 内部的文件普通人没有权限写入，普通人可能连访问权限都没有，但是越狱之后就可以随意写入一些文件来改变系统的设置和参数，或者安装所需软件。第五，越狱可以提取重要文件，包括提取手机内所有的数据，这对取证很有帮助。

（二）"越狱"的类型及漏洞

越狱分为非完美越狱和完美越狱。非完美越狱指的是，手机每次重启之后需要连上设备重新操作才能处于越狱状态；完美越狱指的是，即使关机后重新开机也依然是越狱状态。越狱的实质是什么？越狱就是利用 0-day 和 1-day 的漏洞。所谓的 0-day，就是未被发现、未被修复且未被厂商公开的漏洞，可以被人随意使用，利用这种漏洞越狱具有极高的成功率。1-day 指的是公开了一天的或者是还未经过 BOC 标准测试的漏洞，或者还未被证明是否可以利用和复现的漏洞。以上两种类型的漏洞之中，盘古石实验室已经发现了数百个 0-day 的安全漏洞，包括 Android、iOS 的漏洞。

（三）手机安全启动链

根据手机芯片类型的不同，我们可以将漏洞的利用分为 A10 以下类型和 A10 以上类型，如图 2-1 所示。

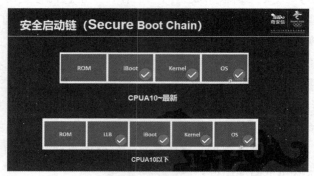

图 2-1　两种类型的漏洞利用

CPU、iOS、iPhone 芯片类型在 A10 以下的是一些款式和型号较老的手机，它们的安全启动链的流程在 ROM 阶段分阶段进行。第一个阶段是初始化阶段，ROM / Secure ROM，开机启动时执行的第一段程序，负责检查并加载接下来的 iBoot；第二个阶段是 iBoot，iBoot 是苹果开发的引导程序，负责检查并加载系统内核；第三个阶段是 Kernel，iso 的系统内核阶段；第四个阶段是开机系统阶段，即开机系统启动并输入密码。在整个安全启动链下，系统会引导技术人员实时校验，一旦校验无法通过，就无法进入下一阶段的操作。

整个安全链的启动过程，其实质是技术人员替换一些文件、写入一些文件或欺骗系统，让系统误认为开机正常并配合操作人员完成启动过程。

基本上漏洞会出现在这四个阶段，或者在 ROM 的启动阶段，或者在 iRoom 阶段，或者在 CTRL 阶段，或者在已经进入系统可以输入密码的阶段，在整个安全启动链下面便可以进行操作。漏洞的出现，可以让 iPhone4s 到 iPhone X 随意地降级和完美地越狱。除此之外，iPhone12 以及到 iOS14.2 版本都可以进行越狱。

盘古石实验室的临时提权技术，是在手机开机的状态下，在 iOS 已经进入系统的阶段通过安装一个软件实现临时提权，同时盘古石实验室的临时提权技术是在不会修改原手机的系统文件的情况下进行的，也不会使得手机无法开机或变为白苹果。因为这种提权是动态获取权限的，是利用系统的其他漏洞提升权限而不会修改文件，在利用完之后又可以将这个权限恢复到原来的级别，这样系统就不会发生改变。

四、手机取证技术利用

（一）漏洞 vs. 安全

随着漏洞发现的越来越多，寻找手机漏洞也越来越困难，尤其是安卓系统，因为手机厂商在做芯片的同时，更多关注安全模式，应用厂商也在做安全模式。因此，总体来看，安全与取证就是一个博弈的过程。这个过程具体包含以下四个方向。

第一，密码保护，锁屏密码更严格。例如几年前的安卓系统，通常专业人员可以随意绕过密码，或者清除密码，或者采用密码屏蔽，甚者很容易对系统密码进行爆破。而现在，随着密码安全漏洞意识的逐渐提高，安全厂商、OEM 厂商都会想办法封锁密码，不让技术人员轻易地使用密码，或者设置越来越多的加密机制，比如指纹密码、虹膜密码等。

第二，全盘加密。从 iOS 到 iOS14 时代开启硬盘全盘加密，Android 从 4.4 开始增加了全盘加密，Android 从 6.0 默认开启全盘加密。即使把盘取出来，因为有密钥，别的用户也解不了密，从 7.0 版本开始就有一个文件加密，就是系统里的每一个文件都有自己的密钥，所以也存在解密的难度。

第三，手机系统备份限制。比如通过各种限制，手机取证无论对司法人员还是技术人员而言都越来越难。

第四，应用数据加密。部分应用会对数据进行加密保护，这导致取证越来越难。比如 Let'sTalk，它是直接加密的。即虽然看得到聊天数据，但是提取出来就是加密的，还要对这个应用数据进行解密。

对于手机取证而言，随着加密技术的日益发展，手机取证会越来越难，所以必须通过前沿的漏洞取证的方式，突破手机取证困境，进而使得取证简单化。尤其是面临较为棘手的案件时，的确需要以漏洞思维为导向的方案解决现实难题。

（二）背景需求

加密机制会使手机取证变得异常困难，主要体现在以下几点。

第一，手机日志的提取。

第二，手机数据删除恢复，如针对微信聊天记录的删除恢复，多媒体数据聊天的数据恢复等，都可以引起诸如微信等安全机制的改变。

第三，微信分身。比如在实际的诈骗案件中，我曾发现嫌疑人手机上装了 100 多个微信分身，并且做了脚本，这时候应该怎么做？

第四，存储空间不足。实际案件中，当事人的手机存储空间是 64G 或者 128G。由于使用太多导致手机存储空间只剩下 1G，如果通过常规备份或者高级备份的方式，手机数据是提取不到的，那这时候应该怎么做？同微信分身一样，只需要对手机做镜像，通过镜像的方式去获取当事人的手机数据。这是实务部门办案场景中经常遇到的实际取证需求。

通过物理镜像的能力和逻辑镜像的能力备份提取手机数据有什么差别呢？

通过物理镜像的能力获取其全盘镜像的能力，备份提取的数据通常是手机自带的短信、联系人、通话记录、多媒体应用数据等。逻辑镜像除了可以提取上述内容，还可以提取应用的分身，因为逻辑镜像的提取针对的是手机全盘的文件系统，不仅可以获取分析数据，还可以获取手机应用的一些散落文件或日志文件。

以上所讲的是现实中的一般通用方案，其实对 iOS 系统来说，主要应关注 iPhone 协议允许备份什么，然后才能通过逻辑镜像，获取 iPhone 协议无法备份的内容。

（三）提取引擎与 iTunes 备份限制

事实上，不管是对手机全盘做镜像还是漏洞取证，归根结底还是取决于提权引擎。所谓提权引擎就是安全赋能渠道，漏洞取证指通过技术博弈、利用漏洞攻破安全壁垒的过程。

我们所关注的是新一代手机提权技术即手机取证功能，未来，要更好地实现这一技术追求，就要做到以下几点。首先是关注深度，从普通提权方案的 60% ~ 80% 的数据扩展至全盘取证。其次是关注效率，使得取证更加有针对性。最后是突破常规，使得取证能够满足司法机关的实际需要，对想提取的数据能在第一时间提取。

虽然手机提权技术应用很广泛，但是实践中仍然有很多的手机 App、日志、多媒体数据存在无法备份的情况，这是因为应用程序的开发者在文档开发之初，可以通过设置 "do not back up" 属性来让这些文件不被允许备份到 iCloud 和 PC 上，这种情况下，手机提权就不会被允许。比如，司法机关系想要获取当事人 iPhone 手机上 QQ 里的音频视频资料，囿于 QQ 程序开发者的属性设置，对其音视频数据无法提权，这就是常见的 iTunes 备份限制。

（四）iOS 应用沙盒目录

这就需要 iPhone 协议。但是对于 iPhone 协议而言，能否备份也有所区别，这是因为 iOS 安装到手机上之后，会产生三个目录，分别是 documents、library、temp。这三个目录的功能分别如下：documents 目录用来存放不可再生的数据，比如手机自带的一些数据、聊天的数据库等；library 目录用来存放默认设置或其他状态信息，除 Caches 子目录之外的文件会被 iTunes 同步；temp 用来存放应用再次启动时不需要的临时文件，其存储的信息通常不会被备份到 iPhone 上，而且由于属性和代码编写之初的设置，该目录层级下的文件可能随时被系统清理，不会被 iTunes 同步。

（五）iOS 提权优势

1. 提取深度

我认为对 iPhone、iOS 提权与 iTunes 备份的差异主要体现在对一些关键数据、重要数据、敏感数据的收藏，是无法通过 iTunes 备份来实现的。

但是对 iPhone 提权可以协助人们获取诸如微信的收藏，QQ 的聊天视频、图片、语音数据；提取涉外应用如 Twitter、Telegram、Signal、Potato 通讯录和聊天记录等；获得系统邮件、电商、地图、网盘类等，取得 Gmail、系统邮件等邮件类应用的收件箱和发件箱，获取闲鱼等电子商务类应用的通讯录和聊天记录；同时能协助人们获得系统数据，诸如常去地点、行为痕迹、keychain 等数据信息。

2. 提取效率

定向取证指的是通过提权技术，针对取证需求选择性定向提取和分析数据的行为，主要目的是提高手机数据获取的效率。这是手机备份功能无法实现的。iTunes 备份功能是全盘数据的复制、分析，全部数据的解析，效率较低且耗时较长，而提权就可以解决这种问题。对于 Android 系统而言，同样也可以利用漏洞提权能力进行数据的收集和解析。利用盘古石实验室团队自主创新的具有 Android 提权能力的软件 Pan ADB，只需要将 Android

手机连上电脑，打开 USB 调试并允许，就可以坐等数据提取完毕，提取范围涉及多个厂家、多种机型 Android5—Android8 系统的提权，包括华为、小米、OPPO、vivo、三星等厂家的手机。

（六）取证场景多样化赋能

通常情况下，我们可以通过提权满足以下十个场景的取证需求。第一个是 iOS 取证；第二个是 Android 提权；第三个是定向提取；第四个是应用分身；第五个是小众应用，因为有些小众应用，像某些涉外应用，不允许备份，只能通过提权的方式获取数据；第六个是隐私空间，隐私空间不同的手机可能有不同的称呼，如三星的安全文件夹，小米的系统分身，可以利用隐私空间的漏洞破解手机应用锁密码；第七个是行为痕迹，主要涉及手机应用的安装使用、卸载、使用时间等的痕迹；第八个是删除恢复，恢复安装目录之下的缓存文件或 iOS 数据库文件；第九个是云取证联动，这是通过提权获取密钥进而去做云取证；第十个是仿真联动，可以将检材手机上的数据保存到另外一台手机上，比如舆情处置，可以将行为人发布在 WhatsApp 或其他应用的涉外言论仿真到仿真机上，进而删除不良舆论。

观众互动

问题 1：除了取证技术以外，在国外已经存在电子证据的审证技术的情况下，国内是不是应该设置一个由专门的鉴定机构或公安机关的技术部门组成的专业团队来进行审证，从而保证取证环节的合法性，确保所获证据的真实性？审证技术与取证技术这对概念，是否可以构成并列关系？

回答：审证环节是技术和法律之间的桥梁，证据审证实验室的设立，可以将拥有电子证据取证技术和电子证据审查能力的两种人结合起来，技术人员帮助律师与电子证据鉴定人员核验电子证据，同时更好地帮助律师判断电子取证的规范性，将符合规范与技术合规结合起来，更好地服务于电子取证。

问题 2：刑事案件中对非犯罪嫌疑人但与案件事实有关的人的手机取证时，是公开向手机持有者行使提权还是采取技术侦查手段，秘密向手机持有者的手机进行取证（云取证）？采取前一种取证方式时手机持有者不配合怎么办？可以采取强制措施吗？后一种取证方式会不会侵犯手机持有者的合法隐私？这些问题该如何解决？是否可以为了破案，即使取证手段稍有瑕疵也可以忽略（是否适用非法证据排除规则）？

回答：手机提权不会涉及侵犯隐私的问题。比如对 iOS 手机不提权，反而会获取全部的手机数据。在不提权的场景下，只能获取全部数据。因为不管是获取通讯录信息、微信还是图片数据，都要通过获取全部数据才能进行解析。

提权具有针对性，提取的是不涉及隐私的数据，如微信聊天数据、通讯录、照片等，提权技术下的定向取证，既快又准。

在反诈案件中，利用提权技术对报案人手机数据的采集，不仅不会破坏手机系统，还能更加有针对性地获取证据信息。

区块链监测与溯源取证技术——网络行为分析

主讲人介绍

熊刚，中国科学院大学网络空间安全学院教授、博士生导师，中国科学院信息工程研究所第二研究室副主任，中国通信学会通信安全技术委员会委员。

讲座主题

本讲座以各种区块链应用、区块链交易站点等的主动、被动网络测量为基础，围绕大数据网络行为进行关联分析与挖掘，发掘区块链网络架构，发现区块链网络数据流中的安全与隐私问题，探索对相关问题的应对之道。

讲座内容

一、网络行为学

（一）网络行为

网络行为即网络空间主体的行为，包括交易行为、消费行为、娱乐行为、政治行为、违法行为等。这些行为无疑是法学、经济学、管理学、社会学、心理学等人文社会学科的研究对象。它们也是信息科学与技术科学的研究对象。

（二）网络行为学

网络行为学是研究网络运行规律的科学，也是研究网络发展、进化规律的科学。

（三）网络行为学的研究

网络行为学的研究内容主要包括主动、被动的网络测量技术，定性、定量的数据分析预测技术以及网络管理技术。可以概括为行为描述、行为观测、行为分析、行为监控。

　　网络行为分析的重心经历了三次转变：第一阶段是 1993—1999 年，这一时期网络行为分析是"面向网络基本属性的测量分析"，此时网络数据交换几乎没有加密，网络测量的内容主要是拓扑分析、延时分析和故障判断。第二阶段是 1999—2013 年，这一时期网络行为分析主要是"基于协议解析和特征监测的识别分析"。这是因为该时期网络病毒、木马、蠕虫等恶意程序甚嚣尘上，监测恶意程序以及防止域外渗透成为网络行为分析的主要内容。第三阶段是 2013 年至今，这一时期网络行为分析的特征是"面向云、加密、海量数据的综合分析"。第三阶段的技术发展具有两面性：一方面，网络数据交换朝着全面加密方向和海量方向发展，这为网络行为分析带来困难；另一方面，大数据和人工智能技术也为网络行为分析带来便利。

　　网络行为学的基本研究思路有三步：（1）理解、感知、对抗；（2）属性智能融合与关联；（3）行为属性辨识与数据提取。行为分析通过行为属性辨识与数据提取，实现属性智能融合与关联分析，支撑理解、感知、对抗等安全应用，有效筛选出可疑行为和有害信息。

二、区块链网络测量

（一）背景意义

　　区块链取证溯源，是针对公有链的取证溯源。区块链可分为公有链、联盟链和私有链。其中，公有链是跨国的、没有明确组织者或所有者的区块链，第一代公有链最具代表性的是比特币，第二代公有链是结合了智能合约技术的区块链，"以太坊"是其典型代表，后来又衍生出了 EOS 等公有链（数字货币）。公有链对用户身份不做限制。联盟链是行业内组织自建的区块链，需要按照政府的监管要求予以配合。本次讲座讨论公有区块链的监测与溯源。

　　区块链技术的出现带来了一系列网络治理难题：（1）不良信息上传到公有链之后难以被彻底删除。（2）基于区块链技术的"数字货币"成为网络犯罪的结算方式。（3）区块链应用本身在应用层、共识层、交易层和网络层分别存在安全漏洞。（4）犯罪团伙来源广泛，犯罪案件数量、犯罪活动及总金额呈递增趋势。（5）钱包本身也存在很多安全隐患，易受黑客攻击。

　　对区块链的安全监管可分为以下四类。

　　（1）异常交易监管。大部分区块链平台的交易记录是公开可查询的，信息包括每笔交易的发送地址、接收地址、交易金额、时间、附加信息等，研究典型区块链应用系统的交易数据和分析技术，可以实现对异常交易的检测、定位、溯源和长期监测。

　　（2）实体身份监管。主要包括对异常区块链地址与实体 IP 的监管、分析交易异常资金流，研究异常地址关联发现技术、同实体地址间聚类技术、匿名用户画像技术等。

　　（3）威胁信息监管。主要包括对交易区块中附加信息及区块链应用有害信息的监管、研究区块链系统中特定数据内容快速检测、预警技术，并实现有害信息回滚，减少对国家、企业和用户的危害。

（4）网络异常行为监管，即对存在异常行为的节点的监管。区块链节点被赋予不同的功能，攻击者利用节点盗取数字货币、鼓励目标节点、连续发送小金额的交易攻击平台等，通过分析节点上的不同行为，找到不同节点间的关联关系。

目前，对区块链进行网络安全监管存在四个主要难题。

（1）区块链地址的匿名性，区块链数字货币地址的匿名机制增加了有害信息传播、网络攻击、黑市交易等犯罪取证难度。这也增加了违法犯罪身份同一认定的技术难度。

（2）去中心化的网络结构导致攻击面扩大，给网络有害信息内容监测带来巨大挑战。

（3）采用分布式网络协议，不同分布式协议加密、编码、传播机制不同，这导致平台与数据拥有者的界限模糊。

（4）区块链的防篡改机制，这为网络暴力色情等违法信息的传播提供了技术庇护。

（二）区块链网络测量

面向区块链的网络测量与行为分析包含五个层面：安全应用层、大数据融合层、平台层、分析层和情报层。情报层处于最底层位置，对区块链的发展趋势和威胁情报进行长久而持续的跟踪。第二层是分析层，获取区块链的数据解析、区块链交易、地址查询平台、区块链客户端。第三层是平台层，包括区块链平台主动探测、区块链网络行为分析。第四层是大数据融合层，将前三层中得到的数据进行融合分析并可视化展示。第五层是安全应用层，以前四层为基础，进行区块链溯源和漏洞分析。

区块链网络测量的具体应用主要包括比特币网络行为分析、以太坊网络行为分析、EOS 网络行为分析。

这里需要说一下被动监听的节点发现方法它是指植入一个或多个以太坊节点，该节点通过日志记录与其通信的节点信息。与主动探测相比，被动监听的优点在于可以减少网络流量，能够发现内网节点。

三、区块链网络行为分析

（一）比特币网络行为分析

比特币网络行为包括发现节点、获取节点信息、获取区块头、获取区块数据、创建钱包、发送交易、检查交易、确认交易、测试 IP 连接可用性、节点发送通知、挖矿。这些行为均未加密，且可被检测。

（二）以太坊网络行为分析

以太坊网络行为主要有创建账号、锁定账号、查询账户信息、查询账户余额、获取区块信息、获取最新区块号、查询交易信息、部署智能合约、调用智能合约、挖矿、停止挖矿，这些行为均被加密；但节点的发现和通信过程未加密，可被解析，以判断到底是何种行为。

（三）EOS 区块链网络行为分析

EOS 区块链网络行为包括创建钱包、加锁钱包、解锁钱包、创建账户、导入账户密钥、账户查询、查询账户余额、部署智能合约、查询 ABI、查询区块链状态、转账 EOS、通过交易 ID 获取交易。以上行为均被加密。

（四）以太网网络漏洞利用——测试网（test net）

攻击节点通过以太坊提供的服务可连接被攻击节点，并可使 API 操纵被攻击节点或获取其信息。

（五）交易平台行为分析

火币网是中国最大的比特币、莱特币、以太坊交易平台之一，业务涵盖现货交易、合约交易、矿池等，为数字资产交易者提供专业、安全、快捷的服务，可以支持上百种数字货币间的交易。

在火币网上进行交易会产生网络流量，虽然这些流量会被加密，但在特定场景下不同行为还是可以被区分的。

（六）交易平台及查询平台的行为分析

Block Chain 是全球最知名的交易查询网站，该网站上的网络行为包括查看市场行情、查看区块链、查看未确认的交易、查看 API、查看区块链图表。虽然行为均被加密，但在特定场景下仍可以较高的精度得知在交易查询网站上进行的是何种行为。

（七）去中心化应用分析

去中心化应用的核心问题是如何高效准确地识别不同 App、不同行为用户产生的加密流量。

去中心化应用分析目前的进展主要有加密流量数据采集和多场景加密流量分类。

四、区块链溯源取证技术

（一）区块链网络行为痕迹留存与取证溯源

区块链网络行为痕迹留存与取证溯源面临的问题与挑战有以下几个方面。

（1）区块链网络数据流转瞬即逝，量大且不可长期存储，如何保全有用数据以备后用？

（2）对于不同网络行为要留存哪些代表行为的痕迹数据，使之既可靠又实用？

（3）对于成年累月存储下来的痕迹数据，如何检索、分析，发挥实用效果？

该领域需要重点研究的内容包括：留存哪些网络痕迹数据？数据解析到何种程度？如何保证留存痕迹数据的真实有效性和完备性？如何检索？如何分析？如何使数据令人信服？

技术路线：基本行为属性和典型行为标识属性；内存数据库与冗余分布式存储；大数据分析平台与快速搜索引擎。

区块链溯源的实际需求：关联地址与 IP（网络层）；关联地址与地址（数据层）；关联地址与用户身份（应用层）。

身份溯源：采取主被动结合的方式，对使用某交易平台的用户进行身份溯源。

（二）溯源取证的进一步挑战——隐蔽信道

基于区块链的隐蔽信道，可以完成数据的非定向发送，隐式接收目标。区块链是构建隐蔽信道的天然平台，基于区块链的隐蔽信道有如下特点：（1）参与者非实名。每个人在区块链上都有一个和真实身份无关的虚拟身份，公钥经过一系列 hash 运算后得到钱包地址。（2）交易数据量大，活跃用户量多。（3）泛洪传播机制。非定向发送机制使得攻击者无法辨别出真正的消息接收者。（4）消息抗篡改性。区块链的分布式存储技术，使得消息具有抗篡改性，能够保证接收者接收到的消息的准确性。

隐蔽信道的技术挑战与核心科学问题包括：（1）如何在公开无中心的环境下进行隐蔽通信——研究结合区块链的特性来构建数据隐蔽传输理论模型。（2）信息如何隐蔽地嵌入交易中，并保证信息能够正确地被提取——具备内容安全性与传输隐蔽性的隐蔽信息嵌入提取法。（3）如何在海量交易中快速定位含有隐蔽信息的特定交易——具备隐蔽性的数据筛选机制。（4）如何评估区块链环境下隐蔽信道的安全性——隐蔽信道安全度量标准。

五、未来展望

我主要从以下几方面对区块链的监管做一下展望。

1. 网络层面

区块链节点可以随意加入或退出网络，研究异常节点发现与关联分析技术，实现匿名地址聚类、关联分析以及匿名用户画像构建。

2. 交易层面

区块链最大的好处是每一笔交易都可以在区块数据中提取出来。针对异常交易、勒索交易，研究区块链公链中异常数据提取技术，及时对异常交易定位，对交易链溯源。对链上传播有害信息或政治敏感信息的，研究针对区块链平台对特定信息的检测技术，尽早发现与预警，并通过有害信息回滚技术减少损失。

3. 应用层面

攻击者对区块链或用户的攻击行为多变，研究针对公链系统的去匿名化、溯源和可控隐私保护技术，以及针对去中心化应用中异常用户行为分类，实现对威胁用户和有害节点的检测与监测。通过主动、被动测量的结合，研究高效的加密流量特征提取与分析技术，对区块链及应用流量中关键信息留存，作用于未来取证溯源、发现和逃逸对抗监测等方面。

观众互动

问题 1：区块链异常行为与区块链正常行为在实际监测中如何区分？能否应用于案件的预警和管控？

回答：在网络取证中，异常行为与正常行为的区分首先要能够对网络上的不同行为进行描述和测量，在此基础上发现异常行为及其在案件中的具体表现。例如，某市缉毒总队利用采集到的污水处理厂入口的废水判断是否有未被掌握信息的吸毒人员。传统做法是通过线人发掘吸毒人员，在网络时代，吸毒人员大多通过网络获取毒品，利用传统侦查方式难以找到吸毒人员。如果能够以此种高精度检测的方式发现异常流量，再逐级溯源至吸毒人员所在小区，未知吸毒人员就容易暴露出来。在网络世界中，如何精确发现区块链的异常行为是特别需要关注的重点，目前已有一些实践。

预警和管控难度在于网络层面信息被加密，用户端层面难以切入，服务端可能在境外，在这种场景之下如何开展工作是当前需要破解的难题。

问题 2：区块链中的漏洞能否用于侦查工作中人员身份的溯源？

回答：技术层面是可能的。对抗性较强的场景中利用未公开的漏洞获取的相关信息属于战略资源，具有很高的技术难度和不确定性，一般基层部门可能难以从事相关工作。从法律层面来说，需要一定的授权，但从技术研究的角度来说，具备一定的可能性。

问题 3：区块链钱包地址的溯源能否用于监测不同平台，从而应用于案件办理过程中电子证据的固定和取证？能否利用 IP 进行身份信息的溯源？

回答：区块链钱包与 PC 客户端不同，区块链钱包通常装在手机上，可能得到该钱包的时间、空间信息，虽然钱包本身可能被加密，但是在移动运营商配合的情况下，有一定概率找到该用户。IP 地址可能多级跳转，且 IPv4 中广泛存在 NAT，因此，通过 IP 溯源身份信息难度很大。

问题 4：在检测环境样本较少的情况下，对区块链数据分析后能否完整溯源？

回答：在检测环境样本较少的情况下，网络溯源难度还是比较大的。能够成功溯源的前提是，对常态加密行为做了痕迹留存的记录，只需要缩小可疑分子集合，将不同时段交叉就能够很好地圈出来。但是如果没有数据支撑，就比较难。所以，要么依靠国家网络通路，在通路上做；要么在单位出口上做，在单位设备安装客户端进行相关检测。区块链客户服务商也可以获得相关记录。纯粹在样本较少的情况下在网络上做，难度较大。

问题 5：为什么刑事司法领域很少利用区块链技术存证？

回答：区块链技术本身在快速发展，技术不断迭代演进，随着互联网时代的到来，人们更加注重隐私保护，区块链的价值也才逐渐显露出来。司法领域应用区块链技术已走在了时代的前列。

问题 6：在区块链存证背景下，将证据的合法性、关联性、真实性的"三性"证明转变为信任区块链存证证据的"自我鉴真"能力是否科学？有什么需要注意的地方？

回答：我个人认为，未来有法律拥抱技术鉴真的一天（具体可参见刘品新教授论文《论区块链存证的制度价值》）。

问题 7：将证据上传到区块链以前，如何对证据进行鉴真？对上链前后的证据进行鉴真是否有区分？若对上链前的证据进行鉴真，上链后证据的鉴真是否就变得相对容易？

回答：上链的证据一般都有散列值和时间戳对上传内容和上传时间进行固定，同时上链的证据对其他区块链使用者是可见的，而且区块链一般采用智能合约技术——一旦相关条件满足，区块链系统就会自动执行相关指令，在没有恶意攻击的情况下，不会存在隐瞒一个证据而只出示有利于自身的证据的情况。提问者提出的入链前鉴真的问题，理论上确实存在安全风险，体现了安全挑战往往出现在边界情形中，值得留意。

问题 8：如何理解网络测量？

回答：网络测量是计算机科学技术的专业术语。互联网出现之后，各种电子设备被互联网联合起来，电子设备联合起来的体系是庞大而复杂的。那么，网络测量主要干什么？例如想测量某个 App 的网络服务质量如何，想了解用户使用该 App 为何有卡顿，即如何在全网范围内评价网络服务质量。这需要考虑选择多少以及选择何种用户进行测量，测量何种指标以及如何据此改善网络服务。

这就像要考察某种病毒传染能力如何，进行全样本统计不具有时间和经济成本上的可行性，因而要进行抽样调查，即考虑选择何种地域、何种年龄段、性别、样本大小和相关比例等问题来科学反映这种病毒的传染能力。

问题 9：基于网络测量获得的证据是否类似于测谎结论，不能作为诉讼中的证据使用？

回答：分情况。具有确定性的网络行为证据可被采信，比如登录比特币钱包的行为；再比如对加密数据的分析和与之对应的行为推测。通过监测分析认为，有一定的概率可以认定操作者进行了转账，这种概率型证据（尤其是基于大数据分析得出的"意见"）的可采性还有待探讨，个人认为可以作为旁证参考。

第 4 讲
暗网中的网络犯罪与取证调查

主讲人介绍

徐菲，网络安全博士、高级工程师，中国人民大学、国家检察官学院法学博士后，中国国际经济交流中心经济学博士后，职业律师，司法鉴定人。主要研究方向：大数据、人工智能与法律交叉领域。曾任中国科学院大学副教授，香港大学高级访问教授，在香港大学、中国科学院开设网络犯罪与电子取证技术专门课程"网络犯罪与取证调查""网络取证技术"。承担国家级、省部级科研项目十余项，发表学术论文四十余篇（含国际顶级会议期刊论文），出版专著三部，申请国家发明专利二十余项。

讲座主题

讲座以"暗网中的网络犯罪与取证调查"为主题，系统阐述暗网中的犯罪类型和规模，及其对相关调查和执法管辖的挑战。①

讲座内容

一、暗网中的犯罪与取证

（一）何为暗网

（1）明网（Clearnet）是指可使用一般浏览器和搜索引擎查找，用域名可以对应到 IP 地址，并且可以通过运营商追踪到真实地理位置和通信人身份的网络，也就是一般的常用互联网。

（2）深网（Deep Web）是指不可见网、隐藏网，例如科研数据库、一些商业数据等不能被标准搜索引擎索引的非表面网络内容，只能通过特定搜查页面动态产生。

---

① 本次讲座主要参考专著《匿名通信与暗网》（谭庆丰、时金桥、王学宾著）和外文文献《探索未知领域：暗网中的执法管辖权》（*Ahmed GhAppour*），后者较为全面完整地介绍了暗网中的执法管辖权。本讲内容仅代表主讲人个人学术观点。

（3）暗网（Dark Web）比深网更进一层，需要特殊的软件、授权和设置，暗网的服务器地址和数据传输通常是匿名的，传输过程全程加密，一般人难以解析内容。

如果将明网比作海面上的冰山一角，那么深网就是隐藏在海底的冰川，网络中有 96% 的内容都在深网中，暗网则是海底冰川之下更深的海域，其中暗藏着许多网络犯罪行为。

我们来看一个典型的暗网匿名通信系统——Tor，这是基于洋葱路由（因其用类似于剥洋葱的思路对数据进行多层加密转发而得名）的技术搭建的网络，也是我以此为例说明暗网取证困难的原因。洋葱路由 Tor 项目起源于美国海军研究实验室，是由数学家保罗·赛弗森、计算机科学家迈克尔·里德和大卫·戈尔德施拉格等研究的一个保护美国在线情报通信安全的匿名通信技术，后于 1997 年交由美国国防高等研究计划署 DARPA 继续研究。所以从 Tor 项目的背景来看，保持匿名即其最初的使命。非营利组织 Tor 项目组成立于 2006 年，负责维护 Tor 的技术及升级，该组织也接受了许多相关机构的赞助。Tor 主要的接入过程是：从客户端通过一个入口节点（guard relay）和一些中继节点（middle relay）到出口节点（exit relay），在此过程中随机跳转，且对跳转过程的每一层都进行加密，即如果经过三跳，那么这三跳都经过加密。以这样的方式访问暗网的网站，难以追踪到具体的访问者。而且网站本身也有其匿名的机制，Tor 的节点（不论入口节点还是中继节点）都以自愿形式加入，呈现的是一个全分布式的架构、强加密式的通信。在这样多层加密、随机跳转的情形下，要溯及犯罪的源头取证极其困难，因此在访问暗网时，需要特殊的软件、配置或者认证。

（二）暗网的安全威胁

暗网具有匿名性强、溯源难、动态性高的特点，其最初是为了保护互联网用户的通信隐私，而后演变为承载私密信息传输，因此其中存在大量违反法律、危害国家网络空间安全的敏感信息。在监管和侦听时，互联网服务提供商和网络运营商只能观察到用户连接至暗网网络以及传输的网络流量大小，看不到访问目的网站或者所涉及的数据内容。由于这样的特点，暗网中聚集了大量具备安全对抗背景的高级用户，形成了多个活跃的专业暗网用户社区，在其中进行的各种各样的非法交易，对网络空间和国家安全构成重大威胁。

暗网承载了多种犯罪类型——恐怖分子会使用 Tor 来隐藏自己的位置；犯罪分子也可能使用 Tor 作为散布谣言的工具。此外，当前的匿名网络中也存在着大量的非法隐藏服务，包括毒品、假币、护照、枪支交易等非法行为。从腾讯安全云鼎实验室发布的暗网主要市场商品类型分布中可以看到，毒品和药物占比过半，此外还有数据泄露、黑客等类型。总之，暗网中存在多种类型的违法交易。

如果抓捕暗网犯罪嫌疑人，就涉及国际合作，因其技术难度高，需要多国的长期协作。

（三）暗网取证面临的难点

1. 暗网的空间边界模糊

传统网络空间虽然跨越的是物理世界的实体边界，但是网络空间边界依然存在。我们日常访问的公开的互联网域名都是在特定国家注册，域名和 IP 地址受互联网名称与数字地址分配机构（ICANN）分配管理，网站运营也由国家监管。然而，不同于传统网络的空间边界，暗网域名体系是一套私有的、自定义的协议，不受 ICANN 的管理，网站的 IP 地址是隐匿的。因此暗网空间本身存在域名管辖权、IP 地址匿名、网站合法性判定等暗网空间边界模糊问题。

2. 暗网资源要素隐匿

典型暗网通常构建于匿名网络（如 Tor、I2P）或 Friend-to-Friend 网络之上，各个通信实体（节点）之间采用私有、加密协议，利用志愿者运行节点，采用分布式、自组织机制协同完成隐蔽、匿名通信，不存在可以被国家或政府监管的中心节点。所以，暗网空间存在通信实体的高动态性（节点可随机加入或退出）、网络结构异构（节点列表定期更新）、通信关系的弱关联性（随机而非固定选择下一跳节点）等资源要素隐匿问题，这也导致追踪溯源极其困难。

3. 暗网技术复杂多变

抗审查、匿名通信、分布式信任等暗网技术得到了欧美国家和地区政府、非政府组织（NGO）等组织机构资助，也吸引了大量国内外学者进行广泛深入的研究。因此，暗网空间的技术复杂多变、不断更新，且具有很强的对抗性。

4. 暗网空间价值密度高

暗网空间因其天然的强匿名、高虚拟性、分布式信任等特点，成为各国网络空间监管的盲区，实际上也充斥着大量涉及国家政治、经济、文化及社会安全的情报信息，犯罪密度极高。所以，暗网空间的侦测、取证相对于公开的互联网，价值密度更高。

二、暗网取证溯源的相关技术

（一）暗网取证的目标

网络取证的目标是把网络空间与物理世界进行关联并将关联性确定下来，与此类似，暗网取证的主要目标是将暗网空间与公开的互联网和人类社会的物理世界进行交叉验证。

暗网中的数千节点是随机的，其中的信息难以获取，而我们的目标在于将暗网中的信息与物理世界形成映射，因此除了具体的案件取证之外，还应该针对暗网整体展开处理和准备工作。实际上，若只有一个节点接入暗网，获取到信息内容的概率也许只有百亿分之一，所以很难通过单点获取信息，最好的做法就是构建从暗网虚拟世界到物理世界的映射。

构建从暗网虚拟世界到物理世界的映射，不仅限于单点的映射，还要从各个层面来构建——这是暗网取证重要的、基础的且必要的手段。具体而言，主要从以下几个层面进行。

（1）资源层，即组成暗网的各类节点资源。因其是随机的、自组织的、分布式的，所以掌握 Tor 的入口的接入点、路由节点、目录服务节点等类似的节点资源越多，对暗网中的信息发现就越有效。后续也可以利用节点资源对其地理位置行为、行为特性追踪溯源。

（2）服务层，大量恶意服务和非法服务架构在暗网层，因此要对架构在暗网上的各类通用服务、专用服务以及自定义服务等进行获取整理，发现服务类型、服务分布。

（3）内容层，不论是对犯罪行为还是信息发布的打击，都会涉及对于暗网中发布的信息内容的掌握，如暗网社交网络、交易市场、暗网论坛等。想要发现暗网内容的主题分布、发布数量，应进行宏观的、日常的整理和收集工作。

（4）用户层，该层是目标所在，即发现暗网用户，暗网信息发布者、暗网服务的运营者、暗网节点资源提供者，发现并关联暗网用户的人物行为、地理位置信息，最终构建起暗网世界到物理世界的映射。

（二）暗网取证的关键技术

1. 流量探针

流量探针是一种常见的网络流量数据的分析方法，是部署在互联网交换点、自治域软硬件设备，或植入匿名网络的内部节点，当流量流经节点时，就能监听到感兴趣的流量，获取暗网流量数据。因为 Tor 节点可随机加入，所以流量探针是相对简单的一种方法。但是需考虑准备收集的流量参数、减少数据采集对实际网络造成的影响，及部署探针的实际代价。

具体部署方法的代表之一是女巫攻击（Sybil Attack），其目标是以最少的探针节点部署获取最大的流经节点的数据量，由此将探针节点的部署问题，转化为有效的测量点的覆盖问题。如给定无向图中最小节点覆盖，即如何选择部署节点获取最多数据，这涉及数学的算法研究。此外，暗网针对探针部署的对抗机制会持续对抗数据获取的工作，因此还需要考虑如何绕过暗网的对抗机制。

2. 流分析与协议识别

在获取到流量之后，通过对数据流量进行分析和协议识别，以准确识别出每个流所使用的通信协议和应用协议。由于应用层协议使用各种混淆、加密变化机制，因此流分析与协议是各层面的流量分析必不可少的技术。

在大多数的网络流加密的情形下，深度流检测（DFI）可基于流的行为特征，通过与已建立的应用数据流的数据模型进行比对，判断该数据流的业务或应用类型，区分匿名协议，发现未知应用。但基于流的特征仅能检测出没有经过加密的协议，若要检测出经过混淆和加密的协议，一种尝试有效的方法是——基于机器学习和深度学习的网络流分析和协议识别，自动化建模和识别一些未知和加密的协议。

3. 网络探测与扫描

网络扫描可分为以下几类，各自具有不同特征。

（1）开放扫描：速度快，容易被检测到。

（2）隐蔽扫描：TCP FIN 包扫描、TCP 圣诞树扫描、TCP NULL 包扫描，增加检测过滤难度。

（3）空闲扫描：高级且隐蔽的扫描，通过僵尸主机和欺骗封包完成扫描任务，需要一定前置条件。

4. 元搜索和网络爬虫

暗网中的地址基于其自己的格式与变化，用日常搜索无法检索到，因此发现暗网中的地址是个较为复杂的问题，需要遵循相关匿名网络协议，部署相关网络节点，具有较大的资源消耗。发现地址受限于节点部署数量，关键技术有元搜索与网络爬虫。

元搜索是指选取特殊关键词作为查询入口，利用商业搜索引擎进行搜索，提取搜索结果页面中的隐藏服务地址，之后再进行迭代搜索。其目标是获得尽可能多的服务地址以突破搜索引擎的反爬虫机制，但时效性低。而网络爬虫可用于暗网网站内容分析，其采集的数据通常是静态的，无法分析动态行为。

以上是日常涉及的研究暗网和对暗网进行资源测绘的技术，这些技术有利于对暗网进行基础资源的构建和整理，辅助具体的取证。此外，基于对 Tor 的分析认识，NSA（美国国家安全局）还提出了一些对 Tor 可能的攻击方法，即暗网取证攻击方法，主要体现在 NSA 的一篇名为"Tor Stinks"的文档中。具体包括以下几种。

（1）用户身份识别（反匿名）：链路重构、Cookie 窃取、节点生存周期识别以及时长模式推测。

（2）攻击 Tor 系统漏洞：Packet Injection 实现的重定向攻击、客户端漏洞攻击、流量整形、Web 服务器控制以及降级 Tor 服务质量。

（3）服务和节点发现：隐藏服务发现和服务节点 IP 分配。

（4）节点植入：部署受控节点和带宽欺骗。

（三）暗网取证的节点发现、服务发现、内容发现与匿名追踪

1. 节点发现

（1）主动侦测。

客户端连接目录服务器时会先搜索目录服务器、获取节点的列表，因此主动侦测发现节点时一般选择较为直接的方式——资源枚举、定向爬取和元搜索。

以 Tor 为例：资源发布方无法区别正常用户与伪装成正常用户的攻击者，因此非公开的网桥节点可以通过网页和电子邮件服务器的方式分发节点或者请求对方分发。例如向 bridges@torproject.org 发送请求桥节点邮件，或通过 https://bridges.torproject.org 模拟用户访问。此外，还可通过 Censys 和 Shodan 等扫描器和元搜索的方式获取到一定数量的节点。

（2）被动监听。

通过节点植入和流量识别，部署定制版本的中间路由节点，可实时监测连接到该中继节点的前一跳和后一跳。

2. 服务发现

隐藏服务的发现同样要遵循暗网地址的特点，暗网地址是由一串固定长度的随机字符串组成的，要发现隐藏服务的网页结构和内容等，先要知道隐藏服务的地址。但是 Tor 的隐藏服务会发布到一些目录服务的节点（HSDir）上，通过部署 HSDir 节点，可以收集隐藏服务发布的描述符，从而获取隐藏服务的地址信息。一方面，可以从 forum.i2p 和 ugha.i2p 等流行的门户网站上做定向爬取，这些门户网站包含了大量的地址并定期更新，可作为种子站点进行递归爬取；另一方面，通过分布式地址簿，可自动模拟并获取公共地址簿。

3. 内容发现

暗网取证的内容发现即如何连接暗网空间，解决的是公开网络和暗网之间的接入转换问题。其方式之一是从公开的互联网向暗网空间发起请求和访问，其方式之二是支持暗网自定义的域名解析，并连接到节点。不同层面的考虑要素存在区别——在应用层需考虑构建分布式暗网服务接入点；在节点层需考虑进行暗网节点服务评价，选择性能高、稳定性好的优质节点作为候选路由节点；而在链路层需考虑减少通信链路中路由节点个数，降低延迟。通过爬虫、分布式采集（采用 Selenium、PhantonJS 等无界面浏览器）的方式也可以采集到暗网中的服务内容。爬取到内容之后，还要进行关键词发现、网站分类等暗网内容的分析。

4. 匿名追踪

若要实现匿名追踪的目的，须进行流量关联，以应对加密流量及匿名通信中数据流追踪和定位问题，找到数据流的源头及发送的过程链。

一是通过比较入口和出口流量特征，识别匿名网中发送者匿名集合和接收者匿名集合中的通信链路，即通过主动或被动流分析技术找出匿名集，而后通过关联算法识别出匿名集合中的匿名流量来源。二是通过流量的关联攻击，即运行大量路由节点并记录流经这些节点的流量特征，控制或窃听自治系统或互联网交换点，增加流量可见性。三是主动攻击，即主动添加流量特征以增加流量的可识别性，对应到入口和出口，从而获知具体访问者及其访问的具体服务。主要是通过流水印（在流量流经的时候加入一定特征，经过匿名网络流到出口时再将特征还原，即能区分不同的数据流）、侧信道或协议缺陷的技术手段。此外，Web 指纹（网络数据包特征对应网站指纹）也是一种实用的技术方法。

（四）暗网取证溯源引发执法管辖困境

由暗网取证溯源引发的执法管辖困境主要体现在以下几个方面。

（1）全球性。暗网节点遍布全球，中间节点和目标节点都有可能位于全球任一国家，为执法管辖权带来挑战。

（2）未知性。中间节点和目标节点地理位置的未知性，为全球执法协作部署带来困难。

（3）攻击性。取证溯源的手段带有强烈攻击性，即"技术侦查"的特点，极易与网络攻击和网络战争混淆。

三、暗网中的执法管辖

（一）网络犯罪执法管辖

网络犯罪执法管辖可分为地域管辖、多个公安机关都有权管辖、可并案侦查、指定管辖等不同情形。其中，地域管辖以犯罪地管辖为主、犯罪嫌疑人居住地管辖为辅，此外，网站服务器所在地，网络接入地，网站建立者或管理者所在地，被侵害的计算机信息系统或管理者所在地，犯罪嫌疑人、被害人使用的计算机信息系统所在地，被害人被侵害、被害人财产遭受损失地都有权管辖；多个公安机关都有权管辖的包括最初受理的或主要犯罪地公安机关，按照有利于查清犯罪事实、有利于诉讼的原则确定管辖。

（二）跨境电子数据获取

跨境电子数据获取的典型法律规定以及国际国内相关的法律规定——政府有权要求科技公司特别是数据公司对其掌握的数据进行调取，即通过第三方数据公司间接取证，同时需考虑公众对攻击性技术侦查取证的看法。

1. 单方远程跨境数据获取

在尊重他国主权的前提下，一国的侦查权在他国领域内行使，已成为各国共同应对犯罪的现实需要。国际侦查合作中的调查取证的基本模式包括委托取证、协查取证、境外取证和联合取证等。网络空间的虚拟性和无国界性，为执法机构单方进行远程跨境收集电子证据提供了技术上的可能，且已经成为目前跨境电子取证的普遍现象。但一国在本国直接对另一国家网络空间中数据进行电子取证，可能导致以领土为界限的刑事管辖权逐渐模糊，也极易导致对特定权益的侵犯。

在一些国际公约中，也存在针对单方远程跨境数据获取的约定，如《网络犯罪公约》规定："缔约方可不经另一方的授权许可，收集公众可以获得的存储于计算机中的数据，而不论该数据位于何处；通过其境内的计算机系统提取、接收存储在另一方境内的计算机系统中的数据，前提是相应的行为获得了拥有法定权限通过计算机系统向取证方披露数据的主体的合法且自愿的同意。"又如，《莫斯科公报》规定："收集公众可以获得的数据，而不论相应的数据位于何处；提取、搜查、复制、扣押、存储在另一方境内的计算机系统中的数据，前提是相应的行为获得了拥有法定权限而向取证方披露数据的主体的合法且自愿的同意。"这两个国际规则中，对于可以进行单方跨境远程电子取证的情形作出了约束，一是可获取的应当是公开的资料，二是相应行为获得数据主体的授权。这类取证方式与普通用户远程数据访问无异，减少了对被取证国家信息系统的影响。

不同的国家也制定了相应的规则。

（1）我国最高人民法院的相关司法解释规定，对位于境外服务器无法直接获取原始存储介质的，一般只能通过远程方式提取电子数据。

（2）美国《联邦刑事诉讼规则》允许法官通过远程搜查许可授权执法机构"远程访问"位于"本辖区或者本辖区之外"的计算机系统，以及"通过技术手段隐藏了所处实际地理位置"的信息或数据，即在目标位置被虚拟专用网络或暗网隐藏的情况下，执法机构仍能取得入侵访问的授权许可。

（3）英国法院在签发搜查许可的时候，需要从判断警察的行动是否系跨境开展——如果违法从境外收集数据，法院可能将相应的证据予以排除。

（4）俄罗斯外交部新威胁和挑战司司长伊戈列维奇表示，不经他国数据主管部门的同意直接跨境获取他国数据，让国家主权无法得到保障，也给违反人权和自由、侵犯用户隐私权留下了空隙。"仅仅凭借美国某个洲，乃至某个地区司法机构签发的搜查令，就可以'合法'地入侵其他地区、其他州乃至其他国家的网络设备。其基本技术的实现意味着海外搜查不可避免，结果可能是美国历史上域外执法管辖权的最大扩张……"。

2. 第三方数据调取的间接取证

取证中的证据关联性，即虚拟世界的数据和现实社会人员身份落地关联，通常需要第三方网络服务提供商提供相应的数据，如第三方服务提供商中存储的 IP 地址等与用户相关的信息。

间接电子证据收集指通过传票或者法庭令通知接收人员具有义务提供在他们控制下的证据。对位于境外证据的间接收集，并不需要境外执行管辖权，通过强制披露命令，向第三方服务提供商提出明确的义务要求，要求第三方提供其拥有或控制的证据，对特定的需求进行应答。

美国《澄清域外合法使用数据法》根据《电子通信隐私法案》而向受管辖的科技公司发出的法律程序可以取得该公司所拥有、保管或控制的数据，无论数据存储于何处，即使存储于美国境外，也要提交美国的法庭。

我国《国际刑事司法协助法》则明确阻断了直接来自外国政府对境内的机构、组织和个人控制的数据的刑事司法管辖权。非经中华人民共和国主管机关同意，中华人民共和国境内的机构、组织和个人不得向外国提供证据材料和法律规定的协助。

3. 攻击性技术侦查取证

由于传统的合法监听技术已经不能满足获取暗网中目标通信信息的需求，因此推动了技术侦查取证越来越广泛的应用。因暗网犯罪极其严重，需要对其进行规制与执法，若不使用技术侦查手段或攻击性措施则无法进行取证并惩处。从这个角度来说，技术侦查是不可或缺的。但技术侦查取证的攻击性往往会对被取证系统造成破坏，并且即使没有造成实际损失后果，但植入监控系统运行的木马等也会造成对隐私的侵犯。

暗网跨境执法中涉及对境外网络的技术侦查渗透行动，是单边性的、具有侵略性的，理论上必须在获得所在国同意的情况下执行。而目标的不确定性导致无法与相关国家、部门进行协调。各国也普遍根据其国内计算机犯罪法律将对境内具有攻击性的跨境网络操作定为犯罪。

4. 攻击性技术侦查的跨境实施

德国《联邦刑事警察法》规定，执法机构在掌握具体侦查线索的前提下，可以向犯罪嫌疑人的计算机发送间谍软件，以监控犯罪嫌疑人的电子邮件，监听犯罪嫌疑人网络电话通话的内容，阅读嫌疑人在网络聊天室的聊天记录等。

意大利《刑事诉讼法细则》规定，执法机构在实施特殊监听时，可利用间谍软件，但其获得的全部资料均不得用于刑事诉讼。与此同时，对情报预警监听的申请与审批、适用的犯罪类别等进行了详细规定。

荷兰《计算机犯罪法（三）》对可能跨境"侵入"计算机系统并进行在线监控的行为规定了强制性措施，但是立法将其限制在了贩毒、走私、恋童癖及攻击银行等起刑点 4 年以上的重罪。

我国《刑事诉讼法》将技术侦查的适用范围设定为四大类罪名和一个兜底条款，即危害国家安全犯罪、恐怖活动犯罪、黑社会性质的组织犯罪、重大毒品犯罪或者其他严重危害社会的犯罪案件。对严重危害社会的重大网络犯罪案件，公安机关在立案以后根据侦查犯罪的需要，经过严格的批准手续，可以采取电子侦听、电子监控、秘密获取某些物证等技术侦查措施。

四、网络跨境执法管辖的几点思考

（一）立法管辖权和执法管辖权

在国际法上，常常通过立法管辖权、裁判管辖权以及执法管辖权来限制一个主权国家在另外一个主权国家的权力。

然而立法管辖权和执法管辖权"并不具有地理位置上的同延性"。国际法在立法管辖上是最宽松的——允许一个国家对于域外发生的对领土有"影响"的行为进行定罪。但是，"有定罪权的国家，并不一定有执行权"。"立法管辖权并不受领土边界的严格限制，执法管辖权是受领土边界严格限制的。"事实上，"任何国家不得在另一个国家进行任何强制性行为，除非得到该国家的同意"是一种无争议的共识。在暗网中如果针对一个国家使用技术侦查手段，就会造成与国际准则之间明显的冲突。

（二）技术侦查与网络"武力"攻击

对跨境网络技术侦查手段的界定往往缺乏准确性。众所周知，由于当今社会对系统互联的依赖性，采用攻击性的技术侦查手段等复杂的网络行动会对军事能力、经济和财务系统、社交功能造成大规模伤害。由于每个国家在对有害网络行为进行国际规则适用时的阐述不同，出于引发军事自卫的目的，对网络"军事工具"（或是对网络军事的攻击性工具和侦查技术手段的界限）有一系列合理的解释，并且在可见的未来，由于技术的不断发展，不太可能出现稳定的一致意见。此外，没有可验证的方法来区分一次跨境网络执法（例如，使用网络调查技术或其他"间谍"行为），以及一次跨境网络"武装"攻击（例如，造成物理破坏的行为）。理论上的不确定性和时间上的验证方法缺乏，可能共同导致冲突升级，造成将犯罪调查升级为国际冲突的风险。

以美国为例，2015 年 5 月，美国批准了对《联邦刑事诉讼规则》的修正案，作出了签发搜查令后可以远程获取不在本辖区的数据，以及可以获取通过技术手段隐藏了的数据位置信息等规定。这使得执法人员更容易侵入公民试图保护他们在互联网上匿名的计算机。虽然司法部在提出修正案时明确指出，修正案并不意味着赋予法院颁发授权书授权在国外进行搜查的权力，但是基于技术的实际情况，显然海外搜查不可避免，结果可能是美国历史上域外执法管辖权的最大扩张。

（三）对暗网上执法黑客行动的域外法权

对暗网上执法黑客行动的域外法权方面受到了评论家、学术界、公民自由组织和技术公司的广泛的、尖锐的公开批评。技术巨头谷歌警告说，在暗网上进行目标追寻时发布的

"黑客搜查证"会通过"授权政府在美国以外进行搜索"来破坏各国的主权；他们和其他人警告放松对政府搜查和攫取权力领土限制会引发的许多巨大且高度复杂的宪法、法律和地缘政治问题。是否允许开展跨境网络空间渗透操作执法，是考验全球网络世界中单边调查活动限度的一系列问题中的最新问题。疑问的核心是一个明确的公理，即一个国家不得在另一个国家领土上单方面行使其执法职能。

（四）国际公约

唯一直接提到"远程访问"问题的多边合约——欧洲理事会《布达佩斯网络犯罪公约》——拒绝授权远程跨境搜索，即使是在紧急状况或紧急追捕时。欧洲理事会的专家在考虑跨境网络技术侦查手段的法律影响时，对这些技术可能"意味着对领土主权的侵犯……因此除非获得相关国家许可，否则不能使用"达成共识。

（五）诉讼风险

使用技术侦查手段可能导致执法人员在进行国外诉讼时，违反相关国家的国内法，法庭将不予认可。大多数针对国外计算机的技术侦查手段，都会违反外国的国内法。例如尽管也是以执法为目的，外国进行的网络渗透行动也会违反美国的法律。毕竟，一次来自美国的对其他国家的计算机的网络渗透行动，是受到这个国家的立法管辖权限制的。

（六）外交风险

美国曾经表态，将现有的国际规则应用到网络空间，仅仅是"把旧问题应用到技术的新发展上"。网络技术侦查手段的应用，很难与国际社会对于网络渗透，尤其是经济网络间谍形式的渗透行为的反对立场达成一致。一方面，国家打击他国对公民和公司中盗取知识产权的网络数据渗透行为以及危害国家安全的网络间谍行为；另一方面，采取网络渗透攻击进行暗网调查势必引起外交风险。

（七）需要考虑的问题

暗网中的犯罪行为需要规制，不能给不法分子留有可乘之机，因此需要全方面考虑如何在暗网中执法。具体而言，需要考虑以下问题。

（1）可以授权进行哪些技术侦查行为？木马安装抑或其他攻击手段，至少需明确可以进行的网络攻击行为的范围。

（2）哪些对象可以被调查？在执行任何形式的域外管辖权之前，需要满足一些前提条件，比如能够证明被搜查的目标设备与起初引起此项调查的有害因素之间存在一定的联系。

（3）哪些犯罪应该触发网络技术侦查的使用？美国司法部曾明确表示它们将对所有的犯罪行为采用必要的黑客技术。这将使得调查人员可以在没有域外适用法律的情况下发起网络行动。一种较为合理的学术界的建议认为，应将网络技术侦查行为限制在那些在域外可以合法行使管辖权的犯罪行为，例如威胁国家安全的犯罪行为。更为具体的建议是将网络技术侦查的使用限制在互联网四大犯罪行为：恐怖主义、儿童色情、毒品和有组织的网络空间犯罪。

（4）如何对技术侦查手段进行授权？例如，将能够授权进行网络技术侦查的司法人员限制在"集中于一个公开负责的部门"；根据政策制定关于使用网络侦查技术的执法，以增加决策过程中信息的集中化和专业化，并仅在允许的情况下鼓励申请网络技术侦查授权。在职权滥用的情况下，应向"相应部门"进行追溯。此外，需明确在执行网络技术侦查出现违法行为时的制裁手段。调查人员在网络技术侦查的执行过程中，仍然享有充分的自由裁量权，因此需通过禁止使用通过非法网络技术侦查获取的证据，并使执法机构承担违约责任的方式促使相关人员在执法过程中能够遵循法律约束。

总之，在暗网中跨境取证执法管辖要能够平衡国际关系风险与法律实施的关系，符合并完善网络行为的国际规范，最终达到以可预测、合法和符合公众利益的方式实现暗网执法调查的目标。

观众互动

问题 1：既然暗网取证带来了如此多的挑战，那么能否使用 DDoS 对暗网进行攻击来解决取证不足的问题？

回答：DDoS 不是一种取证方式，更多的是对通信的干扰和阻断。在无法确定节点位置的前提下，无法确定 DDoS 对象，因此是不可行的。DDoS 问题实际上不是取证方面的问题，而是网络治理方面的问题。对于暗网犯罪，可行的方式是通过工信部门或是国际协议，共同对暗网相关的网络资源进行压制、对流量进行干扰或阻断，从而提升暗网的使用难度和使用成本，以此压缩暗网可能的犯罪空间，但同时也需要更多的合法性授权与相关政策的研究。

问题 2：讲座中提到了全球性执法，能否举例说明中国若要开展暗网取证需要他国的哪些支持？以及执法协作的具体内容？

回答：如果相关服务或节点位于境外，比如犯罪分子使用的服务器位于美国，我们无法直接攻击或进行远程的证据调取，但追踪犯罪取证又需要形成证据链，在这种有技术限制的情况下，就需要美国的执法部门协助进行服务器证据的固定和处理。

问题 3：请问攻击性取证是否适用于国家与国家之间？

回答：攻击性的技术手段是针对犯罪行为的，而非国家之间的。理论上针对国家的是国家之间的网络战争，这是另外一个问题。如果要打击的是具体的犯罪行为，例如提供非法服务的行为，就要通过攻击性的技术手段来查找到行为主体。我们本次讲座讲的是基于网络犯罪取证目的而实施的技术手段。

刘品新回答：徐菲博士今天讲的是学术观点，是从科学技术角度作出的回答，不代表国家制度。我认为从国家制度的角度来说，攻击性取证根本不存在，也没有攻击性取证与防御性取证的制度分类，因此大家最好把它当作一个学术观点来理解。

问题 4：我国公安机关现在对暗网进行的取证，指的是先进行暗网取证而后抓捕犯罪嫌疑人，还是根据犯罪嫌疑人的口供进行暗网取证？

评议人回答：针对通过暗网取证的侦查方法、侦查手段和具体的侦查细节，可以进行开放式的讨论和研究。总体而言，对抗取证的方式更简单，而研发一种取证方法，包括确立一些侦查思路是更难的，个人建议感兴趣的朋友可另行组织研讨。

问题 5：假定暗网取证的技术已经成熟了，那么立法上应如何对暗网进行制度建设？

回答：暗网涉及多方面的制度建设，包括远程勘验和技术侦查方面。

问题 6：暗网取证是否需要社会工程的支持？

回答：社会工程是一种取证的策略，而暗网取证是网络犯罪治理的难题和热点，目前相关研究基本集中在暗网中的某一技术层面或是某一法律层面，对于这一网络治理的难题，我们应该以一种系统化的思维进行应对。系统化的思维不仅包括技术、方法和规则体系，同样也可以运用到策略，如通过社会工程学的方法来开展取证。我们应该形成系统性的合力，利用法律体系、技术体系、盟约应用体系共同打击处理。

电子数据审查判断案例解析：一名检察技术人的实践思考

主讲人介绍

赵宪伟，最高人民检察院检察技术信息研究中心处长，中国人民大学网络犯罪与网络安全研究中心特聘研究员，全国刑事技术标准化委员会电子物证分委会成员，中国合格评定国家认可委员会（China National Accreditation Service for Conformity Assessment，CNAS）实验室认可的评审员。

讲座主题

侦查阶段收集提取的电子数据是否符合相关标准？

司法实践中，应当以什么视角审查判断电子数据？

常规的电子数据取证和鉴定结果，存在什么缺陷和不足？

讲座内容

电子数据的审查判断，在司法实践中是一个比较常见的问题。

其实这一讲还有另一个题目——以"求极致"的精神做好电子数据专门审查。这里提出了一个新的概念：专门审查。那什么叫专门审查？大家知道，刑事诉讼法对定案的要求是事实清楚、证据确凿，这里的事实其实并不是自然事实，而是法律能够认定的事实。法律能够认定的事实都是以证据为基础，并且能够排除合理怀疑的事实。所以说，审查判断证据就是司法人员的关键和核心的工作，也是检察官最重要的一项职责。

但在实践中我们会遇到很多技术性和专业性很强的证据材料，并不是每一位检察官都能在知识储备上有足够的覆盖。如何采信这些技术性和专业性很强的证据材料呢？就需要依靠那些有专门知识的人，于是我们提出了"专门审查"的概念。为了更好地理解这个概念，我举一个例子：证据就好比一辆小汽车，检察官是车主，如果在驾驶的过程中碰到一些小问题，多年的老司机往往能够自己动手解决问题，这就叫证据审查。但是有的问题比较棘手，恐怕就得把车送到修理厂。其实前面的那个小问题有的车主也会选择去修理厂解决，比如年轻的司机。这里的修理厂的工作就相当于专门审查。我所在的部门——检察技术部门，以及我的很多同事，就相当于汽车修理车间和汽车修理工程师。我们的工作内容就是帮助检察官解决这些问题，这些问题中有大问题也有小问题，很多冤假错案的产生在很大程度上都与证据的审查判断相关，所以这项工作非常关键。最高人民检察院在 2018—2022 年检察改革工作规划里，提到要健全、完善检察机关的法律监督体系，同时也明确了要建立健全技术性证据专门审查制度，完善对鉴定意见、电子数据、视听资料等技术性证据的审查机制，发挥技术性证据审查对办案的支撑作用。目前，我们也正在积极推动相关的工作。

技术性证据包含的类型非常多，如法医、财会、物证、鉴定意见等。本次讲座我从电子数据这种证据形式入手，通过身边的一些案例：有的是我本人参与的，有的是我在工作中接触到、征集到、了解到的，跟大家分享交流。

一、电子数据的特点

我们先看一下电子数据的特点，这也是和我们工作最为接近、最为相关的几个特点。电子数据之所以能够在司法实践中充当证据，与图 5-1 所示的四个特点密切相关。

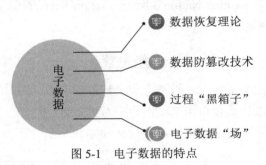

图 5-1　电子数据的特点

电子数据的第一个特点是它的数据恢复性，由于大多数电子数据存储在电子介质上，这种存储往往采用索引模式，所以当我们删除数据的时候，常常只是在索引里改变数据的状态，并没有真正把数据删除。可能有人问，为什么磁盘介质在存储数据的时候不能采用这种顺序存放，而是非得采用缩影存放？大家想想，一个硬盘那么大，如果所有的数据都顺序存放，检索一个文件用的时间就可能极其漫长。所以，现在所有的存储基本上都采用索引存放，因此删除数据的时候就存在恢复的可能性了。

对于数据恢复这一块儿，我想用四句话概括。（1）删除数据存在恢复的可能性较大；（2）覆盖数据恢复的可能性较小；（3）完全覆盖数据不存在恢复的可能性；（4）失去解读方法的数据不再具有任何意义。

在这四句话里，需要重点强调的是后面两句，前面两句实际上不需要做太多的说明，删除数据有恢复的可能性大家都知道，但是后面两句容易给大家造成一定的理解上的误区。我们在现实中经常碰到一些所谓的"专家"告诉我们，覆盖的数据也能恢复。遇到这种情况，大家知道他们基本上就是在说谎。那最后一句话是什么意思呢？很多电子数据并不是像文本文档一样那么简单地存储在电脑中，它们的格式很复杂，这些格式之间还存在一些逻辑上的验证关系，如果破坏了这种验证关系，整个文件基本上就相当于灭失了，也就打不开了。当我们把一个 Office 文件打开的时候，在后面的"D5"开始的位置上，在后面这段区域里面，随意改动任何一个地方，整个文件就完全无法打开，而且也不可以修复。我试过很多修复软件，都没有办法对破坏的文件进行修复。所以，失去解读方法的数据不再具有任何意义。

电子数据的第二个特点就是它的防篡改技术，这也是电子数据具有很好的客观性的体现。从技术手段上，我们通过数据加密的算法不可逆的特性，计算一份电子数据的"指纹"，也就是哈希值。哈希值能够认定最初的电子数据是否被篡改。举个简单的例子，我们在查封扣押一份电子证据的时候，如果当时计算完哈希值并写在扣押证据清单上，那么后面的诉讼过程不管过了多久，或者到了法庭上律师、法官问你这个数据改了没有，只需要重新计算一下哈希值，看和当时在扣押清单上记录的是否一致，就可以证明数据是否被篡改。

MD5 是一种哈希值算法，哈希值包括很多种算法，比如 MD4、MD5。MD5 值就是 MD5 算法产生的一个唯一值，哪怕对图片进行一个细微的改动，它也会产生一个截然不同的哈希值。所以通过这个特性就可以非常方便地识别电子数据的变化情况。每一份电子数据文件，每一个硬盘，无论它们的范围有多大，都具有唯一的 MD5 值，这是绝对的。那么，两个完全不同的电子文件能不能具有相同的 MD5 值呢？理论上有这种可能性，但是在实践中，大家可以相信它的可靠性，这应该是没有问题的。

电子数据的第三个特点，我把它归结成"黑箱子"特性。电子数据的产生、传输、存储，我们都是无法干预的。所以这个过程就像一个黑箱子，我们没有办法改变其中任何一个环节，只能接受它。从这个意义上来讲，电子数据是非常客观的一种证据，比如我们用手机给朋友发一条短信或者微信，我们发什么对方肯定就会收到什么，内容不会有任何的改变。我们不可能通过干预无线通信的某一个环节来改变发送的内容，所以，它是非常客观的一种证据形式。

电子数据的第四个特点就是它是一个"场"，我们的一切行为在这个场里都会被记录下来，甚至连我们试图消除痕迹的痕迹，有时候也能保留下来。

我给大家举一个例子，2013 年我所在的单位办理过这样一起案件，嫌疑人通过删除数据库后台的记录，把买房人缴纳的住房维修资金侵吞掉了，金额特别巨大，达到了七八百万元。嫌疑人虽然删除了数据库中的记录，但是他的行为都被数据库的日志给记录了下来。当时我们通过一款叫 Browse Log 的软件完整地恢复了他删除数据的痕迹。大家看图 5-2 中标注的那一小段，就能看到英文单词 DELETE ROWS，这就是删除记录的描述。点中其中任何一条，下方还有这条被删掉的记录的具体内容。所以，删除的痕迹也能被完整地记录下来。

删除数据的痕迹被如实记录下来

被删除的数据被完美重现

图 5-2　通过软件恢复的删除痕迹

再比如我们使用 Windows 系统修改系统时间，生成一个文件后再把时间改回去。一般人都能想到伪造一个具有正常时间逻辑数据的做法。但是在 Windows 7 以后，这种做法就不是特别容易了，系统会记录下你每次修改时间的痕迹，也就是事件日志。这个事件日志表示用户将系统时间从一个时间点改成了另一个时间点。大家会问，我把那条事件日志删掉不就完了吗？这说明你对 Windows 系统还不太了解，Windows 事件作为一种服务，它不可以被关闭和中断，它跟 Windows 系统共存亡。在计算机的单机时代，一个单机就是一个"场"，现在我们处在一个网络时代，这个"场"就变得特别庞大，整个互联网成了一个大"场"。虽然说痕迹无处不在，但是我们也未必都能搜集得到，这是非常尴尬的，也非常无奈。

我再给大家举个例子，是前几年发生在某地的一起案件。在一条街上有 A、B 两个网吧，为了争抢客源，A 网吧的老板在互联网上雇用所谓的俄罗斯黑客，对 B 网吧进行了DDoS 攻击，攻击的时间长达 10 天，造成了 B 网吧 10 天没有客源，经济损失在 11 万元左右。在这个案子里，该如何收集证据呢？有的人可能问：你这个"场"不是痕迹无处不在吗？很容易收集证据啊！但是这个"场"太大了，在网络时代，这个"场"不是一个单机或者一个局域网的概念。A 网吧老板雇用了俄罗斯黑客，你就去俄罗斯收集证据吗？另外，俄罗斯黑客都在俄罗斯吗？他不会通过若干个跳板对国内的某个目标进行攻击吗？而且他使用的是 DDoS 这种攻击的方式，黑客控制的"肉鸡"[①]可能遍布整个世界，或者国内的大多数省份，你怎么去取证？这都是很现实的问题。由于无法准确地定位黑客"肉鸡"，也就很难通过 A 网吧老板的供述以及 B 网吧的客观损失定案。我们也交流过这个案件，本来公诉人很辛苦地办理一个非法控制计算机信息系统的案子，但是后来的证据收集确实让人很无奈，我们能够收集到的证据可能就那么几项。最后，案子是按照破坏生产经营罪来定的。

有的人会反问：电子数据很容易被修改，那它客观吗？电子数据易于修改确实是客观事实，但它与电子数据的客观性是两个层面的问题。这里有必要区分一下客观性和真实

① 肉鸡，也称"肉机""傀儡机"，是指已经被黑客或者其他人员远程控制的服务器或者计算机。"肉鸡"通常被利用实施 DDoS 攻击。"肉鸡"可以是一家公司、企业、学校，甚至是政府军队的服务器，还可以是摄像头、机顶盒等物联网设备。参见最高人民检察院第一检察厅：《网络犯罪案件技术法律术语解释汇编（一）》。

性。客观性指的是它形成、存储保管、传输的过程都是非常客观的。通过比对哈希值，一眼就能看到现在与当时固定这个证据的时候相比它有没有变化，一眼便知它是否被修改。而真实性就很复杂了，比如 Word 文档里面有一句话，"先有鸡后有蛋"，这个文档从生成以后就没有经过任何的变化，电子数据很客观，那你说它真实吗？

二、审查电子数据的方法和要点

2016 年 10 月，"两高一部"颁布了《关于办理刑事案件收集提取和审查判断电子数据若干问题的规定》。这个司法解释规定了在刑事案件中收集提取电子数据的方法和手段。文件比较长，我这里用一张图总结了主要的手段和方法（见图 5-3），有的是针对电子数据本身的，比如提取、固定、冻结、调取；有的是针对电子数据的存储介质的，比如扣押。

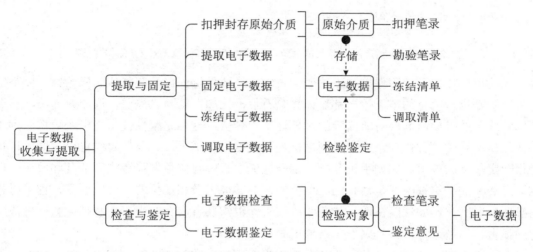

图 5-3　《关于办理刑事案件收集提取和审查判断电子数据若干问题的规定》中
关于电子数据收集与提取的主要手段和方法

这里基本包含了我们在工作中常见的提取、固定、检查、鉴定电子数据的对象和它们的派生材料的手段和方法。以扣押笔录为例：扣押原始介质，要有扣押笔录相佐证；提取、固定电子数据，应当有相应的调取清单、勘验笔录等；冻结应当有冻结清单相关的审批手续等。也就是说，一份电子数据除了数据本身之外，还有保存它的载体，还有开展这项活动的相关记录，这些内容共同构成了这个证据是不是具有客观性、合法性的基础。

上述司法解释实际上也指明了在处理一份电子数据的时候，需要遵循的一些原则和可能遇到的例外情形。通常来讲，以扣押原始介质作为原则性规定，也就是说大部分情形下，我们都要扣押查封原始介质。在限于客观条件无法进行扣押的时候，作为一种例外的情形就是可以对电子数据本身直接进行提取，这里可能涉及勘验、提取、冻结等。还有一类补充手段，也就是如果上述手段都无法使用，可以拍照、录像或者打印电子数据。大家可以用这三个词区分在不同情形之下处理电子数据应当选择的方法和手段：原则、例外和补充。

早在 2000 年，计算机证据国际组织（International Organization on Computer Evidence，IOCE）受八国集团委托，制定了计算机取证的六条原则。

在研究起草《最高人民法院关于人民法院办理财产保全案件若干问题的规定》的时候，基本上吸收了这六条原则。这六条原则写得比较晦涩，我们总结发现，实际上技术层面就剩三条：写保护和不改变原则、完整性校验原则、比例原则（见图 5-4）。

1. 取证过程必须符合规定和标准；
2. 获取电子证据时，不得改变证据的原始性；
3. 接触原始数据的人员应该得到培训；
4. 任何对电子证据进行获取、访问、存储或转移的活动必须有完整记录；
5. 任何人接触电子证据时，必须对其在该证据上的任何操作活动负责；
6. 任何负责获取、访问、存储或转移电子证据的机构须遵从上述原则。

1. 写保护和不改变原则；
2. 完整性校验原则；
3. 比例原则。

图 5-4　IOCE 制定的计算取证六条原则及作者提炼的三条技术层面的原则

我简单解释一下：写保护和不改变，其实就是要保持证据及其载体的原始性。完整性校验原则是指对所有的电子数据都要计算哈希值，比如在勘验、提取、调取、冻结，甚至在检验鉴定的时候，都要对所检验的对象计算哈希值，这种完整性校验是电子数据区别于其他证据形式的一种体现。比例原则是指为了获得取证结果，必要的时候可以对原始证据进行一定程度的改变。比如手机开机一定会造成手机中存储数据或者状态的某些改变，但这又是必要的，这种改变是最小的、可控的、能够被记录和评价的。比例原则，也可以称为必要性原则。比如法医在取材的时候，取人体组织器官就会对当事人身体完整性造成一定的损害，但是这种损害又属于应当承担的和可控的。

在讲审查要点和技巧之前，我还有几个问题想和大家交流一下：如果你是检察官，碰到这种情况你怎么办？你敢不敢采纳、采信这些证据？这些问题不是我杜撰出来的，在培训班上经常有检察官向我们提出类似的问题。我把这些问题慢慢地收集起来，都是值得说一说的素材。

下面我就结合几起案件说一下电子证据的审查要点和技巧。

在第一起案件里，办案部门到腾讯公司调取了微信号，发现在案发现场提取到的微信号跟从腾讯公司调来的微信号不一样，但是结合其他方面的信息，感觉又是同一个。在这种情况下，你是否敢采用这种结论？第二起案件是一个微信盗窃案，盗窃微信钱包里的钱。办案部门从腾讯调取的微信账号信息显示，帐号的注册日期在转账日期之后。大家想想，一个微信账号没注册，怎么会有转账记录呢？这两种情况我们在现实中都遇到了。后来，我们通过其他方面判断微信账号没错，正常来说调取的微信账号和案发的微信账号应该是一样的，但是发生这种变化是什么原因呢？我们经过沟通了解到，这是微信平台 9 年不遇的 Bug，让我们遇到了，所以对这种情况作出合理的解释就可以。但是作为检察官，如果没有这种解释，按照普通逻辑，你敢下这个判断吗？

前面提到，很多冤假错案的产生，都是在证据层面上出现问题的，这要高度重视。最后的这个案件讲的是一款手机维修行业常用的软件被不法人员用来"薅羊毛"。因为这个软件经常被用来做手机维修、软件修复等工作，所以它具备修改手机 ID 的功能，因此很多人就通过这个功能来实施违法犯罪活动。那么，利用这款软件能否构成提供侵入、非法控制计算机信息系统程序、工具罪呢？这是值得商榷的事情。软件出现在前，而且当时不是为了非法需求而生产的，只是有这个功能而已。这都是需要检察官在办案实践中去琢磨和思考的。如果没有专门的人员协助检察官进行这种专门的审查判断，实践中的办案难度确实很大。

一起案件，从侦查部门立案开始，到收集提取各类电子数据后移送检察机关，检察官面临的问题大致有如下几类。第一类是对犯罪模式的理解。有的网络犯罪组织把犯罪模式设计得极其复杂，让人难以理解。2017 年，我和同事到陕西的某地市指导办理一起网络传销案件，其组织的犯罪模式非常复杂，我当时也是听完公安部门同志的介绍，接触了案件的其他相关人，又经过几天的思考和研究后才梳理清楚的。所以对检察官来讲，要理解犯罪模式就更难了。第二类是要解释和解决一些专门性的问题，其中可能更多地涉及电子数据的问题。第三类是面对公安机关移送来的这些具体的电子数据，如勘验笔录、审批材料，电子数据本身、鉴定意见、检查笔录等，这些需要通过审查才能确定是否可用。大家可能又问，侦查机关忙活了半天，证据移送到检察院了，为什么还要审查是不是可用？大家知道，这次司法改革的一个很重要的方向就是在刑事诉讼过程中检察官要承担主导责任，如果确定的证据出了问题，检察官首先承担责任。有的证据在收集过程中有瑕疵甚至是比较大的问题，在庭审时就有可能"翻车"，这种情况并不少见。此外，检察官还要关注一些侦查行为是否违法，比如有没有暴力取证、捏造证据、替换证据的情况，这几个词听起来不是那么友好，但在现实中时有发生。

套用一句话，"信任不能代替监督"，说的就是这个道理。案件提起公诉以后，法院作出判决，如果判的有问题，检察机关还要提起抗诉，在抗诉的过程中也会有大量的涉及电子数据的专业性问题需要解决。

2018 年 4 月，最高人民检察院出台了《关于指派、聘请有专门知识的人参与办案若干问题的规定（试行）》。当时，也是在刘品新老师的组织之下，我们开展的这项工作。总体来看，通过检察技术人员或者其他有专门知识的人参与，协助检察官解决案件中的这些专门性问题，能起到什么作用呢？发现瑕疵，能补尽补；发现错误，依法排除；发现故意，纠正违法；发现关联，追溯漏犯。这是一个比较精练的总结，我就不再解释了，后面会通过讲解电子证据的审查方法和要点，让大家具体体会。

关于电子数据专门审查的方法和路径，我大致总结了这么几个方面：证据保管的问题，实施开展某项技术活动的依据问题，开展某项技术活动是否具有资格和资质的问题（包括证据的表现形式），还有一些需要协助检察官解决的其他方面的问题等，具体可见图 5-5。

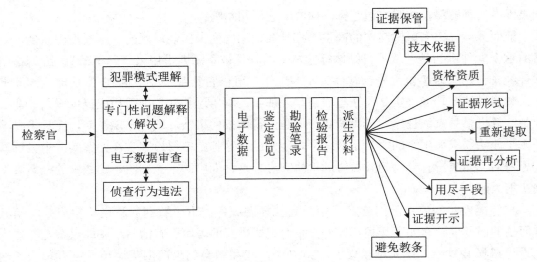

图 5-5　电子数据专门审查的总体考虑

（一）对存储介质（电子数据载体）唯一性的审查

我先从电子数据的收集、提取和保管开始讲起。

办案部门收集、提取和保管电子数据的载体是不是做到了唯一性标识？大家想想，唯一性标识重不重要？一般涉案的要么是赃款，要么是赃物。赃款是类型物，有个数量就可以了，比如某贪官涉案 1 000 万元，谁也不会去把这 1 000 万钞票的序列号给抄下来，记一个数额就可以了。但是赃物就不同了，它是个体物，如果不能唯一标识，赃物被换掉了，是谁的责任？在保管的过程中，由于诉讼周期很长，流程很长，还要变换司法机关等，一旦丧失了唯一性标识，物证是没有办法追溯的。

很多电子数据的原始存储介质——电子产品，都具有唯一性标识，最起码有个序列号。比如手机有 IMEI 号，甚至每一个芯片都会有一个出厂编号，像集成电路编号 ICCID。有人说，我在办案现场发现的电子产品上没有唯一性编号怎么办？这个路径并没有被堵死，没有唯一性编号，还可以在不影响整个物证表面性状的情况下，用记号笔在物证上面标注一下，在清单里面就可以写"表面标注有 ×× 字样的 ×× 物品"，这就做到了唯一性标识。

我借用一些案件中出现的具体扣押情况给大家介绍一下。在某案件中扣押清单里记载："手机一部，白色小米 2S。"白色小米 2S 显然不具备唯一性，这种描述不可能具备唯一性，只能说具备了相对唯一性。大家再看看，从百度云盘上下载的数据存储到光盘上，保存特征是"一张光盘"，在这种情况下，如果光盘被换掉了，责任算谁的？光盘的编号是什么？即使光盘编号不重要，但光盘里面数据的哈希值，算出来标注一下不行吗？很多标识起不到唯一性的作用，这就是问题所在。一旦出了问题，没有办法追溯，责任划分时就会出现扯皮的情况。

（二）审查电子数据保管链（介质、数据）

电子数据的保管链包括两个部分，一个是纯电子数据介质的保管链，另一个是电子数据本身的保管链。物证被扣押以后会涉及很多环节：查封、保管、送外部进行检验或者鉴定、归还，机关之间因为诉讼过程发生移送，等等。因为电子数据属于客观物证，一旦出了问题，会给案件本身带来颠覆性的、致命的影响，谁也无法承担这个责任。因此，大家遇到这方面问题的时候，要关注一下保管链。这里我给大家举几个比较典型的例子。

2017 年，河北某地发生一起强奸案，受害者告男方强奸，移送起诉后嫌疑人始终不认罪，说二人是情侣关系。公诉人想看看涉案手机里面是否有证明二人的亲密关系的证据，比如聊天记录、交往的记录等，但是手机无法打开。这种情形之下，基层法院经过层层委托到了最高人民检察院。最开始我们判断手机无法开机，可能是屏幕碎掉了，大家看图 5-6 左边那个手机屏幕，这就是当时的真机。因此我们就换了个屏，但仍无法开机，我们怀疑电池有问题，又把电池给换了，解决电池问题后还是无法开机。直到最后一刻，大家都快放弃的时候，我们一个同志发现主板上的存储芯片没了，大家看镊子指的这个位置，就是放芯片的位置。回头一想，一切就都符合逻辑了。所以说，如果没有在这个关键点上把握住，可能就会造成一起冤假错案。我现在虽然也了解这种技术手段，但是未必能把芯片焊得干干净净，非专业人员是非常难实施的。

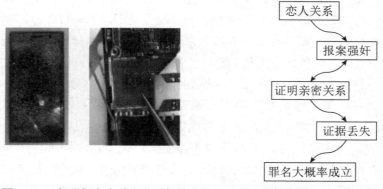

图 5-6　一起强奸案中受害人手机的存储芯片丢失及可能引发的案件流程

以前我们在协助反贪部门办案的时候，还遇到过硬盘没有盘片的情况，这和前面的手机芯片丢失是一样的。大家想想，本来是恋人关系，后来报案强奸，能够证明亲密关系的聊天记录找不到。为什么找不到？芯片没了，证据丢失，这个罪名大概率成立。简单想想，这个案子的走向可能就变了，往深里想想，这里面隐藏了故意犯罪，这也是在检材保管期间发生的问题。

还有一起教训很惨痛的案件。2014 年 8 月，正是伪基站案件比较高发的时候，北京某区公安机关侦办了一起伪基站案件，扣押了一台犯罪嫌疑人用于实施犯罪的笔记本电脑，还有无线信号广播器等。到 10 月案件移送审查起诉的时候，检察官要求公安机关把涉案的笔记本电脑移过来看看，但经过两次催促仍然没有移送，这时候公诉人已经有所警惕了。10 月底，电脑移送过来以后，我们技术人员经过鉴定确定了如下几个事实：笔记本电脑的硬盘被格式化两次，第一次是从 Ubuntu 格式化成 Windows7，后来又从 Windows7 变成了 Ubuntu，伪基站案件所涉及的电子数据中本应保留的被中断用户的号码列表日志被删除、覆盖而无法恢复。这样，此案中伪基站的犯罪嫌疑人就回家过年了，案子撤销了，负责保管那台笔记本电脑的民警，被办案的检察机关以玩忽职守罪立案调查。为什么？一是经过一顿折腾，把涉案的关键证据给灭失掉了；二是在电脑上发现了民警大量的个人照片、视频等，这就是物证保管阶段很惨痛的经验教训。

除了介质本身的保管链之外，我们还要注意电子数据本身的保管链。为什么要关注这个？实际上，我们也有一些很重要的发现。广西某检察机关在办理一起非法集资案件时，侦查人员通过勘验的方式，从犯罪组织租用的云服务器上下载了涉案的电子数据文件并压缩保存。经压缩保存以后成为一个压缩文件且计算了它的哈希值，这都是一些常规操作。为了分析这些数据，侦查机关又将其送交社会机构去做鉴定，问题就来了。勘验得到的数据有 MD5 值做固定，但与鉴定机构接收到的数据的哈希值不一样。可是事实上这些数据又确确实实是勘验得到的，那么问题出在哪里呢？

经过我们的分析，并建议检察官进一步了解情况后得知，侦查机关是把勘验数据的一部分摘出来送社会机构进行鉴定。像这种情况，我们的补救措施很简单，做一份工作说明进行合理解释就可以了。但如果连这份说明都没有，假如我是律师，就肯定咬住不放，据理力争，把这份鉴定意见排除掉，那案件可能处于被动状态。因为很多案件，尤其像这种网络犯罪案件，电子数据甚至有可能是唯一的客观类证据，如果排除掉，剩下的像供述这种言词类的证据材料，不足以支撑证明体系。这就说明数据本身也存在保管链的问题，尤其是线上线下空间有交叉的时空背景之下，介质或者数据的保管还会面临更大的风险。

从网上已经披露的案件来看，我发现至少有三起案件的办案程序反映出来的问题需要引起我们的重视。第一起是查办湖南某职务犯罪案件的监委工作人员利用微信盗刷涉案人员 34 万元人民币。第二起是江西某县民警在办理一起开设赌场的案件中，使用嫌疑人手机中的微信购买生活用品，涉案金额 6 万余元。第三起是天津某技术取证公司的人员，在协助侦查机关办案的过程中，对被扣押的犯罪集团的手机进行取证时隐匿其中的账号信息，自己用来消费，涉案金额 3.5 万余元。这些案件很快就侦破了，因为涉及支付类的信息属于金融信息的一部分，都是永久保存的，而且国家有专门的部门在进行重点监管监控，所以不可能不被发现。此外，涉及财产类的案件，即便国家有关部门没有及时监控到，物品原来的主人也会注意到。讲到这里，我又觉得以后对手机取证的数据，在时间线上恐怕还要加一道审查的关口，因为这里容易引发新的犯罪。

（三）电子数据鉴定意见的审查

接下来，我讲讲电子数据鉴定意见的审查。司法实践中遇到最多的可能就是各类电子数据的检验报告、鉴定意见了。如何对这些电子数据的鉴定意见进行审查？我想从实体和程序两方面进行介绍。

从实体方面审查鉴定意见可以关注三个问题：第一是技术标准规范的选择适用；第二是鉴定对象是否适当；第三是鉴定对象与鉴定工具是否存在混同风险。

1. 技术标准规范的选择适用

在技术标准规范的选择适用上，如果有国家标准，应当优先适用国家标准；没有国家标准但有行业标准的，要及时查询，因为行业标准的更新比较快，它们的修订周期可能是一年、半年，甚至随时在修订，要注意查新，防止使用已废止的标准；在没有相关行业标准或者技术规范依据的情况下，应考虑所采用的依据（技术原理、参考材料）是否合理。

我们先看一个比较典型的案例。我的一位同事在审查一份电子数据鉴定意见的时候，发现鉴定意见书第二页列明的标准规范依据是公安部公报（2015 年第 4 期）已经公布废止的行业标准，但是这份鉴定意见书出具的时间是 2018 年。大家想想，如果你是律师，碰到这种情况会怎么想？鉴定意见依据的标准早已被废止了，这个鉴定意见还能用吗？当然，从实质上的技术动作来看，可能并没有什么差别，比如这几个废止的规范 GA/T 825—2009、GA/T 826—2009，实际上并不是从根本上废止，而是已经升级为国家标准了，但是从形式上讲它们确实是被废止了。所以，在鉴定书里面出现这种表述，显然是不适当的，这份意见应当被排除，建议重新鉴定。

另外一份鉴定（软件功能鉴定）意见书，由于某一个 App 的软件需要远程验证，但该软件远程验证服务器已经关闭，现软件无法正常运行。结合软件使用说明书对软件做功能鉴定，是非常荒谬的，而且我没有发现该鉴定书里面有其他的依据。

还有判定一款软件是否具有"非法控制计算机系统"功能的鉴定意见，它的依据是用户在安装微信时点击同意的微信协议，以此判定这个软件能否"非法控制计算机信息系统"，是非常不适当的。

2. 鉴定对象是否适当

鉴定对象是否适当，这句话不太好理解。我举一个例子，山东某地发生过一起利用互联网传播淫秽物品案，其实就是网上注册用户能够在线观看淫秽视频，查封以后公安部门把服务器硬盘提交鉴定，以确定淫秽视频的数量。这里就有一个问题，服务器上所有的淫秽视频是不是都能被公众看到？显然不是。有权限的问题，有测试的问题，还有其他方方面面的问题。我在这里强调要注意"本体与呈现的关系"，什么意思呢？服务器站点磁盘上所有的视频文件，不等于可被公众访问的视频文件。

3. 鉴定对象与鉴定工具是否存在混同风险

现在手机在案件里面出现得较多，常常需要提取手机里面保存的 App 的数据，有的机构使用手机作为工具，还能获取手机 App 云端的数据，在这种情况下就要进行区分了。不要把鉴定对象混同为鉴定工具，往下拉数据。可喜的是，目前国内有一些取证公司已经克服了这个问题，大家可以查询了解一下。

对于电子数据鉴定意见的审查，还需要从程序上关注几点：司法鉴定机构和人员的资质、委托受理的程序、司法鉴定要做何种判断（事实、法律还是价值）、鉴定意见的表述形式，等等。

目前，我国的鉴定机构由公安机关、检察机关、国家安全部门和社会机构组成，并通过登记的方式进行管理。一旦涉及登记管理，就会涉及机构开展鉴定项目的有效期和业务范围，这是一种形式上的审查，有经验的人很快就能够得到审查结果。在委托受理方面要注意区分一下时间上符不符合正常逻辑，比如有的委托鉴定在签发日期之后，也许实质上可能没什么大问题（提前沟通等），但形式上始终存在漏洞。

另外要注意鉴定意见的表述形式和鉴定意见的判断。司法鉴定是根据有关技术标准，客观、科学实施技术活动的过程。但大家看看下面这几份鉴定意见。

第一份："经检验，检材中包含公民个人信息 100 000 条。"根据 2017 年 6 月 1 日起施行的《关于办理侵犯公民个人信息刑事案件适用法律若干问题的解释》的规定，是否属于公民个人信息是需要进行法律判断的，在鉴定意见里不适宜进行直接的描述。可以描述为：发现多少张银行卡，发现多少个身份证号码。直接将这些内容认定为多少条公民个人信息确实是有问题的。

第二份："经检验，检材控制的计算机台数计 25 台，达到了情节严重的程度。"是否达到情节严重的程度，是由检察官和法官进行判断的内容，该意见显然超出了鉴定机构判断的权限范围。

第三份："经检验，在检材中提取淫秽录像文件 83 个，提取淫秽图片 10 332 张。"是否属于淫秽物品这种需要进行价值判断的内容也不应出现在司法鉴定意见书中。

对鉴定意见的形式审查还包括审查是否有鉴定人签名，还是只有盖章没有签名，缺不缺少某些要素。还有一些电子数据鉴定意见中特有的"大意"，这是我在实践中发现的一些问题，具体可见图 5-7。

1. 没有鉴定人签名，只有机构的"司法鉴定专用章"；
2. 委托要求与鉴定结果不对应；
3. 缺少主要要素，如送检人、附件、电子数据哈希值等；
4. 超出司法鉴定范围的结果表述；
5. 一个电子数据特有的"大意"，如下所示。

> 将上面导出的文件，使用压缩软件打包成一个文件"涉案数据.rar"，使用哈希工具软件，计算该文件的 MD5 值为：23DF23887237123CE3677812424BA6743876918F。　SHA 1

图 5-7　电子证据鉴定意见的常见漏洞

（四）不妨再做一次实质性的电子数据提取

在很多情况下，检察官都可以组织一次实质性的电子数据提取，这听起来有点像自行补充侦查，我简单总结了一些有必要再提取一次电子数据的情况：（1）供述类证据与电子数据检验报告（鉴定书）反映的细节存在比较大的出入；（2）多份鉴定意见之间存在较大的分歧矛盾；（3）证据 A 与证据 B 之间，在同一事项的证明结论上截然相反；（4）重特大案件、社会影响大的案件；（5）刑事政策有特殊要求的案件；（6）检察官无法完成对证据的内心确认。

同样举两个例子跟大家交流。一个是 2008 年发生的未成年人强奸未成年人的案件，侦查终结移送起诉以后，嫌疑人的父亲又提供了一张罚款单，说他儿子的出生日期搞错了，他儿子的出生日期应当是 1994 年 11 月 15 日。如果认定这个出生日期，嫌疑人实施犯罪活动的时候并不满 14 周岁，应当免于刑事处罚。当时，公诉人觉得很诧异，在经过两次退回补充侦查以后，仍然没有排除出生日期上的合理怀疑，于是启动自行补充侦查，由我来具体配合他。经过详细的分析，我们前往原籍现场取证，调取他在实施犯罪活动前后两部分的历史数据进行解密分析对比，进而确定了他的出生日期。在作案之前，他的出生月份是 1994 年 4 月，作案以后明确地改成了 1994 年 11 月，这是非常明显的一种变化。后来法院认定了我们结论，判处被告人一年六个月有期徒刑。

另外一起案件我印象也比较深刻。2014 年，犯罪嫌疑人通过微信"摇一摇"约到了附近的一名单身女性，两人一起去喝咖啡。返家途中，嫌疑人就说咖啡喝多了有点渴，想去女子家里喝一杯水，女子同意了。两人到家后，嫌疑人就到厨房拿了一把刀对女子实施强制猥亵，一手拿刀威胁，一手拿手机拍照，女子趁其不备夺刀成功，一顿挥舞把嫌疑人吓跑了，很快嫌疑人被抓住了。一审的时候被告不认罪不悔罪，否认拍照威胁，侦查机关委托某社会机构提取手机中的照片但并未找到涉案照片。一审只能基于口供、监控录像判处被告强制猥亵妇女罪，判处其有期徒刑十个月。因为手机中未找到相关证据，所以手机就作为个人财物发还了。检察机关觉得这个判决有问题，便提起了抗诉。为了获取更加客观、关键的证据，我们开展了技术攻关，最终从手机中提取到了最关键的照片，彻底戳破了被告人的谎言。抗诉以后，被告人认罪悔罪，承认拍照的事实，我们找到了这些实施猥亵的照片，法院判决被告人有期徒刑一年四个月，同时手机作为犯罪工具予以没收。在这个案子中，检察官内心基本上有个确认，但是苦于没有客观证据，怎么办？我们在原有的证据基础之上再进行了一次实质性的电子数据提取，效果非常好，抗诉成功。

（五）电子取证数据量日益增大，对数据和报告的再分析需求旺盛

我曾经在一个办案单位看到打印出来的微信聊天记录有 1 300 多页，面对这些海量的数据，怎么开展审查判断分析？没有好的工具根本无从下手。在我看来，这些大部头电子数据驱动的报告简直就是一座非常大的矿山。某基层检察院技术人员协助检察官在某案中的 1 万多条短信、26 万余条微信记录里面进行证据审查，最终认定的受害者从一名增加至十几名，涉案金额也从 5 万多元增加到 120 多万元。其实只要有一个能够对这些报告进行快速检索标记的工具就可以解决 80% 以上的问题。可惜的是，目前还没有这种工具可供使用。

我再举一个例子，是甘肃某地一起贩卖毒品的案件。通过对报告的再分析，直接改变了案件的定性。嫌疑人曾某从云南临沧驾车到甘肃兰州，在这个过程中被公安机关查获，在车里发现大量的冰毒，曾某矢口否认，说他并不知道这是毒品。按照《办理毒品犯罪案件适用法律若干问题的意见》的规定，可以推定犯罪嫌疑人主观上明知是毒品，但需要有客观证据来佐证。在侦查过程中，当地检察机关的几名技术人员很努力，在近 45 000 条的电子数据记录中制定搜索策略，后来发现有关证据有可能隐藏在声音文件里面。当时很多取证软件对声音文件还不能实时解析成文字，那么他们又是怎么找到声音文件的端倪呢？具体的技术路线可能不太适宜公开，总之这些声音表达的意思仿佛跟毒品有关。这些文件出现在某音乐软件中，技术人经过分析研究发现原来音乐软件也有社交功能，可以进行即时聊天。通过对相关信息进行分析解读，最终这些声音文件翻译出来后成功用于认定被告人构成贩卖毒品罪。如果没有这个证据，可能没法认定或者只能认定持有毒品罪。

我们也是从这样的案件中陆续了解到很多有组织犯罪会使用一些非常小众的 App 进行联络，这也为以后打击类似犯罪提供了一些新的思路。

（六）电子数据法庭示证需要采用新思路

未来，用电子数据来指控犯罪应当采用一些新的思路，尤其是现在涉案电子数据愈加海量，指控的事实与相关电子数据之间能不能很好地关联，能不能发挥很好的庭审效果，这些很重要。我们也希望社会上有关的研究机构能在这方面做一些工作。这些年，我们也进行了一些尝试，比如在网络犯罪案件、网络传销案件里面，通过分析网络传销组织后台，制作、生成组织结构图，辅助检察官审查判断相关的证据，效果也挺好。但总体而言，提升电子数据的法庭示证效果还有很长的路要走，这也为很多研究机构提供了科研的空间。

（七）多问一句：是否穷尽了技术手段？

作为技术人员，在很多情况下，在接到检察官委托的时候，不要浅尝辄止，不要动不动就说"我们干不了"，而是要多问自己一句："是不是穷尽了技术手段？是不是穷尽了方法？"2019 年，天津发生了一起案件，嫌疑人通过某交友网站约会女性，制造机会下迷药，趁对方失去意识的时候，使用受害人的手机转账、强奸对方、拍摄裸照，案发时已有三个人报案。嫌疑人到案以后拒不承认下药行为，一段时间以后，受害人体内无法检测出来迷药的成分，而且嫌疑人选择的约会场所都是没有监控录像的地方或者监控死角，不可能记录下约会的全过程。检察机关以抢劫罪起诉，但是一审法院认为手机转账记录只能表示二人有交易往来，无法证明当时二人处于何种状态，因此一审判处被告有期徒刑 11 个月。检察院认为刑罚极轻提起抗诉，并启动技术侦查，委托技术部门对涉案的一块硬盘进行解析，可惜的是硬盘采用了 BitLocker 分区加密，嫌疑人又说不知道密码，几乎没有方法破解这个硬盘。几位技术人员很辛苦，通过一些社会工程类的方法，全面搜集了嫌疑人的有关信息，包括账号、昵称、在其他平台注册时使用的密码、一些输入法流程的记录等，对其进行了分析，整理出了比较全面的"密码词典"。经过大概 7 天的时间，技术人员最终"猜"到了密码。打开磁盘以后，技术人员发现了另外 30 余名受害人，700 多段迷奸视频，还从电脑中提取、固定了被告人在网店购买"咪达唑仑注射液"这种迷药的记录，以及他与别人交流作案经验、销毁证据、逃避处罚的聊天记录、搜索记录，等等。案子抗诉以后，法院判决被告人犯强奸、抢劫、强制猥亵罪，数罪并罚，判处其有期徒刑 20 年。试想，如果没有后面的努力，这个案子的效果会如何？仅仅 11 个月的刑期并不足以制止他继续用同样的手法来危害其他人。

（八）通过专门审查，帮助检察官完善证据链条

很多案件中，通过开展一些专门审查工作，能够很好地帮助检察官梳理完善证据链条，弥补一些证据瑕疵。这里，我也举一个比较典型的破坏计算机信息系统的案件。

嫌疑人张某是一家软件公司的运维人员，他的日常工作就是维护一所高校的教务管

理系统。后来，张某离职，但游荡了半年也没有收入来源，生活穷困潦倒。有一天，张某突发奇想，想看看自己还能不能登上老东家的系统，结果发现可以，他原来使用的账号密码并没有被原公司封禁。于是，他很快就在高校的论坛上注册了一个账号，并发帖说可以帮考试不及格的同学"想办法"。他的生意果然很火，每改一科成绩大概收 300 元，不到半年，就有几百个学生找他改成绩。到案发的时候，涉案金额已经达到 7 万多元。侦查机关移送起诉时，除了部分供述之外，还有三份电子数据：一份是高校教务系统后台数据库（Oracle 数据库），光盘中的访问日志有十几万条；一份是张某个人使用的笔记本电脑，但没有做数据提取；还有一份是张某的一部手机，也没有做数据提取。后来，我们和检察官说，这些数据都没有提取，你们怎么进行分析和认定呢？整个取证的过程就比较粗糙。本来这是一个基层院的案例，后来咨询到了最高人民检察院司法鉴定中心，我和一个同事同时上阵帮检察官完善证据链条（见图 5-8）。

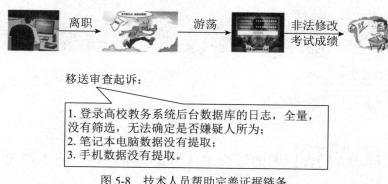

图 5-8　技术人员帮助完善证据链条

在梳理证据的链条的时候，我们发现扣押的笔记本电脑唯一标识错误，跟嫌疑人那台笔记本电脑不一致，这个问题非常严重。我们向检察官反映情况，询问到底是什么原因导致不一致。检察官与扣押人员了解的情况是，嫌疑人使用电脑的频率很高，时间也很长，因此标识序列号的底部磨得看不太清楚了。由于扣押的时候又要填唯一性标识，办案人员就随便上网站搜了一个同型号的笔记本电脑，把网上这台笔记本电脑的型号给抄过来了，后来写了个工作说明把这个漏洞给弥补上了（见图 5-9）。

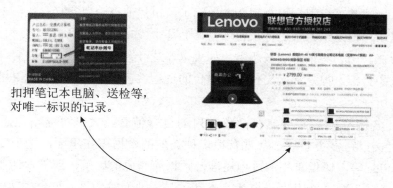

图 5-9　技术人员帮助完善证据链条

经过对笔记本电脑中的数据进行恢复和提取，我们又发现了几个比较重要的证据。第一个是查询学校后台数据库的数据库分析。第二个是修改考试成绩的 SQL 指令集，犯罪嫌疑人把修改学生考试成绩的方法都记录下来，设备到时候直接执行脚本就可以。第三个是在后台访问记录中，我们按照时间段筛选出来与嫌疑人计算机同名的记录。我们在笔记本电脑里还发现了犯罪嫌疑人作案以后上网搜索的有关记录，比如，入侵了学校后台修改成绩违法吗；还有和朋友商量如何逃避法律追究等的聊天记录；最重要的是他给每一名学生修改成绩的时候，就会在账本中记录每一科的收费情况以及修改前、修改后的分数各是多少。经过对上述证据的梳理，固定这个案件的证据闭环就形成了，案子顺利判决。我们的取证和完善证据链条的工作也得到了检察官的高度评价（见图 5-10）。

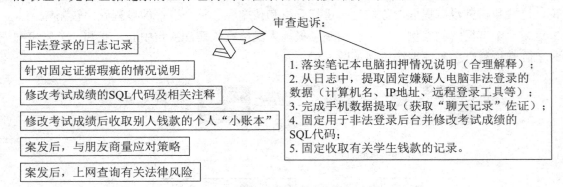

图 5-10　技术人员帮助完善证据链条

（九）在解决专门性问题的过程中，落实"求极致"的工作要求

接下来我和大家分享的这个案例很典型。嫌疑人林某、张某在没有获得支付结算业务资质的情况下，通过微信、支付宝、平安银行的 H 股通道等支付接口，自建支付结算平台，大量购买和注册支付宝空账号，为网上赌博集团提供资金结算服务。这个案子很明显符合开设赌场罪的犯罪构成，侦查机关也是以这个罪名移送审查起诉的。但是根据当时两高《关于办理非法从事资金支付结算业务、非法买卖外汇刑事案件适用法律若干问题的解释》，这个案件也符合非法经营的特征。由于涉及的资金高达几十亿元，同时又有地下钱庄资金非法外流等情形，该省政法委领导高度关注，批示从严办理。但从移送证据的情况来看，涉案支付结算平台因为租金到期被关闭了，虽然侦查阶段对后台服务器中的数据进行了勘验和提取，也组织力量进行平台恢复，但是未成功。这可能也是当时以开设赌场罪移送的原因所在。因为案子影响很恶劣，如果以非法经营定罪，法院判决肯定会更重，这也是我们追求的目标。但是涉案支付结算平台的过程性证据和功能性证据是能否判处非法经营罪的关键所在。

我们的几名检察技术人员建议检察官启动自行侦查。大家可能不太了解类似的平台，由于支付接口跨多个系统，常常有很多种类型的数据库在里面，这个案件中除了有 MACircle、radius 等，镜像重构的过程还涉及数据库密码的破解，还需理清服务器数据库的配置关系，总之同志们的压力非常大。幸运的是，他们成功了。平台搭建成功以后，还要研究摸索复杂的支付业务，技术人员又参与讯问了部分嫌疑人，了解了一些技术路线，逐步证实了嫌疑公司通过控制大量的空壳账号，形成受主犯支配的资金池。这个案件后续进展得很顺利，涉案资金从 30 亿元增加到了 46.9 亿元。后来，一审以非法经营罪判处林某有期徒刑 12 年 6 个月，没收个人财产 5 000 万元。详细了解这个案件的技术细节之后，真的要向检察技术人员致敬，他们就是用"求极致"的精神，兑现了自己当初向检察官的承诺，很不容易，这需要有胆量有担当，更要有追求极致的态度和过硬的技术能力。

（十）在实践工作中还要注意避免教条化的审查

说实话，侦查取证非常不易，尤其是很多网络犯罪发生在虚拟空间，办理起来难度较大，所以要珍惜来之不易的成果，要考虑到侦查机关技术取证工作的一些现实情况，按照刑事诉讼法关于排非的规定，对物证类、声像资料类电子数据的审查要慎重。即使有瑕疵，也要看能不能进行合理解释、说明。要对打击犯罪与司法成本加以平衡。毕竟，刑事诉讼法也确立了认罪认罚从宽的制度。

说到避免教条，再说一个细节。某地公安机关曾经向我们反馈，说检察院只要刻录在光盘上的数据，说这样能保证电子数据不被修改，这还是体现了机械司法的理念，用光盘刻录虽然能够保持数据不被修改，但如果使用硬盘，只要做好哈希值校验，效果也是一样的。所以我们希望实务人员不要教条地坚持，这样没有实际意义。

三、探讨几个问题

最后，我想和大家探讨几个问题，也是我近期的几个思考。

第一，加强检察机关自行补充侦查工作。2020 年 3 月 27 日，最高人民检察院和公安部联合印发了《关于加强和规范补充侦查工作的指导意见》。该指导意见对检察机关退回补充侦查、自行侦查提出了一些要求，特别是在"案一件比"的工作要求之下，检察技术的力量和人才可以发挥一些专业优势。比如，在部分案件里面是不是可以不退回补充侦查？两次退回以后仍然没有解决问题的，是不是可以继续做一些工作，自行补充侦查？目前，全国检察系统具有鉴定资格的电子数据技术人员有一千五六百人，虽然说这个量不是很大，但是可以开展的工作还是不少的。

第二，对公安和社会鉴定意见的监督。对刑事案件来说，检察机关是比较易于发挥监督职能的。实践中，我们也确实在这方面发挥了一些监督作用。比如河南、浙江前段时间在相关工作报告里面都提到，在涉及虚假鉴定、黄牛鉴定等方面都有一些非常有影响力的案子出现。在刑事案件里面，检察技术实际上充当了司法鉴定守门员的角色。在案件提起公诉之前，把了一道守门员的关。但是，在社会鉴定方面依然出了很多问题，比如民事案件的鉴定意见由谁来监督呢？大家可以思考一下。

第三，培养复合型的法官、检察官，还是细化分工，让"专业的人干专业的事"？在惩治网络犯罪的工作中，是需要法官、检察官当多面手，具备复合型的知识，还是细化分工，让专业的人干专业的事？哪个更可行呢？当然，仁者见仁，智者见智，每个人都会有各自的理解。我觉得细化分工，专业的人干专业的事似乎更切实际一些。

破解电子证据时代的挑战：海量电子证据如何审

主讲人介绍

赵宪伟，最高人民检察院检察技术信息中心检察科研处处长，国家检察官学院高级兼职教官，中国人民大学网络犯罪研究中心研究员。在职务犯罪电子数据调查、大数据分析以及刑事案件电子数据审查等方面有丰富的实践经验和理论成果。代表最高人民检察院参与研究的"电子数据取证关键技术与应用"项目荣获 2019 年度国家科学技术进步二等奖。

刘政，北京市东城区人民检察院综合事务中心副主任，北京市人民检察院司法鉴定中心电子数据鉴定人。北京市先进工作者，国家检察官学院检察教官，全国"网络犯罪检察人才库"成员，中国政法大学刑事司法学院兼职导师，北京市司法局司法鉴定协会司法鉴定专家库专家，北京市首批网络检察专家级人才，北京市检察机关检察技术办案领域专家级人才，全国检察机关电子取证大练兵取证能手，北京市检察机关数字检察人才库人才。2010 年开始从事电子数据取证、审查以及司法鉴定工作。参与办理涉及电子证据检验和鉴定的案件一千余件。在电子数据取证、鉴定和电子数据技术性审查工作中积累了丰富的实践经验。

徐衍，杭州市检察院案件管理办公室副主任，首批全国网络犯罪检察人才库成员，全国检察机关电子数据取证能手，浙江省检察信息化人才库成员，杭州市检察业务专家，在《人民检察》《检察工作》《中国司法鉴定》等核心期刊发表多篇文章。

讲座主题

有效审查海量电子数据，既是一线办案检察官的急迫需求，也是工程技术领域长久未能实现突破的板块。

实践中，既要平衡电子数据量大与办案时限紧张之间的矛盾，也要面临检察官主动审查运用电子数据的意识薄弱、相关专业技术人员力量不足以及缺乏专业指引等突出问题。本次讲座通过梳理司法办案通用模型，研究司法诉讼对电子数据价值挖掘的精准需求场景，利用人工智能和大数据技术建立与完善检察办案审查证据的知识图谱，实现对电子数据蕴含的诉讼价值的深度和高效挖掘。

电子数据的"用"

刘　政

我从三个方面给大家做汇报，一个是"数据难用"，一个是"审查困境"，还有一个重点谈的是"检技配合"。

电子数据作为证据形式正式写入《刑事诉讼法》已有十多年的历史。电子数据从"取证"的角度来说已经形成相对成熟的生态，理论界和实务界都在研究电子取证。电子数据发展到今天，从取证的角度来说走到了相对成熟的阶段，同时也到了一定的瓶颈期——能取得出来就肯定能取出来，取不出来的还是取不出来。当然，现在电子数据的取证并非不发展了，比如从 App 分析、数据库取证、网站生态重构、恶意代码分析，到物联网取证、涉及智能设备的取证等。这就是在"取"的上面百家争鸣。回过头来，我们再看"用"，取了这个证据以后肯定是要用的，否则就不用取了。

我们先来说电子取证的生态，它的"衣食父母"究竟是谁？如果我们把电子数据比作"菜"，那么它的"衣食父母"就是最后吃"菜"的人，最后吃"菜"的人是谁？不是取证技术人员，也不是刑事技术人员、检察技术人员——他们更多的是在"取"上面做一些工作。真正用电子数据的人是谁？是法律从业人员，是侦查人员、检察官、法官、律师。

电子数据不同于传统的物证、书证，不论用什么手段获得的物证、书证，都很直观，拿过来就能看得明白、就能用。但是电子数据不一样。以检察院为例，往往到了审查起诉阶段，检察官手里的还是海量的电子数据，但检察官需要从中找到能够证明犯罪事实的证据。现在这个状况等于从海量的数据里淘金。那么，"用"现在是一个什么状态呢？有一个实务中的段子：侦查机关移送审查起诉的案件中的电子数据有 500 多个 G，检察官跟侦查机关说你把电子数据给我打印出来拿过来！这个不是笑话。现在，无论是检察官、助理检察官还是书记员，更多的时候是怎么做的？是拿到手机报告取出来的文件，人工翻页、人工筛选、人工统计！"取"和"用"是不是形成了强烈的对比？特别是各个取证厂商在"取"这方面的产品，迭代非常快，而且非常炫。但是在如何"用"的方面，法律从业人员手里还没有审查电子数据的利器。所以就形成了电子数据的"取"和"用"是剃头挑子一头热的状态。这样发展下去，将来会是什么样？"取"可以，怎样先进地"取"都行。但是真正到"用"的时候，如果法律从业人员、办案人惧怕审查电子数据、惧怕运用电子数据，这样长期发展下去会是一个什么状态？大家可以想象一下。

一、数据难用

数据难用，主要体现在：第一，看不到。量大不易看，没有工具看，没有意识看（或者意识还没培养出来）。第二，搜不着。报告格式多样，提取的文件的类型繁多，量大且没有能够快速搜索的好用的工具。第三，用不好。海量电子数据往往存储于巨大的虚拟空间，其中往往蕴藏着远超司法机关掌握的违法犯罪线索，目前我们对其的挖掘、利用程度远远不够。这在实务中一次又一次得到了印证。现在实务就处于这样的状态——数据难用。

现在实务中电子数据"取"的情况是：侦查机关自行从磁盘、网络、手机收集提取或委托鉴定机构出具坚定意见，获得海量文件、数据库脚本网站源码和各种 html 报告。拿到数据，检察官的"审"只能用最传统的方式。我们都有类似的体会：随着信息技术运用越来越广泛，以往案件取得的数据用一张 CD 就能放下，后来是用 DVD，再后来出现了蓝光光盘、移动硬盘（上 TB 级别）。前段时间，东城区人民检察院的一个案件，侦查机关送来的是阵列，包含 60T 的数据！

如今，提取的数据量越来越大，而且各种类型的数据都有。除了图片、文本、表格、视频等，还有脚本、源代码，如某个后缀为".sql"的文件是数据库的脚本，其本身不具备可读性，要想读明白就需要技术人员运用技术工具进行转化。又如一份手机取证报告有35 万余页，再如从某手机提取出的微信聊天记录有 900 余万条，这样的情况如何处理？

二、审查困境

检察机关在数据难用的背景下办案就直接面临审查困境。具体表现在以下几个方面。

第一，装备落后，难以满足正常工作需要。先不说检察技术人员，就连检察官手里都缺少审查电子证据必要的科技装备。侦查机关办案过程中收集的电子数据体量越来越大，但是很多地方的检察官办公电脑没有蓝光光驱，那如何读取蓝光光盘？更不用说其他的审查工具了。所以，装备落后是现在最大的困境。除此之外，检察技术的辅助装备也较为匮乏。

第二，海量电子数据审查与审限紧张的矛盾。数据体量越来越大，审查需要耗费大量时间，这也是目前电子数据审查实务中最为突出的问题。高效审查海量电子数据存在诸多困难，即使委托检察技术人员介入，利用专业手段和技术装备辅助开展电子数据审查，也需要一定的时间，而不论是审查逮捕还是审查起诉，均有时限要求。审查逮捕一般只有 7天时间，在 7 天时限内审查、利用好电子数据，困难重重。在大量案件中，特别是经济案件中，逐渐呈现出信息网络化特征，导致犯罪证据多数以电子数据的形式留存，而此类电子数据的体量日益增大。如何实现关键证据的快速锁定、查询和审查是困扰一线办案人员的重要问题，尤其是在捕诉合一、案多人少的背景下，对于海量电子数据审查的提质增效就显得尤为重要。

第三，检察官审查电子数据缺乏指引。比如，是否可建立提醒机制，提醒检察官是否需要考虑委托技术性证据专门审查，是否需要辅助进行海量数据筛查等。再比如，什么性质的案件需要开展什么类型的电子数据鉴定，公安机关答复的无法鉴定或者无法收集提取的电子数据是否有依据等，这些问题的提出都需要有相当深厚的专业背景。

第四，检察官对电子数据的敏感度较低。检察官因其审查电子数据的技能跟不上，对电子数据的认识也就比较薄弱，但是现在，尤其是涉网犯罪中电子数据往往是核心证据，这种薄弱的意识就成为关键问题。

第五，检察机关专业技术人员配备不足、水平参差不齐。在多重改革的背景下，专业技术人员，特别是从事电子数据取证审查的人员，有一定流失。有的单位里的技术人员完全不再负责这一块儿的工作。然而，很多特殊电子数据还需要专业技术手段予以展现，但没有这样的专业技术人员提供辅助，就导致检察官面对电子数据这样的科学证据时没有安全感。

第六，公检法在刑事诉讼领域，对电子数据的认知存在差异。目前，公检法对电子数据的收集提取、移送展示、审查认定在理解程度上存在差异且不够统一，应当加强交流，统一标准。

三、检技配合

如何走出当下检技配合不足的困境？就目前来说，最直接也最容易实现的路径，还是从机制保障、人员配齐、观念转变、建立互信、工具完善等方面来突破，以此来更好地审查海量的电子数据。

机制保障方面，这几年检察机关针对检察技术辅助办案出台了不少规定。例如，2019年12月30日发布的《人民检察院刑事诉讼规则》第5条规定："检察官办理案件，可以根据需要配备检察官助理、书记员、司法警察、检察技术人员等检察辅助人员。检察辅助人员依照法律规定承担相应的检察辅助事务。"又如，2018年4月3日发布的《最高人民检察院关于指派、聘请有专门知识的人参与办案若干问题的规定（试行）》，对检察技术人员参与办案给予了明确的定位和指导。2021年1月22日发布的《人民检察院办理网络犯罪案件规定》第8条规定："建立检察技术人员、其他有专门知识的人参与网络犯罪案件办理制度。根据案件办理需要，吸收检察技术人员加入办案组辅助案件办理。积极探索运用大数据、云计算、人工智能等信息技术辅助办案，提高网络犯罪案件办理的专业化水平。"

就以东城区检察院为例，早在2017年检察体制改革之后，检察技术人员就面临检察技术工作的转型问题。东城区检察院当时已经作出了尝试，将本院的技术人员编入办案组。因为当时东城区检察院成立了"网络电信犯罪检察部"的专业化办案部门，我们有三名技术人员具备电子数据鉴定的资质，就将他们编入了办案组，配合进行案件办理，辅助开展电子数据的审查运用。

2021年发布的《人民检察院办理网络犯罪案件规定》中对于检察技术人员可以开展什么工作规定得比较明确。第12条规定，引导取证的过程中可以指派检察技术人员共同参与；第16条规定，检察机关制作继续侦查提纲或者补充侦查提纲的，对于专业性问题应当听取检察技术人员或者其他有专门知识人的意见；第23条规定，需对电子数据等技术性证据材料进行专门审查的，应当指派检察技术人员进行审查；第25条规定，自行侦查可以由人民检察院技术部门协助。另外，第46条和第47条规定，庭前会议和庭审时出示证据可以借助多媒体示证、动态演示等方式进行，特别是电子数据的庭审展示——有的时候一些数据、表格、文字比较平面生硬地展示在法庭上可能难以理解，但是如果把它们图形化、动态化可能就更便于法官理解。比如，对于违法所得资金流的展示，网络传销案件中人员层级的图形化展示等。

目前，此类机制保障在不断完善中，如北京市人民检察院根据最高人民检察院的一系列规定，于 2018 年制定了《北京市检察机关专业同步辅助审查工作指南》，并于 2021 年进行了修订，明确规定了检察技术人员参与办案时可以开展哪些工作，怎么开展以及怎么配合，尤其在电子数据这个门类中体现得更加充分。电子数据方面由具备电子数据取证审查专业技能的人员配合办案，现在北京做得是比较好的，这些专业技术人员可以开展技术咨询、勘验检查、搜查、鉴定、专门审查、技术协助等工作。

有了这样的机制保障之后，就需要转变观念。为什么我要提观念的转变？在监察体制改革前，电子数据取证的检察技术人员更多的工作就是配合自侦部门进行"取"。监察体制改革之后，检察技术人员何去何从？当时很多人有这样一种观念：监察体制改革了，自侦的案件量减少了，职务犯罪案件的量少了，技术人员取证的工作就弱化了。很多地方，包括一些个别的领导可能认为检察技术人员没有用了，这一块儿的工作已经不需要再开展，这些人员具备这样的技能也没有意义了。这种观念甚至到今天在极个别的地方还存在。这种观念要尽快转变。为什么？因为检察技术配合刑检开展电子数据审查工作，从工作形式到工作内容，面临的未知挑战比原来更多了，也就是说配合更为多元化了，而且它的价值一点都没有减少。刚才我提到，现在检察技术人员有一定的流失，现有的技术人员转岗后不再从事这样的工作，面临这样的现状就需要把能够从事电子数据辅助审查工作的技术人员配齐，这才是开展工作的基础。没有人，一切都是空谈。就目前来说，检察技术配合刑检，工作量占比最大的就是技术协助，而在电子数据这个门类中，技术协助最多的就是海量电子数据审查。

技术协助可以有很多种，除了占比最多的海量电子数据的分析，还有其他的一些技术协助的形式，但总体而言，海量电子数据的分析仍然是发现潜在证据并开展后续工作的利器。

实务中比较理想的配合的状态，就是我刚才提到的互信。我在检察官学院讲课的时候也会跟检察官交流，他们说听我讲完课以后才知道检察技术人员还能干这些工作！也有检察官提问：检察机关的这种鉴定机构怎么收费？从这些问题能够看得出来，检察官对检察技术辅助办案的职能是比较陌生的。既然检察官对这项工作这么陌生，那么怎么跟技术人员建立互信？他们认为技术人员就不具备这个能力，为什么还要让技术人员去做呢？所以建立互信，加强沟通，加强配合，从某一个点切入，在个案中配合好了，他们觉得技术人员能干，才会对技术人员有信任，在接下来的工作中才能形成双向的互动，而不是单向的奔赴。

理想的海量电子数据审查过程应该是这样的：检察官从案情以及证据审查角度出发，对海量电子数据的审查提出需求，并根据案情整理出一些关键词；技术人员从案情出发，结合刑检部门提出的需求，使用各种技术工具、装备、方法完成海量电子数据的审查、分析。技术辅助、支撑办案是幕后工作，为检察主职主业提供技术安全感。双方在长期的合作中才能建立互信。

　　接下来，我分享一些本院或者我参与的一些案件。比如，某非法吸收公众存款案移送审查起诉的电子数据体量是 4.5TB，大部分都是图片、表格，文档。当时，一个 U 盘里有 51 份 Excel 表格，这是非常重要的。检察官的需求是，这 51 份表格肯定是从办公电脑里提取出来的，但是现在需要确定这些表格具体是从哪台电脑里提取出来的。这个问题就交给了技术人员，当时我们就将这 51 份 Excel 表格的哈希值制作了哈希列表，与鉴定机构提取的这 4.5TB 的电子数据进行哈希值比对，很快就完成了溯源，找到了同一文件的来源，就是确定某一个文件来源于哪里。如果让检察官自己和光盘中的数据逐一比对，大家可以想象，这根本是不现实的。还有一起非法吸收公众存款案，侦查机关调取了电子邮件 650GB，300 多万封邮件，如果不借助检察技术的一些手段和工具，大家可以想象，如何从这 300 多万封邮件中找出某一个人的收件、某一个人的发件？如何确定哪个部门的哪些邮件带了附件？哪些邮件是群发的，哪些邮件是单独发的？还有某侵犯公民个人信息案，当时侦查机关通过网络在线提取获得的就是数据库的脚本，是 sql 文件，其实就是一个数据库的备份。当然，用 .txt 的记事本方式是可以打开的，但是打开了怎么看呢？没有技术人员介入就没有办法直观地看到这个证据。后来，我们根据脚本分析，它是一个数据库平台。我们在本地搭建了数据库管理系统平台（DBMS），把脚本进行还原，发现这就是个数据库，比较简单，几张表，而且这些表的含义非常明确。我们把表导出为一个 Excel 表格交给检察官，就可以很直观地展示侵犯公民个人信息的证据。还有一个非法经营案，当时这个嫌疑人卖笑气，全部通过微信交流，聊天记录大概也是有数百万条，检察官审查起来非常困难，后来交给了我们。

　　在审查的过程中我们发现，但凡买主购买笑气，都会和嫌疑人有微信的沟通，也会在微信中进行转款，那么这个转款就会在聊天记录里生成具有一定文本特征的记录，我们就根据这个关键词对整个手机取证报告进行遍历，锁定所有的交易情况，再结合上下文，最后短时间内就将犯罪数额从不足 5 万提升至 50 万。那有人可能就问了，这个交易记录直接去腾讯调取不就得了吗？需要注意的是，我们调出来的是交易记录，但是看不出哪一笔是进行了笑气交易，所以说对于报告的这种搜索还是非常关键的。还有一个虚开发票案，要对手机报告进行筛查。当时这几个嫌疑人都是线上交流的，所以开具发票的信息也都在这个聊天记录里，审查起来非常费劲。我们也是通过技术手段，对聊天记录进行了整个的遍历，整理出来开发票的情况，就在这样审查的过程中，有了其他的重大发现，并进一步引导取证，从而将虚开的金额大幅提升。

　　目前有这样一种情况，虽然检察官与检察技术人员建立了互信，但是在审查中还是有非常尴尬的一个节点。我在前面说到了，现在各个厂商都还是把注意力放在"取"上，几乎还没有出现"非常成熟的"针对电子数据的审查的一些专属工具。我说的是"非常成熟的"没有，其他程度的工具还是有一些的。那么，现在在日常工作中，技术人员是怎么辅助检察官开展审查的呢？用一些取证的工具，加一部分可能还不够成熟的专属的审查工具，能够解决一些问题。比如，用一些关键词检索的工具，再加上一些类似于审查的工具，配合着使用可以对电子数据进行分析的工具。所以，我希望设备厂家能够在"用"的上面再投入一些精力，真正开发出更为完善的、专属的生产工具。根据我们的实务需求，专属的审查工具最起码应该具备浏览、搜索、标记、统计的功能。这种工具可以兼容，比如手机报告、聊天记录；同时可以导入各种各样的文件，比如公民个人信息、通讯和组织关系、资金和交易关系、网络流量和日志、文档型数据等；另外能够实现类似语音转文字的同时完成搜索的功能，或者不需要语音转文字就对语音进行搜索的功能，甚至可以对视频数据进行检索，或者首先对视频、图片进行识别，然后再实行检索。从智能搜索到各种统计，最后如果能加入语义分析，加入一些智能化的东西，那相对来说就比较完美了。除去最简单的，比如关键字搜索、报告的浏览、数据的浏览、数据的统计、标记打印这些功能之外，还有一些更为高端的需求，比如能够反映主体身份的内容（嫌疑人、受害者、其他相关人等），依据导进来的数据、手机报告，这个工具就能反映出主体身份，识别一些反映客观行为的内容；再比如针对犯罪之后的掩饰行为（实施行为、咨询行为等），有没有辅助识别"明知"这种反映主观故意的内容的工具；另外就是反映犯罪后果和犯罪情节的内容，比如犯罪数额（规模）的统计功能；等等。

这种审查工具不能仅针对技术人员的需求开发，而是应该同时推出重量级的、旗舰级的工具和轻量级的工具。什么意思呢？检察官是最主要的审查证据的人，拿到报告之后，如果他们手里能够有一些便捷的、快速的审查工具，起码就能够完成浏览、搜索、标记、导出、关键字搜索等工作。因为各个厂商出具的手机取证报告是多种多样的，如果有一个能够兼容这些报告的快速的检索工具，就能够实现最起码的关键字的检索。针对技术人员的旗舰版的工具可以实现全部的功能，甚至一些通联的分析、账单的分析、个人画像，等等。我还设想，工具与工具之间能不能实现互动，比如检察官提出更为复杂的专业化、专门性的需求，技术人员可以根据需求使用更为复杂的一些工具进行分析、搜索，得到一个结果反馈给检察官。

总的来说，我有这么几点感悟。第一，电子数据中蕴含着大量的有价值的信息，是一座宝库。它有大量的线索，大量能够证明犯罪事实的证据，绝对不要轻易放弃对电子数据的审查。第二，电子数据是有温度的，我们要让它"活"起来。大家都有这样的感受，现在手机也好，电脑也好，你离得开吗？你的生活、工作、学习的哪个环节离得开这些设备？电子数据就是人工作、学习、生活的电子化记录，是你的电子痕迹，所以电子数据是有温度的，要让它能够表现出这个电子数据的所有者的特征，相当于让它坐在你面前跟你对话。第三，技术人员在业务层面编入检察官办案组是一种比较不错的"检察＋技术"模式。技术人员全流程进入办案，在辅助检察官进行科学证据、技术性证据审查运用的同时，也提升了自己的办案能力，促进了经验积累。第四，海量电子数据的审查模式，随着审查的工具越来越完善，功能越来越强大，就可以实现从人工到"人工＋智能"的模式，而不是工具非常完善了，就完全靠着工具给你展现出来，那是不可能的。我举个简单的例子，要确定某一条收款记录是不是和毒品有关，得看上下文，不可能完全让机器和工具去判断。

电子数据审查的三种思维

徐　衍

一、"定位"思维

检察技术工作是业务工作，并不是综合工作。从检察技术岗位的职责定位来看，它是支持、辅助业务办案的；从职务序列上看，检察技术人员也是定位在检察辅助人员的角色，并不是行政人员。但是，为什么会给大家造成这种印象：技术部门可能就是个综合部门，是个后勤部门？因为现在很多技术人员的岗位设置在综合部门，这也是导致检察技术工作定位偏离的一个原因。所以，我觉得检察技术人员的核心竞争力一定要体现在检察业务上，其中一点就是我们今天要讨论的题目，即电子证据的审查。

我始终认为面向业务是检察技术的根本，强调技术支撑办案。当然，现在客观上存在这样或那样的问题，但是解决办案中的问题一定是检察技术的目标之一。我们有时开玩笑说，检察技术部门的工作做得好不好，看看检察官会不会主动到你的办公室来讨论案子，公安承办人会不会到技术科的办公室来讨论案子，就知道了。

二、"融合"思维

这个"融合"思维，主要也就是刚才刘政主任讲的成立我们的办案组。我听后也感同身受。我们可以稍微再延伸一点，这个办案组成立之后具体怎么干？我觉得就是两个方面，分和合。

"分"就是要有技术人员和检察官的分工。刚才刘政主任讲相关的机制要完善，我们也出台了相关的机制，特别是最高检出台的《人民检察院办理网络犯罪案件规定》，这个规定里面有明确分工，也体现了我们当时制定规则时想解决的问题，主要就是告诉大家检察官干什么、技术人员干什么。这是分工，大家职责明确。

"合"，也就是合作。工作有分工了是不是一定就存在严格的边界呢？有很多工作是需要"合"的。比如我们对案件的讨论，技术人员要去了解业务，业务部门也要了解技术情况。特别是在计算机犯罪的这几章节里，我建议技术人员可以好好看看，好好研究一下。这一块儿的案子，检察官其实是非常需要技术部门介入的，这直接决定了案件的定性。因为计算机犯罪的这几个罪名里面，什么是构成"破坏"的，什么是构成"侵入"的，什么是"非法获取数据"的，什么是"控制"的，都有不一样的规定。检察官的任务是把法律条文和事实套上，能够定罪量刑。规定是纸面上的，在实务中技术人员要把这个事情跟检察官讨论明白，让他理解，他才能作出合适的定性。

我讲一个我们办理的案件，就是全国首例微信解封入罪案。这个案子是技术部门和业务部门合作的一个非常典型的、比较成功的案例。案情就是高某和张某两个人雇用一些大学生帮助进行微信解封，获取非法利益。有很多微信账号被嫌疑人拿到手之后就用来实施诈骗，但是用来实施诈骗之后，这些账号很可能被封掉。账号被封掉之后，嫌疑人如果重新去买一套账号，可能要花很多钱，但是如果想办法把原先封掉的账号解封，那就可以重新利用，所以就产生了解封这么一个黑灰产业。解封账号需要有担保人，首先要保号，在官方的申诉渠道保号。其实嫌疑人之前就已经知道这个账号有可能被封，就加了好多雇用过来的一些白名单上的人作为好友，等到这个账号被封之后，这些人就在微信的官方渠道作证，说这个微信号是误封的，其实是正常的，那么微信官方就会认为这是误判，然后就把账号解封。梳理下来，整个组织的框架是非常严密的，我们看过材料之后发现，他们雇用的团队有几个层级的代理，包括最下面的一些"解手"，各自分工都非常明确。

这个案子由上城区公安局、杭州市检察院以及上城区检察院共同成立了办案小组，技术人员和检察官一起介入讨论。因为这里面的微信解封涉及一些技术流程，所以检察官当时充分听取了技术部门的意见，我们深入讨论之后认为前期公安的工作有一些地方可能需要再行补证，其中非常重要的就是技术上的一些认定，它们直接决定我们认定的关键事实是否是有证据支持的法律事实。

我们进行了小组分工，检察官负责全面审查，技术部门进行技术审查。检察官的全面审查我就不展开了，主要说技术这块儿。我们当时的审查思路是：首先是对公安移交的电子数据进行审查，既进行规范性的审查，也进行实质性的审查，包括怎么确定嫌疑人的主观故意。因为嫌疑人提出他并不知道这个解封的微信账号是从事犯罪的，另外一个同案犯提出他只是一个普通的财务人员，不知情。其次，我们开展自行补充侦查。为了确定嫌疑人的主观故意，我们进行了侦查实验。我们拿到一个被封的账号走了一遍解封流程，发现解封过程中微信平台会发来提示，告诉我们这个账号因什么原因被封。看到这个提示，如果还说自己是不明知的，那肯定就是有问题。所以我们通过这个侦查实验，确定了嫌疑人的主观明知。针对同案犯称自己只是一个普通的工作人员的辩解，我们在他遗留的电子数据里面也发现了一些蛛丝马迹，这些数据表明他其实是知道自己在干什么的。最后我们通过深入恢复提取到了关键证据。

通过技术介入，这个案子就非常顺利地办下来了，判决之后几名被告都没有上诉，因为证据固定得非常好，所以他们也都认罪认罚。

三、"三查"思维

第三个部分我想讲一下具体的"三查"思维。第一部分的"定位"主要是介绍一下"该干什么"的问题；第二个部分的"融合"是解决"怎么干"的问题；第三个部分的"三查"说的是怎么把这个事情干好，也就是具体可以做哪些事情。

（一）第一个"查"是审查

审查是目前大多数的用法。审查是一个偏规范性的话题，主要是指程序性的审查。大家有兴趣的话可以找几个案件中的电子取证报告或者技术协助报告看看。我们做这个审查是为了让证据最终到法院的时候没有瑕疵，确保电子数据的真实性、完整性。这里的规范性审查就非常重要。比如，浙江省人民检察院交办给我们一个图像鉴定的技术性证据审查，我们就发现这份报告里面连最基本的校验值都对不上，这种低级错误在工作中不是一定不存在的。我们在一些案子中也发现还有一些应该做哈希值校验没做或者漏做的，或者做哈希值检验的方式方法不对。所以，我觉得技术干警可以看看这些报告，从中能看出一些问题，这对自己平时做鉴定以及取证都有很多帮助。

（二）第二个"查"是调查

关于调查，基本概念就是指事实清楚的情况下，怎么再围绕这个事实去固定证据、提取证据，或者形成证据链。这一块儿平时大多是检察官负责的，那技术人员要不要做这些事情？

十多年前我在检察院进行补充侦查的时候，有些领导就不太理解，他们认为这应该是公安机关干的事情，我们不应该干。但是我觉得检察机关本身有侦查权，而且作为技术部门，我们平时就在检察官身边，检察官的思维和与我们技术人员的思维的距离是最近的，我们自行启动补充侦查，对案件本身是很有利的，也能办出精品案件。所以，后来最高检就特别强调自行补充侦查，也说明了我们这个方向和目标是对的。

我再给大家讲个案例，李某等 15 人团伙电信诈骗案。这个案例是非常典型的，能给大家提供从海量的证据中作审查的角度或者思路。被告人李某等 15 人搭建了一个虚假的 App 贷款平台，通过电话和微信方式筛选被害人，假称可以办理网络贷款，再以支付会费、保证金、解冻金之类的名义实施诈骗。这个案子移送的时候，侦查机关认定的数额是 32 万元，主要的依据就是口供。但是因为时间跨度很大，嫌疑人自己也说不清楚他们骗了多少人。而且当时提审的时候，嫌疑人的口供还出现了一些反复。这个案子中一共有 142 部手机、两台电脑，侦查机关花了近两个月的时间才整理完成相关数据。有这样的一个量在，检察官的压力是非常大的。

接到案件后，我们马上成立了电子证据审查分析工作小组，围绕这个案子进行了相应分工。首先是数据清洗，针对重复数据的检测和消除，对不一致的数据进行检测以及对冲突矛以解决，这项工作最大的作用是避免涉案数额的重复计算，也即避免重复审查，提高审查效率，检察官分析的时候只要审查一次就可以了。其次要做的事情是解析数据特征，通过电子证据可视化分析平台建立模型，以数字化方法提取每一笔事实，大大提高了办案效率。判决的时候，诈骗金额从受理时的 32 万元提高到 395 万元，也就是说在自行补充侦查之后，犯罪金额有了十几倍的提高；被害人由 30 人增加到 202 人。主犯的整个量刑区间从原先的 10 年以下上升到 10 年以上，最后判了 12 年 6 个月，同案犯则判了 6 年不等有期徒刑。这个案件最后的认罪认罚，还有我们的量刑采纳率都是百分之百的，没有一个人上诉，说明这个案子的证据固定做得非常好。

在另一起案件中，技术人员协助检察官审查嫌疑人聊天记录时，推断其中一个嫌疑人应该是用电脑记账，台账文件对涉案金额的确定至关重要，但侦查阶段并未扣押该嫌疑人的电脑。在退补期间，检察官现场引导侦查人员扣押了嫌疑人的电脑，成功提取台账文件。通过对台账文件进行分析，结合案涉其他相关证据，将涉案金额从 300 万元提升至

9 700 万元，在定罪量刑上实现了罪责刑相适应的效果。

（三）第三个"查"是侦查

这一点我觉得是难度最大的，但获益也是最大的。因为前面的调查主要是自行补充侦查。这个补充侦查查的是我们还不知道犯罪事实，从中找出一些线索来进行立案监督，这项工作甚至可能改变案件的定性。这里的侦查思路对于检察技术人员来讲，关键就是思维的转变，比如我们如何把侦查的意识融入电子数据审查工作。当然，这个"审查"要带引号——它本身是审查的"三查"之一。我觉得这也是可以做理论调研的，这三个"查"之间的关系要好好理一理。

这里我也举个例子，周某假币案。周某通过快递寄假币，案发后周某的态度非常差，他对于自己寄假币的行为坚决不认。技术部门介入之后就对原先公安扣押的电脑、手机自行补充侦查，通过技术手段在他的电脑中发现了假币的样板。我们很奇怪：他如果只是寄假币，按照案情，他就是一个下游，但他的电脑上为什么会有这些假币的样板？为什么会有体现他做假币的手段的资料？后来通过进一步侦查，确定他是假币团伙里的关键人物，也就是说主要做假币的是他，他还负责联系一些印刷的下游去代理，他自己还在研究怎么把假币做得像、做得旧，等等。他甚至还通过视频向别人传授犯罪方法……这样，案件定性也变了。这个案子也是通过和业务部门配合进行的自行补充侦查办结的，里面有很多侦查的思路，也可以为以后的办案工作提供一些思路。

电子数据智能辅助审查

赵宪伟

我给大家讲一讲通过人工智能的算法和方案，对海量电子数据的审查提供一些助力，解决检察官审查判断海量电子数据的难题。相对于案例的形象，我讲的都是技术，可能有一些晦涩。

检察官面对公安机关移送过来的海量电子数据，往往需要负责任地做一些审查工作，当然也不排除有一些地方把存储海量电子数据的光盘、硬盘放在那里动也不动，等到起诉的时候直接把它们移送。有一些需求在审查的过程中确实和在侦查阶段是不太一样的。举一个最明显的例子，这也是我在基层跟同志们交流的时候，很多检察官给我反馈的一种情况。我们做技术工作的非常熟悉这样一种场景：拿到一批海量数据、拿到一个取证报告，先在取证工具软件里面检索我们办案所需的材料，有很多方法可以用，比如关键词的搜索，正则表达式的搜索，文件的过滤等，这些都是比较常规、套路化的工作。

首先，从检察官的角度出发，如果有一些需求未必能够分解成那么具体化的操作，我们怎么应对呢？比如，我们想检索一个取证报告中有没有包括所有安徽省的地址，恐怕用关键词、正则的搜索都难以完成这样的任务。又如，检察官想了解犯罪嫌疑人张三与李四共同参加了哪些微信群，这或许就是检察官脑海里蹦出来的第一个需求，那他俩有没有共同的一些东西？当然，李四未必是嫌疑人。像这种需求，我们在具体工作中怎么来协助检察官实现？作为技术人员，我可以将它们分解，比如看张三加入了哪些群，再通过群名片找一找李四有没有在这里面，但是这个方法就有一些复杂了。如果我们能有一个比较智能的平台，哪怕是通过编脚本的方式实现这些需求，那就有可能实现一键完成。再比如，我们能否从取证报告中筛选出来张三在某一天的下午 2 点在哪里、在做什么？这些需求很难通过关键词的搜索来完成。再如，张三在他的微信聊天里面有没有提到过某一个未成年人的姓名？大家可能想，就直接输入未成年人姓名进行搜索不就完了嘛。事实上没那么简单。以我协助检察官办案的经历，在十余年之前就碰到过这个问题，用这个名字去搜索可能根本搜不到，因为嫌疑人可能用了一个代号、一个简称，或者是一个其他的词语来代替……这都是有可能的。所以这些检索需求好不好实现呢？显然，用我们现有的一些工具很难实现，但这些对有审查需要的检察人员来讲，又是比较常见的一些需求。我们在具体工作中往往是通过把这些需求细化分解，使之成为一些技术操作，然后运用现有的工具，进一步回应检察官的需求。

其次，对海量的电子数据，我们怎么才能尽可能地提高使用效率呢？以聊天记录为例，通过对所有聊天记录的积累，对每一条聊天记录在时间、空间、行为上的分解，结合我们已经形成的一些规则体系，实体识别的体系等，能够对某一条、某一个账号下所有的记录或者某一个案件里面所有的记录进行输出。我们希望能够从这些聊天记录里面找到一些没有发现的受害者或者潜在的受害者；在这个案件里面，至少在电子取证报告里面能否体现出来团伙作案的嫌疑，主观故意在哪里？因为行为人犯罪以后不可能马上被抓住，在犯罪和被抓获之间有一个时间差，在这段时间差里有没有毁灭证据、销赃、联系等一系列的行为？如果有这些内容，通过我们的平台能不能把这些相关的电子数据予以定位，然后支撑检察官指控这个犯罪事实？如果可以，我们就可以选取简短的数据在法庭示证，而不是说像现在这样把整个报告交给法官，或是通过粗略概览化的方式进行。这样的话，我们的工作可能就会做得很细致。

这个电子数据智能辅助审查模型（图 6-1）也是我要跟大家解读的核心内容。将手机取证报告作为输入，对其中的每一条记录进行分析，以人、物、地址、时间为基本属性，以行为识别、实体识别、情绪识别等为拓展属性。经过中间过程的匹配，初步输出检察官办案所需项目。我举一个例子。某一个微信账号，它里面有这么一条信息："家长您好，我是某机构咨询顾问石老师。接下来由我负责孩子在该机构的服务和升学……"根据这样一条信息，我们马上就能判断这是一条广告或者是一条推广信息，进而可以通过一个简单的判断规则把这条信息忽略掉。

根据我们的经验，在一个手机取证报告里面，推广类的信息等占比常常能达到百分之几十这样的程度。通过一个简单的判断规则，我们就可以把类似的广告信息都排除掉，让我们的电子取证结果能够"瘦身"，"瘦身"才能方便检察官进行定位和审查关键信息。这种简单的判断规则就很多了，可以在日常工作中通过积累慢慢实现。比如看发送者的 ID、看联系的频率、广告模式，包括有些信息是否高度重复等，只要判断的结果认定它是一个广告类的推广信息，那这条信息在报告里面就可以忽略不计或者不显示，至少可以不列入筛选报告。还有一些信息可能就是发生于行为人之间的真正的社交信息，比如下面这一条信息："毛鹏，明天下午吃饭把轮胎带上。走之前给刘姐打个电话，如果不在山上，那就

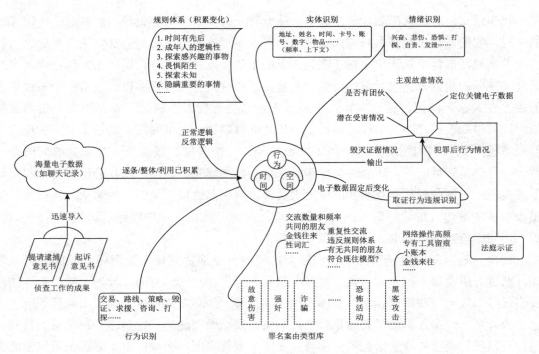

图 6-1　电子数据智能辅助审查模型设计思路

算了。"这是涉嫌贩卖毒品案件中的两个嫌疑人之间的微信对话。现有的技术已经可以支撑完成很多事情了，包括一些实体识别等。通过对自然语言语义的理解，我们可以运用一些机器中的技术，把这句话作为一个输入，并输出很多我们认为对案件有帮助的一些实体。至少从这句话里面，我们可以输出一些关键字："毛鹏""刘杰""山上"……这些字用现有的技术是可以摘出来的，同时还有给它们的性质作判断的可能性，比如说"刘姐"，我们通过现场技术就可以认定为它是个人，包括地址、时间、行为、顺序（"之前"），通过语义理解这种多层的卷积神经网络的算法，就可以把这一句话作为输入，给它卷积出来这么多关键字。在算法对内容进行语义理解的基础上，像"毛鹏""刘姐"自然而然地就会打上"人"的标签，像"轮胎"自然而然地就能打上"物"的标签，像"明天下午"一定是打上"时间"的标签，"吃饭""走""打电话"会打上一个"行为"的标签，像"山上""河边"就会打上一个"地址"的标签。对一条信息通过这种算法就可以输出这么多的实体信息，这也就达到了前面说的实体识别，通过实体识别和行为识别就能够积累出来这么多的信息量。通过一条信息实现了积累以后，就自然而然地想到将整个账号的所有的信息作为一个输入，那就可以顺理成章地输出我们的实体库。这是一个账号的信息，或者说一个个案中的信息，当然，它们之间会有关系、会有顺序。总之，我们是把一条信息拆分成时间、空间、行为，相当于把它解构成每一种不同专题的、跟这个案件有关的小库。

　　最后，检察官在审查判断的时候，具不具备这样的条件来部署这样的人工智能算法呢？我们得出的结论是，实际上具备这样的条件的。案件从侦查机关移送到检察院以后，我们要接收文书、填写案卡，不管有没有后面的手机取证报告，非结构化的法律文书和结构化的案卡是肯定要填并在办案系统里面登记的。这两类信息也体现出了不同的特点，比如法律文书就是典型的非结构化的数据，公安机关移送的文书通常是扫描过来的 PDF 文件等非结构化的数据；在检察院的办案系统里面我们会登记跟这个案件相关的多个案卡，每一个案件登记的案卡项目有可能高达数百。对一个案子来讲，比如罪名、地址、受害者、行为、犯罪嫌疑人的姓名、住址、住所地等，要登记的案卡项非常多，这些案卡项实际上是典型的结构化数据。也就是说前面这两项工作是我们日常工作的核心内容。同时，对于实体的证据移送，比如手机的电子数据取证报告这个海量数据，为什么说有些人不看呢？对于实体的证据，实际上在侦查阶段已经做了大量的工作了，我们有信赖保护的理念，只是因为这个审查工作的需要，有可能对其中的内容进行复审、查看，但这一块儿在很多地方还没有做，也就是为什么前面大家讲到在很多地方，它们是"沉睡的电子数据"。对手机取证报告来讲，它其实就是一份典型的半结构化数据。它可能表现为一份报告、一份电子文件，但是它其中又有很多结构化的信息。比如，微信聊天记录，在后台要保存发送者、发送时间、对端的内容时间，包括其他的一些标记、标号等。所以，手机取证报告的电子版信息实际上是半结构化的信息。对此，我们就可以利用其中的一些内容，比如前面讲到的聊天文本——我们先不说语音化的这些媒体数据，我们就以这个文本数据为主——其实是可以作为输入，进入一个具备实体识别的工具的。经过人工智能算法的识别就可以输出很多结果。所谓的实体、行为等，甚至还有可能总结这些规则。这个结果本身就是一种锦上添花的内容，因为办案人员原来都不看它，使它成为沉睡的数据，经过算法的烘托以后才会输出一些东西。因此，我们就可以利用已经填的这种结构化的案卡信息跟算法输出的结果进行验证。这是不是有点类似于有监督的机器学习？所以，可以说我们已经具备这种条件了。通过这种模式我们就可以出具一些审查意见，比如受害者张某某，从这里面我们发现作案的还有李某某、王某某，可能有很多他的行为，如网络购买记录、删除电子数据的操作等。他的地址除了某网吧可能还有别的地址，我们可以不停地完善和繁衍案卡项所具有的内容，在现有的基础之上就能够形成一些审查意见。这样可以实现检察官的什么需求呢？我们从电子数据取证报告里面找出来能够证明我要指控的这个事实的那几条或者几十条信息，将它们繁衍出来。另外，经过大量的积累以后，我们可以发现隐藏的受害者、嫌疑人团伙等，这些都是发现隐藏的事实。同时，我们通过对整个过程的了解，如果认为现有证据不足，或者不足以证明我要指控的事实，那就有可能提出一些补充侦查的意见。大家看图 6-1 中最后的这个虚线，通过这种有监督的学习和验证进一步来完善这个实体识别、行为识别的卷积算法，通过不停地完善，这个算法会更加科学，它在输出实体、行为的时候会越来越精准，形成一种良性的循环。

　　总之，我通过对人工智能方案的一些思考，发现很多方案是完全具备条件的。但是现在有一些情况我也跟大家报告一下，就是我们在进行人工智能算法部署的时候有一些担心。很多地方，尤其是各级院分管刑检、分管技术的各级领导能不能对这样一套模式有足够的重视和认识。哪怕能够简单到把侦查机关移送的数据平台化，后面的部署也是顺理成章的事情了。因为这本身就是你的工作，你也不得不做。为什么很多从侦查机关移送过来的是光盘，移走的时候还是光盘，毫无留存审查的概念？其实在这里面我们是可以做很多工作的：第一步就是能不能平台化，哪怕建一个小型的存储环境，把光盘里面的东西放到检察官的存储环境里面，让检察官能够在自己的电脑访问到他正在办理的案件的电子数据。检索官通过一段时间的办理、标记、浏览、查看等，至少在效率上就能提高一大截。

电子数据智能辅助审查模型中有些内容还不是完全的科学，我也举过一个例子，一个黑客犯罪的嫌疑人，他修改了大学考试成绩以后被警察抓了。被抓之前，他知道了自己犯事被盯上以后，他跟他的朋友就案件本身聊了一些内容。通过这样一个模型，就可以把其中的内容给烘托出来：他提到了一些地点，提到了一些事后的打探求助行为、一些恐惧、一些咨询等，还有一些自责。这些信息其实是可以通过人工智能模型达成匹配的。当然了，这里面有好多东西是需要积累的，比如规则体系。为什么说要用规则体系？因为有了规则体系以后就可以判断其中的顺序、情绪识别等，就相当于能够发现正常和异常。犯罪案由库也需要长期积累。

此外，所谓的电子数据平台化也没有那么高大上，其实就是把数据存储在检察官的服务器上，检察官在办公桌前就可以在工作网络中访问到这些数据，当然前提是有些安全策略保障访问。检察官在办理抢劫案件审查这些电子数据的时候，用了哪些关键词进行搜索，做了哪些审查行为，这些在检察官审查手机取证报告的时候是可以记录下来的。那么在审查案件时候积累的这些东西——我搜索了哪些词汇，我做了哪些操作等——就是检察官在审查中的智慧，它们其实是可以共享的。比如，在办理故意伤害案件的时候，检察官经常搜索伤情、刀或者一些凶器等；在电信诈骗案件里面可能就不需要搜索这些内容。其他检察官接到一个涉及故意杀人案件的电子数据包取证报告，他甚至可以通过平台获取其他检察官在办理这类案件的时候搜索过什么内容。未来我们可以通过平台传递给基层检察官一些这方面的知识。比如，这起案件中的检察官发现之前案件中别的检察官搜索过五个关键词，最后案件有可能改变定性了，或者其他的一些监督行为也出来了……案由库、规则库都是可以积累的，对每一条信息的实体识别、行为识别也是可以积累的，它们的积累就是为了进一步完善机器学习的算法，让识别更加精准。当识别精准的时候，输出的效果也会更加精准，这是一个良性循环。最后可以形成一个报告，用于检察官出庭指控犯罪事实。

在整个审查阶段，我们也在研究，侦查机关移送的取证报告肯定是没有办法直接在庭上使用的，我们可以从中整理出电子数据的筛选报告。筛选报告的目标源是什么？就是侦查机关移送的那些海量的电子数据，筛选的目标就是检察官要指控的犯罪事实。从目标源里面我摘取了哪些？有的可能是聊天记录，有的是可能是行为痕迹，有的可能是一张照片，等等。我把简单的、最直截了当的信息，最能直接对接指控需求的信息筛选出来，形成一个筛选报告。这部分筛选出来的报告就是刑诉法所规定的指控犯罪事实的直接证据了。

我讲的有些内容可能比较技术化，但是没有关系，对检察官而言，大家看到的其实就是一个结果；后续这种算法的实现、存储的实现，包括规则的形成等，都可以通过一种透明的方式来进行。换句话说，它其实是自动实现的，当然也需要不断完善。这是一种构想，未来有可能还会有好多探索。当然，上面这张图（图 6-1）有着非常明确的、有监督的学习的条件，这种验证就达到了有监督学习的目标。

专家评议

依托电子数据审查分析海量电子数据

石青川 [①]

作为与谈人，我今天和大家交流一下海量数据审查在办案实践过程中发挥的重要作用。刚才三位专业技术人员分享了他们在审查海量数据时的切入角度、观点、经验等。我跟大家分享一下我和刘政合作的一件涉及虚开发票案件的办理过程，介绍一下检察技术工作对案件发挥的重要作用。同时让大家了解检察官在审查案件时的切入角度，以及需要检察技术人员的哪些支持。

这是一起多人参与、犯罪行为实施时间跨度在一年以上的虚开普通发票的案件。因为涉案发票仅是普通发票，所以犯罪线索及主要证据调取依赖于案发单位。审查批捕阶段，经初步审查发现，涉案人员中除了极个别人员是朋友关系，曾进行线下接触外，大部分人是通过互联网、通信软件沟通后，经快递等第三方机构配送涉案发票，属于典型的利用网络实施犯罪的案件。

本案案发从一个销售公司内部核查开始的。涉案公司在日常核查过程中发现，公司有大量的机打普通发票被开具，但是公司并没有相应的销售收入。公司初步摸排核查了下属多个分店，其中一家分店被列入核查重点。经过公安机关的排查，缩小了可疑人员范围，现场抓获了开票人张三，再通过他顺藤摸瓜陆续抓获了李四和王五。移送到检察院的时候，认定涉案发票数量的主要证据，是案发单位报案时筛查出来的 2 000 余张可疑发票。案发单位认为这些没有对应的实际销售收入的普通发票，可能都是嫌疑人违规开具的，票面的总金额累计超过 1 亿元。整体可疑发票数量和发票金额基本确定，但是如何认定公安机关查获的三个嫌疑人中每人的涉案数额，是需要证据支持的。很多证据材料在最后成为认定犯罪事实可采信的证据之前，实际上只是一种"材料"，承办案件的检察官需要通过审查把它们确定为可以用于定罪的证据。

初步审查发现，到案的张三、李四是开票方，李四和王五是后来出售发票环节的中间人。他们应该负责跟后续的中间人或受票方进行联系。但是我们刚收到案件时，多人没有到案，我们在有限的时间内只能审查出三个人的基本地位和作用，他们在整个犯罪过程中的参与程度、发挥了什么样的作用、谁担任了指挥的作用等都有待继续查实。同时，对于这 2 000 多张、价税合计 1 亿多元的涉案发票，陆续到案的人员要共同承担全部责任，还是仅对部分发票承担责任等问题，都是需要我们来审查确定的。

在 7 天的强制措施审查期间内，我们既看到一些证明他们共同犯罪的证据，也看到一些证明他们各自独立实施犯罪的证据，案件呈现出网络网格化犯罪的特点。简单说就是张三和李四通过王五去找受票方，但是提供的发票并不都是张三开具给李四、王五

---

① 北京市东城区人民检察院第二检察部四级高级检察官。

的，还存在李四找赵四开具发票的情况。基于本案的这个特点，后续的审查、侦查工作就面临很多的困难。已经发现的 2 000 多张可疑发票，涉及的受票单位 200 多家，涉及全国 20 多个省市。这些发票的传递，通过网络或者熟人介绍，逐层、多次转手，按照传统的侦查思路或者取证方式，工作量极其巨大。而且，李四本人到案后仅做了部分有罪供述，认罪的范围仅基于侦查机关向其出示的从张三手机中提取到的信息，信息中保留了李四指令张三开票的税号信息等，但这些发票的价税金额总计只有 1 000 余万元，和全案已有可疑发票价税金额 1 亿多元的差距比较大。反之，张三被现场抓获，到案后供述稳定，称所有的发票都是跟李四共同商量后开具的，李四负责卖票、联系买票的受票方或者中间人，他俩对所有的发票都是明知的。中间人王五到案时间和前两人相差几个月，其称因为发现自己被公安机关排查，疫情期间不能使用自己的手机，最终投案。他本人到案后承认参与所有与李四有关的犯罪事实，可是因为犯罪时他经手了大量发票，所以他只能表示认罪，但无法供述具体的涉案发票情况。如何认定王五的涉案数额，对承办检察官来说又是个严峻的问题。因为李四和王五是后续被抓获的，本案关键证据——他们犯罪时使用的手机，一个人说只有一部手机，另一个人说自己使用过的手机丢失，均无法取证。但是从张三的微信聊天记录里可以确定，李四在实施犯罪近两年的时间内，同时使用两部手机，那部常用来跟张三沟通涉案发票开具信息的手机，实际上已经被他处理掉。在这些证据已经灭失的情况下，怎么确定三个人在共同犯罪的地位和作用，是后续最需要解决的问题。

在这种情况下，我们先初步判断了在案的其他证据，确定了他们通过网络即时通讯软件传递发票信息、借助快递传递实体发票，三名嫌疑人上班、生活的地点没有交集，分散在北京多个行政区县，只有一人涉及东城区。锁定即时软件通讯中的信息，对于整个案件的审查会发挥最为重要的作用，甚至能够成为证明他们犯罪金额的证据。这些信息的确定，全要依赖于目前已知的即时通信软件的审查。在这种情况下，我们基本上确定了案件继续侦查的方向。

强制措施审查完毕之后，办案组请出了检察技术人员跟我们同时审理案件。技术人员全面介入整体案件，先帮我们做海量信息的搜索、检索、分析，并在后续的指导侦查中发挥了重要的作用。

虽然李四处理了其犯罪时最常用的手机，但是我们从扣押的张三的手机、李四到案时起获的犯罪时偶尔使用手机中，依然提取出两人的通信记录、聊天记录 50 多万条。只是这些记录仅涉及整个犯罪中的几个月，且集中于案发之前的几个月，与案发单位提供的延续一年多时间的可疑发票对比后，暂时无法发挥证明作用。我们就从海量数据入手，通过选择海量数据的审查切入点，来发现可能的证据，发现我们后续侦查的突破点。

检察官跟检察技术人员充分沟通了多名到案犯罪嫌疑人的行为特点，在团伙中可能的地位、作用，以及涉案关键性信息，请技术人员对重要的数据进行了海量的筛查，取得了两个重大的突破。

首先是通过对海量数据的审查，确定了犯罪团伙中多人互相之间沟通联系的过程，让检察官更加确定他们的行为特点，以及每个人参与犯罪的具体方式和程度。通过即时通信软件中多方沟通的特点，明确了李四在整个案件中是关键性的中心指挥点的作用，他向张三传递需要开具发票的所有相关信息，同时他应该还有其他发票来源端。他本人再承接中间人王五，通过王五以及其他中间人，向发票的受票方提供发票。所以李四是本案中一个非常关键的人物，是网格的中心。结合他本人到案之后的供述，就可以证明我们的初步判断：他没有如实陈述涉案的情况，所有赃款汇总和分赃都是在李四这进行中转。但是李四拒不交代。

通过技术审查，我们还锁定了一个非常有意思的表格。最开始检察官审查案件的时候已经看到了这个表格，它是一个有几行几列的小表格，格子内写了一堆数字。初步判断这些数据可能涉及发票金额，也可能涉及赃款金额，但因为是纯数字，没有任何标识，对于我们检察官来说就只能是一份可以参考的证据材料之一。我们把它列入了需要审查的范围，但是没有把它作为重点。

分析完所有的沟通数据信息之后，检察技术人员重点审查检察官要求的材料时，他们迅速地发现该表格的电子数据文件的特性，认定它是一个非常关键的证据。表格看上去包含的信息内容很简单，可能是由李四通过微信向张三发送。但是表格呈现出的特点，具有非手机端使用的微信软件的截图特点，应该是 PC 端或者是便携电脑端的聊天软件所产生的文件。检察官一般是不能发现这个文件的技术特点的。但技术人员发现后，他们及时提出侦查指导意见，初步判断如果是李四把表格发给张三和王五，那么这就是用来分赃或者统计他们涉案发票而制作做的表格。这份表格又同时存在涉案多人的手机中，它是一个重要的记账文件。同时，文件本身特点证明，李四一定使用了台式机或者其他电脑端，需要侦查机关尽快发现这个可能保存证据的载体。检察官当即通知了公安机关，向涉案单位查找、封存李四可能使用过的电脑。最后，在李四单位宿舍中发现了他个人使用过的台式电脑。这台电脑的起获，为最后整体认定涉案数额以及认定后到案的王五的涉案数额，都发挥了极其重要的作用。

电脑被发现，证明了检察技术人员之前的初步判断：存在新的证据的载体。检察技术人员陪同检察官，指导公安机关以及公安机关聘请的鉴定取证机关把证据进行了固定，同时就审查可能需要筛查的数据发出了明确的取证要求。侦查取证环节，可以确定李四在被抓获前已经对这台电脑内的数据进行了处理，但最终还是在已经删除的一个文件夹里发现了一个记账的表格。表格详细记录了案发前长达一年以上的记账情况，以每月为单位，记录某一个月中所有李四经手的发票的金额、张数、发票方的简称以及开票来源方。这还是一个横纵对比表格，同时分了不同的表单，其中有一个明确指向了最后到案的王五，以及王五本人涉及的所有的发票金额。这个新证据的调取、固定，最后对本案的认定发挥了重要的作用。

尤其是王五的案件，王五到案的时候，侦查机关通过传统的取证方式筛查出一个和他线下交接发票的人员，从受票单位核实出了 30 多张发票，认定了价税合计 300 多万元的发票金额。但是通过最后发现的这个表格，税务机关提供的数据，以及发票涉案单位提供的可疑发票的数据，将王五涉案发票金额追加到 9 700 多万元。王五在这些证据面前表示认可，最终认罪认罚。在案件的审查过程中，因为李四还存在一些侥幸心理，我们后来通过庭前的证据开示，向律师说明了取证完整、合法的过程，律师也认可相关的证据，对三名被告人最终都启动了认证认罚程序，判决之后三个人都没有提出上诉。

在案件的整体审查中，检察技术人员发挥了极其重要的作用，他们对海量数据的分析以及引导发现关键证据，对全案的成功办理打下了坚实的证据基础。检察技术人员也发挥了他们的专业素质、设备和技术手段的优势，辅助检察官对海量数据进行了搜索、梳理、分析，大大提高了检察官的办案效率。技术人员不仅从专业技术角度进行了审查，同时对于收集程序是否合法、收集过程是否科学也进行了审查，也对证据的真实性和可采性进行了审查。基于对海量数据的分析，对于多名犯罪嫌疑人的行为特点以及犯罪过程，在整个犯罪团伙中的地位、作用、参与程度，都进行了证据之间互相的印证。同时，检察技术人员发现了新的侦查方向，提供了侦查取证的突破点，并且成功地查找到证据的载体，最终提取了新的证据。回顾整个案件，其出发点就是微信聊天记录的海量审查，看上去点很小，但是对一个非常普通的虚开发票案件的最终认定，发挥了极其重要的作用。正是在新证据的调取以及对海量数据审查的基础上，取得了很好的办案效果。

从基层检察官的角度来说，我也觉得我们在办案中面临很多问题。虽然上面的案子办得很成功，有些海量数据审查工作对案件最终的成功办理提供了很多的方向，但还有一些案子中，这些审查工作发挥的空间有限。有时，虽然发现了疑点，但是因为没有后续的证据予以佐证，形象点说是没有提供给检察官符合"端菜"标准的证据链，导致检察官只能以侦查时认定的事实移送到法院，这是很可惜的。在这种情况下，有以下几个问题是实际办案中要予以重视和解决的。

首先，检察官对于海量数据审查需要有最基本的证据意识和加强取证的意识。前面三位技术人员都提到了这个问题。20 年前我在反贪侦查的时候，电子数据还没有作为证据类型写入刑诉法。当时我们在办一个贪污案件，在询问一个证人的过程中，他提及自己是一个部门的辅助财务人员，涉案单位小金库入账的钱款记录在公司内部局域网服务器上有保留。依照当时法律关于证据种类的规定，侦查人员只能对网盘取证进行录像，利用搜查程序录像取证，并请来了内部局域网服务器的维护人员进行言辞证据的取证，把相关的电子数据打印成纸质账目，使之变成书证，同时佐以证人证言，犯罪嫌疑人的供述和辩解，并把它们用在了证据链中。当时的效果是比较好的，对整个案件贪污钱款的转进转出提供了必要、全面和清晰的记录，对于案件的最终认定也发挥了重要的作用。20 年以后，电子数据证据已经不需要侦查人员进行这种取证工作了，只需要检察技术人员通过证据的固定、证据的审查，经过承办检察官审查之后就可以把它们变成在案的证据，此时电子数据就可以发挥非常重要的作用。

其次，不得不说，基层的侦查人员、检察人员，由于设备条件、电子证据的知识积累的有限性等诸多因素，可能没有发现这个方向，没有及时跟侦查人员沟通，或者侦查人员碍于当时的侦查条件，在一些取证的意识上尚存在问题，已经没有可能在事后补充相关证据了。比如，案发时没有意识到某个手机可能是涉案时使用的，而把它当成嫌疑人的物品发还给家属等，造成证据的缺失。

还有检察人员在审查案件时由于技术条件的有限性也会忽略相关证据的提取，这些都会对我们的后续审查造成一定的困扰。结果就变成需要检察技术人员花费大量的时间去筛查，去判断，然后再提供给我们。而我们检察人员不能在自己的办案电脑端或者专业化的平台端，通过简单的辅佐工具进行初步筛查。这实际上浪费了很多时间和精力。如果将来能够开发一些专门的程序，对办案一线的检察官来说还是非常重要的。

再次，第三方的数据支持对于检察机关和前端的办案机关而言都是非常重要的。比如，我们现在还严重依赖像腾讯、支付宝这些提供财务结算的第三方数据，需要远程或者长时间的调取，而手机界面中只能取出一部分；如果证据发生了灭失，我们后台的数据就需要远程调取。侦查人员花了大量时间去跟这些第三方沟通，然后才能调取证据。我们也可以想象，在这些单位有海量数据的情况下，全国所有的侦查机关、司法机关去向它们调取数据的时候，它们也有一个应对的问题。这必然会有个周期，这些时间实际上占用了我们的审查期限，我们只能等着，甚至有一种无用武之地的感觉。

最后，在有限的审查期限里，因为我们的工具有限，可能遗漏证据，这是比较可怕的。前面那个案子如果没有检察技术人员非常专业地发现了那个表格的特点，我们可能真的发现不了那个台式机以及台式机里保留的相关账目。同样的情况下我们也做过对比，都是虚开普通发票的案件，在另外一个案件中，我们通过我们本组的海量数据的审查，挑出了重点。我们根据明确的中间人的微信去筛查，包括删除的电子照片、微信聊天记录语音等，在批捕期间花了两天的时间对相关的数据进行审查，审查的数据量跟张三李四的案件相比，可能不到其总量的十分之一。张三案中，由于我们聘请了检察技术人员通过他们的专业平台迅速筛查并进行了数据的证据对比，他们花了半天的时间就筛查出了相关的证据，有了初步的分析意见。相比之下，效率差距一下就出来了。检察技术人员发挥了积极的、重要的作用，我们互通有无，为整个案件的后续侦查提供了重要的技术支持和证据支持。

说到这，我还有一点小小的感想，就是在案件的办理过程中，检察技术人员的专业技术的水平，决定了他们在帮我们进行技术审查时发挥的作用。东城区人民检察院是比较早地将技术人员引入审查起诉工作中的基层检察院。到 2017 年，检察技术人员直接编入了我们的专业化办案组，有三名以上的专业技术人员长期跟我们一起摸爬滚打审查案件。我常说其实他们是"半个检察官"，因为他们从专业角度对海量数据进行审查之后，反过来给我们检察官办案提供了很大的帮助。通过他们的审查，给我们提供了专业的指导和方向，我们就能够在后续指导公安机关补充侦查的时候，提供更为专业的角度。

最高检的《人民检察院办理网络犯罪案件规定》里明确了，检察技术人员可以对侦查取证提供意见，直接指导侦查。刚才说到张三等人的案件就是在实践相关的规定，也取得了很好的效果。法官审理这个案件时，我作为检察官，在庭前开示证据时，向合议庭介绍了相关的取证过程，同时跟辩护律师详细说明了调证情况，各方对于在案证据、证据发挥的作用以及是否可以采信等达成了共识，案件在被告人认罪认罚的基础上得以高效推进。

最近几年，审查起诉工作，先后有专业化办案组、部门专业化、捕诉部门合一等变化。在这种情况下，技术人员的相对稳定才能保证他们参与办案的程度。他们坚守技术岗位，和捕诉部门的检察官一起参与到整个案件的办理过程中，对今后检察官办案有非常重要的作用。

海量电子数据审查常见问题及应对措施

刘　坤 [①]

我想就我们在海量电子数据审查当中的一些常见问题以及应对措施进行分享。

一、常见问题及应对措施

对于常见的问题，我将其大致分成四大类。第一类是在收集、提取、审查海量电子数据当中存在的问题。第二类是在登记原始存储介质过程当中存在的问题。第三类是电子数据移转环节存在的问题。第四类是电子数据检验报告和鉴定意见中常见的问题。

（一）收集、提取、审查方式

1. 海量电子数据提取困难，多以打印、拍照等形式呈现，容易忽视原始电子数据的收集审查

我们来看第一大部分，收集、提取、审查方式当中经常会出现的一些问题。我们都知道，电子数据的量非常的大，提取过程当中会遇到很多困难，这就导致了有的时候公安机关在办案的过程当中采取打印、拍照或者录像的方式来固定电子数据。在这种模式之下，我们的检察官可能也更习惯于审查这种更为直观的照片、聊天记录的截图等，忽视了对原始电子数据的收集和审查。

为什么把电子数据提到一个这么重要的位置？电子数据的客观性亦即其真实性、完整性，是其他的证据形式不能替代的。电子数据作为《刑事诉讼法》规定的一个特殊的证据种类，对于它的取证和提取都有相应的要求，包括"两高一部"的相关意见、《公安机关办理刑事案件电子数据取证规则》[②]以及《人民检察院办理网络犯罪案件的规定》对于电子数据的收集提取的都有明确的途径规定。

在电子数据的审查当中，检察官一定要有这样的意识：应该（原则上）扣押、封存原始的存储介质。对于扣押、封存的原始介质、现场或者在线提取的电子数据（作为例外），我们倾向于以审查原始的电子数据为主，而以打印、拍照、录像作为补充。

---

① 天津市人民检察院知识产权检察办公室一级检察官，入选全国检察机关经济犯罪检察人才库、全国检察机关知识产权检察人才库。

② 《公安机关办理刑事案件电子数据取证规则》第十六条：具有下列无法扣押原始存储介质情形之一的，可以现场提取电子数据：

（一）原始存储介质不便封存的；（二）提取计算机内存数据、网络传输数据等不是存储在存储介质上的电子数据的；（三）案件情况紧急，不立即提取电子数据可能会造成电子数据灭失或者其他严重后果的；（四）关闭电子设备会导致重要信息系统停止服务的；（五）需通过现场提取电子数据排查可疑存储介质的；（六）正在运行的计算机信息系统功能或者应用程序关闭后，没有密码无法提取的；（七）其他无法扣押原始存储介质的情形。

无法扣押原始存储介质的情形消失后，应当及时扣押、封存原始存储介质。

第八条：具有下列情形之一的，可以采取打印、拍照或者录像等方式固定相关证据：

（一）无法扣押原始存储介质并且无法提取电子数据的；（二）存在电子数据自毁功能或装置，需要及时固定相关证据的；（三）需现场展示、查看相关电子数据的。

根据前款第（二）（三）项的规定采取打印、拍照或者录像等方式固定相关证据后，能够扣押原始存储介质的，应当扣押原始存储介质；不能扣押原始存储介质但能够提取电子数据的，应当提取电子数据。

2. 忽视电子数据来源审查

电子数据来源基本上有三种方式：第一种方式是当事人提供，这在电信网络诈骗犯罪当中表现得尤为突出，因为电信网络诈骗犯罪多数都是跨区域的犯罪，在这种跨区域取证过程中可能出现一些困难，公安机关往往就让当事人做一个截图，把当事人的聊天记录、转账记录提供给公安机关。第二种方式是提取，公安机关从手机、电脑这种存储介质当中，在现场的勘察过程中提取电子数据。第三种方式是调取，也就是由第三方的数据平台来提供，比如向腾讯申请调取微信转账记录，向网易调取电子邮件的内容。在实践办案当中我们还会遇到这类问题：在大量的电子数据之中，公安机关可能没有对数据的来源进行明确的区分，比如哪些数据是公安机关提取的，哪些是当事人提供的等。我们在审查的时候一定要注意这些问题。

3. 未以可视化方式呈现

我们在办案过程中接收的电子数据，要么是数据光盘，要么是存储数据的硬盘，这些硬盘上的数据更多的是以代码符号的方式呈现，在这种情况下，检察人员审查起来肯定是有一定的难度的。

4. 忽视附属信息的提取

不管是公安机关在调取证据的过程当中，还是检察机关在审查证据的过程当中，很多时候他们都更重视内容数据，比如电子邮件的内容、聊天记录的内容；对于文件、文档本身的属性、制作人、发件人、传递的路径等附属信息往往会忽视。但在办案当中，很多附属证据反而是定案的关键证据。我跟大家分享一例我们办理的侵犯商业秘密案件。行为人从数据公司的专网上下载了公司大量的技术秘密，公安机关在取证的过程当中，第一时间就从公司的专网上提取了相应的数据，也从行为人的存储介质当中提取了数据，并进行了技术秘密同一性的比对。但是本案定案的关键是行为人到底有没有权限来下载这些数据：行为人到底是超越权限、以非正当的手段获取了数据，还是他本身就有权限调取，因而其行为仅属于违约型的侵犯商业秘密？如果公安机关从专网中提取技术秘密的时候，对技术专网进行现场勘察，把当时网络环境中所有的公司人员的权限作一个网络拓扑，案子就一目了然了。但是当时公安机关恰恰没有这么做。被侵权的企业发现数据被下载之后进行了大规模的系统升级，等到检察机关审查案件，想再做全公司人员权限的网络拓扑的时候已经就不具备网络环境了，这就给我们的审查造成了很大的困难。从这个案例当中我们要吸取的教训就是一定不要忽视附属信息的提取。

刚才说到有一些"转换版"的数据，对于转换版的数据到底应不应该采信？我认为是这样的，在审查逮捕阶段，因为期限非常紧张，如果是一般类型犯罪的案件，证据来源比较明确、争议不大的转换版的数据可以先采用，但是后续一定要对证据来源进行补强。如果是一些疑难复杂的案件，尤其是像电信网络诈骗、非法集资类的涉众型犯罪，一定要综合考量其他在案证据。如果影响到案件定性，则需审慎判断。在审查起诉阶段一定要有转换证据意识，强调对原始电子数据的审查。

具体的应对措施即仔细判断取证方式和证据来源。以手机数据中聊天记录的真实性审查为例，如果是公安机关按照相应的国家标准、相应的法律要求从手机当中进行了提取，原则上可以直接采信。但如果仅是普通的聊天记录的截图，它的可靠程度就会比较低，就需要进一步鉴定和佐证。如果是聊天记录的打印件，这种证据形式的可篡改性是非常大的，原则上不能采信，在有其他证据证明其客观性的前提下才能够适当采纳。

（二）登记原始存储介质

在案件审查过程当中，我们经常会遇到一些案件，公安机关在第一时间扣押了大量的原始存储介质，但是没有进行唯一性的登记，这就直接影响到对于人机同一性的审查。在传统的犯罪模式当中，基本上就是人表达行为，然后通过行为来确认犯罪；但是在信息网络时代模式中，人操作机器形成了数据，数据表达这个人的行为，最终确定犯罪。在人和行为之间就有机器和数据的作用，所以要把人和机器之间的关联性予以确定，也就是人机统一性。

这里需要提示大家的是，在海量电子数据审查当中，尤其是扣押了众多的原始介质的情况下，一定要登记它们的唯一性标识。在审查案件时看到唯一性的标识，就能很快锁定这是哪个犯罪嫌疑人的数据，通过这些数据能很快锁定有什么样的犯罪行为。

（三）电子数据移转环节

海量电子数据转移的环节可能存在漏洞。快播的案子就是一个典型的案例，我在这里主要围绕涉案处理器的移转环节谈一谈。

当时执法机关在扣押服务器时只登记了服务器接入互联网的IP地址，并没有记载服务器的其他特征，也就是没有记载服务器的唯一性标识。在流转的过程当中，公安机关的鉴定人员又错误地记载了存储电子数据硬盘的数量和容量。在移送法院之后，合议庭的人员就产生了质疑，就是现在存储淫秽视频的服务器是不是原始扣押的服务器，是不是由快播公司实际控制使用的服务器，也就是说对"快播公司和机器之间的唯一性的关联产生了一定的质疑"。好在这个案子进行了后期的补正，通过调取快播公司和深圳高新区信息网络有限公司上网专线的协议，确认了这个IP地址是快播公司专用的IP地址，同时鉴定人员也进行了进一步的检验分析，分析的结果是在海淀区文委查扣了涉案服务器以后，服务器的信息就没有从外部拷入或修改文件的痕迹，从而认定检材合法有效。这个案子中要吸取的经验教训就是，如果在数据流转的过程当中，把服务器进行更好的登记，把人机同一性进行更好的对应，可能前述的困扰就不会再出现了。

对于审查移送过程当中数据的完整性校验值方面一定要给予高度的重视，一定要审查是否计算了完整性校验值，算法和位数是否匹配。当然，除了完整性校验值，也有一些其他要审查的事项，包括原始存储介质的封存状态、它的写保护设备、备份等这些都要进行相应的审查。对于瑕疵证据的可采用性，《人民检察院办理网络犯罪案件规定》有明确的规定，这里我就不再详细介绍了。

（四）检验报告/鉴定意见

面对海量的电子数据与有限的办案时间的冲突，很多办案人员选择依靠鉴定意见来解决数据审查的问题，像办理非法吸收公众存款类的案件有大量的资金流水，大家更多是依靠专业的审计部门来出具意见。这个鉴定意见或者检验报告，虽然有很强的专业性，但是并不意味着它们的鉴定过程和结论就是符合法律规定的。实践中经常遇到的一些问题，如在检材方面会出现检材不能对应，在机构方面会出现机构的资质与有关规定不太相符，鉴定人员使用的鉴定方法、在解锁数据过程中用的 **DOS** 工具不符合国家标准，鉴定工具与鉴定对象的混同等。还有一些问题，如电子数据检验报告是做事实判断还是法律判断？我们遇到的检验报告当中，有的会说到检验数据当中包含公民个人信息多少条，在这个检材当中提取了淫秽录像多少个、淫秽图片多少张，事实上司法鉴定本身是事实的判断，像刚才例子当中说到的"公民个人信息""淫秽录像""淫秽图片"，这些都属于法律判断的范畴。所以对检验报告和鉴定意见的审查不要只是审查它们的结论，一定要有意识地审查检验、鉴定过程，机构资质以及检验、鉴定人员是不是有不同的意见、方法，等等。

我们在实践中还经常遇到这样一些案件，这些案件当中的鉴定意见会存在一些冲突，或者说有多份结论相左的鉴定意见，这个时候应该怎么处理？第一，要对比鉴定意见所依据的检材、选用的技术标准、技术规范和技术方法、软件工具（版本）以及分析论证过程、复核意见等因素，看看哪一个更符合国家标准，更符合案件要求。第二，询问鉴定人员在鉴定的过程中，是否向本机构以外的相关领域的专家进行咨询，可以考虑专家提供的咨询意见。第三，如果在同一份鉴定中，对鉴定结论有不同的意见，这个时候就要审查不同意见的鉴定人员的意见到底是什么，是不是和案件也有相应的契合性。第四，在符合重新鉴定的条件下，还是要重新委托司法鉴定机构开展鉴定。

二、检察人员在审查判断海量电子数据中的需求

接下来，我想跟大家分享一下检察人员在审查判断海量电子数据时的需求。

第一个需求是精准的数据检索的工具，这些工具可以帮助检察官在海量数据当中精准定位需要的内容，这样会大大节省审查时间。第二个需求是专业的数据分析工具、模型、软件。其中的软件应该是在浏览、过滤、搜索、标记、统计等功能的基础上，融合人工智能的经典算法，比如面对海量的资金流水，是不是可以有一个针对案件设计的数据分析模型？如果有这个专业的数据分析工具，就能够节省审计的时间和成本。第三个需求是电子数据的可视化、科学化的表达。可视化、科学化的表达主要是在两方面提升我们的办案质效：一方面就是把枯燥晦涩的电子数据的代码符号转化成可视的表达，方便检察官审查电子数据；另一方面就是把电子数据形成科学的、可视的思维导图、动态演示、行为轨迹图，在出庭公诉的过程当中就能以更简洁易懂的方式呈现给法庭，有力提升出庭指控的效果。第四个需求就是专业的技术辅助。我们反复强调办案与技术的深度融合，也注意到很多地方都在建设电子数据的实验室，而且部分地区已经达到了相当高的水平，但是办案与技术的深度融合还有一个关卡，就是办案流程的行政化。在很多地区，如果需要一个技术辅助人员，检察官可能还需要经过行政化的流程，例如审批等。那我们要解决的就是去行政化的问题，真正打通专业技术和检察办案相融合的最后一个关卡。第五个也是最后一个需求就是专业化的培训，尤其是通过技术与业务的同堂培训来提升检察官审查电子数据的专业化水平。

我们发现，电子数据将逐步并最终成为刑事案件审查认定的"证据之王"，如何构建电子数据的科学表达，让现代科技为司法实践提供精准服务，提升办案质效，将是检察人员和技术人员共同努力的一个方向。

摆脱"三看"困境　细审海量电子数据

顾　伟[①]

海量电子数据及其审查是我们基层检察机关面临的非常重要或者说非常棘手的问题。大家有切身的体会，这个问题解决好了，很多案件就会迎刃而解，甚至可能发挥出一些指数级的效用；如果这个问题解决不好，我们在审查电子数据的过程中就会收到事倍功半的结果。我今天主要从"海量电子数据"和"审查"这两个关键词来谈下我个人的想法。

我主要是从实操的层面，从公诉人办案的角度提出我们的需求和困扰，这正好也跟前面的主讲人所提出的一些功能化的建议是相契合的，也希望能够擦出一些火花，帮助我们在办案的过程中寻找一些方法。

一、海量电子数据类型

现在海量电子数据的发生场景非常多见，任何一个基层院办案的过程中都会碰到这样的问题。即使一个盗窃案或者一个诈骗案，被扣押的电子数据的体量也可能比较大，或者说通过社交软件聊天的内容比较多，如果我们对这些聊天记录做逐条的审核，那么审核的难度和压力是可想而知的。从广义上来讲，这些都可以叫海量的电子数据。海量电子数据可以细分为两大类：第一类是"海量且同质的数据"，就是所有的数据的种类是同一模块化的；第二类是"海量不同质的数据"。

首先我们看一下海量不同质的数据，归纳来说它就是数据总量"大"。刚才很多专家也举了很多例子，比如我们扣押了一部手机、一台服务器，其中有聊天记录，有图片信息，有通话记录，有日志信息等，那它们就是不同质但是数据量又比较大的客体。举一个类型化的例子，我们现在遇到很多帮信罪的案例，要审查犯罪嫌疑人的主观明知、主观故意，为此我们就要对扣押的手机的内部检材进行全面的审查，比如聊天内容中有没有体现跟别人串谋或者沟通的过程，朋友圈有没有发布过一些类似的信息，好友的朋友圈有没有发布类似的信息，他的一些贷款记录，他的银行卡使用的记录，等等。这个时候，我们的目的是在这样一个海量不同质的证据中找到能够指控犯罪的证据，就是要精准定位，要厘清一个主线中的某一个环节，力求与其他的证据形成对应，这个时候的数据可能有几十个G或者更多，我们只要找到其中的一两条或者三四条，就能解决案子的问题。再举一个例子，最高检第十八批指导案例里面有一个叫小黄伞撞库打码的案例，[②]最终检察机关通过对两名嫌疑人的聊天内容的比对，以及对他们制定的小黄伞的MAC地址的比对，确定了这两个嫌疑人制作非法软件的过程。此外，通过对撞库人员的撞库所得的数据库跟原始被害单位的数据库的格式、条目进行的比对，以及生成时间的比对，确定了撞库的行为。所以，可能被害单位的数据库体量很大，嫌疑人被扣押的设备的体量也很大，但是我们往往

[①]　上海市徐汇区人民检察院第三检察部副主任、四级高级检察官，上海检察机关的优秀公诉人，入选全国网络犯罪检察人才库，上海市检察机关网络犯罪检察团队成员，上海检察机关司法案例研究基地特约研究员，上海师范大学哲学与法政学院兼职导师，参与过《人民检察院办理网络犯罪案件规定》的起草。

[②]　叶源星、张剑秋提供侵入计算机信息系统程序、谭房妹非法获取计算机信息系统数据案（检例第 68 号）。

只要比对其中的一些代码日志或者时间、数据类型就能确定犯罪的事实。所以，我认为针对这样一些海量不同质的证据，检察机关或者公诉人在办案中更多的是提供一些方向和思路，主要用于确定证据定位的问题和证据综合运用的目的。

其次是海量且同质的数据，其实就是如何解决单一数据库体量比较大的问题，对此我们怎么进行综合的分析？常见比如"薅羊毛"的案子，它的交易数据量比较大；还有侵犯公民个人信息的案子，里面有海量的银行交易流水。对此我们怎么审查，怎么找到同案犯或者深挖上下游？我之前办过一个侵犯公民个人信息的案件，从嫌疑人处扣押的数据有五六百个 G，涉及公民信息的文件或者说压缩包近 2 万个，按照以往的思路，要把所有的压缩包和文件全部导入 Excel 表格来审查有多少条公民个人信息——这其实是我们应当做的事情——但是鉴定人员给我的回复是没有这么大的表格，或者没有相应的软件能跑得动这样一个数据库，他们也没有能力做完全的解析。面对这近 2 万个压缩包，我们最后只能退而求其次，就是做了抽样的验证，针对不同的文件类型，针对不同的文件大小的情况做了一个几十个文件的抽样，确定了这几十个文件中都是公民个人信息，而且涉案的数据量已经达到了近千万条。其他没有进行完全审查的，可能只能作为量刑情节了。所以在这样单一数据库体量特别大的情况下，我们更多的是去做一个数量的累加，或者是排除合理的怀疑，来更好地适用司法解释的规定，我们可以在数据量特别大，没办法逐一排查的情况下，去做综合的犯罪事实的认定，所以此时对这些数据的审查认定更多的是确定数量和确定情节的作用。公诉人在这个环节中更多的是提供一些建模的意见，提供一些计算的方法。

二、海量电子数据的审查

以上是我们目前在基层审查中所碰到的与海量证据的有关的两大类情况。接下来我再讲讲审查的问题。基层办案中面对这两种海量证据时，在审查中的主要问题往往是看不到、看不全、看不懂。

（一）如何"看到"和"看全"证据

什么叫"看不到"？就是很多取证软件因为兼容性或者其他能级的问题，可能没有办法对于一些附属的信息做全部的提取，导致我们看不到本来想要看到的一些信息。所谓的"看不全"，就是我们很多取证的软件——我记得最早的时候，我们手机提取的软件可能技术不是很先进——提取到的一些微信聊天记录中的语音聊天或者图片信息，都没有办法去第一时间打开和查看。当然，现在这样一些问题的解决方案在逐步调整或升级过程中，但还是会碰到一些兼容性的问题，导致我们没有办法第一时间查看相关证据，造成了对一些证据看不全的问题。第三个是最关键的，就是"看不懂"。这个问题分几个层次，一是办案人员的技术能力不够，尤其对证据的审查缺乏专业能力；二是提取的海量证据缺少和其他证据的印证关系，比如一些资金流水怎么穿透。或者我们有证据，但是没有办法得出科学化的论证或者结论，导致证据的使用效率比较低。面对看不到、看不全和看不懂的问题，我们的需求就是看到证据、看全证据，直至最终能够看懂证据。

如何看到和看全，更多的就是全面举证和科学化取证、合法化取证，也包括取证技术怎么进一步提升，还包括一些取证的兼容性提升的问题。更多的可能就是我们跟公安机关进一步加强配合，这些可能涉及海量证据取证的时候，适度扩大检察机关提前介入的范围，以及把这样的提前介入给做实。再就是要有进一步投入，用于提升公安机关的取证能力，提升检察机关自行侦查的能力等。

（二）如何"看懂"证据

看懂证据又可以细分为两个小问题：第一个是负责审查的检察官要看懂证据；第二个是检察官看懂证据，同时也让其他人看懂证据。这个"其他人"在以审判为中心的司法制度改革中，就包括法官、辩护人、被告人和所有的诉讼参与人、旁听人员，他们都要能够看懂我们所出示的证据。这就涉及审查的方法和审查的目的。检察官自己看懂，说白了就是我们要怎么样去审查这样的证据。

1. 数据的检索

数据的检索，就是我们拿到海量的数据以后要能够快速地检查、搜索到我们想要的证据，然后去证明一个问题。而且我们期待的是智能化的搜索，比如在大量的聊天记录里面有一个关键词的搜索功能，这是一个基础；如果在关键词搜索的功能下，还能进行一些多关键词的模糊性的搜索，比如我们输入很多网络黑话的同时，它能把关联的一些聊天内容都提取出来，那这个可能就类似于现在很多网站在做的一些大数据推送，就是有一个自我学习的过程，把这些多个关键词的模糊关联性和相关内容都能提取出来。进一步来说，这个智能化搜索还可以做一个多模块化的构建，因为我们现在很多时候都是输入关键词进行搜索，可能只是搜索聊天的内容，但也会发挥大作用。比如帮信案件里面，嫌疑人可能说这个手机当天借给别人了，别人怎么用的他不知道，那我们破解这个辩解的方法，就是通过他的手机里的聊天内容、软件使用情况，或者一些打车软件的信息、地图软件的信息等来确定在这个过程中，这个手机全程就是他在用，以此来否定他的辩解。这个时候我们要做的可能是一个时间段的搜索，比如今天是 3 月 30 日，如果我在手机镜像的软件中，输入一个时间的概念，以至于 3 月 30 日这部手机所有的使用记录、聊天记录、软件登录等都能够帮我抽离出来，那我的检索效率就会大大提升，就不用去对每一个软件的使用情况再做重复性的搜索，这样软件的综合性和有用性就会大大提升，也能够证明某一时间段他的手机的使用情况。所以我们比较需要的第一个功能就是数据的检索。

2. 数据的分析

数据分析这方面最典型的是刚才说的资金穿透。如果我们有海量的资金交易的流水，怎么从中找到几十条、上百条跟本案有关联的信息，或者可能涉及洗钱的转账信息，或者能够找到更多的被害人、更多所谓下游的关联人？这种分析工具也是分"基础款"和"进阶款"的。我们现在做的主要是资金流水的简单堆砌。我觉得基础款就好像之前赵宪伟处长讲到的，就是我们有一个数据分析的报告，比如说司法解释明确规定了某行为人对大量的资金做化整为零的操作，或者说化零为整的操作，这些不合理性，就能推定他主观对于非法性的明知，那么我们在导入这些交易的过程的时候能不能自动生成一份数据分析报告？比如，这张银行卡总的交易流水是多少，3 月的交易流水是多少，它转账的对象有多少个……并且能够做一个罗列，是 1 000 个还是 2 000 个，它的转账模式是什么样的……如果有这样一个分析，我们现在很多资金类的案件的办理效率就能大大提高。高阶版的分析功能在于，导入这些银行流水的同时也导入其他一些三方支付的流水，再同时导入一些笔录的内容，或者其他一些书证的内容，通过人工智能的分析，可以建立一个模型，能在这些证据中找到它们的关联性，通过对这些关联性的分析，最终实现资金穿透，找到它上游的资金池和下游涉及洗钱的线索。

3. 公诉人自己看懂证据

我们说的海量数据的审查，不光是公诉人自己去找证据，还要审查根据已有的海量数据得出的鉴定结论的真实性、完整性、科学性，能够让鉴定结论成为法庭所能采纳的证据。如果我们拿到鉴定结论之后，只能照搬，不能明确它里面的一些原理或者运算的过程，那可能对于法庭的说服性，或者办案的质效也是会打折扣的。所以，对于这样的鉴定意见，实质审查、内容审查和程序审查都是应当做的。那么，进行实质性审查有什么好处？好处主要是面对庭审冲突时有预案和准备。很多公诉人都会碰到辩护人对于鉴定资质提出质疑，辩护律师会提数据真实性和科学性的问题。我们的回复往往就是，真实性（方面）我们数据的提取是有一个哈希值校验的，所有的手续都是连贯的完整的；但是又有多少公诉人有自己计算哈希值的工具和能力？我们拿到这个数据后，可以自行验算一下数据的真实性。这个可能就是刚才几位技术专家提到的，是检察人员缺失的技术，或者说技术软件缺失。

4. 让别人看懂证据

让别人看懂证据，说白了就是我们的证据要有可回溯性和智能化展示。办理过计算机犯罪案件的公诉人都有一个同样的感受：这些案子很有吸引力，老百姓也很愿意来听，但是最终庭审的效果未必好，因为我们讲了大量专业性的问题，老百姓听不懂，他们对实质性的问题没有办法理解。比如，我之前做了一个爬虫的案子，在庭上公诉人的论证就是行为人有一个突破技术防护的手段，爬取了对方采取保护措施的数据，但是辩护人就讲这个手段是中立性的，它爬取的数据是具有公开性的。如果缺少对于数据或者说采集数据的过程的一些科学化的展示，就会使这个庭审显得大家在讲理论、讲观点，缺乏直观化的展示，造成庭审的说服性降低，或者说大家就是在不断地互相辩驳，没能收到更好的效果。面对这样的局面，可行的方案主要有两个：一个就是数据的智能化展示，另一个就是技术辅助开庭。如何通过科学化的展示，把所有的数据库展现出来，包括嫌疑人非法获取数据的过程或者非法的手段，使得出示证据更全面，更有说服力，这是数据智能展示要达到的目的。在这个过程中，要防止一个问题，就是展示过程成为变相的传授犯罪方法的潜在风险。这需要我们进一步探索合理的技术操作的同时，又能规避证据展示的风险。此外，关于技术辅助开庭，我们现在有专门知识的人出庭、有鉴定人员出庭，这些都是有明确规定的，也就是技术人员是可以辅助开庭的，但是司法实践中真正操作、落实的少之又少。技术人员辅助开庭的好处就在于他们能够帮助我们解决一些专业化的问题，去做一些专业化的解读和临场的应对；相对于鉴定人员可能更多从理论层面和技术层面去解释，技术辅助人员可能更多地从实用性或者操作性、应用性的角度帮助公诉人员做应对。

　　总结来说，我觉得海量证据的审查，目前要解决的就是检察机关怎么来坐实前期取证提前介入，以及自行取证的能力的提升；在检察辅助环节怎么开发更多的、有效的应用软件，通过一些基础款的模块的开发，甚至是一些高阶版的模块的开发，能够切实提高审查案件的效率，真正地把检察辅助的作用发挥到最大。

用程序开发的思维快速把握电子数据分析精准需求

陈思远 [①]

　　我今天的分享的主题是"用程序开发的思维快速把握电子数据分析精准需求"。什么叫"精准"？怎么做到"精准"？《海量电子数据审查的实现路径》这篇文章提到了电子数据是人类在虚拟赛博空间的投射，在当今的科技社会，电子数据可以说是上帝之眼，能够有全视全知的功能，但是同一个东西我们可以从不同的侧面来看，可谓"横看成岭侧成峰，远近高低各不同"。

　　我今天想站在程序员的角度看一下这些电子数据，我想站在一个程序员的角度看一下这些电子数据。首先，在计算机的世界里只有 0 和 1，任何数据都是存储在存储介质上的；其次，不管代码如何被继承、复用和重构，它都是按照编译器编译完的指令一行一行执行的。所以纷繁复杂的海量电子数据，在程序员的眼中对应的就是存储介质、组成原理、编译原理、算法设计，如果涉及网络，那就是再加上网络原理这些内容。

　　下面我结合我这办的一些案子，谈一谈如何从一个程序员的视角，快速帮助检察官精准分析这些数据。

案例 1：App 卸载恢复

　　我想讲的第一个案例是非法利用信息网络案，这个案子的嫌疑人是卖 DDoS 攻击软件的，但是他并没有通过常规的短信、微信、QQ 之类的通信软件进行交易，他使用了一款境外的软件——电报，这款软件不留聊天痕迹。取证大师这种自动化的软件也没有发现这个电报软件，所以当时承办人拿到鉴定报告的时候跟我说，他看了，但是没有太多的发现，我说那我们再看一下这个手机的镜像。所以，我觉得从一个程序员的角度而言，拿到这个手机的镜像文件的时候，可能更加关注的是这个手机的文件结构。因为我们在研发这个软件的过程中，一般都是使用相对的虚拟地址，这就是我们为什么在装一款软件的时候，只要不选择自定义安装模式，它就会让我们选择这个软件的安装路径，这个路径就是这个软件的绝对路径，而程序内的地址都是基于这个路径的相对路径，所以看到文件中有某某软件，点进去它的路径基本上都是固定的。还有一点值得注意的是，我们在写一款软件的卸载程序的时候，一般情况下不会卸载得太干净，因为我们一般只会把相应的运行文件和记录删除，涉及用户的信息和用户自己下载存储的这一类的软件的信息一般是不删除的。这样做的一个好处就是下次把软件装回来的时候就可以直接读取这些用户信息。

---

①　北京市人民检察院数字检察部四级检察官助理。

所以从程序员的角度来看这个镜像的文件结构，我们发现了这个嫌疑人曾经装载了电报软件，然后我们进入他浏览的图片，发现了他有发布他制作和销售这类 DDoS 攻击的广告的一些图片，并且我们还发现了他曾经装过火币钱包的软件，也就是说我们大致可以定位到他是通过电报软件进行交流的，所有的资金通过火币钱包来走。我们给审查这个案件的检察官提供了很好的方向，也节省了很多的时间。

案例 2：App 反编译

我想讲的第二个例子是一个涉嫌非法提供计算机信息系统程序工具案，这个案子中的 App 主要是卖给外卖骑手的，这个软件装在手机上可以自动抢到那些优质的外卖单。嫌疑人通过两种方式卖这个 App，他可以卖这个 App，也可以卖装好这个 App 的手机。和上个案子的相似之处就是二者都是通过卖程序去破坏网络秩序，不同之处是前者卖的是电脑端的软件，就是嫌疑人卖账号登录，后者卖的是一个激活码。这个案子的承办人找到我的时候，说他的需求就是确定嫌疑人一共卖了多少 App。

我在想，如果我是一个编程人员，该如何在手机 App 中通过激活码控制登录权限呢？我在北京科协中心的时候写了一个安卓手机的 App，这个平台中也分各种角色，比如发起人、管理人、审批人，每个角色都需要控制他的登录权限，我当时是把每个角色的权限存在了库的数据里，每次登录我都去数据库读取这个权限。具体到这个案子，其实里面的激活码就是从数据库中读取出来的权限角色，骑手对应的就是我当时写的程序里的发起人，外卖平台就相当于审批人，这个卖工具的嫌疑人就相当于这个软件的管理人。有了这个思路，我就去做了这个 App 的反编译工作，找到了程序代码中的 main.lura 这个文件，然后从这个文件中去找到它相应的控制登录的模块，再通过仔细分析这个模块的代码，找到它读取的这个脚本卡内信息，然后拿到了所有手机在登录的时候，它去哪个地方读他卖的激活码的信息。后来，我们发现他每卖一次都把这个卡内信息放到平台上。最后我们统计了这个数量，为检察官节省了大量的统计海量信息的时间。这个案子当时无论通过口供还是获利都不能精确统计，我们拿到了这份数据，嫌疑人当时也是不承认自己卖了这么多，但后来看到这个很详细的清单，包括他什么时间添加了谁，最后他表示认罪认罚，收到了很好的办案效果。

案例 3：数据库寻找关键信息

还有一个非法经营的案子，这个公司在阿里云租了一个云空间，它的所有网站经营数据都在这个云空间里面，涉及好几个数据库。由于这个公司已经运营了好几年了，所以它的整个数据库的后台数据被分在 NAS 和 OSS 上的数据总共有 1.6T 左右，当时鉴定公司跟我说的是他们一小时最快只能下载 50G 左右，所以光下载这些数据他们就花了好几天的时间。虽然有很多都是涉案公司的网站新闻和视频这类与非法经营没关系的数据，但是我们还要等着鉴定公司去重构这个网站，本着保持数据源完整性的原则，我们不敢贸然判断哪些数据有用、哪些数据没有用，我们要先等他们把数据库搭起来。在等的过程中，我说能不能先让我看一下这个数据库的库表，他们优先把拿到的数据库文件搭起来，然后我登到这个数据库看那个库表信息。

站在一个程序员的角度，我就在想，如果是我开发这个软件，我应该如何去设计这个库表、如何去设计这个组件信息、如何给这个表命名、如何给这个表里的列命名。当时在开发这个 App 的时候，我们知道最好的方式是英文，其次是采用汉语拼音的首字母进行命名。然后我们回过头去看这个案子的后台数据，它就是简单地以英文单词加上汉语字母的首字母命名的。所以，我们当时对着这个库表大致就可以猜出它的每一个附表和每一个列的含义。其实我们这个案子的需求就是找到非法经营的公司一共签了多少合同，在什么时间卖给了哪些人。所以，当时在那个库里有一个表，那个表里头有个字段就是用汉语拼音写的"合同"，然后我们在这个字段下面找到了他这些年所有非法经营的合同的具体文件，我们通过这张图表和他另外一张附表的 user id 进行关联，基于两点进行查询，就相当于在网站还没有重建的时候，我们就已经提前拿到了所有这些年非法经营的合同的信息。我们最后再佐以搜索语句就可以对于涉及经营类的这些表进行快速分析、过滤、搜索和统计。我们提前帮检察官了解了整个网站的索引，再加上鉴定公司重构的这个网站，大大地节省了审查的时间、提高了办案效率。

结语：

我想通过上面三个例子说明，关键证据的快速的锁定、查询和审查，有时候需要技术人员具有一定的开发思维。我们平时如果勤动手做一些代码上的联调，知道所有代码运行的原理，就可以更好地理解每个电子数据的意义。在办案的过程中，我们也需要多角度地看，要将业务思维和开发思维结合，这样我们就可以从源头上想清楚这个案子的全过程。这样做不仅可以提高办案效率，还可以提高办案质量。

第 7 讲

从智能化证据审查到大数据法律监督：网络犯罪治理的检察履职

主讲人介绍

刘品新，现任中国人民大学法学院教授、博士生导师，兼任中国人民大学刑事法律科学研究中心副主任、法学院证据学研究所副所长、智慧法律科技创新研究中心主任、网络犯罪与安全研究中心执行主任。研究领域为证据法学、电子证据学、网络法学、网络犯罪治理、智慧司法。长期致力于法学与信息科学的交叉研究和中国"电子证据学"新学科的创建。撰写了《电子证据法》《电子证据法研究》《中国电子证据立法研究》《美国电子证据规则》《电子取证的法律规制》《国外电子证据适用指南选择》"电子证据六部曲"。

讲座内容

今天讲座的题目是"从智能化证据审查到大数据法律监督：网络犯罪治理的检察履职"。

一、问题的提出

确定这个题目有两个背景，先给大家做一下分享。

（一）网络犯罪治理成为数字中国、网络强国和智慧社会建设的艰巨任务

第一个背景是网络犯罪治理成为数字中国、网络强国和智慧社会建设的艰巨挑战。党的二十大报告中特别提出了加快建设制造强国、质量强国、航天强国、交通强国、网络强国、数字中国这六个问题。习近平总书记在 2018 年 4 月 22 日致首届数字中国建设峰会的贺信中强调："加快数字中国建设，就是要适应我国发展新的历史方位，全面贯彻新发展理念，以信息化培育新动能，用新动能推动新发展，以新发展创造新辉煌。"我自己从学术上观察时发现，习近平总书记在很早之前就有过更加通俗的阐述，如"过不了互联网这

一关，就过不了长期执政这一关"[①]；"政治工作过不了网络关，就过不了时代关"[②] 等。这也意味着今天我们国家面临非常重要的挑战——网络犯罪治理。

2023 年《最高人民检察院工作报告》指出，"五年间，起诉利用网络实施诈骗、赌博、传播淫秽物品等犯罪 71.9 万人，年均上升 43.3%。协同公安机关从严惩治电信网络诈骗犯罪，深挖幕后金主、严惩团伙骨干、全力追赃挽损，起诉 19.3 万人"。这个数据反映出网络犯罪的增长速度之快，打击任务越来越繁重。

2023 年《最高人民法院工作报告》中也有类似的内容，"审结电信网络诈骗及关联犯罪案件 22.6 万件"。这是个非常惊人的数据。

如今，网络犯罪治理已成为法律共同体的重要使命和责任担当。从这个角度来讲，也要把网络犯罪治理的检察履职作为非常重要的考量。

（二）数字检察成为全面依法治国的"阿基米德支点"

确定这个题目的第二个背景就是数字检察成为检察机关在纵深推进全面依法治国建设中贡献力量的"阿基米德支点"。2023 年两会之前，我写过《数字检察：大数据赋能新时代法律监督》这篇文章，试图解读学者是怎么看数字检察的。简单来讲就是数字检察会提升检察机关打击犯罪和预防犯罪的动力，或者叫动能扩张、延长动力臂，同时会降低违法犯罪的阻力、缩短其阻力臂。为什么这么说呢？主要是数字检察可能让我们办案过程中发现一批类案，了解其犯罪的规律来预防和介入，特别是和其他的行政机关、社会力量形成同心圆，协同推动治理，把原来的孤点作战变成协同作战。它确实像阿基米德的杠杆原理。所以我说数字检察已成为全面依法治国的"阿基米德支点"。这句话对于我们具体理解《中共中央关于加强新时代检察机关法律监督工作的意见》中提出的"运用大数据、区块链等技术推进公安机关、检察机关、审判机关、司法行政机关等跨部门大数据协同办案"大有助益。

我特别注意到，这几年数字检察是检察机关在法律监督方面发力的主战场。比如 2022 年 6 月，全国检察机关数字检察工作会议就提出了以"数字革命"驱动新时代法律监督提质增效的问题。2023 年 3 月 17 日，最高人民检察院党组书记、检察长应勇同志在全国检察机关学习贯彻两会精神电视电话会议上强调深化实施数字检察战略。这进一步推动我们思考数字检察、大数据法律监督该怎么做的问题。

二、以四个关键词为分析框架工具的学术解读

基于前两个背景，我用四个关键词作为分析框架工具展开论述：第一个是智能化证据审查；第二个是大数据法律监督；第三个是网络犯罪的检察履职。这三个关键词的落脚点是第四个关键词——网络犯罪治理。数字检察已经由打击犯罪走向防范犯罪。为什么会形成这样的框架呢？这里有这三个简单的问题：第一个问题是什么案件最适合运用智能化证据审查？毫无疑问，是网络犯罪案件；第二个问题是什么案件最适合推广数字检察或者是

---

① 共产党员网，https://www.12371.cn/2021/09/06/ARTI1630883487244750.shtml，最后访问时间：2024-06-13。
② 中国共产党新闻网，http://cpc.people.com.cn/n/2015/0824/c83083-27506886.html，最后访问时间：2024-06-13。

推广大数据法律监督？毫无疑问，是网络犯罪案件；第三个问题是什么案件构成对检察机关履职的极大挑战？还是网络犯罪案件。我们不仅要有效地打击网络犯罪，更需要有效地防范网络犯罪。这三个问题可以帮助大家理解这个分析框架。

（一）智能化证据审查

智能化的证据审查，从表面上来看就区别于人力对证据的审查，它使用的是智能的方法。理想状态当然是直接使用人工智能进行审查，但如果做不到，也可以在某个阶段实现智能化。例如办理 e 租宝案件时，案卷的数量构成了一个小的图书馆。我了解到这个案子可能有 3 000 本左右的案卷。后来我在纪委监委办理的案件中也见过 3 000 本案卷的情况。检察机关办理的案件中我见过的有 8 000 本卷的，甚至还有一起案件有 12 000 本案卷的，这是我目前看到最多的。我当时想，如果我是检察官，我该怎么办？因为 12 000 本卷根本看不过来。智能化的证据审查有独特的价值，在有几百几千本甚至上万本案卷的情况下，仅靠人力办案是非常困难的。同样，公安机关、法院也面临这种挑战。如果不转换思路，办案就会非常棘手。

e 租宝案中，要搞清楚这个犯罪团伙究竟设了多少个公司、涉及多少金额、涉租面有多少、有没有虚假的项目、有多少个虚假的项目等。这些基础的问题都需要审查。当时公安机关举全国之力向几千家支付银行和第三方支付机构进行了多轮的数据调取，最后根据 1.6 亿条银行资金流水，通过智能化的分析明确了他们的组织架构。据我了解，最近很多法院已经直接将这种展现涉案公司组织架构的材料用作证据。从证据法上讲，对 1.6 亿条资金流水的分析就是智能化的证据审查，因为 1.6 亿条银行流水是人力看不完的。这样的大体量数据必须通过智能化的方式进行审查，要把人力审查资金的一些方法变成模型，由超算的计算机得出结果。

其实，对于主观故意的认定也可以通过这样的智能化证据审查来完成。办理 e 租宝案件的检察官在如何证明嫌疑人或者被告人的主观故意方面遇到了难题，这会直接影响最后认定的罪名（集资诈骗罪还是非法吸收公众存款罪），且案件办理后期出现了被告人集体翻供的情况。如果仅依靠口供会陷到死胡同里。那有没有别的办法？我看到这个分析报告时就发现，这些取款行为都有一定的规律。如果是某一个人涉案，他每次骗到钱之后，在取款时都要测试一下公安机关有没有冻结他的账号。还有同样的反侦查行为也值得注意，包括怎么处理赃物，如何跟人打交道，用什么样话术行骗。如果通过这个分析能够发现一些行为规律，从证据法上讲，他的主观故意就一清二楚了。当时，查明他们的主观故意是可以用这种方式来解决的。这就给我们一个启发，智能化的证据审查是当下时代办理这类案件的一个密码。

这样的证据审查规律是什么？用三句话来概括：第一，审的是电子材料而非纸面材料；第二，以智能化审查对抗海量数据之困；第三，采取"机器搜索＋人工甄别"两步法。这也是我给大家讲的智能化证据审查的基本规律。可以说，智能化证据审查是这个时代自然形成的一个方法。上帝关了一扇门，就会开一扇窗。现在的案件量越来越多，检察官、法官、警察和律师需要更新的办案方式之一就是智能化的证据审查。

（二）"细"审电子材料而非"静"审纸面材料

上述三个规律怎么理解？第一个规律中说，审的是电子材料，是指"细"审电子材料，而非"静"审纸面材料。理解这一点，要先了解当前办案的基本现状。办理网络犯罪案件的时候，公安机关都会给检察机关提供与纸面材料配套的电子材料，通常这些从涉案电脑、服务器等设备里提取的数据会刻录在蓝光光驱的光盘或移动硬盘中，随纸面卷一起移送，这些材料的基本特点就是量很大。公安机关在取证的时候，基本上进行的是傻瓜式取证，也就是直接把电脑、硬盘中的东西做镜像复制，对手机做数据复制。比如公安机关运用支持大批量手机自动并行取证的一体化设备进行数据提取，然后移送给检察机关、法院进行综合认定。但结果是由于信息量太大使得后者难以审查，更无法有效使用。如某检察机关办案时对手机进行信息提取，仅微信、QQ 聊天记录就有 812 万多条，根本无法逐一查看，更何况很多案件中会涉及多部手机的数据审查。我认为，面对电子材料时，可以按照时间段、关键词等信息进行过滤，还有按照文件的类型来处理和检索，这样就能够在海量的电子数据中筛选出有用信息。这是一种非常高效的方法，这样的阅卷速度远远超过纸面阅卷方式。

智能化的证据审查出现之后，产生的第一个化学反应就是能够快速地重建案件事实。办案的中心任务就是还原案件事实，或者叫重建案件事实。我们过去靠口供来重建，后来是靠鉴定意见重建，现在又说靠电子数据重建。只有通过重建事实，才能对犯罪嫌疑人的行为进行法律评价。如何重建呢？第一步就是把人工产生的文件导出来。所有的电脑、手机、服务器的数据都分为人工产生和机器自动产生的。机器自动产生东西因为是机器的行为，所以可以不做法律评价，我们要评价的是这个作案人、被告人的行为是否构成罪，因此很重要的方法就是把人工产生的东西给导出来。电脑、手机里面人工产生的文件，可能只占 5% 以下，甚至只占 1% 以下。导出来之后进行排序，特别是按不可修改的时间进行排序，这样不会受取证时间的影响，它是机器客观记录的时间。通过排序，我们可以知道这些文件究竟是办案的时候产生的，还是案发过程中产生的。如果是案发过程中产生的，我们把这些文件的目录看一遍就知道相关人员干过什么事，就可以重建案件事实了。如果是办案过程中产生的，就能够重建公安机关的取证过程。如公安机关是不是立案之后按照笔录上记录的去取证，有没有案外人的帮助，有没有跟笔录对不上的情况，甚至有没有虚假证据等都可以快速地甄别。因此，我们可以将电子证据看成一个个信息"场"，以人工产生文件的"修改时间"为轴，快速重建案件事实，还原案发过程和办案过程。基于电子证据及其蕴含信息，对办案过程进行有效再现。这是智能化地审电子材料而不是审纸面材料。我注意到，2023 年两会之后，法院系统已经开始做这方面的培训。网络犯罪司法越来越强调综合认定，法院也要学会面对海量电子数据时进行有效的筛选和分析，而不能一味依赖原有的纸质化审查方式。

（三）以智能化证据审查对抗海量数据之困

用智能化的证据审查的方式来解决海量数据的困惑，它的优势在什么地方？我用人工智能的三要素，数据、算力、算法给大家解释。如果我们通过算法把人需要完成的工作，交给算力、机器来完成，就能够在海量数据里面快速找到我们所需要的东西。这样，我们能够快速地收集有罪、无罪、罪轻、罪重的证据，特别是与特定当事人相关的证据。办案人员或律师在看到什么内容的纸面材料时会认为这是可以认定犯罪的证据或者无罪的证据，我们也可以通过用机器来实现。通常来讲，当涉案手机涉及海量数据时，以案件要素和当事人信息为搜索条件，需要围绕特定当事人进行信息筛查，以案发时间段进行检索，缩小筛查范围，按照时间、IP 地址对特定行程、聊天记录进行分析。除了对一部手机、一台电脑进行分析以外，还可以对多部手机通过数据碰撞进行关联的分析，看多份数据能够构成一种什么样的人物关系、查明共同联系人、当事人之间的交易关系。这些可以证明他是主犯、从犯，或者跟犯罪团伙有没有关系。

（四）"机器搜索 + 人工甄别"两步法

智能化的证据审查，解海量数据困惑的方式就是人工智能思维。这种证据分析分为两步。第一步是机器把海量数据里面无关的数据去掉，挑出有用的数据；第二步是甄别哪些数据跟案件有关系，甄选的步骤可以根据情况调整、重复，达到理想的办案效果。我认为网络犯罪案件都可以这么办，因为网络犯罪跟别的犯罪不一样，网络犯罪中的很多证据当事人自己都不知道，只有机器才知道。甚至所有的网络犯罪案件都可以先用机器对海量的数据进行搜索，然后再由人工甄别来完成。

为了强化大家的印象，我拿我们团队做科学研究的一个例子给大家讲解。2021 年，我们承担了国家知识产权局商标评审委员会的一个课题，课题的任务之一是把他们办的案子全部筛一遍，筛出运用电子证据办理商标案件的指导性案例。第一步，用机器来搜索法律文书里面有"电子证据"这个词以及相关词的所有文书，例如电子数据、电子文件、信息网站、博客、微博等，结果命中了 116 712 处，形成了 7 951 页、970 万字的 word 文档。第二步，以"我局认为"加任何一个电子证据相关词，重新搜一遍，就是将检索内容限定在裁判委员认为的那一段里，别的地方出现的不算。这次搜索结果命中 5 160 处，形成了 173 页、137 万字的文档。后来我们又用"我局认为"加任何两个电子证据相关词进行搜索，最后形成了 14 页、17 000 字左右的 word 文档。用这种方式，我们团队很快就完成了筛选指导案例的任务。假如是在办案的时候，就可以在短时间内找到嫌疑人无罪、有罪、罪轻、罪重的证据。

三、大数据法律监督

网络犯罪案件应该走向智能化证据审查，它对于大数据法律监督有什么启发？我想，我们有必要先了解一下大数据法律监督。从广义的角度看，数字检察既包括大数据法律监督，就是以数据来支撑的法律监督形式；也包括大数据检察办案，大数据侦查、大数据证据、智慧公诉等，不一定产生明确的监督。从狭义的角度看，大数据法律监督是指基于大数据的刑事法律监督、民事法律监督、行政法律监督以及公益诉讼法律监督。

（一）以多案监督为着力点

大数据法律监督，是一种以大数据及相关科技为支撑，以多案监督为着力点，以促进国家、社会治理现代化为大目标的高级法律监督。当前的大数据法律监督被先行者们评价为"由个案办理到类案监督的新跨越"，但我认为个案监督不一定对应类案监督。"类案"是"同案同判"法律原则中"同案"的近义词，其约定俗成的意思是在基本事实、争议焦点、法律适用问题等方面具有类似性的案件。这里的类案监督强调的是法律适用的司法经验，即一种抽象的规则价值，而不关注案件事实。然而，大数据法律监督的许多案件是以"多被告、一原告"或"多原告、一被告"的形式出现的，即"一人多案"情形。这虽然类似于通常意义上的"类案"，却是负面评价意义上的类案之义，将其统称为"批量异常案件"在理论上更为妥适。相应地，我认为对这种批量异常案件的法律监督可简称为"多案监督"。

（二）以促进国家、社会治理现代化为目标

以促进国家、社会治理现代化为目标，解决的不是案件本身的问题，而是通过一些案件的办理，发现制度上存在的缺陷，或者制度上没有缺陷但是执法中普遍有疏失，然后通过检察建议或者其他的方式来完善。大数据法律监督可以拆解为不同的要素。有些要素是通用性质的，如大数据理念、人才和制度等；有些要素是个性化的、关键性的，且形成一个完整而稳定的架构，主要包括检察大数据、批量异常案件发现模型和人机耦合技战法等。

在此和大家分享一下我们做的大数据法律监督学术实验。我们分析了裁判文书网上2021 年全部的民间借贷案件共计 112 万份文书，尝试发现其中是否有应该纳入监督范围的批量异常案件。我们首先将涉裁判文书的当事人（原告和被告）进行排序，检索同一原告或同一被告涉案最多的裁判文书。因为存在"批量"条件，就具备了发现"异常"的基础。如果同一主体短期内提起多起诉讼，甚至提起的诉讼多达 9 000 多起，这就一定存在利用法律漏洞的行为。因此，将批量特征作为甄别关键去发现异常案件是我们搭建模型的第一步，批量文书的产生以行为人参与诉讼的次数为前提，为此需要有效识别行为人的信息，确保其在海量文书中得到唯一标识，以便后续筛查统计；同时，批量文书以数量达到设定阈值（参与诉讼次数达到多少数值）为条件，因此需要对文书中行为人参与次数进行统计排序。除了民间借贷案件的异常类案甄别，我们也针对"异常公司"涉诉现象的异常类案甄别和执行案件的异常类案甄别进行了模型搭建。在执行案件中，我们发现了拆分执行文书、拆分执行保证文书、批量违规仲裁等情况。大数据法律监督跟我们前面讲的智能化的证据审查在技术方案的思路上是相似的，都要通过数据搜索的方法找到异常的、有用的内容。

四、网络犯罪治理的检察履职创新

那么，检察机关在网络犯罪治理中的履职是不是也可以有创新的方法？网络犯罪数量

在不断增加，积极应对网络犯罪要从打击走向治理，不能仅仅就案办案，网络犯罪治理重在防范，重在网络生态治理。习近平总书记在党的二十大报告中强调要"健全网络综合治理体系，推动形成良好网络生态"。检察机关既要高效办理网络犯罪案件，又要有效防范网络犯罪黑产与网络犯罪司法灰产的泛滥。

基于这样的思想，我给出的学术方案是使用智能化的证据审查和大数据法律监督的知识来改造网络犯罪司法。把检察院的网络犯罪司法变成网络犯罪治理，需要完成三项艰巨的任务，分别是治理网络犯罪的黑产、遏制网络犯罪治理灰产和监督网络犯罪办案主体。

（一）治理网络犯罪黑产

治理网络犯罪黑产从字面上来讲，就是在办理网络犯罪案件时，将关联案件及背后涉及的黑产势力一并揪出。我在调研时发现一个规律，同一地方发生的多起网络犯罪案件背后往往是同一伙人在支持，但在打击这些网络犯罪时仅是就事论事，并未深入挖掘背后的犯罪团伙。目前电信网络诈骗犯罪、"两卡"犯罪、"通讯传输"类帮信犯罪等都已产业化。假如检察机关在办案时能够对涉案的光盘、电脑、手机数据做进一步的分析，筛选出涉案人员以外、不在被告范围内的人员信息，尤其是涉及两个以上案件的雷同信息，如涉案网站域名、网络链接、涉案 App、涉案服务器 IP 地址、服务器提供商等，就能甄别出大量网络犯罪黑产的情况。"两卡"案件中可能有数十名被害人，但被害人陈述最终只被用来证明两卡的金额，大量与电诈分子相关的直接性、指向性的线索和信息，比如网址域名、下载链接等，都被"淹没"了。某检察院在办理电信网络诈骗案件时，通过提取被害人访问网站链接、下载软件的名称、二维码等信息，利用网络安全公司相关数据库，多层溯源分析，最终找到通信服务商、域名代理商等。该检察机关一方面根据《网络安全法》等法律规定，移送拒不履行信息网络安全管理义务的违法犯罪线索、制发相关的检察建议；另一方面，推动上游犯罪的深入侦查。因此，网络犯罪检察履职第一项关键任务就是分析出网络犯罪黑产，充分利用办案中获得的数据进行数据碰撞。如果碰撞得好，不仅可以更好地指控犯罪，还可以更好地预防犯罪。

（二）遏制网络治理灰产

探讨遏制网络治理灰产的背景：与当前电信网络诈骗、网络赌博等网络犯罪数量相比，我国现阶段真正可以从事信息网络犯罪侦查的警力是明显短缺的。在这种情况下，配侦公司就应运而生。很多配侦公司以"有专门知识的人"的名义介入案件侦查，作出专门的数据鉴定报告或者检验报告配合公安机关办案。既然是公司就存在"逐利"的问题，通过配合办案来营利的方式使得其可能在取证时存在违法行为，导致"趋利性执法"出现。有时，配侦公司提供的线索不具备合法性，但办案机关将其提供的技术、线索和相关证据谎称是由自己通过技术手段获取的，这就存在伪造证据来源的行为。除此之外，配侦公司为了利益也有可能偷偷篡改数据、制造虚假证据。我参与办案时就发现过取证活动存在违法情况，如有的配侦公司在现场勘察的时候将事先制造的"证据"拷贝进涉案电脑，这种情况下，配侦公司已成为网络治理的灰产。配侦公司与公安机关跨省抓捕的案件很多都是变相的"远洋捕捞",通过技术手段违法获取某些互联网公司的信息数据后制造报案流程,在形式上完成后续的立案侦查,将公司资金变为"违法所得",最后根据罚没财产与公安机关进行"分成"。

检察机关需遏制这种情况发生,否则在出庭支持公诉时,经专业人员审查极易发现证据存在的漏洞,指控难以成立。前文在智能化证据审查中已经分析过,只需将人工产生的文件通过不可修改时间进行排序,只要发现不属于办案过程中的文件,检察机关就应甄别是否存在牟利行为和网络治理灰产的问题。

(三)监督网络犯罪办案主体

监督网络犯罪办案主体,包括监督公安机关和法院对网络犯罪的办理。监督公安机关办理网络犯罪的案件有两种,一种是公安机关可能与一些配侦公司不当合作没有被有效地监管。公安机关出具了取证手续,结果因配侦公司取证手段不合法使得公安机关将案件移送起诉后骑虎难下。还有一种应该纳入监督范围的是公安机关办案时忽略了很多应予立案的案件,比如《检察日报》的一则报道:《大数据筛查"报警"锁定不见面的性侵犯罪》。在案件的初期侦查阶段,公安机关认为,韩某只在网络上对被害人进行威胁,双方没有见面,韩某也没有对被害人实施暴力行为,属于情节轻微,不具备刑事处罚的必要性,因此公安机关并未进行刑事立案。后续检警双方通过侦查监督、召开联席会议,经会商研讨,双方达成了一致意见:强奸罪的实行行为既包括奸淫行为,也包括为实施奸淫行为对被害人实施暴力、胁迫或其他方法等强制手段。韩某以公布裸照威胁被害人,属于已"着手"的实行行为,因意志以外的原因未能得逞,应认定为犯罪未遂,具有刑事处罚的必要性。经补充侦查,又收集到了另外5名被害女性被侵害的证据,最终查明该案被害女性为10人,其中2名女性被侵害时系未成年人。因此,最初公安机关未立案侦查的行为一定程度上放纵了被告人韩某的违法犯罪行为。大数据法律监督为我们提供了新的监督思路:通过在公安机关办案系统查询信息、公安机关决定立案或不予立案的书面通知数据、网络犯罪案件审查逮捕、审查起诉数据、网络犯罪案件判决数据等进行数据碰撞,可以筛选出未被起诉、免受刑罚、缓刑人员的信息。运用大数据筛查公安前端包庇纵容的徇私枉法行为、识别刑事领域弄虚作假的徇私枉法行为以及执行领域的滥用职权行为。

对法院办案的监督着重在于发现是否存在冤假错案。2003年发生的"东方微点传播计算机病毒案",经北京市纪检机关查明完全是一起调取假报案、假损失、假鉴定等证据材料制造的假案,是"纯粹的栽赃陷害"。市公安局网监处工作人员接受瑞星公司请托并收受420多万元"好处费",使得东方微点公司副总经理田某某被冠以涉嫌"故意传播计算机病毒"罪名,羁押长达11个月。我们在进行大数据法律监督分析时也发现有很多类似案件,在公司、鉴定机构或公证处的支持下,同一批人炮制犯罪事实材料,向全国多地公安报案,但各地法院作出的判决结果并不相同。这说明其中必有冤假错案值得关注。

五、结论

本次讲座以数据治理为切入点，从智能化证据审查、大数据法律监督、网络犯罪治理三个角度探讨了数字中国时代检察机关应该怎么履职。检察机关实现网络犯罪治理和数字检察转型任务之一是实现审查电子材料的智能化，这是必须完成的一项工作。检察机关实现网络犯罪治理和数字检察转型任务之二是甄别批量异常违法在网络犯罪治理领域的乱象，启动对多种违法主体的融合式法律监督。如果刑事案件判错了，就启动刑事法律监督；如果存在谋取不当利益，可以通过公益诉讼监督或者民事检察监督来处理，特别是对未成年人的权利保护；另外，行政执法机关的履职不力可以通过丰富"六号检察建议"加强网络监督执法，共同推进网络综合治理解决。

专家评议

大数据证据的运用与检察工作的应对

季美君 [①]

围绕刘品新老师刚才讲的智能化证据侦查、大数据法律监督以及网络犯罪案件治理中检察机关遇到的挑战和机遇，我想谈三个方面的体会。

第一，要树立大数据法律监督理念。这是充分运用大数据提升检察监督能力的前提。大数据监督，从根本上说，就是新技术在司法领域中的运用。新技术驱动着生产方式的变革，也催生了司法活动的演进。就像何家弘教授说过的，人类司法证据经历了神证时代——人证时代——物证时代。在大数据智能化时代，大数据成为检察监督的线索来源和重要抓手，在监督过程中，要改变法律监督的理念，也要树立大数据的监督理念，具体说来，就是应秉持智能监督的理念、服务办案的理念和类案治理的理念。智能监督的理念，就是刘品新老师所讲的：大数据法律监督就是融合办案，以检察机关的监督为核心，撬动其他力量，从个案办理到类案监督再到批案纠错、类案防错，最终促进社会治理。智能监督理念在办案过程中最为明显的体现就是取证和获取材料的多样性，从侦查、行政、审判机关获取可以进行司法活动的各类证据和数据，从而形成大数据办案及监督线索获取，大数据本身可以作为手段获取证据，以及证据上链保存、共享等概念。

服务办案的理念。这是开发利用大数据的目的所在。在数据革命中，人们在使用数据的同时往往也在提供数据，检察机关通过办理案件形成大数据监督的基本模型，产生各类数据，其目的当然也是服务办案，服务检察监督。在法律监督过程中，通过大数据比对形成监督线索，是检察机关进行法律监督的新利器。在使用的过程中，必须考虑各地执法监督环境、不同地区的实际情况，从而形成合理的监督方法。

类案监督的理念。实现类案监督是大数据监督的优势所在。在案件办理过程中，检察机关依靠大数据获取监督案件的线索；依靠大数据、区块链以及人工智能技术进行电子证

[①]　最高人民检察院检察理论研究所研究员、网络犯罪研究中心办公室主任。

据的远程取证；同时，又将获取的数据上传至各种云端（比如浙江司法机关将部分数据储存在"政法云"），实现案件全程办理的数据化和无纸化，大大提高了案件办理的效率。

但是，仅仅通过大数据进行取证、办案或者实行个案监督的效果始终是有限的。虽然数字化检察改革的基础在于破除检察机关与侦查机关、行政机关的数据壁垒，但在此基础上，坚持数字办案的实战导向则是关键。打通关键的主要要素是：每个办案检察官都成为"数据源"和"数据员"，在个案办理的基础上通过大数据平台进行信息整合，打通信息"岛"与"岛"之间的数据交换通道，从而精准挖掘诸如社区矫正、司法网拍、网约车运营规范、特定行业准入、虚假注册公司综合整治等在内的关系到社会治理、民生所需的个案监督数字化场景应用，形成从个案监督到类案监督的结果。既然在办案过程中，传统封闭式监督已不适应社会发展需要，那么数据集成、算法分析、线索产出便是贯通个案到类案的"中枢"，使得检察监督从做好一个案件的监督转化为做好一类案件的监督，既成为监督的新手段，也成为当前甚至今后一段时期的主要方法。

第二，要明确大数据证据的定位问题。这是大数据法律监督的重要条件。要运用大数据证据，首先遇到的问题就是大数据证据的属性，尤其是当前在办理互联网金融犯罪案件中，往往要用到专家证人，也就是刘品新老师 2018 年推动制定的《最高人民检察院关于指派、聘请有专门知识的人参与办案若干问题的规定（试行）》中所采用的有专门知识的人的说法。从本质上看，大数据证据需要经过有专门知识的人的解读，才能被检察官用作证据，而且也只有说服法官才能被采纳并证明案件中的事实。这就涉及大数据证据的资格和采信。资格问题，也就是可采性问题。大数据证据，可以说是司法鉴定的一种，而鉴定意见作为一种证据，在 2018 年 10 月修改的《刑事诉讼法》第 50 条的第 6 款中有规定，第 50 条第 8 款规定了视听资料、电子数据作为证据的一类。但在前不久有关公益诉讼立法的调研中，我们了解到有些地方的法官不采纳专家的评估意见。这就涉及我前面讲的理念问题。一个法官的办案理念会直接影响大数据证据的采纳与否。但从大数据证据作为专家证据本身来看，它要被采纳，就要符合以下三个条件：一是相关性；二是有用性；三是合法性。证据的相关性是一个普遍原则，而有用性是英国专家证据可采性标准中的重要标准之一；合法性，是指收集证据的主体、手段、形式要符合法律的规定。实践中专家证据最后能否被采纳，还与审理案件的法官的理念紧密相关。

第三，双料人才的培养。这是运用大数据证据的关键因素。各行各业的竞争，主要是人才的竞争。有人才好做事儿，这一点在智能化证据的审查方面尤其突出。智能化证据的专业性较强，尤其是在互联网金融犯罪案件中，电子证据是海量的，不具有相关专业知识的人根本就无法识别、解读，而且这些证据在案件中常常是关键性的，甚至能起到一锤定音的作用。若没有专业技术人员帮忙解读，检察官就只能望洋兴叹。现代社会分工越来越细，办理案件又是一个价值平衡的过程，有办案时效的规定。因此，目前有两条出路：一是借用"外脑"，也就是在办案中，尤其是在出庭时，指派或聘请有专门知识的人——专家证人来帮助解决案件中的专业问题；二是集中同堂培训，举行公、检、法、律相关人员的培训，既可以在短时间内快速提升其专业技术知识，也可以在理念上达成共识，从而有助于智能化证据在办案中的运用、采纳和采信。

最后，值得一提的是，在开发利用大数据时，要关注大数据监督的边界，其监督手段即不能替代基本的司法思维和手段，也不能影响数据自身的安全，更要专注对个人信息的保护。在具体的运用方式上，要讲究规则，如要全方位获取监督数据，形成全领域的数据模型，做好全链条的法律监督，最终目标是实现全效力的社会治理，不断为数字法治建设提供新的、有效的检察经验，推动国家治理能力现代化。

第 8 讲
知识产权刑事案件电子数据的收集与审查

主讲人介绍

刘丽娜，北京市人民检察院第四检察部（经济犯罪检察部）副主任，三级高级检察官，两次获评全国查处侵权盗版有功个人（一等奖），两次入选全国检察机关经济犯罪检察人才库。

史亚平，北京市人民检察院司法鉴定中心电子数据鉴定人，首届"全国检察机关电子数据取证大练兵"业务标兵，入选全国检察机关网络犯罪检察人才库。

讲座主题

随着科技的迅猛发展，侵犯知识产权刑事案件涉及的领域越来越广，电子数据的收集与审查也成为更加突出的难点问题。与其他案件相比，权利人自行以公证、区块链等形式固定电子数据的情形较为常见。伴随新经济形态的出现和高新技术的发展，海量侵权物品及消费记录均以电子数据的形式呈现，罪名竞合对侦查方向的调整也带来一定影响。而关键证据往往由侵权人自行掌握，司法机关难以有效获取源程序等电子数据。如何有效应对上述难题，全面迅速收集海量数据并从中筛选出关键证据，通过客户端程序比对证明源代码的同一性等，本期论坛将一一解读。

讲座内容

知识产权案件电子数据的特殊性与审查难点

刘丽娜

我跟大家分享的是知识产权刑事案件电子数据的收集与审查。2020 年年底，最高检在全国 8 个地区开设了知识产权综合履职试点，北京在第一批试点中，在全市市院、第四分院还有朝阳检察院、海淀检察院等 11 个院都设立了知识产权综合办案的办案组织，现在采取刑事、民事、行政案件的统一职能的履行。随着统一履职试点的推进，我发现有很多问题都值得进一步研究。

一、前言

习近平总书记在 2021 年 2 月 1 日出版的第 3 期《求是》杂志上发表了题为《全面加强知识产权保护工作 激发创新活力推动构建新发展格局》的文章。这篇文章我反复读了多遍，受到了很大的激励。习近平总书记指出："当前我国正在从知识产权引进大国向知识产权创造大国转变，知识产权工作正在从追求数量向提高质量转变。"实践中，在刑事案件领域，由于新兴技术以及经济形态的蓬勃发展，多种新的技术手段的侵权现象层出不穷，根据海淀检察院 2021 年发布的近年来对知识产权案件尤其是刑事案件的统计研究，此类案件涉及的领域较之以往已经非常广了，包括网络游戏行业、计算机操作系统行业、智能制造行业等各种领域，其中对电子数据的收集和审查显得尤为重要。

二、知识产权案件电子数据的特殊性

（一）公证取证较为常见

在民事领域中有对公证的相关规定，权利人自行收集证据邀请公证机构做公证或者邀请公证机构参与电子证据的收集的现象非常频繁，这些行为在民事诉讼程序中是认可的。但是在刑事领域，目前没有明确的法律规定。实践中公证取证非常常见，知识产权人作为权利人不仅会打民事官司，也会寻求刑事路径，这就出现了法律适用上的模糊或者空白。给大家举一个案例。

被告人汪某某以每件 99 元人民币或 18 美元的价格销售假冒某品牌的 T 恤衫。此外，其也多次以每件 50 元人民币的价格委托青岛某实业有限公司为其生产加工该品牌的 T 恤衫。

后汪某某被抓获，警方当场查扣涉案 T 恤衫 2 411 件，其中青岛某制衣厂生产的有 1 739 件，其余 672 件为汪某某从他处购进。经鉴定，所有查扣的 T 恤衫均为假冒注册商标的商品。综上，被告人汪某某假冒注册商标的商品共有 3 550 件，非法经营额为 351 450 元；销售假冒注册商标的商品 1 395 件，非法经营额为 138 105 元。

实务中既有制假也有销假的案件，重点是看向法庭出示了什么证据。在这个案件中，公诉机关移送了几个系列的公证材料，全部是权利人提供的：第一份公证材料是北京市某公证处提供的在网站上看到的含有销售假冒产品的信息，包括售价；第二份公证材料是权利人在网站上看到的嫌疑人多次利用邮箱向权利人发送假冒产品的宣传；第三份公证材料是对淘宝网站页面相关情况的提取，可以看到销售记录以及售价；第四份公证材料是从相关店铺购买了 5 件涉案 T 恤衫，也就是权利人进行的为了调查取证而假装约买的情况。判决书里，法官对此是持相对认可的态度的。

权利人能否自行调取证据，尤其是能否通过公证机构调取证据，调取的材料是否具有证据效力，在《刑法修正案（十一）》生效以后更加重要。因为《刑法修正案（十一）》中把"销售金额"改成了"违法所得数额"，违法所得数额的计算更加需要相对精确的电子数据的收集和审查。关于权利人提供的经过公证的电子数据能否直接作为证据使用这一问题，我的个人观点是：通过权利人依法提供的案件线索收集到的电子数据可以作为证据使用，但是不能用于诱惑犯罪。经过公证的电子数据材料，要注意审查电子数据形成的过程是否符合公证程序规定，封存之前是否计算文件哈希值。为了保证数据的完整性，原则上公安机关最好重新调取。

对于经过公证的数据，是权利人本人调取的还是委托律师调取，在法律评价上还是有差别的。《刑事诉讼法》明确规定了辩护律师的取证权，实质上是鼓励由专业的法律人进行调查取证。《刑事诉讼法》第 43 条明确规定了辩护律师的取证权，最高法《关于适用〈中华人民共和国刑事诉讼法〉的解释》第 58 条至第 61 条进一步规定了向特殊群体如被害人、证人取证时遭到拒绝的情况下可以向法院申请，法院认为可以的话，可以给一个调查令，也可以进一步保障取证。前述解释第 65 条第 2 款规定：权利人一方的诉讼代理人的取证权可以参照辩护律师的规定，在一定程度上认可了权利方调取的证据。我们通常认为《刑事诉讼法》规定的证据是所有能够证明案件事实的材料，实质上是鼓励权利人通过专业手段依法收集线索。如果权利人依法提供了案件线索，通过线索收集到的证据当然可以作为证据使用，权利人直接提供的证据材料在经过审查的情况下也可以在一定程度上认可其证据效力，但是要警惕诱惑侦查或者引诱犯罪。例如，有位律师在网上发布了一个网页链接（暂且不评价律师行为是否合适），通过网页可以显示取证行为发生在 2 月 1 日，权利人出示给律师的委托函显示 1 月就委托了，但是委托函上居然有相对明确的线索显示 2 月 1 日在某某具体地点调查取证，这明显有诱惑犯罪之嫌，后来案件做了不同的处理。为了保证规范有序的调取证据，要拒绝和禁止诱惑犯罪。

回到公证的角度，经过公证的电子数据材料要逐一审查电子数据的形成过程是否符合公证程序的规定，封存之前是否计算过哈希值。就这个问题，我也和一位公证人员讨论过，他的观点是公证之前电子数据材料是什么状态是审查的重点。为了保证数据的完整性，我个人提议侦查机关有条件的话可以重新取证。这里有一个案例，是首例运用多平台侵犯著作权的案件。行为人在淘宝上销售盗版的电子网络小说，购买后加微信，通过微信把储存在云的作品链接发送给买家，买家通过登录云获取侵权作品。权利人在前期调查阶段自行联系了公证机构对被告人传播侵权作品进行了公证并录像。那么，该过程中调取的材料是否具有证明效力以及证明力如何认定？当时的检察官认可了公证的效力并将其作为书证使用。关于这点是有争议的，有人认为权利人自行调取的证据应该属于被害人陈述。这种材料属于哪一种证据暂且不论。对案件证据的认定主要是进行客观性、关联性、合法性审查，符合三性且能和其他证据相互印证的应该予以认可。但是为了保证能够客观收集证据，检察官引导侦查人员通过云平台全面调取了镜像，并对全面收集的证据做了审查。

（二）区块链电子存证在民事案件中适用较多

区块链的电子存证在民事案件中适用得越来越多，我个人认为未来这个趋势会更加明显。

这是首例运用区块链电子存证的知识产权民事案件——杭州某文化传媒有限公司诉深

圳市某科技发展有限公司侵害作品信息网络传播权纠纷案。原告通过浙江数泰科技有限公司运营的保全网的自动抓取程序对侵权页面和网页源码进行固证，并通过区块链技术对签署电子证据予以存证的形式对被告的侵权行为予以证明。法官认为应该认可原告提供的证据的效力，同时也要通过四个方面进行审查：第一是审查电子数据来源的真实性，包括第三方存证平台资质的合规性、产生电子数据技术的可靠性、传递电子数据路径的可查性；第二是审查电子数据存储的可靠性，包括电子数据上传至公共区块链，各区块链存放内容相互印证，区块节点生成的时间符合逻辑；第三是审查电子数据内容的完整性即电子数据的哈希值能否验算一致并未修改；第四是审查电子数据与其他证据之间的关联性，从而对证据的效力和证明力最终进行确认。

《刑法修正案（十一）》对侵犯著作权罪进行了扩充，包括通过信息网络向公众传播的行为，还有把电影作品、类电影作品调整为视听作品。此外，也增加了表演者权，故意避开或者破坏权利人技术措施的行为也纳入刑事规制范畴。相应的民事法律也为两者相协调统一做了调整，这就意味着将来很长一段时间民事和刑事案件将会有比较大的交叉的现象。

区块链存证是否能够得到认可？在最高人民法院《关于互联网法院审理案件若干问题的规定》里，在互联网法院相关的判决里，都可以看到法官对于当事人提交的电子数据，通过电子签名、可信的时间戳、哈希值校验、区块链等证据收集固定和防篡改的技术手段或者通过电子取证存证平台认证证明其真实性的。如果第三方的电子存证形成了真实完整的电子证据，那该电子证据就是具有证据资格的。但不容忽视的是，在刑事案件中，当前的一些平台运用的存证技术和模式存在差异，第三方电子存证的证据能力和证明力的大小都需要具体案件具体判断。当事人自行在第三方存证平台进行取证操作的行为目前并不属于刑法意义上的法定的公证、司法鉴定或者取证行为。由平台运营主体签发的证书，如电子数据存证公证函、电子数据取证证书等并不是经由法定程序由专门机构出具的公证书或者司法鉴定意见，在审查时还是要认真审慎。有公安的同志问过我，权利人在网上取证后存在一个取证平台，这个能否直接作为证据使用？民事法官认为民事诉讼中采用的是概然优势性的证据标准，刑事诉讼中采用的是事实清楚、证据确实充分的证明标准。刑事诉讼的证明标准更高一些，对第三方存证平台进行的审查要相对更加谨慎和严格，对此我十分赞同。权利人可以将相关电子证据作为线索向公安机关提供。确实难以修复的电子证据是很少见的，如有，可再论。一般情况下，对于电子证据保全证书本身如果进行前期审查，要特别审查其是否能够显示形成时间、方式、环境等具体信息，保证使用的载体如计算机的清洁性和安全性，网络环境的真实性等，所以要求相对更高一些，不确定性会带来很多审查的难点。真实性方面的审查往往要审查第三方平台的资质，取证技术手段的可信度，区块链的可靠性，取证流程的可靠性等。如果存证平台具备相关的网络安全认证资质，就能够在一定程度增强它的存证能力。运用区块链技术的存证平台与合作机构、服务器的存证方式较之单纯的存证平台服务器本身修改数据的难度更大，修改相关数据更加困难，因此证据效力更强。必要时检察人员可以借助专业人员的力量进行审查。

（三）由第三方电商平台协助提供证据的情况较为常见

当前，网络直播平台等第三方平台销假的出现也给我们电子数据的审查带来了新的难点。在这些案件中，办案机关当时非常重视电子数据的收集和审查，包括扣押收集并对其做司法鉴定，对有关的照片、短信、音频、微信聊天记录及转账交易情况、收款记录进行提取。在此过程中电子数据的有力收集取得了较好的效果。

在第三方平台销假的案件中，要特别注意几个问题。在这些案件中，需要第三方平台提供电子数据，找第三方平台调取证据有什么注意事项呢？公安部的相关规定对此有所明确：公安机关向有关单位和个人调取电子数据，应当经办案部门负责人批准，开具"调取证据通知书"，注明需要调取电子数据的相关信息，通知电子数据持有人，网络服务提供者或者有关部门执行。被调取单位、个人应当在通知书回执上签名或者盖章，并附完整性校验值等保护电子数据完整性方法的说明。被调取单位、个人拒绝的，公安应当注明。必要时应当采用录音或者录像等方式固定证据内容及取证过程。

如果第三方平台从来没有计算过完整性校验值，也并不清楚流程，就这个情况应当进行审查。如果第三方平台明确拒绝，公安机关应当注明，必要的时候应当采用录音录像的方式固定证据的内容即取证过程。此外，还有一个变通的方法，如果确实没有完成前面的过程，拿到封存的载体后要对其解封过程录音录像，解封后第一时间计算哈希值。除此以外，直播平台涉案还有一个问题，由于它们销路太广了，谁来证明销售出去的是什么？原则上，如果有客观的证据展示实际销售情况的，犯罪嫌疑人、被告人提出刷单的辩解的话，应当由其提供有效的线索，这并不代表举证义务的转移。不能提出有效线索的按照客观的证据认定。

（四）电子数据的取证方向需要灵活调整

电子数据的取证方向可能有很多灵活调整，主要在商业秘密案件和著作权案件中比较常见。商业秘密保护比较重要，商业秘密是企业的命根子，是企业发展的核心技术或者具有非常高的商业价值的经营信息，如果被窃取、泄露、非法利用，会带来难以预料的风险。"两高"发布的《关于办理侵犯知识产权刑事案件具体应用法律若干问题的司法解释（三）》特意强调了"超越授权使用计算机信息系统"的方式。此外，在侵犯商业秘密的不正当手段里增加了电子侵入。民事诉讼法司法解释中也增加了计算机程序。《刑法修正案（十一）》格外突出了电子侵入等不正当手段的描述。

前面的讲座中提到的全国首例爬虫行为入罪案件，实质上是竞合的法律关系，同时涉及侵犯著作权和侵犯商业秘密，最后根据实际情况认定了非法获取计算机信息系统数据罪。但是在办理案件过程中不难发现，知识产权案件容易和危害计算机信息系统类犯罪、生产销售伪劣商品类犯罪、扰乱市场秩序类犯罪、危害信息网络管理类犯罪等罪名发生竞合，侵犯知识产权自身也有可能存在竞合。在这种情况下，随着侦查的推进，电子数据的收集和审查会有不同的方向。

为了进一步科学地帮助办案人员掌握手机调取审查电子证据，北京市检察机关协调网络办案团队和知识产权办案团队联合研究出台了关于利用爬虫技术侵犯知识产权案件电子数据收集和审查办案参考，史亚平老师稍后会公开分享部分内容。

三、常见困境与专业化解决路径

（一）海量数据的筛选与证据规则的重塑

这些问题在爬虫案件中比较明显。其中涉及的关于爬虫技术的要点主要包括：（1）找到需要爬取内容的网页 URL；（2）打开该网页的检查页面（即查看 HTML 代码）；（3）在 HTML 代码中找到要提取的数据；（4）写代码进行网页请求、解析；（5）存储数据。

与海量的数据有关的一个典型的案例是 2021 年最高检发布的第 26 批指导案例第 100 号案例。在这个案件有四个要点，我提炼了三个办案思路。第一个思路是在大数据海量数据时代科学运用抽样取证的方法，按照相关规定操作。第二个思路是最低限度原则，一般都是进行全面审查，证据证明方面要达到追诉标准和上量刑档标准。至于达到标准以后相关的证据能否采取概然式的认定方式，这在侵犯公民个人信息犯罪中运用得多一点。如果提取到了大量的个人信息，已经满足了基础标准，其他的是否可以根据所在载体数量的大小，通过比例计算估算条数，追求公正与效率的平衡？第三个思路是公证机关证明这种证据比权利人自行调取的证据优先考虑，一般而言第三方提供的证据比当事人双方提供的证据更加可靠。

（二）电子数据的关联性与主观明知的认定

侵犯知识产权案件中，很多技术人员说自己不知道行为侵权，侵犯商业秘密案件中老板又说是技术人员做的，老板自己不知道。

举一个案例。这个案件相对棘手，因为它是一个民刑交叉案件。知识产权案件中，很多权利人最先寻求民事救济途径，但是经过了很长的民事诉讼后又觉得时间太长，自己收集证据困难，然后才想到报案。此类案件有很多疑难复杂之处。例如，作案到案发时间长，证据在侵权人掌握中，证据已被销毁、隐匿。本案引入了北京市检察机关推行的专业同步辅助审查，这个制度最开始是学习了技术审查官的机制，在办理案件过程中有专门技术人员加入，一同审查案件。开始的时候没有相应的制度支撑，2016 年时推行了辅助办理制度，一开始就应用于电子数据的收集审查，这个得益于北京检察机关得天独厚的优势，因为其内部有非常专业的电子数据鉴定中心和老师，就专业同步辅助审查规定了简化的流程，检察官自己就可以申请技术人员，在全市统一调配，遇有疑难复杂案件技术人员能够高效介入进来，甚至在引导侦查阶段就可以介入。这个案件就是检察官和技术人员一同赴外地，在侦查机关的指挥下提出了一些取证建议，引导调取了一些相关的电子数据，不仅调取了源代码，而且还对关键人员的电脑进行扣押，通过全盘镜像分析发现很多信息藏匿得很隐蔽，最后这个案件得以成功办理。

（三）电子数据的销毁与修复

在吕某网络售假案中，被告人到案后不愿意提供手机密码，在一次讯问时还把手机抢过去损坏了，手机电池烧毁。得益于检察技术人员介入，对烧毁手机主板进行了修复。

（四）源代码难以获取与目标程序的比对

这是知识产权领域相对特殊一点的情形，嫌疑人软件的源代码在自己手里，很难对被害人和侵权人的源代码进行比对。那么，通过客户端的源代码进行比对是否可以认定同一性？

分享一个案例，尹某某、张某某曾为某公司员工，二人在离职时以拖欠工资为由将公司用于开发游戏软件的电脑、测试用手机等私自拿回家中，经劳动仲裁和法院调解解决劳资纠纷后一直未归还公司。2018 年 5 月至 2019 年 10 月，尹某某、张某某租用阿里云服务器，将私自保管的游戏软件调试后上线运营，通过专门从事发行工作的董某、汪某某（经追捕并另案起诉，已判决）的帮助，将游戏软件上传至手机应用的分发平台，宣传、推广游戏供用户下载、充值，非法经营共计人民币 30 余万元。

检察官对双方存在差异的文件进行反编译，反编译的结果是一模一样的，再结合其他的客观电子数据和案件本身情况，认可了侵权行为。

（五）域外取证的真实性、完整性、合法性审查

知识产权案件中鼓励权利人采取合法手段自行收集调取证据。如果权利人报案之前通过外事途经调取到了相关侵权产品，那么来自境外的证据材料怎么审查？根据《刑事诉讼法司法解释》第 77 条第 1 款的规定，人民法院对来自境外的材料进行审查，原则上倾向于认可其效力，确实无法认定的不得作为定案依据。

四、专业化办案机制的构建

专业化办案机制是最高检 2018 年推出的一项工作机制，在北京得以落地生根。最近的发展情况是由检察技术人员直接加入办案组共同办理案件。好处是有海量的数据，且全链条跨区域作案趋势比较明显。技术人员通过对数据的客观分析可以把犯罪团伙的层级分工、每个人的主观明知和销售数额做成框架图。相信这种经验能够在最高检和人大的推广下越来越普及。

海淀区人民检察院建立了电子数据审查室，这个审查室具备五项功能：（1）提供电子数据审查意见。针对大体量电子数据进行审查，为干警提供有针对性的审查意见，对司法鉴定意见等材料进行复核，要求鉴定机构重新鉴定，补充鉴定。（2）协助制定侦查方案。根据证据审查情况，从电子数据角度寻找新的取证方向，实现案件办理新突破。（3）开展自行补充侦查。根据案件办理需要，前往相关单位调查取证。（4）建立电子数据审查类案指引。建立电子数据典型案例库，为办理类似案件提供参考，为其他干警答疑解惑。

（5）开展数据审查培训。通过日常指导、内部讲座等形式，提高检察干警对电子数据审查、常用软件使用的能力，授人以渔。

海淀区人民检察院成功办理了一个零口供案件。某科技有限公司数据库管理员，掌握该公司财务系统 Root 权限。该管理员登录公司财务系统，将系统内的财务数据及相关应用程序删除，致使公司财务系统彻底无法访问。公司恢复数据及重新构建该系统共计花费人民币 18 万元。一开始被告否认，办案人员调取了相关材料，但是最开始是没有直接证据，无法排除合理怀疑。后检察机关会同公安机关对电子数据进行综合研判，查明被害公司提供的数据中非法进入财务系统执行 RM 删除命令的计算机设备的名称和员工认证信息是一致的，又通过引导公安机关委托进行电子数据鉴定发现，本案拥有财务系统权限的电脑有五台，涉案服务器有一台，通过排除法，再进行外围数据的收集和审查（如监控），核实到被告当时有离开电脑的时间节点，也有录像和截屏，后来又发现了被告酷爱摩托，当日访问了关于摩托的论坛。被告用了专门对远程计算机执行 RM 删除命令的操作软件，最后让间接证据形成完整链条。

利用爬虫技术侵犯知识产权案件中电子数据的收集与审查要点

史亚平

一、爬虫的基本概念

在网络犯罪的领域，新型网络犯罪的"三神器"是 Telegram（TG）、暗网和比特币。TG 是一个具有阅后即焚功能的通联工具。暗网是需要通过特定的浏览器，经由特殊的授权或者特殊的设置才能连上网络，它的加密性和隐匿性特别高，不容易追踪到真实的地址和使用者的身份。加之现在的交易往往通过比特币等数字货币进行，极难追溯，这三者在网络领域是广为使用的。而在知识产权领域，爬虫技术则成为侵犯知识产权的一个重灾区。

知识产权犯罪从食品、化妆品这些传统的领域，逐渐向数字阅读、金融科技等数字领域蔓延。实践中因非法使用爬虫技术抓取数据产生的纠纷及立案调查的数量也越来越多。巧达科技公司是互联网领域特别有名的一家公司。它原来号称中国最大的用户画像关键数据服务提供商，拥有中国最大的简历数据库。其中收录了超过 2.2 亿人的简历，超过 10 亿份的通讯录，还掌握着与此相关的一些社会关系、组织关系、家庭关系的数据。通过将这些数据进行分析，就可以得到一个人的多维数据，包括隐私和非隐私的信息。普通的、传统的用户画像，更多是根据用户上网特征、关注的媒体或者是购物的一些偏好等相对模糊的信息进行画像。类似巧达科技公司这种精准的用户画像是非常可怕的，因为它能解析出你的生活角色、家庭角色、收入范围、消费趋势，同事、同乡、同学这些社会关系，以及你的生活区域、工作区域。在 2019 年公安部的净网专项行动中，巧达科技公司就是因为利用爬虫技术非法获取简历，导致 36 人被依法批捕。

在逮某非法侵犯公民个人信息案中，逮某是利用自己开发的一个淘宝爬取的软件，爬取了淘宝客户的 ID、昵称、手机号码等信息共达到 12 亿条。逮某将爬取的客户信息通过微信文件发给了另外一个被告人李某。法院经过审理认为，被告人逮某和李某都是非法获取了公民个人信息，构成侵犯公民个人信息罪。

下面这个案例是呙某某非法获取计算机信息系统罪。呙某某是通过 SQL 注入漏洞以及编写爬虫脚本的方式侵入计算机信息系统的。SQL 注入漏洞也是比较常见的网络攻击方式之一，它主要针对的是程序员编写程序时候的漏洞，通过 SQL 语句实现在没有账号的情况下也能登录数据库，非法获取数据库中的信息，甚至篡改数据库中数据的目的。呙某某因为侵入计算机系统，获取了系统中的大量数据，其中涉及公民个人信息的就多达 1 500 万条。

还有非常有名的奇虎和百度公司之间的不正当竞争案。这是两个头部互联网公司的恩怨，持续了七八年，因为这个案件非常有名，相信大家对这个案件也都比较了解。还有新浪微博和字节跳动的不正当竞争案，这两个也是互联网头部公司之间的不正当竞争，它和百度公司、奇虎公司之间的不正当竞争非常相似，都有诉讼和反诉讼，但是判决结果不太一样。

说了这么多，我们先看看爬虫技术到底是什么。爬虫技术出现了这么多年，大家都非常熟悉了。爬虫就是按照一定的规则来自动地抓取网络信息的一个程序。爬虫的实质就是一个探测的机器，它有点类似于模拟人的行为，不断地访问网站，抽取链接抓取数据，只不过这个行为是通过计算机程序来自动实现的。除了爬取网站的数据以外，也可以通过截获数据传输包的方式来爬取手机 App 的数据。

提到了爬虫，我们就不得不说 Robots 的协议了。包括上文提及的百度公司和奇虎公司以及其他很多不正当竞争案件中，很多都是围绕 Robots 的协议来展开的。这个 Robots 的协议主要是存放在网站的根目下的一个文本文件，它告诉爬虫哪些信息是可以爬取的，哪些信息是不可以爬取的。并不是所有的网站都有 Robots 的协议，Robots 协议没有技术上的强制力，不具备防爬虫的功能，更像一个君子之间的约定。

其实爬虫技术本身是中立的，技术本身并不违法，比如说搜索引擎就广为使用这一技术。但是有一些不当的使用行为可能构成违法甚至刑事犯罪。比如，刚才提到的 Robots 协议，在爬取的过程中，是不是说只要遵守了 Robots 协议就是合法的？不是，比如虽然遵守了 Robots 的协议，但在爬取的过程中干扰了网站和系统的正常运行，也就是说网络攻击造成严重后果的，也可能触犯刑法。一般来说，服务器的访问量是比较平稳的，或者是有一定规律的。实践中，很多爬虫类的案件的发生，都是由于被爬的公司发现自己服务器的访问量突然增加了，导致系统压力增大或者网站崩溃，不能访问，所以就报案了。此外，虽然有 Robots 的协议，但是利用爬虫技术恶意爬取一些法律保护的数据，攫取一些不正当的优势，或者谋取一些不法利益的，也有可能涉嫌违法或者犯罪。

爬取哪些数据可能构成违法犯罪？一般而言包括如下几种：第一种就是公民个人信息，爬取公民个人信息的可能构成侵犯公民个人信息罪。现在公民个人信息的泄露越来越多，引发了一些精准式的网络诈骗，贩卖加工公民个人信息也成为黑色产业链的最上游。第二种是爬取著作权法保护的作品，构成的是侵犯著作权罪。第三种爬取的不是公民个人信息，不是著作权保护的数据，也不是商业秘密和国家秘密，而是这些数据之外的一些数据，比如没有版权的商业数据，一般是不构成对于民事财产权的侵犯的，更多是面临上文提及的竞争法上的风险，比如上文提到的互联网头部公司之间的一些不正当竞争案。在刑事的领域，这些行为一般也不会构成财产类的犯罪，更多的是面临侵犯计算机信息系统安全或者数据安全类的刑事责任风险。比如规避或者强行突破网站设置的一些反爬措施，可能构成非法获取计算机信息系统数据罪，非法控制计算机信息系统罪。从这里可以看到，利用爬虫爬取数据涉及的第二类数据就是著作权法保护的作品，进而可能涉及侵犯知识产权罪。司法实践中常见的案情就是某个信息技术公司未经权利公司的许可，利用内容爬取网络技术爬取相关网站的数据后，存储在自己的服务器里，然后通过会员充值、发布广告等多种方式牟利。

二、电子数据的收集与审查要点

前文说到，爬虫技术本身是中立的，只有利用其实施犯罪才能构成刑事打击的范畴。那么爬取的数据是不是非法获得，以及获取数据后是否非法复制发行，就是我们审查的重点。而且这类案件中绝大部分的行为都是通过网络来实施的，因此在这类案件中，电子数据的收集和审查就特别重要。

我们在办理这类案件的电子数据审查的时候，主要是依据 2016 年"两高一部"的《关于办理刑事案件收集提取和审查判断电子数据若干问题的规定》，2019 年公安部的《公安机关办理刑事案件电子数据取证规则》，以及 2021 年的《人民检察院办理网络犯罪案件的规定》这三个文件来进行的，这三个文件对电子数据的取证和审查进行了较为详细的规定。它们在保持基本一致的基础上，又根据公安机关和检察机关在刑事诉讼中的不同的职能，以及工作特点，进行了分别的规定。在以上的文件中，主要的电子取证方法有九种，分别是扣押、封存原始存储介质，现场提取电子数据，网络在线提取电子数据和网络远程勘验，打印拍照和录像，冻结电子数据，调取电子数据，电子数据检查，侦查实验，电子数据鉴定。下面我从审查电子数据证明资格和证明力的角度出发，对于电子数据收集和审查的要点进行梳理，供大家参考。其他类型的案件也可参考，因为它们对于电子数据的相关文书的审查是均可适用的。考虑到办案实践，我对除打印、拍照、录像、冻结电子数据、电子数据侦查实验之外的其他 6 种方法进行介绍。

（一）扣押、封存原始存储介质

原始存储介质一般是指涉案人员的手机、电脑、移动存储介质还有涉案单位的实体服务器。对于手机这种具有无线通信功能的存储介质，需要特别注意的就是扣押的时候要采取断网、断开信号或者是断电这些措施，避免手机被扣押后关键数据的变更，比如其他人通过网络连接到手机以后，能够对手机数据进行删除。

说到断开信号，也就是屏蔽信号，常见的屏蔽信号的方式有四种：第一种是设置飞行模式，这种方式大家非常熟悉，也经常用。第二种就是屏蔽箱或者是屏蔽袋。根据我们实践中的测试来看，这种屏蔽箱和屏蔽袋有时候效果并不是特别有效，而且在信号微弱的情况下会引起更快的耗电，不是特别推荐的一种方式。第三种方式是关机，对于现场扣押的手机，如果是关机状态，就直接扣押了。如果手机是开机的状态，我们怎么处理？是不是马上要把手机关机再进行扣押？其实这里涉及手机扣押的原则，这也是我同事总结出的一个原则，叫"开机不关，关机不开"。因为关机可能造成的最大问题就是解锁，重新开机要输入密码，所以扣押时，如果手机是开机的状态，那我们一般是不关机的。如果手机在关机的情况下再开机会造成什么情况？智能手机可能触发一些清理机制，导致可以恢复的数据减少。因为恢复数据的本质是这个数据虽然我们看不到，但它其实是存在的，如果触发了清理机制就会导致可恢复的数据减少，所以在关机的情况下尽量少开机。现场手机处于开机的情况下，有条件的话尽量第一时间提取手机。第四个屏蔽信号的方式就是从手机中取出 SIM 卡，如果手机需要开机，可以先取出 SIM 卡。在涉案公司规模比较大，人员也比较多的情况下，还要注意详细记录嫌疑人所在的位置、对应的工位、对应的设备以及设备归属者或者管理者（特别是一些关键人员的设备），还要标注设备的密码及设备之间的连接关系。

我们看一下扣押、封存原存储介质的规范性要求。首先，扣押、封存原始存储介质应当由两名以上的侦查人员进行，这是收集提取电子数据的共同原则，之后就不再重复介绍了。其次，文书上需要相关笔录，笔录应该记录原始存储介质的封存状态，还要有扣押清单，这个扣押清单要写明存储介质的品牌型号、序列号等一些信息，这些信息用于证明存储介质的唯一性，可以与存储介质一一对应。最后，是签名的要求，扣押、封存需要有三种人员的签名和盖章，分别是取证人员、见证人和持有人。如果没有持有人的签名和盖章，比如持有人拒不签名盖章或者无法签名盖章的时候，这时候必须要有见证人的签名和盖章。如果没有见证人的签名和盖章，这个时候就要全程录像。其实这个也是电子数据取证中的一个通用规则。

大家看一下，图 8-1 是我们常用的一个封装袋的照片，封装袋上面其实是有粘性的，可以把袋封住，封口的区域封住以后就没有办法再打开，封装袋上面可以写一些检材详细的信息。

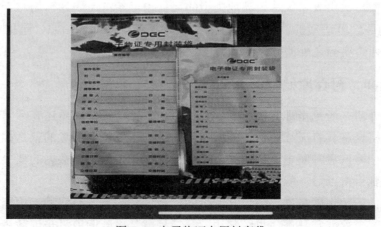

图 8-1   电子物证专用封存袋

说到见证人，那什么样的人可以担任见证人？什么样的人不能担任见证人？这在《公安机关办理刑事案件程序规定》里有明确规定：生理上、精神上有缺陷或年幼，不具有相应辨别能力或者不能正确表达的人；与案件有利害关系，可能影响案件公正处理的人；公安机关的工作人员或者其聘用的人员不能担任见证人。

（二）现场提取电子数据

对于能够扣押的存储介质，应当扣押封存，那么哪些情况下需要现场提取电子数据？现场提取电子数据有两个原则，第一个是重要性原则，比如数据非常重要，需要进行现场提取，确保万无一失。第二个是必要性原则，就是说如果在现场不做提取，那么这个数据以后可能就没有了，比如断电以后内存数据就没有了，里面可能有软件密码、网络连接、进程情况等，一旦断电，这些数据就都没有了。另外一种情况，涉及加密数据的，如EFS、第三方的一些加密软件。以 EFS 加密为例，EFS 是指它只认这台电脑的账号，只有用这台电脑的这个账号才能登录进去，关机以后就可能打不开了。在现场提取的时候，我们要特别注意识别这种特殊的加密文件，比如"我的文件"上有一个小锁图标，那就是加密的状态。我们要注意现场提取，在开机的情况下取消加密的状态。再比如现场有软件或者有页面处于远程的状态，如果关了电脑就要重新访问，需要考虑重新获得网络环境、访问的域名、访问的网站、访问的账号和密码，还要考虑这个数据会不会被远程破坏，账号密码会不会被修改等。

《公安机关办理刑事案件电子取证规则》规定了现场提取电子数据的情况，当然它规定的是"可以"现场提取电子数据的情况，这不是一个强制性规定。但是由于电子数据具有易失性，我们还是需要特别注意进行现场提取电子数据的具体情形。大家可以注意下这几类情况：原始存储介质不便扣押封存的；案件情况紧急，不立即提取电子数据可能造成电子数据灭失或者其他严重后果的；关闭电子设备会导致重要信息系统停止服务的；需通过现场提取电子数据排查可疑存储介质的；正在运行的计算机信息系统功能或者应用程序关闭后，没有密码无法提取的。当然，如果没有进行现场提取，后续依然可以获取这些数据，但是这个可能会给后续的取证工作带来一定的难度，包括时间的成本，还有取证的费用等。

还需要注意的是，不能将提取的数据存储到原始存储介质中，这也是现场提取电子数据中容易出现问题的地方。我们在刑事电子数据审查中经常发现这个问题，比如现场提取的时候直接拿手机截屏微信聊天记录，将笔录和提取的数据直接存储在电脑中，这都是违反规定的。对于手机、电脑，有的可以提取镜像，有的则不能完全提取镜像。为了方便进行分析，对于能提取镜像的原存储介质的，如手机、电脑、服务器，要优先制作镜像，不能制作镜像的才直接提取。镜像是指一种通过计算机软件或硬件的方式，把目标存储介质上的内容完整地复制到另外的存储介质上得到的镜像文件。做出镜像以后，后期在实验室可以进行更深入的分析，包括恢复和提取，等等。

提取手机中的电子数据主要有两种方式，一是进行全部数据的提取，但是全部数据的提取会带来一个问题，就是海量电子数据的分析；二是可以对一些重点的人和重点的数据进行提取。除了对关键人物的手机提取以外，也需要对关键人员的电脑数据进行提取。除了文档数据、图片数据，还要关注一些财务数据、软件、开发数据、数据库数据等。如果涉案公司的服务器是租用的服务器，或者是云服务器，那么这种服务器往往不在本地，这个时候就要通过网络在线提取、网络远程勘验或者调取电子数据的方法进行电子数据取证。

我们看一下现场提取电子数据的一些规范性要求，文书方面需要有笔录，以及提取固定清单，笔录需要记录数据的来源，制作原始存储介质镜像或者提取数据的时间、地点、工具、方法，以及为什么不能扣押原始存储介质的原因。现场提取电子数据笔录只需要两种人签名盖章：取证人员和持有人，这个是不需要有见证人的，如果没有持有人才需要见证人签名盖章，这个规则和跟扣押封存的规则是一致的。

（三）网络在线提取电子数据和网络远程勘验

前面提到了对于涉案公司的实体服务器，能够扣押的应当扣押封存，比如有的公司规模不大，可能只有一台服务器，这种情况下对于服务器是可以扣押封存的。如果是上文提到的租用服务器或者是云服务器，要么服务器不在本地，要么就是以大型机房的形式存在，这种情况下一般是没有办法进行扣押的，那就需要通过网络在线提取电子数据、网络远程勘验或者调取的方法来进行提取。

远程勘验是指为进一步查明有关情况，通过网络对远程计算机信息系统实施勘验，发现、提取与犯罪有关的电子数据，记录计算机信息系统状态，判断案件性质，分析犯罪过程，确定侦查方向和范围，为侦查破案、刑事诉讼提供线索和证据的侦查活动。《公安机关办理刑事案件电子数据取证规则》中，明确了网络在线提取电子数据和网络远程勘验的区别，提出了需要远程勘验的几种情况。这两者之间的区别更类似于痕迹物品的提取和传统的现场勘验。网络在线提取只有收集电子数据的功能，而远程勘验更兼具了收集有关信息、查明有关情况的功能，侧重于侦查人员的分析判断和发现的过程。在远程勘验笔录里，可以直接反映侦查人员观察到的电子数据的内容和信息。在检察机关电子数据和审查的相关规定中，并没有对网络在线提取和远程勘验进行进一步区分，而是统称为勘验笔录，大家可以通过表 8-1 对比网络在线提取和远程勘验的异同。

表 8-1　网络在线提取电子数据和远程勘验电子数据的比对

网络在线提取	远程勘验
提取电子数据	提取电子数据
	需要分析、判断提取的电子数据范围的； 需要展示或者描述电子数据内容或者状态的； 需要在远程计算机信息系统中安装新的应用程序的； 需要勘验行为让远程计算机信息系统生成新的除正常运行数据外电子数据的； 需要收集远程计算机信息系统状态信息、系统架构、内部系统关系、文件目录结构、系统工作方式等电子数据相关信息的； 其他网络在线提取时需要进一步查明有关情况的情形

我们看一下对于网络在线提取电子数据和网络远程勘验提取的电子数据的合法性和真

实性的审查。

　　因为取证是通过网络远程进行的，我们需要记录电子数据来源的网络地址、存储路径以及提取时的步骤，包括这些附属信息、关联信息、系统信息以及不能扣押原始存储介质的原因。如果提取电子数据，还需要附《电子数据提取固定清单》。网络在线提取电子数据只需要侦查人员签名，因为网络在线提取没有办法找到电子数据的持有人，一般是没有办法让电子数据持有人签名的。有的网络在线提取在实验室就可以进行了，也不太容易找到见证人，所以网络在线提取只要有侦查人员签名和盖章就可以。为什么远程勘验笔录需要有侦查人员和见证人员签名？因为《刑事诉讼法》里明确规定了，勘验笔录是需要有见证人员签名的，所以远程勘验笔录除了要有侦查人员签名，还需要有见证人的签名，没有见证人签名，勘验笔录就要归于无效。还需要注意的是没有办法重复提取或者可能出现变化的电子数据，此时就要随案移送反映提取过程的录像或截屏。

（四）调取电子数据

　　调取电子证据，重点调取两部分：一部分是交易记录，另一部分是云服务器的数据（见图 8-2）。对于云服务器的数据，一种情况是我们常见的调取镜像数据，这时可能需要在实验室搭建环境重新还原镜像。另一种情况是有明确的目标，直接调取一个具体的文件。

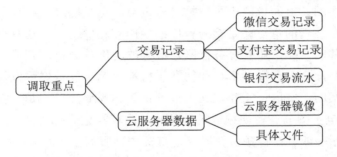

图 8-2　调取电子证据的重点

　　调取电子数据的规范性要求有哪些？前提是要有调取证据通知书，调取完证据以后，调取单位和个人要在回执上签名盖章，调取单位和个人应当计算完整性校验值来保证电子数据的完整性。实务中可能遇到被调取的单位或个人拒绝签名或者附校验值的，调取单位注明就可以了。在特定的情况下，如果没有办法扣押，也没有办法进行现场提取和网络在线提取的，可以采取对证据打印、拍照或者录像的方法。特别需要说明的是，直接来源于电子数据的打印件，或者其他可以显示和识别的数据介质是同样具有证据效力的。2019年最高法《关于民事诉讼证据的若干规定》第 15 条明确提出，当事人以电子数据作为证据的应当提供原件，电子数据的制作者制作的与原件一致的副本，或者是来源于电子数据的打印件，或者其他可以显示识别的输出介质，视为电子数据的原件。这个规定明确了电子数据打印件和照片的本质的属性。

（五）电子数据的检查

　　随着科技的发展，越来越多的案件需要收集审查电子数据，电子数据呈现出形式多样化，数据体量快速增长的趋势。比如，我们之前参与的某销售假冒注册商标产品的案件，大家可以看一下手机提取报告，有时一部手机的微信提取记录就达 1 000 多万条。面对这种海量的电子数据，怎么快速准确地从中查找到关键的线索和证据，也是现在办案实务中经常遇到的问题。一方面，需要将可读性不强的电子数据进行转化和展示，比如我们获得的是一个服务器的镜像，那么我们怎么还原并搭建镜像？如果我们拿到的是数据库文件，我们怎么把数据库搭建起来，查看里面的数据？另一方面，在海量数据中查找定位关键数据，这个时候就需要专业人员和专业工具的支撑。北京市检察机关在这方面已经作出了一些有益的尝试。

　　下面来具体看一下电子数据检查，我们对于电子数据检查的重点内容之一，就是对于关键人员的手机内容的检查，特别是对即时通信工具，如微信、QQ 以及钉钉等数据的检查。因为其中可能有一些嫌疑人主观明知、客观行为、分工、参与时间等数据，如果进行电子数据分析，在涉案人员比较多的情况下，就会获得海量的数据。此时，除了人工审查以外，更好的方式是使用专门工具来进行海量电子数据的索引分析和搜索，这就是我们在实验室中用到的专门分析工具。上文提及的案件中，仅其中一部手机里就有 1 000 多万条记录，这个案件里涉及十几个人的 30 多部手机，大家可以想一下这个数据量。如果我们直接去看，是根本看不完的，我们可以用专业工具直接定位到这个数据，这是非常方便的。上面说的电子数据检查重点，也是网络在线提取的重点，这里就不赘述了。下一个检查的重点就是爬虫程序的使用和爬取记录。还有个检查的重点，就是对涉案公司运营的 App，还有服务器网站源码的功能性分析，查找这些被侵权的电子图书、音视频材料，查看音视频资料如何在手机端显示、广告展示以及会员充值这些功能，这些涉及办案的一些取证工作，就不展开说了。需要注意的是，在此类案件中，手机端 App 在浏览电子图书、音视频资料的时候，比较常见的有两种方式。第一种是爬虫程序爬取了电子图书或者音视频资料以后，直接传到服务器上存储，用户通过 App 连接到这个服务器以后，直接在手机端显示被爬取的著作权作品；第二种是在 App 后台启动搜索引擎，比如在百度这些搜索引擎中直接搜索用户要阅览的电子图书、音视频资料可能存在的网站，用户可以通过这个链接直接阅读原网站上的电子图书和音视频资料。用户在浏览这些资料的时候，这些享有著作权的作品可能同时也被缓存到本地服务器来提升访问速度。第二种行为在深度链接的一些案件中比较常见，这种行为不一定属于侵权的行为。这种行为是不是利用了爬虫技术，或者是不是缓存了享有著作权的作品，是需要具体分析后再判断是否侵权。

　　我们再来看一下对于电子数据检查的规范性要求，这里有几个跟之前不一样的要求，第一个要求是由两名以上的专业技术侦查人员进行。这里的电子数据检查仍然属于侦查性质，检查的主体仍然是侦查人员，但是其中一个不同之处就是提出了侦查人员还需要有专业的技术，具有专业技术和具有专门知识二者有何区别？近些年我们经常提到"有专门知识的人"，具有专业技术更侧重于专业技术的资质，具有专门知识侧重于诉讼活动中的辅助人员的资质。第二个要求是检查前后应当拍摄被封存原始存储介质的照片。第三个要求是写保护和镜像。写保护设备通过只读接口连接到检材，而且接口种类会非常多，因为实践中需要连接不同接口的检材硬盘，通过这个设备就可以保证一些检材的原始性不会被破坏。第四个就是一些技术标准的要求。第五个要求是制作笔录，提取电子数据的还需要制作固定清单。

（六）电子数据鉴定

最后我们来看一下电子数据鉴定。鉴定是我们在日常办案工作中接触非常多的一种取证方式。说到鉴定，不得不提的就是检验，那么检验和鉴定到底是什么样的关系呢？公安机关或者检察机关、司法鉴定机构出具的鉴定文书，主要分为两种格式，一种是检验报告，另一种是鉴定书或者鉴定意见书。如果是客观反映检验过程，经过客观检验得出检验结果的，是检验报告。比如，对手机数据进行恢复提取，这就是一个客观的提取的过程，出具的就是检验报告。如果客观反映的是鉴定的由来，鉴定的过程，再加上主观的结论论证，得出的就是鉴定意见，出具的就是鉴定书或者鉴定意见书。比如，对于软件功能性的鉴定，一般出具的是鉴定意见书，因为需要鉴定人判断这个代码实际有什么功能，实现了一些什么功能。对于社会鉴定机构来说，它们出具鉴定意见主要是依据司法部的《司法鉴定程序通则》，因为《司法鉴定程序通则》并没有区分鉴定和检验，一般社会鉴定机构出具的鉴定文书只有鉴定意见书，对于电子数据鉴定的注意事项，跟电子数据检查是基本一致的。

此外，我特别说一下刚才提到的一些涉案文件的同一性鉴定。我们可以通过电子数据文件之间的哈希值比对进行判断，如果哈希值一致，就可以认为是同一文件，如果哈希值不同，无法判断同一性的时候，可以根据案情需要，委托专门的知识产权鉴定机构进行版权鉴定。比如北京市朝阳区人民检察院办理的一起侵犯商业秘密的案件，涉案的商业秘密是三维的数据模型，而且模型数量非常多，有 100 多个模型属于非公知的技术信息。鉴定所需的司法成本非常高，那怎么解决？最后，我们的技术人员出具了鉴定意见，通过非常简单的哈希值比对解决了这个问题，高效地锁定并确定了审查方向。大家可以看到，批量的哈希值比对是非常简单的，而且是非常容易操作的方法。如果需要进行同一性鉴定、比对，我建议优先通过这种哈希值比对来进行。如果哈希值比对不一致，需要再进一步的判断。

我们看一下电子数据鉴定的规范性要求。（1）鉴定机构应当合法存在，具有法定资质；鉴定人应当具有法定资质。鉴定应当属于鉴定机构与鉴定人的业务范围。鉴定人、鉴定机构资质应当在年审期限内。（2）鉴定委托要求应当与鉴定过程、鉴定意见相符。（3）鉴定的检材来源、取得、保管、送检应当符合相关规定。（4）鉴定的方法应当合法、科学，引用的鉴定标准应当有效。那么，实务中常见的鉴定的标准有哪些？首先是国家推荐标准，国家标准就是 GB 开头的。其次是公共安全行业标准，是 GA 开头的，这个标准其实是国安部门和公安部门共同牵头制定的。最后是司法部这边的司法鉴定技术规范，以 SF 开头。国家标准馆的网站收录了所有标准的情况，我们可以搜索、查看标准内容，以确定它们是现行有效的还是已经作废。

专家评议

知识产权刑事诉讼中的公证与区块链存证要点

梁 坤 ①

刑事诉讼，特别是知识产权刑事诉讼中运用公证、公证书、公证报告时遇到的问题，在理论研究方面长久以来没有受到特别多的关注。究其原因，主要是在刑事诉讼中，绝大多数的证据都是由公权力机关获取的，而公权力机关获取的证据，可以推定为具有公证性的保障机制的存在，所以多数证据其实不需要进行公证。而民事诉讼中由于是当事人进行取证，所以为了确保证据具有证据能力，具备比较高的证明力，公证的需求就比较大。

但是在知识产权刑事诉讼中要不要使用公证，就是这类案件的特殊问题，非常值得讨论。我梳理了一下刘丽娜主任的讲座。可以概况出两个层面的问题，第一个层面是公证报告、公证书在刑事诉讼中到底能不能用的问题。第二个层面是如何用的问题。

至于第一个层面的问题，我认为从证据能力的角度来说，刑事诉讼应该是对公证书持有欢迎态度的，为什么这么讲？从现有的刑事诉讼法法律以及配套规定来看，似乎并没有对公证书的运用和审查作出专门的规定。但是《刑事诉讼法司法解释》中有一个条款：当事人及其辩护人、诉讼代理人提供境外的相关的证据的时候，要经过境外的公证机关公证。从这个条款我们大致可以推出这样一个结论：在刑事诉讼中，我们对来自境外的证据是要求公证的。当然我们也是认可这种公证报告的，对境外的证据的公证报告我们都认可，那么有什么理由对境内的公证报告不认可？这是我的一个思路。另外一个思路是从刑事诉讼证据的法理来说，也没有理由对公证的报告持反对态度。所以，公证书到底能不能够作为证据进行使用，主要还是考虑它能不能够证明案件事实。所以，如果公证书能够起到这个效果，我认为它作为证据使用是没有任何问题的。

至于第二个层面的问题，即公证书在刑事诉讼中该如何使用，是属于书证还是其他的一些法定的证据形式，我认为这个问题并不是特别重要。为什么这么讲呢？虽然现行《刑事诉讼法》第50条确实规定了八种证据形式，但是随着时代的发展，这种封闭式的关于证据形式的立法，并不是特别符合或者说适应时代发展的需要，所以我们可以看到，在最新的刑事诉讼法的相关司法解释中，在八种证据形式之外，也出现了一种比较特殊的证据，暂且称之事故调查报告。我们可以想一下，事故调查报告到底属于哪一种证据形式？其实它哪一种都不是，所以在八种证据形式之外，也出现了另外一些并不符合法定形式的证据，但是也可以作为证据用。所以现在从证据的相关立法来看，可以说证据形式的封闭性已经出现了一定的变化。另外，从实务的角度来说，我也有一些观察，比如有些检察机关制作的起诉书里就有这样一种现象。因为起诉书一般会先罗列案件的事实，接下来就要罗列据以认定上述案件事实的证据，很多检察官是这么写的，除了上述八种证据形式外，还包括一些例如到案经过，情况说明等。按照我个人的看法，在没有办法或者把它们划到

---

① 西南政法大学刑事侦查学院院长、博士生导师。重庆市重点智库总体国家安全观研究院研究员。

哪一种证据形式都不是很恰当的情况下，我们不妨效仿目前实务当中的做法：把它们作为兜底，或者参考事故调查报告的做法，从而在法理上认可它们是一种证据形式。

我还想谈谈网络公证，如果要认可网络公证的证据能力，就需要考虑如何对它进行审查。在刑事诉讼里，特别是知识产权刑事案件中，要特别强调对公证书的审查，而不能唯公证书是从。有人也有疑问，是不是用了公证书就什么问题都能解决？证据的合法性、真实性都能够得到确保？我认为绝对不能这么认识。在知识产权的民事诉讼中，可以说近一二十年来，已经在大量使用网络公证，在民事司法的法庭实务当中已经暴露出了非常多的问题，比如原告邀请公证人员来到自己的办公场所，对计算机进行所谓的远程登录。后来在民事司法的实践当中就有很多的案件，被告人的代理律师会提出在原告的办公场所进行取证并所制作的公证书，这个办公系统很有可能或者说不排除是原告自己设立的一个系统，所以公证人员表面好像做了一个网络公证，其实是在一个封闭的网络空间的环境当中，进行了所谓的公证，其实是一个假的取证行为。可见，在民事诉讼中，网络公证都出现了这么多的情况，在刑事诉讼中尤其要对当事人提供的网络公证书持谨慎态度，至于怎么审查，刚才刘丽娜主任也已经讲了很多的思路和方案，我就不再展开了。

第一个点是区块链，主要是区块链到底能不能够作为证据以及怎么样进行审查的问题，这主要指区块链存证。从实质上讲，区块链存证本身就是一种电子数据，比如我们现在采取一种非常规、有别于过往的一种签署合同的方式，在网络上利用第三方平台来签署合同，而这种合同本身就是一种电子数据，对这种电子数据的审查以及运用，直接采取现有的关于在刑事司法活动当中对电子数据的审查的规则去进行审查就可以了。在审查过程当中也可以参考民事司法中很多成熟的经验。那么，刑事司法里审查区块链存证的数据，和民事司法里审查区块链这个第三方存证的数据，到底有没有本质的不同？我的基本的看法是，二者没有什么特别大的不同。因为从技术层面来讲，第三方存证使用区块链技术，这是一种去中心化的防篡改的技术，因此它的上链存证的数据的真实性、可靠性能够得到很好的保证。由于刑事司法和民事司法确实存在证明标准上的差异，因此刑事司法中审查区块链数据需要考虑调取证据的基本的程序规范，特别是调取电子数据的时候，要求第三方存证公司做一些类似完整性校验值的工作。尽管实务当中还没有做得非常好，但是这样一些规则是刑事司法里所特有的，从而确保上链前、上链过程当中以及上链之后，整个流程里的电子数据没有发生篡改。上链存证的就是电子数据本身，因此我们就直接运用刑事司法中关于电子数据的审查判断规则去审查就可以了。

但是在浙江绍兴这个案子中，涉及的区块链存证的数据，并不是用于证明案件实体事实的数据本身，那它是什么呢？我把它称为一种技术鉴真方式。这个案子是一个电信诈骗案件，由于受害人比较多，所以涉及证的海量性取证的特殊性，如果由公安机关再到检察机关再到人民法院，整个按照刑事司法的阶段性的流程，把这些海量的电子数据移送审查起诉，再到人民法院出示、质证，最终由人民法院进行认定，整个过程就会比较复杂，甚至有可能在流程中导致证据的失真，所以绍兴的公安机关实际上链的不是海量的电子数据本身，而是其哈希值，就是把海量的数据转变成一个很小的字符串，然后上链。因此检察院和法院在审查电子数据的时候，就不是审查电子数据本身了，而是审查哈希值有没有发生变化，从而判断公安机关所收集的电子数据和最终呈现在审查起诉和审判环节的电子数据有没有发生变化。因此绍兴的这个案子实际上是在刑事司法活动当中使用区块链存证技术来进行所谓的技术性的鉴真。传统的鉴真方式，比如公安机关收集物证书证之后，最终呈现在法庭之上，会经过若干的流程，如保管、移送等，在这个过程当中又会出现很多种文书，所以传统的鉴真主要是通过法律文书的形式进行的，特别是由检察机关和人民法院来判断，通过文书来判断物证、书证有没有发生变化，有没有被篡改的情况。而在电子取证、电子数据运用的语境之下，我们用技术鉴真代替了传统的笔录文书的鉴真，改变了笔录文书的鉴真的传统方式。我认为从理念、制度以及司法的运行的角度来说，这些都是很好的尝试。但是我也注意到，从浙江这个案子之后，好像没有更多地看到刑事司法流程当中运用区块链存证。对此，我也考察了一下重庆检察机关的一些做法，像检察系统在进行一些布局，但是相关的工作推进的不是特别顺利。我也问了一些公安同志对这个问题的看法，好些人感觉没太大必要，因为按照传统的采取笔录文书的方式来进行鉴真，目前还是司法活动的主流，大家对这样一种新兴事物还缺乏必要的认知度。在未来的刑事司法活动当中，我们可以再进行一些试点，或者说进行一些探索。我相信很多读者可能都看过刘品新老师的关于快播案的论文，论文写快播这个案件里面的电子数据的分析，尤其是详细地分析了快播案件里电子数据的鉴真，从理论角度进行了探讨。我们可以换一个角度来分析，比如北京海淀文化委员会作为行政执法部门，从最初扣押了快播公司的几台服务器之后，就对里面存储的电子数据进行了哈希值的校验，而且把它们给上链之后将这个案件移送给公安机关，公安机关起诉后，检察机关和人民法院在进行审查时，实际上只需要审查哈希值有没有发生变化就可以了，这样就可以避免在审判阶段辩护人提出一些非常尖锐的关于电子数据鉴真的问题。

第二个点是主观明知的认定以及零口供的问题。主观明知认定和零口供显然不是知识产权案件所独有的疑难问题。《人民检察院办理网络犯罪案件规定》第 19 条专门提到了认定犯罪嫌疑人主观方面时应该怎么做，其中有三个小点是这样表述的："犯罪嫌疑人的行为是否明显违背系统提示要求的正常操作流程。""犯罪嫌疑人支付结算的对象频次、数额等是否明显为正常交易习惯。""犯罪嫌疑人是否频繁采用隐蔽上网、加密通信、销毁数据等措施或者使用虚假身份。"这里面有三个词语需要重点关注。第一个词语是"明显违背"，第二个词语是"明显违反"，第三个词语是"频繁采用"。其实从本质上讲，整个第 19 条主要是归纳了实务当中常见的犯罪嫌疑人的一些高度反常的、频繁出现的情况，虽然说这一条款没有采取常规的、关于形式推定的、从基础事实到推定事实这样一种典型的表述，但是从实质上讲这个条款的确反映了关于推定的法理，不论是知识产权刑事案件也好，还是传统的毒品案件、走私案件也罢，我们用推定规则去认定犯罪嫌疑人主观方面的时候，其实都是在缺乏有效口供的情况之下进行的推定。所以我想，这样一种思路不仅仅对知识产权刑事案件适用，对毒品、走私以及其他的网络犯罪，比如电信网络诈骗这些新型网络犯罪，在认定犯罪嫌疑人主观方面也可以适用。

司法鉴定意见的功能边界及其与案件待证事实的差距

杜春鹏 [①]

几年前我参与了一起涉嫌侵犯商业秘密案的专家辅助人论证，并出具了相应的意见。我想结合该案件说一下某些证明手段的功能边界，以及如何把不同的方式和手段结合起来，最终形成完整的证据链闭环，从而实现对待证事实的有效证明。

这起侵犯商业秘密的案件涉及一款手机 App，研发该 App 的公司的离职员工，在另外的城市成立了与原公司相竞争的公司，而且开发出类似功能的 App 产品。原公司委托一家比较权威的司法鉴定机构对这两款 App 源代码的相同和相似性进行了鉴定，得出来的结论是二者绝大多数的源代码都是一致的。这里紧接着的一个问题就是，仅仅凭借该司法鉴定书中的意见，能否完成对核心待证事实的证明？

本案的核心待证事实是什么？是要确定后一个 App 中使用的是否是前一个 App 的核心源代码，而并不仅仅是二者有多大比例的代码是相同和相似的。但这些相同、相似的代码是否就是核心源代码，却并不是司法鉴定业务自身能够说明和解释的，所以上述证明并没有达到相应的闭环要求。因此紧接着的一个事项就是要确认，在绝大多数源代码相同、相似的情况下，这些源代码是否就是核心源代码？

我们专家辅助人的具体思路是这样的：想要判定这些源代码能否起到核心作用，主要是要看其功能具体是什么。为此，我们下载了涉案 App，该 App 下载页面有附带的产品说明。我们结合鉴定报告中的结论及案件的需求进行梳理，出具了如下论证内容。

两款 App 中的相同或相似的源代码，在其软件核心功能当中起到了何种作用，这是一个事项。两款 App 中相同或相似的源代码，在另一款软件当中起到了什么样的作用？鉴定书中源代码文件相同或相似的函数，是否起到了保护作用？源代码文件编译生成的可执行程序是否在某版本以上的手机系统上运行？司法鉴定书当中关于软件的主要功能，是否构成被模仿的这一款软件的主要功能？这其实是把一个核心要求分解成具体的若干论证事项，然后通过对源代码的具体分析，逐步对这些具体事项作出回应，把它们结合起来，能够证明它们就是软件的核心功能，再和司法鉴定意见组合在一起，就完成了对整个核心待证事实的闭环性证明。

我的感受是，很多时候我们需要深入了解某一项证明手段，还有它的功能边界，这不仅是针对电子数据而言的，在很多的传统案件当中也是这样。比如高坠案，司法鉴定只能解决死者是否从高处坠落的问题，这是从法医学角度作的判定，可以由法医来完成，但是我们办理整个案件要求的是什么？我们要定性，比如确定他是不小心失足坠落，还是被人从高处推下，还是跳楼自杀？这才是案件的关键。因此我们除了要考虑不同的证明手段自身如何发挥作用，还要考虑对于证据的适当分析，把对证据的审查分析结合起来，一起来完成整个证明的闭环，实现对待证事实的有力的支撑，从而推进整个诉讼的进行。

[①]　中国政法大学刑事司法学院副教授。

第 9 讲
网络犯罪国际治理态势与中国路径选择

主讲人介绍

吴沈括，北京师范大学法学院博士生导师、互联网发展研究院院长助理。联合国网络安全与网络犯罪问题高级顾问，中国互联网协会研究中心副主任，中国信息化百人会数据治理委员会主任。意大利维罗纳大学法学博士、博士后、助理研究员、访问教授，意大利都灵大学合同研究员。中共北京市委政法委法学专家库专家。国家网信办专家委专家，最高人民法院咨询监督专家，国家数字贸易专家工作组专家，国家数字政府专家工作组专家。QS 集团世界高校学术声誉调查专家库专家，欧洲法学权威期刊 *Diritto Penale XXI Secolo* 编委。研究领域包括网络安全、数据保护、AI 治理与网络犯罪等。

讲座主题

本讲旨在系统展示网络犯罪国际治理的前沿态势，全面分析联合国与欧洲委员会等国际组织以及世界主要国家关于防治网络犯罪国际合作的基本立场与核心价值诉求，进而阐释我国在本议题下可行的路径选择。

讲座内容

在目前的国际治理的框架之下，网络犯罪的国际治理有不同的平台和语境。总体而言，国际社会围绕网络犯罪开展的一系列的讨论和博弈，有两个板块需要我们特别注意：第一个是欧洲委员会框架下的《布达佩斯网络犯罪公约》的一系列进展，第二个是各国高度关注的联合国有关打击网络犯罪公约的制定议程。

本次讲座主要从三个方面展开：首先是欧洲委员会对《布达佩斯网络犯罪公约》的一系列工作；其次是在联合国框架下，各国、各组织围绕网络犯罪公约的制定，网络犯罪的国际治理所开展的一系列工作；最后是本人对网络犯罪国际治理中我国路径选择的一些思考。

一、导言

（一）网络犯罪治理的机遇和挑战

随着新一代网络信息技术的发展，我们在网络犯罪的治理过程当中看到了许多宝贵的机遇，主要表现在三个层次：首先，我们有了新的技术支持，尤其是大数据、人工智能等的应用给了我们更多的想象空间。其次，我们有了更多新的组织样态，云计算在物联网的普及应用，使得社会组织结构、网络犯罪的防治结构也在发生深刻的变化。最后，我们有了新的应用场景，在新的应用场景当中蕴含着新的网络犯罪的表现形式和治理方式，它们在安保监控、远程诊疗、金融理财、生活娱乐等各个方面都有着非常丰富的表现。

当前，网络犯罪的表现形式、侵害程度和侵害方式都有了非常快速的演进和拓展：第一，在技术要素层面，我们看到了新型的木马病毒、僵尸网络以及暗网攻击等。第二，在组织管理层面，我们看到了花样不断翻新的电信网络诈骗等。另外，包括与算法和人工智能相关的歧视性的处理也在不断增加，这也成为新的网络犯罪表现方式。第三，在内容层面，出现了非常多的违法内容，尤其是色情信息、暴恐信息、虚假信息等，对于公民的权益、公共安全、国家安全形成了广泛的冲击。

（二）国际社会网络犯罪治理的短板

在这样的背景下，国际社会在治理网络犯罪的过程当中，表现出了非常明显的短板或者不足。

首先，不同国家的法律规范存在着滞后、缺失和普遍的差异，导致对新型网络犯罪的司法惩处力度不足，例如在司法协助过程中经常出现的一种情况：一个国家向另一个国家提出的司法协助请求往往得不到有效、及时的反馈。这就导致在一国构成犯罪的行为，在另一国可能被认为不具有违法性，甚至被认为是对权利的保护，在司法惩处环节出现漏洞。然而，当下的网络犯罪不断呈现出全球化的趋势，虽然犯罪分子使用的语言不同，文化背景不同，但是在犯罪实施的过程当中，他们所具备的整体犯意沟通却相差不大，导致在地下黑色产业链不断发展的过程中，犯罪分子会寻找所谓的"犯罪天堂"来组织策划，甚至实施相应的犯罪，进而避免受到司法的惩处。

其次，各国现行的法律制度框架目前无法充分确保快捷高效的跨境取证，往往造成跨国网络犯罪的执法追溯迟滞低效。在布达佩斯举行网络犯罪大会时，有数据显示，目前各国如果通过传统的双边司法协助来进行证据的调取，平均时效在 9 个月以上。司法一线的同志应该非常清楚，9 个月之后有些证据其实已经没有什么效力了，对于犯罪的打击效果会变得非常的微弱。

最后，网络匿名背景下，对于急剧增长的网络用户和网络设备的脆弱性问题，部分国家的监测预警和应急处置机制日渐难以有效应对。一方面，匿名的用户越来越多；另一方面，在万物互联的技术背景下设备的终端也越来越多。在这种情况下，如何进行有效取证，是一个非常大的挑战，而日常监测预警的缺失、应急处置的缺失往往造成溯源困难，证据灭失问题越来越多地出现在各国的司法机关面前，面对全球化的网络犯罪蔓延的趋势，司法打击力度日渐陷入捉襟见肘的局面。

对于这些问题，在国际社会当中，在不同的场合、不同的层面都有着广泛的探讨。从联合国安理会到联合国秘书长数字合作高级别小组，再到世界经济论坛，都在不同层面对网络犯罪问题产生了高度的关注。如果说数据安全是网络安全的一个重要的组成部分，那么网络犯罪的惩治则是维护网络安全的另一个根本支柱——没有对违法行为的惩处，就意味着所有的正面规则都会陷于失效的高度风险。在这个过程中，包括欧盟委员会在内的全球 160 多个数据保护机关在共同探讨数据安全问题、数据保护问题，并将侵害数据安全、侵害公民个人数据的网络犯罪列为重要的议题。可以说，非洲、欧洲、北美、大洋洲等各个洲对于网络犯罪的关注已经达到了空前的高度。联合国的数据显示，5 年前，成员方中对于网络安全、网络犯罪问题提出关切的国家和地区不到 30 个。而现在对于网络安全、网络犯罪问题提出关切的国家和地区已经超过了 170 个，增长速度非常快，这和全球的数字化转型当然有着非常密切的关系，同时也与世界各国对于网络犯罪所带来的危险的认识程度快速提升有着非常密切的联系。所以，2019 年 11 月的联合国大会专门通过了《关于打击网络犯罪公约议程》，这是一个时代的表征，也是时代的需要的明显例证。包括在双边领域，比如在中国—欧盟的数字经济和网络安全高级别专家组会议当中，也将网络犯罪问题专门列为一个议题进行讨论。

（三）网络犯罪的变化和趋势

从典型案例来看，相比较 2001 年《布达佩斯网络犯罪公约》出台的年代，现在的网络犯罪的场景和形态都有了质的变化。

首先，暗网问题。对于暗网的打击已经成为各国司法机关高度关注的问题。从目前公开的资料来看，2017 年 7 月在美国联邦调查局、美国缉毒局和荷兰等国家的配合与英国、加拿大、法国、德国、立陶宛、泰国以及欧洲刑警组织的协助下，各国采取联合行动关闭了全球最大的暗网平台阿尔法湾。目前，美国方面一直在不同的场合宣传它们在这个案例中打击暗网的先进经验，其中一个特点就是证据是由英国情报机构向美国司法机关提供的，美国司法机关又在泰国皇家警察的配合之下，在泰国抓捕了犯罪嫌疑人，而这个组织的平台又在荷兰。在该案的办理过程中，对网络犯罪的跨国性甚至是全球化打击体现得非常明显。

其次，数据跨境取证问题。2018 年美国《云法案》的出台有一些具体案例的支撑，即 2013 年美国纽约联邦地方法院签发的一则搜查令所引发的一系列司法事件，它们最终促成了目前在数据跨境取证领域的一个新的突破。以美国的《云法案》为代表，近期美英之间关于数据跨境取证的双边协定，以及正在谈判过程中的美国、澳大利亚数据跨境的取证协议都说明了在目前的网络犯罪防治过程当中，新的技术场景（如暗网）成为一个非常大的挑战。另外，新的执法机制正成为一个非常重要的议题，也是一个重大的机制突破点所在。在这样的发展过程中，我们既能够看到一些规律性的现象，也能获得非常大的启示，即当讲到网络犯罪国际治理的时候，我们需要有一个非常宽广、非常快速的知识更新和拓展视野的过程。

国际刑警组织在 2020 年 8 月发布了一份网络犯罪调查的专门报告。报告显示，新冠疫情助长了网络犯罪的发展，并成为网络犯罪实施的工具和内容凭借。目前与疫情相关的网络犯罪的方式主要有四种：恶意域名、勒索软件、钓鱼 / 诈骗网站、虚假新闻。由于案件之间存在交叉，所以数值加起来并不是百分之百，但是能够看到这四种类型的网络犯罪各自比较突出的比重（尤其是以钓鱼诈骗网站为代表的网络诈骗）有一个非常快速的增长过程。而在欧洲，比较多的邮件诈骗出现了叠加的犯罪态势。

从欧洲刑警组织的报告来看，在疫情期间，欧洲范围内有四种网络犯罪的形态比较突出：第一种是网络相关的犯罪或者依赖于网络的犯罪，包括恶意软件、DDoS 攻击以及恶意的域名注册等。第二种是儿童色情犯罪。在疫情期间有非常多的在线儿童色情视频传播和儿童剥削行为发生。第三是种暗网犯罪。其中包括交易违禁品（如武器、毒品）和网络赌博。疫情期间，在中缅对网络赌博的合作打击过程中，就出现了通过暗网来实施网络赌博行为的一些案例。第四种是非典型的交叉犯罪行为，比如虚假信息、干预政治运动、干预政治选举等。在这样的背景下，荷兰、法国和意大利的选举一律取消网络投票，改为线下手写填票。

从网络犯罪的主要攻击对象来看，目前最容易受到攻击的是非政府组织（包括一些民间团体、人权组织、非营利组织以及专注于公共政策国际事务和安全的智库等）。其次是专业的服务提供商（比如政府的承包商），攻击者以其作为入侵和收集政府目标的基点，因为政府系统有比较完备的安全协议保护，通过这些承包商的公司能够更容易进入政府系统当中。位列第三的是政府部门，尤其是驻外机构和外交部门。甚至在一些国家，比如法国的驻外使领馆系统已经切断了非必要的驻外使领馆和母国的信息通信。所以，从犯罪类型、地域、时间分布以及侵害对象来看，网络犯罪在目前的发展过程中有了一些新的变化，这会在一定程度上影响网络犯罪治理的基本逻辑和核心方式。

二、老故事：欧洲委员会与《布达佩斯网络犯罪公约》

（一）《布达佩斯网络犯罪公约》的现状

在了解了整体网络犯罪的发展现状之后，我们再来看一下在目前的网络犯罪防治过程中，常见的工具或者平台有哪些。

首先是《布达佩斯网络犯罪公约》（以下简称《布达佩斯公约》）。它在 21 世纪初期制定通过，目前来看，技术环境已经发生了非常大的变化，但是在长期的应用过程当中，它是唯一有效的区域性国际公约，所以《布达佩斯公约》受到了各国广泛的关注。相比较于其他的区域性公约，《布达佩斯公约》在制度设计、缔约国分布和运行效果方面目前还是比较突出的，因此在《联合国打击网络犯罪公约》的讨论过程当中，《布达佩斯公约》是一个绕不开的主题。

我要补充说明的是，欧洲委员会并不等于欧盟，它们是两个独立的国际组织，欧洲委员会是国际人权组织，它的旗帜、图标在很大程度上被欧盟所继承，它的总部在法国斯特拉斯堡，欧洲议会和欧洲委员会基本属于同署办公，它们是中间连通的两座大楼，因此给大家造成了困惑，但其实这是两个不同的组织。欧洲委员会作为国际人权组织，有两项重要的工作：第一是治理网络犯罪，其有专门的网络犯罪委员会；第二是数据保护，个人信息保护。欧洲委员会通过的一个重要公约是《关于个人数据自动化处理中的个人保护公约》（简称《第 108 号公约》），以及后续的更正版本《第 108 号公约 +》。就像我们乌镇大会一样，欧洲委员会每年举行网络犯罪大会，专门讨论网络犯罪问题。2018 年的会议有 500 位参会代表，主要覆盖了欧盟和美国等发达国家与地区的政府部门，也包括美国的一线互联网企业，而亚洲的泰国、韩国、日本、柬埔寨、不丹都有专门的代表参加。会议对于网络犯罪的新的发展形势以及需要做出的修正，都展开了非常广泛的讨论。

目前，除了欧洲委员会制定的《布达佩斯公约》之外，还有其他相类似的国际文书，特别要强调的是上合组织成员国之间的《上合组织成员国保障国际信息安全政府间合作协定》。此外，《关于独联体成员国联合打击信息技术领域犯罪协议》、非洲联盟《网络安全和个人数据保护公约》、《阿拉伯国家联盟打击信息技术犯罪公约》、东非共同体《网络法律框架草案》等，都成为目前网络犯罪国际治理中引人注目的国际文件。相较于《布达佩斯公约》，这些文件的约束力相对较弱、覆盖面相对较小，这也是越来越多的国家主张在联合国框架下推动网络犯罪国际公约签订的原因。

根据欧洲委员会的报告，目前已经有 65 个国家和地区批准加入了《布达佩斯公约》，3 个国家已经签署但尚未批准，还有 8 个国家被邀请参与该公约，并正在对加入该公约进行考察研究。

这里需要补充一个问题。在中国、俄罗斯等国强调在联合国框架下推动网络犯罪国际公约制定的背景下，欧洲委员会明显感受到了压力，并且加速吸收新的成员国加入。例如，斯里兰卡作为一个典型的亚洲国家，仅用 3 个月的时间就完成了加入手续，再如上述有 8 个国家被邀请参与公约，都预示着一个需要注意的问题：欧洲委员会本身作为一个人权保护国际组织，受到宗旨的限制，对于网络犯罪，包括《布达佩斯公约》的解读、适用，事实上都是在人权保护的框架下展开的。由此决定了《布达佩斯公约》本身的价值立场以及思路方法是有一定边界的，与在联合国框架下推动形成的多边机制存在本质上的区分。此外，根据欧洲委员会的自我宣传，有 153 个联合国成员将《布达佩斯公约》作为国内法律修改的参照和来源，106 个国家和地区的国内实体法与《布达佩斯公约》的规定大致一致，其中 1/3 的国家和地区，在部分条文中采取了与该公约一致的措施。虽然是宣传，但从意大利、法国、德国近年来的立法修改来看，确实能够发现《布达佩斯公约》对于欧洲国家的国内法改革产生了比较深刻的影响。

（二）《布达佩斯公约》的条文设计

《布达佩斯公约》有比较明显的宗旨诉求，主要表现在四个方面：第一，要对侵害计算机系统或通过计算机系统实施的行为作出犯罪化的处理；第二，对系列犯罪要提供更为有效的调查与追溯手段；第三，建设更为有效的国际合作机制；第四，为法治原则与人权保障提供更好的条件。可以发现,《布达佩斯公约》受到欧洲委员会组织本身章程的限制,始终只能从人权保护的视角来看待网络犯罪的防治,而目前网络犯罪的防治其实已经超越了人权保障的视角。

从制度设计来看,《布达佩斯公约》有如下特点:(1)在犯罪类型的设计上,《布达佩斯公约》突出了两分法,这也是国内比较熟悉的对于网络犯罪的传统定义,即以网络为对象和以网络为工具的犯罪的两分法。首先,在侵害计算机信息系统的犯罪中,《布达佩斯公约》设定了一系列的具体的罪名,包括未经授权访问和非法篡改系统程序或者数据罪。其次,在通过计算机信息系统实施的犯罪中,设定了与计算机有关的欺诈和伪造、与非法生产或分发内容相关的犯罪,其中儿童色情和侵犯版权、相邻权的犯罪已成为《布达佩斯公约》规定的实体犯罪类型。由此看出,《布达佩斯公约》看待网络犯罪的思路,实际上取决于或取材于欧美国家现有的网络犯罪类型。而从我国的视野来看,这些类型的犯罪显然不足以覆盖全部的网络犯罪类型,这就体现出不同国家、不同地区因为发展程度和发展层次不同所决定的制度差异。(2)在调查手段的设计上,为了确保可以获得和收集任何刑事犯罪的电子证据,《布达佩斯公约》明确规定,不论被起诉的刑事犯罪的性质如何,缔约方都应当将数字或者其他电子形式的信息作为证据用于正在进行的刑事诉讼,这一点和我国所讨论的电子证据的思维是比较相近的。所以,美国的《云法案》和欧盟正在制定的《电子证据条例》,都是基于这一基本思维的发挥和延伸。(3)在追溯途径的设计上,关于管辖和适用规则,《布达佩斯公约》强调属地管辖:如果一国国民在本国外实施犯罪,同时被所在国法律认定为犯罪行为,那么该国家有义务追溯其犯罪行为。一个以上的缔约国对于犯罪的部分或全部参与者有管辖权的,存在择一管辖机制设计。例如,通过互联网实施的病毒攻击、欺诈、侵犯版权行为的受害者位于多个国家时,为了提高诉讼的效率或者公平性,由受影响的缔约方协商确定管辖地,但总体上《布达佩斯公约》还是以属地管辖作为核心的管辖依据。对于国内而言,该观点对于网络犯罪的全球性治理已经相对滞后了。(4)注重能力建设,《布达佩斯公约》将能力建设视为网络犯罪治理的重要支撑。在布达佩斯框架下,通过不同的工作计划,成员国一直在推进多个层次的能力建设工作,而这样的能力建设工作在联合国层面也得到了不同程度的回应。其能力建设的主要着力点集中在决策参与、协调立法、司法培训、执法能力、国际合作、信息共享、进展情况的评估等多个方面。关于何为能力建设,《布达佩斯公约》和欧洲委员会在这方面确实有大量的实践经验值得我们研判和吸收。

从《布达佩斯公约》本身的条文设计来看,针对网络犯罪的治理,其主要从以下三个层面进行了针对性的构建。

在刑事实体法层面,《布达佩斯公约》秉持了技术中立的思路,主要强调以犯罪对象和犯罪工具为瞄点,同时采用中立化的技术语言,避免因为立法迭代、技术迭代和场景迭代出现难以适用的局面。这也是在《联合国打击网络犯罪公约》的制定和探讨过程中,我们比较重视和强调的一点。因为技术的演进非常之快,需要更具有延展性的概念界定来予以合理的囊括。其与俄罗斯所提出的网络犯罪公约文本草案有一个非常大的差异——俄罗斯比较关注具体的技术类型。

在刑事程序法方面，《布达佩斯公约》已经引入了很多与犯罪侦查现代化相关的制度设计，例如数据的快速保存、数据的提取令、搜查和扣押计算机数据。但是那个年代依然只是计算机犯罪的年代，对于具有跨国性、全球性的网络犯罪的认识是相对不足的。于是，在案件管辖问题中，当网络犯罪的行为地及损害结果的发生地出现分离时，《布达佩斯公约》关于管辖的规定就显得比较保守。就像我前面介绍的，它是以属地管辖作为核心原则的，虽然它对于船舶航空器的登记国管辖和属人管辖有一个补充的条款，但主要参与和发起国家，如澳大利亚、比利时、加拿大、法国、日本、英国、美国，都选择了保留。也即在那个年代，《布达佩斯公约》坚持了属地管辖的方式，这是《布达佩斯公约》在程序层面存在的一个不足。

在区域合作与国际合作方面，《布达佩斯公约》涉及引渡措施、司法互助措施。其中有两项制度是目前一直被频繁使用的，也对《联合国打击网络犯罪公约》的制定产生了比较大影响：第一，《布达佩斯公约》第 29 条专门对未披露已存储计算机数据的保存调取机制作出了规定；第二，《布达佩斯公约》第 35 条规定了 7×24 全天候联络点制度。这两项制度是自主性的创新，而 7×24 联络点机制在包括我国司法实践在内的国际实践当中得到了比较广泛的运用。

需要注意一个问题：虽然数据（尤其是未披露数据）的获取需要国与国之间通过协议条约达成双边或多边司法互助机制，但没有涉及美国《云法案》所规定的国家向企业直接调取数据的问题。从《布达佩斯公约》后续的实践情况来看，国与国之间通过官方机制调取数据的效果确实不好，运用频率也处于下降的趋势，这也是我们必须充分重视国家与企业之间直接调取数据的有效性的原因，同时也需要在国家应对层面给出回应。

（三）《布达佩斯公约》的新发展

《布达佩斯公约》经历了两次修订：第一次是《第一补充议定书》，第二次是我国正在参与的《第二补充议定书》。《第一补充议定书》有一个比较明确的指向，就是规定了通过计算机系统实施种族主义和仇恨行为的几项具体罪名，包括利用计算机信息系统传播种族主义和仇恨材料罪、通过计算机信息系统实施种族主义、仇恨行为的恐吓犯罪等。但它只被 32 个国家予以批准，影响力较小。目前正在探讨过程中的《第二补充议定书》已经形成了初步的文本，其对美国《云法案》所开启的直接调证时代作出了针对性的回应。《第二补充议定书》主要涉及三个问题：一是视频审讯制度，二是紧急双边协助机制，三是用户信息的直接披露制度和快速数据调取令制度。需要注意的是，当提到数据跨境获取时要将数据分为两类：一是交流数据，二是内容数据。美国的《云法案》涵盖了上述两类数据，而《第二补充议定书》并没有涉及内容数据，比如一封邮件，邮件内容写的是什么，是《第二补充议定书》不涉及的。而欧盟的《电子证据条例》针对的是交流数据（或通讯数据）。在我国目前的数据跨境获取中并未严格区分内容数据和通讯数据，对此，在制定《联合国打击网络犯罪公约》的过程中是需要给予回应的，因为这个问题非常复杂，会涉及数据保护、人权保护以及意识形态方面一系列新的争议。

关于《第二补充议定书》的动议，主要体现在以下几个方面。（1）因为目前网络犯罪的威胁在持续增长，2018 年 7 月的斯特拉斯堡网络犯罪大会强调要在《布达佩斯公约》基础上加强国际合作和公私合作来调查跨国网络犯罪。此外，欧洲委员会认为侦查网络犯罪和保全电子证据协议的缺失的风险可能从刑事司法领域进一步转移到国家安全领域，这一判断是非常准确的。目前谈到数据跨境调取问题时，已经不单是狭义的刑事司法问题，而是一个非常典型的国家安全问题，这在《云法案》、中国的立法以及欧盟的《电子证据条例》的讨论中都不断被提及。这也表明现在的网络犯罪治理问题，实际上已经从纯粹的刑事司法问题上升到了国家安全问题，具有非常显著的政治色彩。（2）欧洲委员会认为《第二补充议定书》中应当涉及如下内容：第一，在考虑数据保护和法治标准的前提下，制定有效的数据跨境取证解决方案；第二，要回应如何建立域名注册数据（WHOIS）请求的国际法律基础问题；第三，要确保电子证据取证人员的程序性权利和参与国际合作的能力；第四，要在数据跨境调取的领域进行有效的能力建设。（3）目前各国对于《第二补充议定书》的关切点主要涉及意见书的适用范围、管辖标准、与个人数据保护国际准则的协调、公私部门主体的各自功能等。其中分歧最大的，也是导致美国和欧盟矛盾公开化的问题是企业数据的自愿披露机制。（4）《第二补充议定书》工作组的工作重点是：第一，对于云环境中数据的访问机制的设定；第二，对数据保护以及自愿披露问题的机制安排；第三，公私合作的机制设计。尤其在公私合作方面，工作组提出了一个思路，即各司法管辖区的服务提供商直接合作，由服务提供商自愿披露用户信息，提出保存请求，建立跨辖区的强制性指令等不同的方案。所以，目前在数据跨境获取尤其是政企公私合作中，有非常多的备选方案，但还没有一个非常具有支配性的解决方案。世界经济组织曾经提出过一个方案：由它作为数据托管机关和数据托管平台，各方将数据存储到平台中予以托管，由执法机关根据需求向托管平台提出数据访问的请求，这也是一种非常新颖的思路。

（四）《布达佩斯公约》之不足

《布达佩斯公约》也有它先天的不足。第一，它从人权保护的角度来看待网络犯罪的防治问题，所以它的格局是相对有边界的，不可以无限延伸。第二，它在实体法层面强调的以犯罪对象和犯罪手段作为锚定点的中立性，会导致对于新型的网络犯罪覆盖不全面。第三，《布达佩斯公约》的加入、修订都要经过欧洲委员会部长会议的同意，即实行集中审查机制，这和多边框架下的共同决策机制有很大的区别，这是很多国家和地区（尤其是东亚国家和地区）对于《布达佩斯公约》持保留意见的一个重要原因，也显示了其民主性不足的缺陷。第四，《布达佩斯公约》中越来越显现出网络主权和网络自由立场之间的冲突。例如，法国强调网络自由精神，《网络空间信任与安全巴黎倡议》强调要建设一个开放、安全、稳定、可访问、和平且可适用包括人权在内的国际法的网络空间，但很多国家更强调网络主权问题。于是，在网络主权原则的主导下，各个国家和地区对于数据的本地化、自由向外流动，都作出了不同程度的限制。在这样的情况之下，就出现了网络开放、网络无边界和网络主权、网络限制两种立场的冲突，而这些冲突在《布达佩斯公约》的框架下，调和的前景比较严峻。因此，在这个背景下，我们更需要高度重视《联合国打击网络犯罪公约》的制定议程。

三、新篇章:《联合国打击网络犯罪公约》制定议程

在联合国框架下,有两个涉及网络犯罪公约的重要城市:一是作为联合国总部的纽约,2019 年 11 月在联合国第三委员会的推动下在纽约通过了关于开启《联合国打击网络犯罪公约》制定议程的决议,使其成为非常重要的讨论平台。二是作为联合国毒品与犯罪问题办公室总部的维也纳,其内部设置了联合国网络犯罪政府间专家组。这两个平台所展开的丰富的讨论对于考察《联合国打击网络犯罪公约》的制定进程,具有非常重要的样本意义。

了解《联合国打击网络犯罪公约》的制定议程,需要先了解一下联合国《萨尔瓦多宣言》和《打击为犯罪目的使用信息和通信技术公约》。2010 年 4 月 12 日至 19 日,在巴西萨尔瓦多召开了第 12 届联合国犯罪预防与刑事司法大会,这次大会非常重视网络安全和网络犯罪问题,通过了《萨尔瓦多宣言》,并且在 12 月 21 日联合国第 65 届大会通过的 65/230 决议当中得到确认。《萨尔瓦多宣言》通过后,从 2011 年开始,联合国网络犯罪政府间专家组会议已经举行了 6 届,2019 年 11 月通过的《打击为犯罪目的使用信息和通信技术公约》的决议正式开启了联合国制定网络犯罪专项公约的议程,这也是在网络犯罪领域唯一的一部全面国际公约。

(一)俄罗斯关于公约制定的提案

讲到《联合国打击网络犯罪公约》,我觉得有必要补充一个问题。我们一直认为俄罗斯与《布达佩斯公约》是水火不容的关系,但我们需要注意一个被遗忘的事实:俄罗斯其实最初签署了《布达佩斯公约》,只是后来发生的一件事情,使得俄罗斯的态度有了根本性的转变,即美国曾经利用该公约的机制诱捕了俄罗斯公民,并且在 6 个月内没有通报俄罗斯。该事件直接导致俄罗斯撤回了对《布达佩斯公约》的签字,并且在普京总统的直接支持下,酝酿推动俄罗斯自己的涉信息犯罪国际公约草案。目前,在网络犯罪公约领域,俄罗斯在国内形成了一个以外交部新安全威胁挑战司司长、外交部部长、普京总统三人为核心的网络犯罪国际治理核心圈层。俄罗斯在 2017 年就直接在会场以纸面的方式向各国代表发送了《联合国打击网络犯罪国际合作公约》的提案,俄罗斯还将其翻译成了中文、英文以及其他联合国官方语言。

该提案的内容包括:(1)提出了一系列有关信息技术犯罪的犯罪化方案。包括未经授权访问电子信息、未经授权截取、未经授权数据干扰、阻断信息通信技术运行、恶意软件犯罪以及预备犯、未遂犯、帮助犯和法人责任等规范设计。其中,我们能看到一个非常有意思的现象:如果说《布达佩斯公约》强调技术中立的立场,避免对技术进行描述,那么俄罗斯的方案则特别强调对技术性的描述,比如阻断信息通信技术运行的程序、恶意软件、特定的钓鱼软件,都有专门的规定,这既是它的一个突出特点,也是被美国等西方国家攻击的一个方面。(2)在执法机制的设计层面,俄罗斯方案涉及适用条件、保障措施、

数据保全、数据披露、数据令以及数据的实时收集、传输信息收集和资产追回等规范设计。特别是对于网络犯罪的资产追回，俄罗斯的方案意图在网络犯罪领域引入资产追回措施，这是一个比较有俄罗斯特色的制度设计。（3）在预防打击方面，俄罗斯的方案主要集中在政策做法、负责机构以及公私合作、私营服务提供者的原则与行为守则以及公众意识的提升培育几个方面展开，尤其强调对于公众意识的培育，这一点应当予以肯定，这是对公众教育的普及和对公众意识的提高的体现。（4）在国际合作方面，俄罗斯的方案强调了国际合作的一般原则、司法协助的一般原则、管辖权配置和信息的主动提供、刑事诉讼的移交、无国际协定情况下的协助请求、保密和信息适用的限制以及引渡、被判刑人移交、执法合作等规范设计。对被判刑人的移交问题也是《布达佩斯公约》没有涉及，而在目前的国际司法环境中越来越受到重视的一点。俄罗斯的立场有一个明显的改变，它最初支持推动联合国网络犯罪政府间专家组会议来实现俄罗斯的立场，现在又强调在联合国三委的框架下，推动公约的直接制定，甚至比较激进地推动俄罗斯提案的推广。

（二）网络犯罪政府间专家组会议内容

从目前来看，联合国网络犯罪政府间专家组会议举行了 6 次，基本上完成了它的历史使命，之后会向联合国提交总的工作报告，最终通过决议的方式产生一定的法律效力。专家组的这 6 次讨论有各自的特点：（1）2011 年举行的第一次会议主要确定了工作机制的基本框架。专家组将联合国有关网络犯罪公约及网络犯罪治理问题分为三个板块，分别是网络犯罪的刑事实体法、刑事程序法和国际合作与预防。从这个角度来看，不管是美国等西方国家的《布达佩斯公约》、俄罗斯的《信息犯罪公约草案》还是联合国的基本立场，都将网络犯罪的治理区分为实体法、程序法和国际合作与预防三个板块，这是一个通行的思路框架。在专家组会议中，刑事实体法主要强调要对于网络犯罪内涵和外延划出一个明确的边界；刑事程序法层面则主要是针对电子证据，在国际合作当中强调跨境数据的获取规则以及打击网络犯罪的国际能力建设。这些问题不断聚焦、凝结成具有产生共识可能性的核心问题。（2）2012 年、2017 年的第二次和第三次会议审议了网络犯罪综合研究报告，并对第一次会议所确立的框架进行了补充和修正。在刑事实体法板块，目前来看网络犯罪的界定依然是一个比较棘手的问题。美国等西方国家还是比较强调延续《布达佩斯公约》的基本思路，即区分为以网络为对象和以网络为工具的犯罪类型，这与美国等西方国家的技术发展水平、司法实务水平有很大关系。而对中国、俄罗斯以及其他一些国家而言，对于网络犯罪的扩容是势在必行的，要对新的技术环境提出新的犯罪化方案。（3）2018 年的第四次会议主要是对于刑事实体法的立法框架和定罪问题再次展开讨论，并提出了 15 类网络辅助犯罪的命题，尤其是对色情报复、网络恐怖主义、网络仇恨这些犯罪类型提出了新的主张，但是在具体犯罪构成的设定上，与会成员并没有达成一致。对此，在《联合国打击网络犯罪公约》的推进过程当中，还有进一步探讨的空间。（4）2019 年和 2020 年分别举行了第五次和第六次会议。会议对刑事程序法板块以及国际合作板块展开了讨论。讨论过程虽然存在分歧，但是也达成了一定的共识。共识主要体现在各国都强调应当重视区域和国际可利用网络的形成，比如国际刑警组织、欧洲刑警组织等，并且在具体的证据规则、互助规则以及执法规则的设定思路上，达成了较多的一致意见。在这方面，会议为《联合国打击网络犯罪公约》的制定、文本的形成和编制提供了比较好的基础。

（三）《联合国打击网络犯罪公约》的现实关切

在《联合国打击网络犯罪公约》的制定过程中，有三个方面的现实关切。一是立法框架和刑事定罪，二是执法侦查和电子证据规则的设定，三是国际合作和预防规则的建设。

首先，立足于立法框架和刑事定罪。围绕联合国秘书长的报告，很多国家对于网络犯罪的定义提出了各自的主张。比如以伊朗、泰国、中国、尼日利亚为代表的亚非拉国家，认为国家不能只将网络犯罪聚焦于针对或者利用计算机信息系统的技术型犯罪，而应当具有生态的视角，将新型可独立讨论的网络犯罪也纳入犯罪化的框架当中，例如披露个人信息行为、色情报复行为、儿童的网络性虐待行为、利用互联网实施与恐怖主义有关的行为以及仇恨犯罪等，也应当纳入网络犯罪的范畴之中。这与以美国和欧洲国家为代表的西方阵营形成了较大差异。

其次，执法侦查和电子证据规则层面也是具有高强度博弈的领域。因为目前美国、英国、澳大利亚这些国家的司法实践中，长臂管辖现象不断出现。这个过程中如何确保侦查手段符合正当程序原则，以及遵守人权保障规则，都成了非常激烈的争执点。所以，各国对于取证的方式、执法的合作方式也提出了不同的解决方案。在电子证据层面，如何形成电子证据规则的一般国际共识，已经成为各国在公约起草中的一个重要的关注点。中国、美国提出了自己的方案，但这些方案中还存在非常大的博弈空间。

最后，在国际合作和预防领域。各国都非常重视国家间数据鸿沟不断扩大的问题。在这样的情况下，如何通过国际多边机制在网络犯罪的防治和打击过程中提供能力建设支持，包括对于网络犯罪的预防意识的培养、国民宣传的开展、公司的社会责任的实现等形成重要议题。不同的国家都积极通过各自的企业、社会的实践来推广自己的立场，试图说服更多的国家采纳自己的方案。对此，中国主张的社会共治模式，美国、俄罗斯推广的公私合作机制，都存在着非常大的博弈的空间。

四、网络犯罪国际治理的中国路径选择

我们再来探讨一下网络犯罪国际治理当中中国的路径选择问题。这里有两个非常重要的观点，决定了我国在面对网络犯罪的国际治理、国际合作问题时的基本立场和基本出发点：一是网络主权问题，二是网络空间的命运共同体问题。从网络主权的角度，我们的基本立场是建立以网络主权为出发点，共同构建惩治网络犯罪的国际法框架。从命运共同体角度而言，我们强调以网络空间命运共同体为指引，提升网络犯罪防治的能力建设。

基于这两个基本立场：（1）在立法框架和刑事定罪层面我国有必要积极推动《联合国打击网络犯罪公约》的起草，向国际网络犯罪刑法的方向发展。因为一部类型化条约的能效比是比较低的，可能导致实践中各国在具体罪名和内涵上存在分歧，因此新的联合国公约不应在网络犯罪的概念上自我束缚过多，考虑到现行《布达佩斯公约》的罪名偏少、范

围过于狭窄、不能兼容其他文化背景以及不同发展程度的国家的执法需求，所以有必要在罪名的设定和扩充的基础上提出我们自己的清晰方案。（2）在执法侦查和电子证据层面，《联合国反腐败公约》和其他的国际公约大致上都采取了属地管辖和属人管辖相结合的管辖原则。同样，在网络犯罪公约的制定过程中，也有必要引入更多的管辖规则、基准点，比如我国已经发布的《关于办理刑事案件收集提取和审查判断电子数据若干问题的规定》以及《公安机关办理刑事案件电子数据取证规则》当中，已经建构了非常丰富的管辖规则、取证规则。这一系列的规则设计可以在全球层面进一步探讨和推广，以实现最佳实践的输出。（3）在合作预防层面。就司法互助制度而言，司法合作制度应当进行模块化、精细化的设计，通过区分不同类型的数据证据，形成不同的互助流程，例如欧盟将通信数据和用户数据做了一定的区分。同样，在我们将要推出的网络犯罪国际公约中，如何基于我国的网络主权理念提出数据的分类，并根据不同的数据分类提出协助取证的特别规则，也是需要进一步讨论的。就公私合作、政企合作而言，不管是《布达佩斯公约》还是俄罗斯关于信息犯罪国际公约的提案，对于公私合作的机制设计依然存在缺失和不足。因此，我国有必要重视企业、非政府组织与国家之间的合作体系的建设。比如可以基于数据分类，形成非敏感信息执法部门与服务提供商的直接对接机制；再如对发展中国家，以及与之相比拥有一定话语权和数据控制权的跨国企业、国际组织的国际合作机制设计，如何形成一套行之有效、接地气的操作方案，进而解决属地管辖、属人管辖的效率问题，也是值得进一步探讨的。在我国的司法实践中，有很多的成功经验，包括在湄公河、澜沧江综合执法区域形成的一系列的合作机制以及政企合作机制，都是值得总结并向国际社会推广的。就能力建设问题而言，除了第六次专家组会议中热烈讨论的各国最佳实践相关案例、立法信息等资源共享的国际通用数据库的建设、弥补不同国家数据鸿沟的机制建设等，还有必要考虑如何在联合国框架下兼容现有的国际能力建设合作平台，或是如我国既有的一带一路区域全面伙伴经济关系协定等合作平台或合作工具，以及广受国际认可的国际刑警 7/24 网络组织，等等。综上所述，一方面，在能力建设，公私合作、政企合作以及特定机制的设计上，我国有非常多的成功经验；另一方面，在国际推广的过程中，存在对话和协调、博弈的空间。

专家评议

以电子证据制度迎对网络犯罪挑战

刘品新

吴沈括用很短的时间给大家带来了非常大的信息量，他讲了欧洲委员会的"老故事"，联合国治理网络犯罪的"新篇章"，等等。在这些场景中我感触比较深的是：网络犯罪在升级换代，新的类型迭出不断，暗网成为现在的主战场，网络犯罪也变得更加可怕，特别是网络犯罪的治理涉及了数据跨境的问题……我想把自己在这方面的一些想法同大家交流一下。

第一，当下，电子证据不仅是刑事、民事司法领域的问题，也是国际安全领域的问题。联系国家安全的相关的法律制度，比如《国家安全法》《网络安全法》《数据安全法》以及《个人信息保护法》，都必须从电子证据的角度着力讨论相关的制度究竟该怎么建设。

第二，调取证据（比如网络服务商调取证据）不是诉讼法中简单地向有关单位、个人调证的问题，同时也是国际法问题和国际博弈问题。欧盟有自己的考虑，美国有自己的方案，俄罗斯有自己的想法，我们中国也有自己的经验。但我们的经验若要得到更多国家的了解和赞同，挑战还是很大的。

第三，跨境数据的获取规则成了当下治理国际网络犯罪的难点和机遇，如果能够围绕跨境数据获取建立相关的电子证据规则，也就能够推动治理网络犯罪。英国有一位学者讲过，我们应该推动制定全球电子证据法。其他的法律要想推动形成全球性的法律还是很困难的，但是在这个领域里，如果跨境数据获取规则能够达成一致，也许推动出现全球电子证据法就不是一件空泛的事情了。

第四，我感受更深的是，面对其他国家在网络犯罪治理方面的规则博弈，中国应该怎么做？我们用了一个词——迎对。从沈括讲的历史来看，可以说自欧洲委员会推动的《布达佩斯公约》以来，近 20 年里中国在相关规则的制定方面参与程度较为有限。刚才吴教授提到，有众多国家参加、签署《布达佩斯公约》，或者是作为观察员国，但是中国并未签署或参加《布达佩斯公约》，虽然欧洲委员会也希望中国参加，不过有很多现实困难导致我们很难参与其中。如果在联合国制定相关的网络犯罪公约的过程中中国仍然不能参加，那就不仅是话语权的问题了，也是我国治理网络犯罪的一个新的痛点，这个时候应该怎么办？以我自己比较关注的电子证据为例，今天听吴教授讲完之后，有一种新的感受：我注意到美国通过的《云法案》确定了美国的法院可以通过搜查令向网络服务商调取证据；欧洲委员会也在制定电子证据规则，面向网络服务商来调证，但其签发的是超过《布达佩斯公约》中所规定的提取令（或者是快速保存令）的一种新调查令（直译后应当是"电子数据的提交保存令"），这个方案和美国的方案既有相同也有不同，所以它们也在谈判。美国已经和英国达成了双边的认同，同时也在同澳大利亚进行讨论，如果在这个过程中中国没有很好地进行迎对，就可能像很多年以前《布达佩斯公约》出台时一样继续无法深度参与。我们今天必须提出方案，但如果这样的方案仅仅是在法条上积累的一些经验，比如 2016 年"两高一部"出台的《关于办理刑事案件收集提取和审查判断电子数据若干问题的规定》（以下简称《规定》），或者 2019 年公安部出台的《公安机关办理刑事案件电子数据取证规则》（以下简称《规则》），我想很有可能重蹈覆辙，因为中国的这样的方案在寻求其他国家的认同时，需要用技巧获得其他国家的支持，而并非仅仅让其他国家知道中国的这种方案。这个方案中有一个明显的基本指导思想，就是网络空间主权的指导思想。对于这个思想，要使其他国家产生认同，就必须明确网络空间主权在哪里，只有这样才有可能在推出中国方案的时候，把属地主义体现出来。但现在看起来，我们对网络空间主权的界定并不是很清楚。美国和欧洲一些国家的方案，其实回避了网络空间主权的思想，其共性都是指向了网络服务商，或者非中介的取证方式，也就是不通过被请求国的协助，而直接向网络服务商调取证据。简单来看，向网络服务商调取证据肯定是规避了网络空间主权的。

我们换一个思路来讲，如果能够把中国方案和中国经验与欧美的方案进行求同，而不是强调差异，也许能够走出一条共同认可的道路，从而找出一种共同的方案。因为我理解的非中介获取的方式（向网络服务商进行跨境取证）是基于属人主义的，而我国"两高一部"的《规定》和公安部的《规则》中强调的网络在线提取，其实某种程度上也是一种属人主义：如果我们把中国的网络在线提取理解为不是侦查机关进行跨境的取证，而是相关的证人（比如网络服务商或者网友）在网上可以看到相关的数据，然后进行跨境的流转，这实际上与欧美的方案在很大程度上是相同的，是一种属人主义的想法。因此吴教授今天的讲解带给我的第四个启发就是中国怎样迎对欧美建立的网络犯罪治理的规则，特别是跨境电子取证的规则——可以尽量求同，用属人主义来做共同支点。当然，这方面需要持续地进行研究，整体来看，20 多年以来，中国在坚持自己的经验或者立场的同时，如果能够更多地从共性的角度切入，也许能够推动中国方案得到国际认可，或者至少让中国与其他国家共同的方案得到认可，从而推动全世界共同建立网络犯罪的规则。

观众互动

问题 1：在国际网络犯罪案件当中，涉案电子数据跨国分布和跨国存储的现象很普遍，如何设定我国取证的适格主体及其取证的技术手段？

回答：目前来看，在数据跨境取证中，有几部法律文件是我们需要注意的：例如《国际刑事司法协助法》特别强调，数据跨境取证应当通过中央机关，向外提供证据要有中央机关和有关部门的批准。这样一个思路事实上在 2021 年 6 月通过的《数据安全法》以及 2021 年 8 月通过的《个人信息保护法》当中都有相同的体现。也就是说，如果其他国家想要向我国的企业申请调证，这个时候应当通过中央职能机关来进行。而我国企业向外提供证据的时候，应当经过中央机关或者主管机关的批准和同意。

问题 2：如果他国要求我国协助取证，那么协助取证行为是义务性的还是强制约束性的？

回答：对此，我认为应当取决于外国和我国之间是否有取证和司法协助方面的协定，从而根据协定来确定协助取证的法律属性、业务属性以及效力问题。

问题 3：移交证据时，应当移交电子证据总结性书面报告还是原数据信息或载体材料？

回答：对此，现在司法实践中有不同的做法。总体来说，我们目前的规则体系没有作出这么明确的强制性规定，这一点事实上也恰恰是未来在联合国网络犯罪国际公约制定当中可以进一步明确的地方。对于跨国取证的一些形式上和载体上的标准化规定，也可以进一步探讨。

第 10 讲

新型网络犯罪防控辩新思路——从电磁波证据谈起

主讲人介绍

周运伟，中国人民公安大学信息网络安全学院副院长，一级警督，硕士生导师，中国通信学会无线电应用与管理委员会委员，甘肃省兰州市公安局信息化建设专家委员会委员、山东省枣庄市公安局信息化建设专家委员会委员。

讲座主题

电磁波证据的使用现状及前景，涉及电磁波证据的名案、原理及规则。以电磁波证据为切入点，探讨新型网络犯罪的有效防控。

讲座内容

一、典型案例

（一）伪基站犯罪及其罪名

一提到伪基站，大家本能的反应就是"发短信的""发垃圾短信的"。这些对伪基站的认识是不准确的：它确实发垃圾短信了，但是随着新技术尤其是伪基站技术的进步，这种行为涉及的更严重的罪名应该是非法获取公民个人信息。这类短信诱骗我们点击恶意的链接。我们在办案过程中缴获的伪基站设备隐藏在车体里面，整体来看可以实现发短信的功能，但是技术操作比较复杂。2014 年，北京的伪基站第一案宣判。车载的伪基站是其中一种，还有电动车运转的，有自行车运载的，还有伪装成外贸箱包和简易手提箱的。

对于无线电管理部门，尤其是公安机关而言，这类案件一般归治安或行政管辖。在实践中，由于刑事案件本身种类就很多，刑事科学技术种类也很多，突然面对无线电的案件，还有点适应不过来，所以很多时候往往只是收缴设备并且进行教育，然后把人放走，把设备留下。

（二）黑广播犯罪及其罪名

北京的周边有一些黑广播，它们主要用于产品推销和假药广告，媒体上的报道一般是"干扰民航通信"。实践中有的黑广播设备放在了楼顶，然后用塑料盆盖着，防止雨水进去。还有的放在山上，用雨布遮着。黑广播的发射器没有一个重样的。因为调频广播已经发展了很多年，所以这个技术流入民间特别正常，很多人都可以做，而且五花八门的，这也可以想象背后的产业的规模有多大。

（三）电子作弊及其罪名

早期的电子作弊里面用到的耳机，过去只是一些安保人员或特务才可以用。电子作弊里面开始用这种耳机的时候，很多人也觉得很新奇。电子作弊的技术进步很快，现在的新式的作弊耳机叫米粒耳机。作弊者身上有一个作弊接收设备，通过对讲机，把答案内容传到接收设备上面。

如图 10-1 所示，语音内容经过放大以后传到磁感应线圈里，磁感应线圈一般藏在作弊者的衣领里面，靠近耳朵附近。语音以交变磁场的形式传到耳机里。由于动磁生电，产生出感应电流以后，带动振动膜就可以发出很微弱的声音，但是因为耳机是放在耳朵里面的，所以即使很微弱的声音听得也很清楚。除了耳机，还有橡皮擦，其作弊方式是外部人员将答案通过作弊发射器发送至作弊橡皮擦，橡皮擦一面装有液晶显示屏，背面是电路板，外包装同真实的橡皮擦无异。这两类电子作弊设备都需要使用电磁波穿越考场环境，将答案传进考场。电磁波是不可或缺的传输介质，没有电磁波，很多犯罪行为就无法发生。

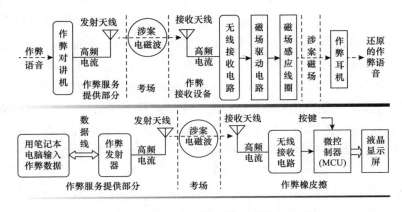

图 10-1　作弊耳机和作弊橡皮擦作弊流程

规制以电磁波为作案工具的罪名包括《刑法》第 288 条规定的扰乱无线电通讯管理秩序罪。该罪具体规制了三种行为：擅自设置、使用无线电台（站）；擅自使用无线电频率；干扰无线电通讯秩序。另外，可以适用的罪名还有《刑法》第 124 条规定的破坏广播电视设施、公用电信设施罪。北京的伪基站第一案就涉及破坏公用电信设施罪。一般情况下，如果伪基站、黑广播的频率位置并没有和现有的这些合法设备所使用的无线电频率重叠，在它发挥作用的时候就没有直接破坏公用电信设施，也不会对基站、发射台这些设备产生直接影响。但在伪基站第一案中，因为是车载型伪基站绕着三环跑，而且跑的过程中很难再去调整设备的频率，所以必然存在和我们已有的基站频率重叠的情况，因此可以构成破坏公用电信设施罪。区分扰乱无线电通信管理秩序罪和破坏公用电信设施罪的关键在于非法信号是否与现有的合法信号所使用的频率重叠，进而影响到公用电信设施。此外，伪基站、黑广播和电子作弊等行为还可能涉嫌非法获取公民个人信息罪、协助诈骗、编造、故意传播虚假恐怖信息罪等有关罪名。

二、电磁波证据原理

（一）涉案电磁波的种类

第一类：必不可少的关键作案工具。

电磁波除了用于伪基站、黑广播和电子作弊之外，还可用于宽带干扰器以及盗用对讲机、卫星转播等通信频率这类擅自使用无线电频率的典型非法发射；盗开机动车遥控锁、Wi-Fi 钓鱼，这时其发射的电磁波是合法的，但仍可以作为关键作案工具。此外，电磁波还可用于大功率非接触式读卡器，这类工具的作用是把发射功率加大，正常情况下卡的作用距离是 3 ～ 5 厘米，功率加大以后，可以将距离延长到 30 ～ 50 厘米。这样一来，只要从人们身边经过就可以读取他们身上的信用卡、身份证中的数据。其中，伪基站、电子作弊、Wi-Fi 钓鱼、大功率非接触式读卡器这四类犯罪行为与网络犯罪之间存在紧密联系，大多数时候是充当信息采集器，通过非法获取公民个人信息为网络犯罪提供先行条件。Wi-Fi 钓鱼是通过让个人用户免费使用无密码的 Wi-Fi，轻易掌握用户上网过程中传输的所有内容、账号密码，甚至包括手机的操作系统、MAC 地址等信息并存储。由此可知，不管是以"擅自使用无线电频率"方式非法发射的电磁波，还是以"违规加大发射功率"方式发射的电磁波，以及 Wi-Fi 钓鱼、盗开机动车遥控锁等犯罪行为中合法发射的用于犯罪用途的电磁波，它们既属于犯罪行为产生的物质（形成的涉案电子物品），又属于实施犯罪时使用的作案工具，还属于由实施犯罪时使用的有形物形式的必不可少的关键作案工具（即涉案发射机）产生的无形物形式的必不可少的关键作案工具。

第二类：与犯罪行为的实施有关的物品。

在某些场合，电磁波是合法发射的，但仍属于与犯罪行为有关的作案工具。（1）犯罪行为人在实施犯罪行为时用手机、对讲机、卫星电话等作为作案通信工具时合法发射的电磁波，显然属于犯罪行为产生的物质（形成的涉案电子物品），也属于由实施犯罪行为时使用的有形物形式的辅助作案工具（即涉案发射机）产生的无形物形式的辅助作案工具；（2）电信网络诈骗犯罪使用的短信群发器、GOIP 设备等作案工具合法发射的用于犯罪用途的电磁波，不是由犯罪行为人直接操控涉案发射机发射的，而是由犯罪行为人直接或遥控操作相应的控制设备操控涉案发射机发射的，但显然属于犯罪行为产生的物质（形成的涉案电子物品），也属于由实施犯罪行为时使用的有形物形式的辅助作案工具（即涉案发射机）产生的无形物形式的辅助作案工具；（3）合法使用但被干扰的电磁波，由于是犯罪行为侵害的客体物，因此也属于与犯罪行为的实施有关的物品等。

第三类：与犯罪有关的物品。

在某些场合，电磁波也会传输和犯罪有关的情况。比如，工作人员使用数码摄像机将犯罪现场的情况拍摄下来并进行传输，这时是通过无线方式传输的，就会产生电磁波，其传输内容是犯罪现场的情景。群众打电话报警、犯罪嫌疑人潜逃期间拨打电话询问案件、犯罪嫌疑人在作案过程接听电话等均属于此种情形。展开来说，实施犯罪行为后用手机给同伙打电话时发射的电磁波，其出现和传输内容虽然与犯罪行为的实施有关，甚至还有可能对后续的犯罪行为产生间接影响，但并没有在犯罪行为中发挥直接作用；同样，在实施犯罪行为的过程中用手机接听家人电话时发射的电磁波，虽然是在现场产生的，但并未在犯罪行为的实施过程中发挥直接作用。类似地，在实施犯罪行为的过程中随身携带的手机自动向其接入的移动网络发射的电磁波，确实是由于犯罪行为人实施犯罪行为的原因而导致其在案发时间出现在案件现场中，但并未在犯罪行为的实施过程中发挥直接作用。

（二）电磁波证据的定义

电磁波证据是指用于证明涉案电磁波的产生、传播、发挥作用等事实的证据。也就是说，如果将电磁波作为证据，其需要有产生、传播、发挥作用这三个方面的事实。

在法律层面，认定涉案电磁波的关键在于其一定是由人制造的发射机发射的，而不是在自然界中天然形成的。发射机的制造、供电、安装、操作等都需要人来实现。法律打击的是犯罪行为。涉案发射机在人的操作下存在发射行为，产生了涉案电磁波，它主要的作用对象就是接收机。这个时候便出现了三种物品：发射机、涉案电磁波、接收机。涉案电磁波从发射机发出来以后，通过交变电场和磁场的交替变化，产生了电磁波。从 1888 年赫兹证明电磁波的存在到今天差不多 150 年了，无线电应用也已经非常广泛了，我们可以很清楚地测量出涉案电磁波的出现时间、覆盖范围、强度分布规律、技术参数以及这些参数的变化规律，相当于物证中的物质属性、存在状况和特征。

（三）涉案电磁波的举证方案

举证方案应该综合考虑发射机、电磁波和接收器三者，而不是单独考虑涉案电磁波本身。因为电磁波无法直接作为法庭证据，因此应该以涉案电磁波为中心形成三元证据链。电磁波作为刑事证据，证明程度必须达到排除合理性怀疑的标准。另外，不同案件条件各异，需要根据不同的情形，通过多条证据链证明发射机、涉案电磁波和接收机之间的因果关系。我归纳总结了五种证据链：基本三元证据链、溯源式三元证据链、印证式三元证据链、推断式三元证据链和再现式三元证据链。

溯源式三元证据链。工作人员使用设备对案发现场的异常电磁波进行测量，利用测量结果（拟真证据）寻找发射机的位置，这就是溯源。找到发射机后必须确认之前不同的人在不同地点所测得的电磁波确实由该发射机发射，这时也形成了基本三元证据链。

即溯源时最初只有电磁波和接收机，找到发射机后必须证明之前所测电磁波确实由该发射机发射。

印证式三元证据链。案发现场的发射机被关闭后，虽然无法在现场测到涉案电磁波，但工作人员可以缴获设备，在发射机和受害者的接收机里提取相应证据（如时间、地点、内容、编号等），将两种来源的证据进行相互印证。如印证成立，则可以认定该记录由收缴设备产生。在现有的科学技术水平下，如果手机里的 IMEI 编号出现在已缴获的涉案发射机中，我们就可以认定发射机一定对该手机进行过操作，也就意味着三元证据链里面的涉案电磁波一定存在过。

推断式三元证据链。该证据链简单且权威，比如电话话费单和上网流量记录，并且具有双向性，可以根据该记录本身直接推断三元证据链的成立。

再现式三元证据链。相关部门缴获某电子设备后通过实验模拟犯罪场景，来验证其技术功能、测量相关性能参数等。根据"两高"《关于办理扰乱无线电通讯管理秩序等刑事案件适用法律若干问题的解释》的相关规定，"黑广播"的实测发射功率五百瓦以上，或者覆盖范围十公里以上的可以认定为《刑法》第 288 条规定的"情节严重"。

（四）涉案电磁波本身的证据模型

电磁波虽然看不见摸不着，但它是真实存在且可控的。生活中很多应用为了能利用电磁波传输信息，需要对电磁波进行调制。调制实际上就是改变电磁波的参数，通过改变参数，用参数的变化规律表示要传输的信号。信号或者其他信息的变化规律也是靠电磁波参数的变化规律来表示的。

我将直接以电磁波形式形成的证据称为物理证据；为利用电磁波传输信息，需要通过改变电磁波的参数对其进行调制，用参数的变化规律表示传输信号，这种信号是客观存在的，称为信号证据；由这种信号所表达的信息形成的证据称为信息证据。即使电磁波传输的信息是不违反法律的，但是电磁波本身有可能是非法发射的，它既是这种信息证据的载体，本身也是证明这种非法发射行为的证据。

（五）涉案电磁波的法庭证据模型

现场勘验人员可以对受害接收机接收到的电磁波进行测量，但电磁波原物只能存在于现场中。为了将其作为法庭证据，一种方法是提取受害接收机里面的内容作为证据，通过推断式或印证式证明三元式证据链的成立；另一种方法是运用溯源式三元证据链，侦查人员通过不断测量找到发射机，并记录测量过程和场景，让法官看到勘验过程的真实性。

由此形成的证据模型中的勘验证据包括五种：一是勘验时提取的受害接收机、涉案发射机和取证接收机，它们属于证据的转化工具；二是可以对现场仍然存在的涉案电磁波进行测量转化，转化结果可作为证据；三是勘验检查笔录或科研检查工作记录，也属于法定证据形式；四是在实验室中对受害接收机和涉案发射机进行取证，取得的证据也属于整个证据体系的一部分；五是对形成的证据存疑时所做的鉴定、评估意见等也可作为证据。因此，涉案电磁波原物、涉案电磁波的转化结果、涉案电磁波作为法庭证据时所涉及的所有证据内容构成了电磁波证据的三层证据模型。在现有科学技术条件下，可以将涉案电磁波转化成可信的法庭证据形式。

三、电磁波证据对现有若干认知的影响

（一）对物证定义的影响

电磁波最显著的特点是体积巨大，远超传统意义上现场的大小，也即现场位于物证里面，而不是物证位于现场里面，这就导致现有的某些物证定义无法适用于电磁波。比如现有物证的第一种定义，物证是指以其外部特征、存在场所和物质属性证明案件事实的实物或痕迹。其中的外部特征和存在场所对电磁波而言无法适用。现有物证的第二种定义，物证是指以其物质属性、外部特征和存在状况证明案件事实的一切物品和痕迹。电磁波的变化等可归入"状况"，但因其强调外部特征，该定义也有瑕疵。现有物证的第三种定义，物证是指以其自身属性、特征或存在状况证明案件情况的客观实在。该定义没有强调外部特征，并将"和"改为"或"，较为合适。由此可见，随着科技的进步，关于物证的定义也在与时俱进：从实物到一切物品，再到客观存在。

（二）对电子证据概念的影响

涉案电磁波、涉案传输介质、涉案光盘、硬盘等电子存储介质、涉案发射机、接收机等电子设备，均属于电子证据的范畴，它们都是电子形式，是可以用于证明案件事实的材料。这些电子设备是有形物，存在两种工作状态。断电的时候它们与桌子、纸张一样；通电之后在能量的支持下，会按内部的运行规则产生新的电子类物质，比如新的电子传输介质、电场、磁场、电磁波等，电磁波能够成为电子证据与这些电子类物质密不可分。

（三）对视听资料证据概念的影响

目前定义的视听资料证据是指在显示记录设备里面提取的用电磁波传输的现场视频。那么电磁波里面传输的视频属于什么？属于电子数据、电子物证，还是视听资料？可否认为是传输状态下的视听资料？如果是，目前关于视听资料的定义，是否也需要调整？

（四）对证据种类归属划分的影响

根据现有司法解释，电子数据是指案件发生过程中形成的，以数字化形式存储、处理、传输的，能够证明案件事实的数据。电磁波是用来传输的，因此传输的数据属于司法解释中电子数据的范畴。

（五）对有关权利定义的影响

电磁波的出现会对有关权利定义产生影响，比如频谱资源的性质、电磁波物权、善意使用者的豁免权、国家的司法管辖权等，这些都是值得探讨的问题。

四、电磁波证据在防控新型网络犯罪中的应用

（一）在钓鱼 Wi-Fi 整治中的应用

钓鱼 Wi-Fi 主要通过行政执法进行整治，从源头上阻止更严重网络犯罪的发生。一般采用印证式或推断式证据链，相关部门协调配合，从网络侧调取证据（如网信部门、运营商等），与现场提取的传输内容和特征相互印证，使得执法有据可依。

（二）在短信群发整治中的应用

短信群发对运营商而言并不犯法，但普通人并不会大量发送短信，因此该手段作为电信诈骗的重要前期铺垫方式，也需要对其进行整治。与整治 Wi-Fi 钓鱼类似，对短信群发整治，一方面可以去现场提取证据，另一方面可以和网络侧提取的证据相互印证。

（三）在伪基站整治中的应用

第三代伪基站通过嗅探工作。当有人正在使用手机移动支付输入密码时，由于信息需要通过电磁波进行传输，所以，可以被截获并将密码还原，再通过伪基站读取手机的 IMSI 和 IMEI 信息，之后就可以使用他人名义进行支付。因此第三代伪基站造成危害的方式十分隐蔽，尽管仍需非法发射电磁波以获取公民个人信息，但是没有短信提示，所以这类影响非常隐蔽且精准。因此，为了治理该类犯罪，可以修订有关司法解释降低入刑门槛，举证时也要形成规范的证据链。

（四）电磁波证据的大数据应用

电磁波证据广泛存在，但目前必须遵循的原则是案件发生以后才能使用。因此，如果可以推广到日常防控方面，既可应用于态势感知和预测预警犯罪，将犯罪消灭在萌芽状态，也可在案件发生以后及时提供侦查线索以证明犯罪。

（五）远超规定功率入刑

将发射远超规定功率行为入刑可以保护非接触式 IC 卡（二代证、银行卡、交通卡、出入卡、NFC 等）和部分的物联网终端。标准读卡器的发射功率一般小于一瓦，作用距离 3 ～ 5 厘米。如果加大功率，该设备可背负式使用，作用距离可以延长到 0.5 米左右，只要经过就可读取信息，潜在危害巨大。

（六）低轨道卫星互联网取证

未来可能带来严重挑战的是低轨道卫星互联网。因为通过卫星，不同国家可以互相进入对方网络，这给国家的网络安全带来严重挑战。针对这类违规行为，可以采用印证式、推断式证据链进行取证。

（七）电磁波证据的国际协作

我们要完善电磁波证据的相关法律法规，同时在国际协作中，既要大力推广我们国家的证据体系，也要不断学习他国所长。

观众互动

问题 1：非法使用大功率读卡器是否涉及帮助信息网络犯罪活动罪？

回答：目前没有相关立法，但类似情形可以参考该罪名。如果读卡行为是为了获取卡号等个人信息去从事犯罪，就可能构成帮助信息网络犯罪活动罪。

问题 2：移动设备识别码是否如 IP、MAC 地址一样是唯一的？

回答：按照正规的标准和规定应该都是唯一的，但是涉案设备的 MAC 和 IP 地址经常是可变的，犯罪嫌疑人会对此进行修改。

问题 3：是否可以将三元证据的举证方案看作利用电磁波特征进行设备的同一认定？

回答：三元证据链举证方案的目的整体上来说是排除合理怀疑，但是否能实现同一认定，在实践中比较复杂，有的可以实现，有的不一定。

问题 4：当发现手机信息被盗，怎么自救以防止损失扩大？

回答：如果手机信息被盗，可以换密码、办新卡或更换 App 中的账号信息等，这样被盗的信息就很难被利用。

问题 5：若侦查介入时因发射机关机无法搜集到电磁波证据，三元证据链还存在吗？还需要找电磁波吗？

回答：三元证据链要证明的是发射行为和接收行为之间的因果关系，如果不承认电磁波的存在，则无法证明发射机发射的信号与接收机中留下的痕迹之间的因果关系。这三者之间的因果关系是必然存在的，因此要通过证据链去证明当时的案件事实。

问题 6：对电磁波进行上述三种分类的依据是什么？

回答：电磁波的上述三种分类依据是电磁波的涉案程度以及电磁波与案件的关联程度，即根据证据的关联性、在犯罪行为中的作用进行分类。

电信网络诈骗犯罪治理与新型证据运用

电信网络诈骗犯罪治理新向度

刘品新

　　凯尔森指出，我们对自己智力工作中想当作工具用的那些术语，可以随意界定。唯一的问题是它们是否符合我们打算达到的理论目的。[①] 基于电信网络诈骗犯罪案件的实践变化，我的学术主张是要从"治理"的视角改造证据法学，证据概念之界定不只是面向过去的案件事实重构，更应面向未来的犯罪治理及预防。这是证据学研究的新向度，旨在构建电信网络诈骗犯罪的治理理论。

一、电信网络诈骗犯罪实证分析

　　2021 年 4 月 8 日，全国打击治理电信网络新型违法犯罪工作电视电话会议在北京召开。习近平总书记对打击治理电信网络诈骗犯罪工作作出重要指示：近年来，各地区各部门贯彻党中央决策部署，持续开展电信网络诈骗犯罪打击治理，取得了初步成效。要坚持以人民为中心，统筹发展和安全，强化系统观念、法治思维，注重源头治理、综合治理，坚持齐抓共管、群防群治，全面落实打防管控各项措施和金融、通信、互联网等行业监管主体责任，加强法律制度建设，加强社会宣传教育防范，推进国际执法合作，坚决遏制此类犯罪多发高发态势，为建设更高水平的平安中国、法治中国作出新的更大的贡献。[②]2020 年，全年共破获

---

① ［奥］凯尔森：《法与国家的一般理论》，沈宗灵译，北京，商务印书馆 2013 年版，第 31 页。
② 习近平作出重要指示：坚持以人民为中心，全面落实打防管控措施，坚决遏制电信网络诈骗犯罪多发高发态势。来源：新华社，http://www.xinhuanet.com/politics/2021-04/09/c_1127312957.htm，2021 年 6 月 18 日最后访问。

电信网络诈骗案件 32.2 万起，抓获犯罪嫌疑人 36.1 万人，止付冻结涉案资金 2 720 余亿元，劝阻 870 万名群众免于被骗，累计挽回经济损失 1 870 余亿元。[①]

近年来，电信网络诈骗案件频繁发生，如徐玉玉案、丽水 6·15 特大电信网络诈骗案、北京千万电信诈骗案、9·28 特大跨国电信诈骗案、广东惠来蔡淑妍被电信诈骗致死案、8·20 亚美尼亚专案、9·20 柬埔寨专案、浙江绍兴"2016.4.19"系列钓鱼软件刷单特大网络诈骗案件、深圳特大跨境电信诈骗案等。我在调研时了解到全国电诈案件情况仍在持续高位发展，这类似于打击醉驾，无论如何从严，其依然快速增长。

二、关联性误判：电信网络诈骗案件频发原因

"乱者，有其治者也。"唯有知乱之所以生，才能思而治之。这些海量电信诈骗案件缘何频繁发生？经过统计分析可以总结其原因：第一，从成本效益的角度看，电信网络诈骗犯罪具有低成本高收益的特点，风险成本与犯罪收益的"博弈"是此类犯罪发生的原动力。第二，从行业发展的角度看，由于科技发展过快，大数据产业存在行业失范问题，最典型的问题是大数据时代人人都是透明的，公民个人信息泄露严重。第三，从监管的角度看，电诈案件具有打击难度大、难彻底铲除的特点，而立法滞后、司法疏漏导致电诈案件打击不力，电信金融监管部门、银行业、互联网管理部门等未能担起管理义务，导致防控缺失、监管漏洞频现。第四，从受害人的角度看，公众安全防骗意识薄弱。

从证据学角度进行梳理，电信网络诈骗犯罪频繁发生根本在于被害人产生了关联性误判。（1）对人的关联性误判："我"以为跟"我"联系的是警察、检察官、领导、导师、中奖组织者、孩子学校、税务部门、熟人……（2）对事的关联性误判："我"以为真的退税，通过 QQ、微信、短信等发送刷单可返现，银行卡被盗刷了，网上真有林妹妹，孩子被黑社会控制了，熟人找"我"借钱，正在配合司法调查……这种关联性误判，集中表现为电诈案件从被害人到嫌疑人之间出现了两个节点的中断，被害人不可能直接与嫌疑人见面，因此中间有过渡环节，即"被害人—电子身份—工具人—嫌疑人"。第一，嫌疑人的电子身份究竟是否就是背后这个实在的人，多数被害人对此发生了误判。第二，如今电子身份可以对应工具人，我们每个人都是工具人，或主动或被动。图 11-1 展示了幕后"帮凶"分工精细化，进一步表明中断了关联性。

---

① 高语阳：《2020 年共破获电信网络诈骗违法犯罪案件 32.2 万起》，来源：北京青年网，https://t.ynet.cn/baijia/30629293.html，2021 年 6 月 18 日最后访问。

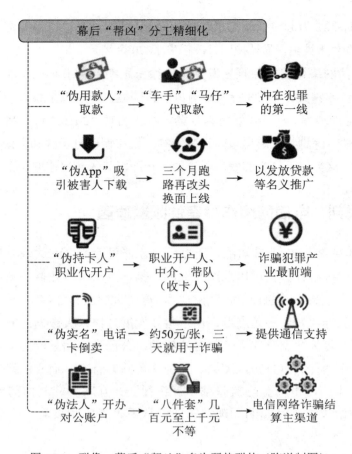

图 11-1　群像：幕后"帮凶"多为弱势群体（陈洋制图）

三、治理新向度：电信网络诈骗管理路径选择

　　进入网络时代，物理空间、数字空间并存。这就导致电诈中"独特"的关联性现象与规律，即重难点在于查明与证明"谁是谁"。对此，不仅被害人难以搞清，就连办案人员有时也难以查明。电诈类案件的行为与结果均涉及双重空间，表面上看骗的是物理空间的人，但实质上资金可能是从数字空间转走的，证据也存在于数字空间，对此类案件的认识和调查极可能超越经验法则的范围。此类案件的查明不仅要完成对内容关联性的证明，还要完成对载体关联性的证明。内容关联性是电子证据的数据信息同案件事实之间的关联性，载体关联性是电子证据的信息载体同当事人或其他诉讼参与人之间的关联性，后者包括人、事、物、时、空的关联。[1] 在电诈案件中，传统的基于经验法则的关联性已经变成了物理空间和数字空间的双重关联性，难点在于载体关联性，[2] 特别是电子身份关联性变成此类案件发生的原因和治理的难点。

---

① 刘品新：《电子证据的关联性》，载《法学研究》2016 年第 6 期。

② 如何搞清楚与自己交流的账号是某个人。

（一）承认以"大数据"为特征的新型电子证据

舍恩伯格在《大数据时代》中指出，大数据自诞生伊始就是解决关联性问题的，甚至可以说它解决关联性能够将因果关系替代掉。"我们现在拥有如此多的数据，这么好的机器计算能力，因而不再需要人工选择一个关联物或者一小部分相似数据来逐一分析了。""大数据的相关分析法更准确、更快，而且不易受偏见的影响。""建立在相关关系分析法基础上的预测是大数据的核心。""通过找出一个关联物并监控它，我们就能预测未来。""在大多数情况下，一旦我们完成了对大数据的相关关系分析，而又不再满足于知道'是什么'时，我们就会继续向更深层次研究因果关系，找出背后的'为什么'。"

如果我们把电信网络诈骗犯罪案件称为时代的"绝症"，这个时代同步产生的解决方法就是大数据这把钥匙。它是人类社会遇到的最好的解决关联性问题的新生事物。大数据出现后，在司法领域产生了一种新证据，即大数据证据。我曾撰文指出："大数据证据以海量电子数据凝练的规律性认识发挥证明作用，其主要以分析结果或报告的形式呈现。"[①]现在反思，这种界定指的是狭义的大数据证据，即大数据分析报告。广义的大数据证据是证据样态而非证据形式。大数据证据的特点是：都是海量数据；都使用了模型算法；都呈现了智能化特点。由此可见，凡是基于大数据技术生成、存储、运用及管理等而呈现的证据样态均在此列。据此，大数据证据样态包括大数据分析报告、区块链记录、资金流数据、数据流证据、电磁波证据、算法 / 机器证据……面对复杂多变的大数据证据，我们需对之给予格外关注，以便顺应时代潮流，推动证据学前沿研究。

过去的手机证据、电脑证据等称为传统电子证据，今天大数据形态则称为新型电子证据（海量、模型算法、智能化）。既要认识到这种现象，也要有相关理念的转变。国内外基于大数据思维产生了一些新兴事物，包括基于大数据思维的证据链、基于大数据思维的证据池、基于大数据思维的证据网。（1）基于大数据思维的证据链。以北京互联网法院为代表的天平链是基于大数据思维对海量电子数据进行入链存证形成的一种新兴事物。（2）美国、欧洲、印度尼西亚纷纷建立了证据池，它们不仅对电子数据建库，对传统的物证、书证、视听资料、笔录等证据也可电子化，使之变成视频、音频、照片后入库。我们用的词叫做基于大数据思维的证据池。（3）基于大数据思维的证据网。司法机关如果能与行政执法机关、社会上的大数据平台相打通，那么证据就可以共享，就可以出现一种理想状态，就是在这个网里面打印、查询的资料成为证据，这会降低打击电诈案件的难度。大数据挖掘能够应用于电信网络诈骗犯罪的治理当中。离群点能用于欺诈检测，例如探测不寻常的信用卡使用或电信服务。"在数据挖掘中，诊断的对象是离群点或称为孤立点。离群点是不符合一般数据模型的点，它们与数据的其他部分不同或不一致……离群点本身可能是非常重要的，例如在欺诈探测中，离群点可能预示着欺诈行为。"[②]

上述说法可以落地。在"造股坊""油财宝"虚假理财网站诈骗案中，南通检察院从境外抓获嫌疑人后，四名嫌疑人都不承认违法行为。当地检察机关要求公安机关对涉案嫌

---

① 刘品新：《论大数据证据》，载《环球法律评论》2019 年第 1 期。
② 周英、卓金武、卞月青：《大数据挖掘 系统方法与实例分析》，北京，机械工业出版社 2020 年版，第 13 页。

疑人出境前的手机轨迹进行分析，确定谁是谁，取得了较好的效果。

"造股坊""油财宝"虚假理财网站诈骗案：该案系犯罪嫌疑人境外作案、境内抓获的典型案例。作案期间，犯罪嫌疑人为实施诈骗，先后以购买国内空壳公司的方式架设了"造股坊""油财宝"虚假理财网站，以理财为名诈骗国内人员钱款，相关资金经该虚假理财网站对接的第三方支付接口多次流转并被大量分散转出。公安机关围绕域名、网站、关联电话、QQ 等展开工作，发现均为案外人信息，相关登录及使用地址均为马来西亚。综合上述信息，可确定"造股坊"网站服务器在国内，但犯罪嫌疑人系在马来西亚作案，相关网站维护、支付对接等均通过网络实施。该案因在境外作案，到案后作案期间的证据均在国外被销毁，国内调取的相关证据均不能直接证明犯罪事实。

经对网站短信接口业务公司进行侦查取证，公安机关获取了多个前期测试用手机号码，经号码分析，确定测试时一电话号码基站位置为福建安溪县长坑乡，次日起即为马来西亚。遂确定，该号码使用人为福建安溪人，且于该时间出境，具有重大作案嫌疑。据此线索，经对出入境信息进行筛选比对，确定了同时间段进出的四名犯罪嫌疑人身份。

此类案件并非孤例。打击电诈案件要换思维，用大数据技术进行关系刻画、轨迹分析、身份识别、时间框定、信息碰撞等将带来出人意料的办案效果。这种效果在电诈案件中出现了，在追逃案件中也已应用。一些贪官逃至境外，如何发现、识别、追回？也要用同样的方法。公诉机关可以提供大数据行程单[1]、地网大数据轨迹查询单[2]、大数据智能交通综合应用平台车辆轨迹信息[3] 等证明犯罪嫌疑人的行为轨迹。因此，要承认以大数据为特征的新型证据。

（二）选择以"犯罪治理"为场域重构证据法学

犯罪治理，尤其是电诈网络犯罪治理要走向预防，这时要思考证据法学是从哪里来的。龙宗智老师在《"大证据学"的建构及其学理》中指出，司法证据法学并非是孤立的学科，它是与普通证据学、科技证据学、历史证据学、社会证据学、生活证据学关联在一起的学科。[4] 其中，军事证据学针对的是尚未发生的事产生的证据学科（如明天是否会打仗），这点不同于诉讼证据学，诉讼证据学讲的是发生了什么案件，需要还原这些案件。军事证据学讲的是没有发生的故事，带有预防的色彩。不仅军事证据学如此，科技证据学、生活证据学也面临未发生的事情。

大数据挖掘中也会用到预测。预测是预计未来事件的一门科学，它包含采集历史数据并用某种数学模型来预测未来。它也可以是对未来的主观或直觉的预期，还可以是上述的综合。在数据挖掘中，预计是基于既有的数据进行的，即以现有的数据为基础，对未来的数据进行预测。预测的重要意义就在于它能够自觉地在认识客观规律的基础上借助大量的信息资料和现代化的计算手段，比较准确地揭示出客观事物运行中的本质联系

---

① 湖南省衡阳市雁峰区人民法院（2021）湘 0406 刑初 54 号刑事判决书。
② 台州市黄岩区人民法院（2020）浙 1003 刑初 381 号刑事判决书。
③ 山东省肥城市人民法院（2020）鲁 0983 刑初 22 号刑事判决书。
④ 龙宗智：《"大证据学"的建构及其学理》，载《法学研究》2006 年第 5 期。

及发展趋势，预见到可能出现的种种情况，勾画出未来事物发展的基本轮廓，提出各种可以互相替代的发展方案，这样就使得人们具有了战略眼光，使得决策有了充分的科学依据。①

普通证据学研究事实发现与证明，具有认识论与方法论的意义，这一层次的证据学内容具有哲学的性质。将证据学的基本原理运用于各专门科学中并服务于该专门科学的认识目的，即形成各种证据学分支。在科学技术领域探求已发生的事实状况的科技证据学；在军事领域根据证据（情报）判断敌方行动的军事证据学；在历史与考古领域，根据遗留文字乃至残垣断简等历史文物考究史实的历史证据学；在日常生活中，根据人的行为举止以及其他各种征候判断与人相关的事实和各种社会事实的社会证据学及生活证据学；在法律活动中，为适用法律而依靠证据判定案件事实的法证据学；等等。

借鉴相关学科，可以发现诉讼证据学要进行大的改造，我称之为"大洗盘"，包括证据概念、证据形式、证明规则、证明标准等需调整。（1）就证据概念而言，可以用于证明案件事实（含未发生案件事实）的材料都是证据。线索也是证据。情报是不是证据有待研究。（2）对于以海量形式、模型算法、智能化等方式呈现的各种电子数据，不得排除其作为证据的资格。机器模型算法也是司法证明方法。对大数据证据不能简单套用非法证据排除规则。（3）对证据证明力的认定可以借助人工智能。通过这些研究，我得出以下结论：（1）由传统电子证据走向新型电子证据；（2）从"诉讼"走向"治理"视角改造证据学。

第二单元

电信网络诈骗犯罪根源性打击及法律实务

董立波②

电信网络诈骗主要有四个特点。特点一是形式多样、手段隐蔽、针对性强。电信网络犯罪经过不断的演化，现存的诈骗形式包括"虚假网站""网络刷单""投资平台""网络虚假赌博""裸聊诈骗"等。其中"投资平台"这一诈骗方式涉及范围特别广，没有地域性，受害人特别多，涉及金额也特别大。特点二是涉及面广、涉及金额高，止损困难。信息化、智能化在方便群众工作生活的同时，也便利了电信网络诈骗的实施，如网络支付的便捷性使得诈骗资金转移快、止损困难。特点三是电信网络诈骗平台化，链条化，产业化明显。针对不同的"用户"群体的特点定制不同的"话术"，因人施策，善于把握事主心理，流程化操作。且电信网络诈骗犯罪的分工日趋细化，具体实施诈骗的嫌疑人多在境外，如老挝、缅甸、越南等地，网站开发维护团队部分在国内，引流狗推团队、跑分洗钱团伙在境内；犯罪成本低、收益高。特点四是嫌疑人的反侦察意识强，通联工具多使用境外聊天工具，如 TG 等，洗钱跑分多使用虚拟币等，导致打击处理难度不断加大。应对的策略是对症下药，以专制专。具体操作通过典型案例给大家分享。

---

① 周英、卓金武、卞月青：《大数据挖掘　系统方法与实例分析》，北京，机械工业出版社 2020 年版，第 12 页。
② 北京市海淀区公安局副高级工程师。

第一个典型案例是钓鱼诈骗。2017 年 6 月 22 日，警方在北京市海淀区四季青桥附近发现伪基站设备发射信号，还发现一辆黑色丰田轿车有重大嫌疑。日常生活中，公民个人经常会收到诈骗短信，这些短信通过冒充银行、移动运营商等使被害人降低防备，点击短信中的钓鱼链接导致手机中了木马病毒。而木马病毒可以在后台截取到被害人的银行卡账号密码，除此之外，它的内存驻留功能还可以实时截取到被害人的验证码并借此盗刷被害人的银行卡。本案破案的关键是在嫌疑人的电脑上起获了其制作的 1 100 个域名信息，且这些域名信息都经过了核准。该案件系北京首例全链条打击伪基站的案例，不仅抓获了发送伪基站诈骗短信的信使，还查获了幕后主使及批量注册域名并贩卖的人员。

第二个典型案例是投资平台诈骗。作为一种相对新型、高发、涉案价值高的案件，网络投资平台诈骗案件的特点是：技术人员架设的网站或 App 是此类犯罪的媒介工具，是境外诈骗团伙实施犯罪的关键通路，是境内引流境外电诈勾连的关键桥梁。因此，针对此类网站 App 的打击策略就是"断路拆桥"。而网站或 App 的存活时间普遍较短，短则 3 ～ 5 天长则 8 ～ 10 天，网站关闭后，电子数据易灭失从而导致取证困难；破解此类难题的关键在于把握时效性，加强对投资平台诈骗案件中网站和 App 的监测力度，通过技术力量对新发案件进行攻关。

第三个典型案例是冒充公检法诈骗。对法院或检察院网站做镜像，发现这些诈骗网站通过登录的方式来欺骗搜索引擎或杀毒引擎将该网站确认为内部网站，防止被害人手机或电脑上的杀毒引擎对其进行识别。网站上显示的"安全软件"下载后也会成功中下木马病毒。

网络犯罪是信息技术发展的产物，犯罪手段伴随信息技术的迭代而不断变化更新，而法律面对日新月异的技术变化却明显滞后。解决好技术迭代与法律滞后之间的矛盾，是非接触式网络犯罪刑事对策的有效着力点；在既有法律框架内灵活运用法条解决技术难题，实现法律与技术的融合，真正做到技术为法律所用并为法律所规制，从而实现技术与法律相结合的刑事一体化对策。

电子数据区块链存证的理论误区

谢登科 [①]

在认定网络犯罪案件事实的过程中，我们会用到大量的电子证据，在电子证据的审查认定、收集过程中，我们还会用到大量的相关的技术。这些技术在法律上怎么进行定性值得思考。

由《人民法院报》报道的刑事电子数据区块链存证第一案中提到，"如何对电子证据进行有效的加密存储，成为解决此类问题的关键。案件办理过程中，上虞区司法机关联合蚂蚁区块链团队，以区块链技术对数据进行加密，并通过后期哈希值比对，确

---

① 吉林大学法学院教授、博士生导师。现任吉林大学司法数据应用研究中心、电子诉讼研究中心研究员，吉林大学法学院法正刑事辩护研究中心秘书长，中国刑事诉讼法学研究会常务理事，吉林省检察学研究会会长。

保证据的真实性"。这个真实性是如何实现的？应该如何来解读这里的真实性？需要进行探讨。

目前我国三大互联网法院的区块链存证平台的电子数据的数量已经达到 3.7 亿条，这个数量是非常庞大的。在理论上应该怎样认识区块链存证呢？从近几年涉及相关内容的论文中我们可以看到"区块链证据"的提法，对这一概念的理解和分歧较多。以同步录音录像为例，有学者认为同步录音录像只是用来固定口供的一种手段或者方法，在证明实体问题时不应被划为一个独立的证据种类。但是同步录音录像可以用来证明讯问程序的合法性，此时可以将其理解为程序性证据。对于区块链存证而言，区块链也是属于一个手段或者工具，而不是证据本身，面对"区块链证据"，我们也应当进行概念上的区分和厘清，即电子数据区块链存证和区块链电子数据的区别。

电子数据区块链存证的性质是我们要探讨的下一个问题。我们要明确区块链存证并不是电子数据的取证方式、保全方式或公证方式，而是电子数据的技术型鉴真方法。传统的实物证据鉴真非常典型的方法是证据的保管链条和证据的独特性确认。而电子数据衍生出了很多技术性鉴真方法，如哈希值、时间戳和区块链等。

区块链通过分布式账本这一技术来实现对电子数据的鉴真，如果将其界定为技术性鉴真，在解决真实性问题的时候就应放在鉴真制度下进行讨论。

下一个问题是电子数据区块链存证的效力误区。根据《关于互联网法院审理案件若干问题的规定》第 11 条第 2 款："当事人提交的电子数据，通过电子签名、可信时间戳、哈希值校验、区块链等证据收集、固定和防篡改的技术手段或者通过电子取证存证平台认证，能够证明其真实性的，互联网法院应当确认。"这里仍将区块链作为一种防篡改的手段或者机制，鉴真主要是证明所收集和主张的证据具有统一性和形式真实性。最高法《关于人民法院在线办理案件若干问题的规定（征求意见稿）》第 14 条关于区块链证据的效力有如下规定："当事人提交的证据系通过区块链技术存证，并经技术核验后一致的，推定该证据材料上链后未经篡改，人民法院可以确认该证据的真实性，但有相反证据足以推翻的除外。"区块链可以实现技术性自证，为证据的可靠性提供保障。对于证据的实质真实性的审查判断还需要将区块链存证的电子数据与其他证据相结合来确定。

大数据证据的实践观察

王　燃[①]

我要讲的第一部分是大数据证据在实践中的典型运用。通过对国内外大数据证据运用的全面梳理，包括对中国裁判文书网的案例检索，我们发现，诸如公安大数据库的检索查询、碰撞类的大数据证据、人脸识别和轨迹等都已经在案件中作为证据进行使用。首先，典型运用之一是海量数据型证据。这类证据是在网络犯罪的犯罪对象海量化的背景下产生的，如海量的点击数、浏览数、转发数、个人信息条数、注册用户数等。涉及电信诈

① 中国人民大学纪检监察学院副教授。

骗、传播淫秽电子信息等案件在定罪量刑时，点击数、个人信息条数往往作为法定情节予以考量，因此在实务中，此类案件会采用专业、中立的第三方机构的软件、算法进行数据统计。典型运用之二是算法模型分析型证据。在互联网金融犯罪中电子数据的数量是极其庞大的，司法人员依据传统的办案方式难以分析完所有数据。因此，经侦部门及一些专业公司通过研发算法模型来分析资金流和识别异常账户。如分散进集中出，就可能是吸金账户，资金流呈现回流形式可能涉及虚开型犯罪，从而帮助司法人员更为高效地找寻案件事实。典型运用之三是算法评估型证据。通过算法模型对犯罪嫌疑人、被告人的人身危险性、再犯可能性进行评估，作为影响其审前释放、缓刑监督、量刑结果和假释的依据。美国目前对这类型证据的运用已经较为普遍。

第二部分是对大数据证据的学术思考。首先，我们可以从对证据形式的关注转向对证明实质的关注。大数据证据能否被划分为某一种法定证据类型并不影响这种证据和证明方式的运用，关键在于掌握该类型证据的实质，即它的数据和算法。如何将人的实践经验转化为算法运行的机制，是否有可能在目前的数据和算法基础之上建立一套独特的基于数据法则的证据规则。其次，证据学可以从面向过去的事实转向面向未来事项的证明。证据是证明案件事实的一切材料，事实往往是指向过去的事实。但目前社会上已经产生了很多预测型应用，这些应用可以根据人类过去的行为规律预测人在未来可能的行为，而且这种预测会作为制定某些决策的依据。大数据征信以及算法评估型人身危险性预测都是这种预测型应用。大数据证据也需积极应对社会活动转向预测性的事实，关注面向未来事项的证明。再次，从数据技术真实到数据法律真实的距离需要再探索。数据具有混杂性，当数据中存在格式错误或缺失时，可以采用清洗的手段解决。我们在研究过程中发现某些证据在技术上看是完全正确的，但不具有法律上的真实性。至于海量数据型证据，在实务办案中会遇到僵尸用户、店铺刷单等现象，这类数据从技术角度评价是真实的，但并不具备法律上，特别是刑法上的评价意义。对于这些数据需要建立特殊的法律评价机制和方法（抽样、底线证明）。最后，由技术黑箱引发对程序黑箱的思考。算法黑箱是指从技术层面出发，无法得知从数据进到数据出的中间运作过程，我们需要关注法律程序运行中人为带来的程序黑箱。美国混合 DNA 分析模型运用过程中，很多案件的当事人会要求控方或软件开发商公开算法，而控方和开发商往往会以商业秘密保护或商业秘密保护豁免权为由拒绝公开。事实上，他们考量的是算法中存在错误代码影响产品结果的输出，甚至影响案件最后的判决结果。从这一角度来看，我们应从法律程序上构建一套算法开示规则，与我们的证据开示、阅卷权相结合，建立一个算法开示申请的机制，以及在控方拒绝开示的情况下，对由算法产生的证据进行排除。

电信诈骗案件中大数据证据的运用与质证

赵春雨 [①]

我今天的发言题目"电信诈骗案件中大数据证据的运用与质证"是限缩在大数据报告之内进行阐述的。接下来我从司法需求、现实争议和法庭质证三个方面开展。

第一个方面，电信诈骗案件对大数据报告的司法需求。当前，我国使用大数据进行刑事案件的侦破可以说是方兴未艾。随着跨省市乃至跨境的电信诈骗案件的不断发生，随着电信诈骗涉众范围的不断扩大，侦查取证工作面临诸多的难题，直接证据的局限性已经日益凸显，大数据报告的作用是不言而喻的。我认为，从侦查的角度来说，大数据报告有利于迅速锁定侦查的方向和重点，进而节约大量的司法资源。从定罪量刑的角度来说，大数据报告可以发挥两个方面的重要作用，其一是有利于检验供述的真实性，突破犯罪嫌疑人、被告人的心理防线。其二是可以对言词证据起到补强作用，对犯罪要件事实起到印证作用，进而增强法官的内心确信。

第二个方面，电信诈骗案件中大数据报告的现实争议。简言之，大数据报告具有四大特点，分别是电子性、科技性、衍生性和间接性。电子性与科技性毋庸赘述，而衍生性和间接性恰恰是特别值得关注的。衍生性就是指对原始数据的二次挖掘与深度分析，即区别于数据资料的原始样态，大数据报告将散落的细节整合起来综合反映案件事实。间接性是指大数据报告不能够被单独运用以证明案件的主要事实，而是需要结合同案的其他证据形成证据体系，以增强该证据体系的证明力和可信度。对于大数据报告的证据性质如何界分，在实践当中是存在争议的，如鉴定意见说、专家辅助人说、证人证言说等。也有观点认为，目前的大数据报告从严格意义上讲并不是证据，而是证明方法，即从海量信息中发现关联证据，或者是辅助定性分析。我个人倾向于应当区分大数据报告的承载内容以及形成过程，来分别适用鉴定意见说和证明方法说。

第三个方面，大数据报告的法庭质证问题。大数据报告本身并不是电子数据，而是对电子数据进行了汇总、筛选之后，建构分析模型，通过数据的运算来得出结论，既然介入了技术人员的行为，也就不可避免地会受到需求和理解等主观因素的影响。因此，大数据报告基础数据的全面性以及大数据报告分析结论的客观性是至关重要的。在司法实务当中，我们看到越来越多的大数据报告散见于案件的卷宗当中。我近期办理了两起组织领导传销活动罪的案件，都涉及互联网传销的诈骗形式，而公诉机关都举证了大数据报告用于证明传销的层级。结合办案的实践经验，我认为对大数据报告的审查必须结合证据规定，"两高一部"《关于办理刑事案件收集提取和审查判断电子数据若干问题的规定》第 17 条明确讲到了对电子数据涉及的专门性问题难以确定的，由司法鉴定机构出具鉴定意见，或者由公安部、最高检指定的机构来出具报告，新修订的《刑事诉讼法》的司法解释也有相关的规定，也就是说在涉及专门性问题时，电子数据的证据种类需要通过法定的程序向鉴定意见和检验报告转化。回到具体的案件当中，如果大数据报告的出具符合鉴定意见或者是检验报告的要求，则可以适用相关法律规定进行审查和认定，辩护人可以结合相应的资

---

① 北京市盈科律师事务所高级合伙人。

质，检验过程、方法以及和其他证据是否矛盾等方面来发表质证意见，也可以借助鉴定人、检验人的出庭进行专业的发问，进而来验证鉴定意见和检验报告的科学性、专业性。反之，如果大数据报告没有符合鉴定意见或者检验报告的要素，我认为是不应当直接作为证据予以适用的，应当注重审查大数据报告的来源证据，考察大数据报告是否能够发挥辅助证明的作用。

在一起传销案件当中，我们通过对后台数据的全面分析，对证人证言的详细比对，发现了案件中大数据报告所显现的层级是一种错误的理解，不能用于证明传销犯罪的上下级关系，最终这个案件由组织领导传销活动罪变更为非法吸收公众存款罪，大数据报告也没有作为定案依据予以采纳。总而言之，在电信网络诈骗案件当中，大数据报告的运用是大势所趋，但是我们应当时刻保持对其合法性与客观性的警惕。

第三单元

电信诈骗综合治理：基于技术路径的思考

袁红照 [①]

一、对电信网络诈骗应采取综合治理策略

随着电信网络诈骗的发展变化，其治理工作面临的难点也逐渐显现。总的来说，电信网络诈骗犯罪在暗处，治理在明处；电信网络诈骗犯罪可以采取各种手段，而治理手段却要合法合规；电信网络诈骗犯罪成本很低，治理成本很高。这种投入产出的不平衡要通过综合治理来解决。综合治理要建立"全民反诈"的机制，真正落实"全民反诈"，还需要相应的技术支撑。因为诈骗的基础是信息的不对称，老百姓不明真相才会受骗，所以解决问题的核心就是在保护个人隐私和各相关系统业务正常运行的情况下发现诈骗行为，或者称为风险识别感知。

二、涉诈风险协同感知是关键

为了达成以上目标，首先要分析涉诈行为相关的数据来源，其次是实现路径。

涉诈行为牵涉到多个领域、多个部门，其数据来源是多样的，分属于不同的主体。治理电信网络诈骗需要公安、反诈成员单位、网络通信运营商、银行等部门单位的参与，涉及的信息包含人员信息、账户信息、交易信息、办卡信息。如果这些信息能够共享，通过社保、工商、银行账户、运营商通信数据、企业对公账户就可以分析易受骗群体特征和涉诈嫌疑人特征，挖掘各类涉诈线索，并对分析结果进行多部门交叉比对碰撞，实现部门间

---

① 西南政法大学刑事侦查学院教授、重庆高校物证技术工程研究中心副主任。

的风险协同感知。

为了把这些数据综合起来应用，要建立相应的机制和平台。目前我们的法律规制体系是条块分割的，而涉诈犯罪分工明确，呈现出组织化、链条化形态。机制建设除了涉诈风险协同感知，还有涉诈风险协同处置和电诈案件的协同打击。总的来讲，就是要实现多跨数据共享和多跨业务协同。

三、多部门协同感知系统的建设

（一）易感人群库建设

建立公安、网络通信运营商、银行三方易感人群库，利用大数据分析、人工智能模型实现分区域、分场景的易感人群识别；打通公安、网络通信运营商、银行之间的数据通道，保证数据安全畅通地交换；建设案件数据库，通过该库关联嫌疑人库和受害人，支持关联分析。

网络通信运营商易感人群库人员模型的建立，以高危网站访问以及高危电话接听行为人群作为样本，构建易感人群识别模型；基于高危网站知识库匹配用户的上网日志数据，结合访问次数、访问时长等信息，筛选出用于训练的样本数据。构建机器学习模型，抽取易受诈群体特征。模型结果与易受访模型合并，完成易受诈群体识别。对于涉诈 App 用户，识别 App 的类型，或者从已发案件中标识的 App 反向识别受影响的用户；通过涉诈 App 分析，用人工智能等方式识别涉诈 App，关联易感人员。例如，某居民下载了涉诈 App，并在易感人群库中，如果监测到用户持续使用该 App，并发生过银行转账行为，就要基于银行、公安易感人群库进行受害人评分，评分超过阀值就启动预警。

（二）涉嫌人员库建设

涉嫌人员库建设者包括公安、网络通信运营商、银行三方。公安通过各类数据整合形成嫌疑人库。网络通信运营商嫌疑人特征库包括位置异常识别诈骗模型、流动诈骗识别模型、固定位置诈骗识别模型、高频非活跃识别模型。银行嫌疑人特征库主要包含银行账号转账异常行为。

嫌疑人员特征的发现识别是嫌疑人特征库建设的关键目标，通过通信欺诈不同检测可以建立相关模型。常见模型有：高离散呼叫模型，短时间内存在高离散呼叫大量陌生号码行为的电话卡存在较高诈骗风险系数。联络人模型，多张涉案卡的通联对端存在一个共同的联络号码，该号码有充当联络人或组织者的嫌疑。诈骗专业软件分析模型，通过分析特定软件诈骗的专用日志特征锁定嫌疑人卡号，这类软件有 FaceTime、云听、飞机、会议类等。共同设备识别模型，基于筛选出的符合诈骗高危模型的卡，往前追溯一段时间关联的设备所关联的其他卡往往存在嫌疑。

四、数据要素流通支撑技术——隐私计算

前述协同感知面临一个大的障碍，就是隐私保护。公安、网络通信运营商、银行分别有自己的业务数据库，但也不可能为了反诈完全共享。能够解决此困难的技术就是隐私计算。

隐私计算是在保护数据本身不对外泄露的前提下，实现数据分析计算的一系列技术的统称，可达到"数据可用不可见"的目的，在充分保护数据和隐私安全的前提下，实现数据价值的转化和释放。

从技术层面来说，隐私计算主要有四类。

联邦学习：在本地原始数据不出库的情况下，通过对中间加密数据的流通与处理完成多方联合的机器学习训练。

多方安全计算：在没有可信第三方的情况下，多个参与方共同计算一个目标函数，并且保证每一方仅获取自己的计算结果，而且无法通过计算过程中的交互数据推测出其他任何乙方的输入数据。

匿踪查询：查询方根据查询条件向服务方发起查询并得到对应的查询结果，使服务方无法得知查询条件和查询结果。

安全求交：基于隐私保护集合求交技术，允许持有各自集合的两方或多方来共同计算各自集合的交集运算。

隐私计算因应了数据融合应用的迫切需求，并能够兼顾发展与安全合规。其应用领域必将从金融、医疗等向其他行业延伸。

电信网络诈骗犯罪链条的前端治理

白　磊[①]

一、海检科技团队打击电诈的情况简报

海淀区人民检察院科技犯罪检察团队自成立以来，一直处在治理电信网络诈骗犯罪的第一线，处理了大量棘手的电诈案件。我所在团队总结的办案经验受到上级机关重视，也被推广到兄弟部门学习借鉴。取得上述成绩，与我们海淀科技犯罪检察团队"法律＋科技"人才荟萃，深挖电子数据运用价值以及积极探索电诈犯罪链条的前端治理不无关联。说到电诈的前端治理，我们团队对于"黑广播"（通过车载基站发送诈骗短信、拨打诈骗电话）的治理卓有成效——海淀区内的"黑广播"几乎销声匿迹（发送"黑广播"的车辆一旦进入海淀区范围内就关闭信号，车辆开出北京三环海淀区以外才会打开）。

---

① 北京市海淀区人民检察院第二检察部检察官。

二、目前电诈犯罪链条前端的主要问题

（一）前端治理面临的困难是跨境网络专线问题

跨境网络专线可谓电信诈骗的"基础设施"，其系犯罪嫌疑人私自搭建的网络专线。通过网络专线进行诈骗，可以绕过相关部门的审查侦听，也能提升其诈骗信号传输效率。我曾看过东南亚一个涉及网络犯罪的展会照片，其中有一个专线广告这样说："用我们的专线，你的微信号被截停的概率会大幅度降低。"

（二）问题渠道商造成手机黑卡泛滥

2020 年年底，我国开展了"断卡行动"，对银行卡和电话卡进行源头治理，可谓对电信诈骗网络犯罪的"断奶"行动。但是，相比于贩卖银行卡和普通用户的电话卡（比如教唆一个农民工用个人身份信息办理、贩卖银行卡、电话卡），最严重的问题是渠道商涉及犯罪，其危害远高于个人贩卖两卡。例如，湖北警方曾破获虚拟运营商违规出售电话卡案。在该案中，涉案虚拟运营商在一年多时间内售出 1 194 万张电话卡，其中明确涉嫌犯罪的电话卡高达 246 万张，起获的违法电话卡以"吨"为计量单位计算。再例如，海淀区人民检察院也查办过一个电信营业网点的负责人，他欺骗用户多次"扫脸"（其实正常办卡只需扫脸一次，多次扫脸会被用于非法目的），以开设用于非法目的的电话卡。所以，渠道商涉案是打击电信网络诈骗犯罪的要害，抓 100 例违法个人的治理效果不如打击 1 个违法渠道商的效果。

（三）公户卡滥发危害严重

公户卡的危害也大于个人卡。一是因为公户卡更具有迷惑性，相对于转账给个人，受害人对转账给公司的警惕性要低一些。二是公户卡的资金限额要远高于个人卡，所以大额诈骗需要公户卡。我们通过梳理案例发现，公户卡问题在电信网络诈骗犯罪中是显著的。究其原因，我国对小微企业创业持鼓励态度，相应也就出现许多公户卡，这给部分犯罪分子利用公户卡犯罪以可乘之机。例如，我们办理的案件中有一个典型案例：一个西北地区的农民被犯罪嫌疑人带到南方城市开设公户，未果；随后被带到一个中部城市办卡，亦未果；最后，该农民被带到北方一个具有鼓励创业政策的城市，成功注册企业后办理公户卡，而该卡随之被用于电信诈骗。所以，公户卡问题是值得关注的，也是可防可控的。

三、电诈链条前端治理建议

（一）加强主管单位的监管责任

我认为，打击电诈犯罪最有效的方式是前端预防和治理。

2016 年，最高法、最高检、公安部、工信部、人民银行、银监会六部门发布了《防范打击电信网络诈骗犯罪通告》（以下简称《通告》）。《通告》对于前端治理强调落实行业主管部门责任，其中明确规定：电信企业、银行、支付机构和银联，要切实履行主体责任，

对责任落实不到位导致被不法分子用于实施电信网络诈骗犯罪的，要依法追究责任。各级行业主管部门要落实监管责任，对监管不到位的，要严肃问责。对因重视不够，防范、打击、整治措施不落实，导致电信网络诈骗犯罪问题严重的地区、部门、国有电信企业、银行和支付机构，坚决依法实行社会治安综合治理"一票否决"，并追究相关责任人的责任。但是，这些规定还过于笼统，可执行性还有待提高。

在实践中，两卡的审查不充分，不仅与银行和通信运营商有关，还涉及工商登记部门的审查（尤其是公户卡的办理）。只有在每个前端环节，每个开卡环节都做足反诈宣传，做足审查功夫，才能为后端打击电诈犯罪提供有利保障。比如，犯罪嫌疑人会狡辩称银行等主体没有落实提醒义务（签署相关协议要求不得将卡片用于违法犯罪用途，但是嫌疑人会说字小且多，根本不可能注意到）而试图逃避打击。

（二）建立跨机构的预警机制

实践中，犯罪嫌疑人往往是一天之内在多家银行连续开卡，银行之间并不清楚该用户一天内是否多次开卡。因此，对于这种异常开卡行为，可以通过跨机构联合预警机制予以应对。

（三）调整行业内部绩效、审查标准

我注意到某些银行的考核体系旨在鼓励开设公户，若公户开设指标不到位，员工的薪资可能受影响。比如，我仔细研究过一个银行开户经理的工作流程，其中写到"有明显理由怀疑开设账户从事违法犯罪活动的"，才不予开户。所以，对于开户经理而言，基于此规定，要是开户人不开口说"我开户后要将公户卡卖到国外"，开户经理很难有"明显理由"拒绝开户。我认为，落实反电诈的前端治理，要改进开户经理的工作流程、内部绩效和审查标准，比如将拒绝开户的标准，从"有明显理由"降低到"合理怀疑"，这样电诈前端治理才会效果彰显。

电信诈骗取款环节的刑事责任认定

刘砺兵 [①]

一、引言

我想从实体法的角度，或者从犯罪论的角度对电信网络诈骗犯罪取款环节进行分析。我们刑法使用了一个多世纪的分析工具，不论是"三阶层"理论，抑或是"四要件"理论，都难以弥合打击犯罪的需求与法律供给之间的断层。我认为，我们依赖的分析工具可能有些"过时"，这好比我们的分析工具的理论结构还停留在电脑的"DOS 时代"的结

---

① 北京市朝阳区人民法院刑事审判庭庭长。

构，然而我们现在面对的电信诈骗问题是"AI 时代"的问题。换言之，理论分析工具的滞后性，难以应对打击先进犯罪的实践需求。

二、认定"车手"为电诈犯罪共犯的合理性商榷

众所周知，电信网络犯罪分工明确，呈现链条化样态。对于专门负责取款的人，我国台湾地区称之为"车手"，[①]"车手"的刑事责任如何认定？

一种观点认为，"车手"电诈犯罪的共犯，"两高一部"《关于办理电信网络诈骗等刑事案件适用法律若干问题的意见》（以下简称《电诈意见》）第 4 条第 3 款即支持此观点。[②]若将"车手"认定为共犯，我们在司法实践中一般通过查明"车手"加入电诈团伙的时间点，确定"车手"参与犯罪的时间段及其涉案金额。若以此定罪出现量刑畸重的情形，我们会考虑将其认定为从犯来调整处罚力度。

另一种观点认为，"车手"的行为应被认定为其他关联犯罪，比如掩饰、隐瞒犯罪所得、犯罪所得收益罪，这种观点被《电诈意见》第 3 条第 5 款所采纳。[③]该条款强调若"车手"与电诈主犯之间有同谋，也应认定为电诈的共犯。

可以说，以上两种观点是对"车手"犯罪行为的不同评价，两种评价的区别表现在"车手""明知的内容"上：一种是"明知他人实施电信网络诈骗犯罪"，另一种是"明知是电信网络诈骗犯罪所得及其产生的收益"。两种观点的主观要件尽管在语言上区分明显，但实践中并非泾渭分明，这在一定程度上给我们的实务认定带来困扰。

所以，从犯罪论的角度出发，将"车手"的犯罪行为认定为电信网络诈骗犯罪的共犯的合理性，有待进一步商榷。"车手"的犯罪地位认定，在刑法理论上涉及两个问题。一是"车手"参与共谋是否就能被认定为具有犯意联络？"车手"的取现行为是否构成"行为分担"？二是犯罪既遂时点的认定。到底是当被害人将款项打到犯罪团伙所控制账户之时，还是犯罪团伙将款项取现之时才构成犯罪既遂？这也带来另一个问题，若

---

① "车手"，即被害人受诈骗将赃款转移至犯罪嫌疑人团伙控制下的账户后，专门负责去取款的人。

② 《电诈意见》第 4 条第 3 款规定："……准确认定共同犯罪与主观故意……（三）明知他人实施电信网络诈骗犯罪，具有下列情形之一的，以共同犯罪论处，但法律和司法解释另有规定的除外：…… 8. 帮助转移诈骗犯罪所得及其产生的收益，套现、取现的。"

③ 《电诈意见》第 3 条第 5 款："（五）明知是电信网络诈骗犯罪所得及其产生的收益，以下列方式之一予以转账、套现、取现的，依照刑法第三百一十二条第一款的规定，以掩饰、隐瞒犯罪所得、犯罪所得收益罪追究刑事责任。但有证据证明确实不知道的除外：

1. 通过使用销售点终端机具（POS 机）刷卡套现等非法途径，协助转换或者转移财物的；

2. 帮助他人将巨额现金散存于多个银行账户，或在不同银行账户之间频繁划转的；

3. 多次使用或者使用多个非本人身份证明开设的信用卡、资金支付结算账户或者多次采用遮蔽摄像头、伪装等异常手段，帮助他人转账、套现、取现的；

4. 为他人提供非本人身份证明开设的信用卡、资金支付结算账户后，又帮助他人转账、套现、取现的；

5. 以明显异于市场的价格，通过手机充值、交易游戏点卡等方式套现的。

实施上述行为，事前通谋的，以共同犯罪论处。

实施上述行为，电信网络诈骗犯罪嫌疑人尚未到案或案件尚未依法裁判，但现有证据足以证明该犯罪行为确实存在的，不影响掩饰、隐瞒犯罪所得、犯罪所得收益罪的认定。

实施上述行为，同时构成其他犯罪的，依照处罚较重的规定定罪处罚。法律和司法解释另有规定的除外。"

电诈团伙临时招募"车手"去取现，那么"车手"是否需要对诈骗团伙之前的诈骗行为负责？

对于问题一，我认为《电诈意见》的逻辑缺陷在于，仅凭单个犯罪参与者单方面的认知状态，就将整个犯罪集团所有参与者的心理状态都"串联"起来，进而认定彼此间具有犯意联络和行为分担。

我个人认为，这种意见的缺陷在于将焦点过于集中于"故意"，这种故意舍弃了"意识交换"这种要素。作为共犯，不仅客观上要有共同的行为，主观上也应有共同的心理。那么，对于"车手"这种帮助犯而言，若将其认定为共犯，我认为，对"车手""故意"的认定应满足两个方面条件：一是帮助行为的"故意"；二是对于电诈正犯实施诈骗这个构成要件，"车手"要有既遂的这种"故意"的认识。如此一来，才能充分地认定"车手"是共犯并追究其刑事责任。

就如何认定"车手"的罪过问题，我们可以从主观方面进行分析。"车手"的加入是否对犯罪团伙中的其他人有心理上的促进？即便"车手"不是临时招募的，而是犯罪团伙中的固定部门，"车手"同其他成员一样，只是知晓存在取钱这个环节而已。但是，这个认识对于包括"车手"在内的犯罪团伙整体而言，是必然存在的，因为不可能说实施了诈骗却没人去取钱。

三、结论

最后，我的结论是，将"车手"认定为电诈共犯并不太适宜。将"车手"的行为认定为掩饰、隐瞒犯罪所得、犯罪所得收益罪或洗钱类犯罪更合适。因为掩饰、隐瞒犯罪所得、犯罪所得收益罪在新的《刑法修正案》中的处罚力度都很大，从当前的刑事政策上讲，这种处理也是合适的。

电信网络诈骗犯罪中主观故意的认定——以民族资产解冻类诈骗案件为例

王　珺[①]

一、民族资产解冻类诈骗案件的基本案情介绍

首先给大家介绍一下，民族资产解冻类诈骗案件的组织模式和行为模式。以河南商丘的黄氏基金会案为例。

嫌疑人自封为基金会会长，内设秘书处、办公室、政治部、督察部、党委、财政部等部门，基金会以下，模仿军队建制，设军、师、团等不同层级的机构。

上游嫌疑人谎称自己是国家财政部领导、国家民族事务委员会主任，虚构民国老人某

---

① 北京星来律师事务所主任、创始合伙人。

某某在海外有数亿元民族资产被冻结的情况，若解冻资产则需要筹集启动资金，并承诺资产解冻后转回国内用于扶贫，同时将伪造的相关国家批文通过邮箱、QQ 等工具发送给基金会会长。

会长在收到项目信息及所谓国家批文后，在军级微信群发布，并规定每一个项目需要收多少钱，也就是下达报单任务。随后各个军、师、团就负责推广。每个军、师、团都有独立的微信群，每个群都有分工不同的管理者，有负责信息发布的，有负责宣传推广的，有负责资金收集的，这些人也叫作代理人。

每个军、师、团通过拉人、发展下线的方式建立微信群，通过微信和 QQ 等社交软件，在全国范围内招募会员，建立聊天群，然后宣传民族资产解冻的项目，宣传只需缴纳少额会费，将来会有巨额返利，以此诱导会员缴纳会费。会费十几元到几十元不等。

群里收到会费后交到团里，由团再交到师里，在由师交到军里，最后汇总，大部分转账给上游嫌疑人的个人银行账户。

我们可以看到，基金会的工作就是发展会员、收取会费，然后将会费转给上游嫌疑人。

二、案件中的不同角色涉嫌的罪名

我们先看图 11-2 中最上面的层级，上游嫌疑人以及基金会层面的人员，通常认定为诈骗的主犯和从犯。

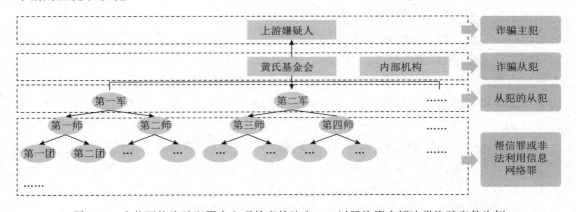

图 11-2　电信网络诈骗犯罪中主观故意的认定——以民族资产解冻类诈骗案件为例

下面这些离基金会比较远的层级，实务中多认定为"帮信罪"或非法利用信息网络罪。

再看中间这个军级代理人，他们通过亲自参与项目而加入基金会，后逐步发展成为基金会的核心人物，许多代理人没有收到过工资，没有发展过会员，自己和家人还报单投了几百块钱，亲身参与投资基金会项目。

对于"军级代理人"（简称为代理人），如何准确认定其刑事责任，是需要我们探讨的——能否简单因为其交过会费、投入了资金，而认为其没有诈骗的主观故意呢？

三、"军级代理人"是否具有诈骗主观故意的认定标准

我们知道，提供帮助者的主观故意，有两种判断标准：一种是共谋，一种是明知。二者都可能以诈骗罪的共犯论处，"事先共谋"相对较容易审查判断。

对于"明知"，有的代理人会提出抗辩，比如："我看出了这个规律，所谓的奖励还是羊毛出在羊身上，搞来搞去还是下面这些人的钱。""即使没有回报 2 000 万元，我们发展下线获得奖励也不会亏。"更多时候，代理人否认"明知"他人实施电信网络诈骗犯罪——认定是否"明知"就需要结合各种主客观因素进行综合分析认定。这在实务中是认定的重点和难点。

我认为，总的来说，承担管理、协调、宣传、培训、财务、督查等重要职责的，或者对组织建立、推广扩散等起关键作用的，应认定为明知或者应当知道参与违法犯罪活动。

具体来说，可以综合考虑下列因素来认定犯罪嫌疑人是否构成"明知"。

第一，关于认知能力。（1）可以考察代理人的任职过程是否符合普通人的生活常识。代理人的任命是由上级基金会展示的相关政府文件来确认的。即便我们不懂严格的部队建制规范，但是主观上通常都能够感知到这不是普通公众能够在日常生活中轻易接触的事情。尤其是代理人自己对下级任命时依然采取师长、团长、政委等称谓，是违背正常人的认知的。（2）以小博大的收费活动是否符合普通人的生活常识。有的代理人自己也有部分投入，期待付出十几、几十元就能获得巨额回报。少数赌徒性格的人真的会执着地相信。但是更多的人应当知道，能够以几元微薄支出获得上百万元回报的射幸行为，合理合法的只有彩票。当然，也不能仅从认知能力这方面判断，还需要结合其他因素综合考虑。

第二，关于既往经历。"军级代理人"是否知晓网上有虚假的民族资产解冻项目，是否知晓所谓的民族资产从未兑现。有的代理人曾多次从事相同或类似的活动，有过相关经历，从来没有获得回报，也怀疑过自己被骗，但仍执迷不悟，继续在基金会提供帮助，则可能被认定为明知。

第三，关于行为次数和手段。代理人多属于传销人员，掌握多个微信群资源，熟练掌握话术、制表、统计等方法，往来于多个类似传销、诈骗的微信群，其频繁程度在一定程度上反映了主观恶性。一次或偶尔的行为可以说是被蒙蔽、不了解真实情况，但是多次、长期、多个群里发布信息、提供话术等行为就很难给出合理解释。

第四，关于是否规避调查。案发后手机微信记录是否删除或者手机是否更换、是否保留。以上几个方面相结合，能够帮助分析认定代理人主观上是否具有诈骗的故意。

因此，对于"军级代理人"，如果能够认定明知其参与的为诈骗犯罪活动依然积极参与，大量发展下线，协助基金会骗取会费，则不论其个人是否得利，均可能被视为诈骗犯罪的共犯，在整个犯罪活动中起次要或辅助作用，系诈骗从犯。

四、用非刑事化手段治理电诈的"根须"

最后，对于电信诈骗，我们确实是深恶痛绝。但从目前的立法情况来看，犯罪打击的

范围和界限呈现一定程度上的扩张。对于电信诈骗的"从犯的从犯的从犯",是否应当追究刑事责任、追究何种刑事责任、追究到哪个层级,目前各地的司法实践均不同,没有统一的标准。

办理此类案件,打击更远层级的代理人,以及贩卖电话卡、营业执照的人,如果仅从证据和法律等法理方面入手,可能不足以说明刑事违法性,也容易出现"下不封口"的情况。因为这些人可能只是为了生活、糊口而去做这些事情。入罪门槛太低会导致更多的类似于非法集资中业务员角色的人员被追究刑事责任,这就扩大了打击范围,违背了刑法的谦抑性。

其实对于更远的层级,如果以非刑事手段处理,比如对社会生活方面进行限制,类似于对老赖的限制,或者更严格一些,不仅能体现出综合治理的手段和智慧,也能将常情常理融入司法案件的审查中。

若要落实对电诈各级参与人的多元治理,可能还需要相关权力机关的政策支持,规定哪些人员可以不受刑事追究,让这种严厉的刑事处罚不再蔓延至此类业务员的层级。

第四单元

提供"两卡"行为之帮助犯的证成

赵晓波 [①]

现有的帮助信息网络犯罪罪名,难以全面覆盖打击"提供两卡"行为。为有效遏制提供两卡行为,可通过将此种行为认定为"非信息网络犯罪"的帮助犯进行打击。

第一,本人调研了解了某区公安分局提供"两卡"案件的办理情况。

以某区公安分局为例,根据诈骗案件中涉案资金流向,自"断卡行动"以来,该区分局共梳理出涉案"两卡"线索 500 余条,抓获提供"两卡"行为人 100 余人(立案 100 余人)。然而,由于公检法三家对提供两卡行为是否构成犯罪存在争议,大部分行为人未被移送起诉。

提供"两卡"的行为人(供卡者)有两个特点值得关注:一是供卡者不参与诈骗行为的任何过程,与讨要"两卡"的人(讨要者)之间也无过多交集,许多"两卡"提供者与讨要者之间只有"一面之缘",讨要者有时只需"递一根烟"就能获取供卡者的"两卡"。二是(部分)供卡者对提供"两卡"行为有一定的违法性认知,尽管供卡者不明确具体触犯的法条,但供卡者心中有种"反正拿卡去不是办什么好事"的主观认知。供卡者基于这种朴素的守法意识,可能在提供"两卡"后便主动注销"两卡"。

这种提供"两卡"的行为,刑法该作何评价?一种情况是,供卡者帮助实施信息网络犯罪,则构成帮助信息网络犯罪活动罪(帮信罪)。另一种情况是,供卡者作为非帮信罪的从犯而被定罪处罚。换言之,提供"两卡"行为的刑法评价面临法条竞合。因而,《刑法》第 287 条之二第 3 款规定:"同时构成其他犯罪的,依照处罚较重的规定定罪处罚。"

第二，供卡者作为非帮信罪的从犯而被定罪处罚尚存来自刑法理论的阻碍。

一是来自共犯从属性理论的阻碍。共犯从属性理论中，"限制从属性"理论是通说，其要求主犯行为达到构成要件的符合性和违法性才能成立共犯。其根基在于违法的连带性，共犯行为的违法性从属于主犯行为。因此，主犯的行为如无法被证明具有违法性，则共犯的行为也不具有违法性。由此导致，主犯行为未确定（尤其当主犯未到案时），则无法认定共犯行为，这不利于打击诈骗罪、洗钱罪等非帮助信息网络犯罪中存在的"两卡"提供行为。

二是供卡者与主犯的共同故意不明确。这是因为，供卡者和主犯之间少有或没有沟通，继而难以认定供卡者与主犯存在犯意联络。尽管供卡者主观上认识到"两卡"将大概率被用于非法行为甚至犯罪行为，但难以认定供卡者具有意识到犯罪类型、实施犯罪的共同故意。

当前，《刑法》对于共犯行为主要采纳"极端从属性理论"，而司法解释认可"最小从属性理论"。例如，"两高"《关于办理非法利用信息网络、帮助信息网络犯罪活动等刑事案件适用法律若干问题的解释》第 13 条[①]强调入罪只需关注被帮助对象的犯罪行为，其他因素不作为入罪的要件。

第三，采用最小从属性理论，有望遏制非帮助信息网络犯罪中的"两卡"提供行为，理由如下。

首先，从实行行为角度来看，提供"两卡"是实行行为。因为提供"两卡"对于金融秩序而言具有抽象危险，对于特定资金转移而言具有具体危险。此外，提供"两卡"明显违背社会常识。因此，对于提供"两卡"行为应当认定为实行行为。

其次，从危害结果来看，提供"两卡"行为协助了上游犯罪行为（例如为资金周转、逃避追踪等提供客观便利），且造成被害人经济损失。

再次，提供两卡与上游犯罪的危害结果之间有因果关系。因为在接收、转移资金阶段，"两卡"起到了关键的作用，如无这些卡的帮助，追踪资金将十分容易。也正是基于对可以规避追踪的认识，上游犯罪才得以放心实施。因此，提供"两卡"的行为与被害人损失结果之间具有物理的、心理的贡献，存在因果关系。

复次，从管理义务角度来看，供卡者对于自己提供出去的银行卡、手机卡具有管理义务，不能放任不管、漠不关心。

最后，主观方面上，供卡者一般对于帮助对象的犯罪行为具有概括性认识（预见而不确定，区别于没有预见），这可以根据信用卡、手机卡的管理规范与一般社会需求等推知；在意志因素上，供卡者存在放任犯罪结果发生的间接故意。而对于共犯故意的认定，共犯故意要求认识到正犯的实行行为以及正犯的实现结果。实际上，提供"两卡"的行为人对被帮助的犯罪行为有概括性的认识，概括性认识与未认识到并不相同，因此，正犯实行行为实际上在共犯的认识之内。提供银行卡和收集卡本身就是为了方便被帮助人转移资金，对构成要件结果具有明确认识。

---

① 该解释第 13 条规定："被帮助对象实施的犯罪行为可以确认，但尚未到案、尚未依法裁判或者因未达到刑事责任年龄等原因依法未予追究刑事责任的，不影响帮助信息网络犯罪活动罪的认定。"

　　我认为，通过共犯理论和概括故意可以扩大对提供"两卡"行为的打击范围。然而，这种打击范围的扩大对其他犯罪的帮助行为都有影响，如何平衡取舍，需要进一步研究论证。

区块链如何用于司法办案？

姜　琪[①]

一、痛点和需求

　　电子数据已成为司法办案的重要证据，但传统的取证手段存在许多问题。一是传统的取证手段方法简陋，安全隐患大。目前办案人大多通过截图、拍照后由当事人签字或办案单位盖章的方式固定电子数据，实际并未做到真正的提取电子数据，存在证据隐患和安全风险。二是电子数据提取技术要求高，难以迅速普及。电子数据多存储在网络上，难以查扣存储介质，依法须提取电子数据，并计算完整性校验值，但普通办案人既不懂也不会。而且，专业网警人数有限，难以满足需求，导致法律规定不能全面落实。三是现行司法解释、行政法规对电子取证提出较高的技术与程序要求，[②] 例如，公安机关网络在线提取电子数据时除计算校验值以外，还须有录像、照片或屏幕截图佐证（注意是校验值和录像等同时具备，而非仅提供校验值）。

　　为了应对上述电子取证的可靠性挑战，杭州市西湖区人民检察院运用区块链技术，研发"检察区块链取证设备"（搭载区块链技术的执法记录仪，下文简称"取证设备"）。在

---

① 　浙江省杭州市西湖区人民检察院第一检察部主任，一级检察官。

② 　《公安机关办理刑事案件电子数据取证规则》第 24 条："网络在线提取应当计算电子数据的完整性校验值；必要时，可以提取有关电子签名认证证书、数字签名、注册信息等关联性信息。"

《公安机关办理刑事案件电子数据取证规则》第 25 条："网络在线提取时，对可能无法重复提取或者可能会出现变化的电子数据，应当采用录像、拍照、截获计算机屏幕内容等方式记录以下信息：

（一）远程计算机信息系统的访问方式；

（二）提取的日期和时间；

（三）提取使用的工具和方法；

（四）电子数据的网络地址、存储路径或者数据提取时的进入步骤等；

（五）计算完整性校验值的过程和结果。"

《公安机关办理刑事案件电子数据取证规则》第 30 条："网络远程勘验应当由符合条件的人员作为见证人。由于客观原因无法由符合条件的人员担任见证人的，应当在《远程勘验笔录》中注明情况，并按照本规则第二十五条的规定录像，录像可以采用屏幕录像或者录像机录像等方式，录像文件应当计算完整性校验值并记入笔录。"

《公安机关办理刑事案件电子数据取证规则》第 34 条："对以下犯罪案件，网络在线提取、远程勘验过程应当全程同步录像：

（一）严重危害国家安全、公共安全的案件；

（二）电子数据是罪与非罪、是否判处无期徒刑、死刑等定罪量刑关键证据的案件；

（三）社会影响较大的案件；

（四）犯罪嫌疑人可能被判处五年有期徒刑以上刑罚的案件；

（五）其他需要全程同步录像的重大案件。"

电子数据取证过程中，记录取证过程和结果的完整性校验值并上传区块链保存。各司法机关可以访问区块链对该电子数据原始性、完整性进行审查、核对，从而保障证据的客观性、合法性。

二、取证设备的功能

该取证设备具有如下功能。

（1）保障取证全面、客观。取证设备会自动记录取证要素（时间、地点、人员等信息），自动计算取证结果的完整性校验值，自动上链，不可更改。

（2）方便共享共识。上链数据跨部门保存，打破单位壁垒，相互认证，共同监督。公安机关通过取证设备固定的取证信息将被保留在司法区块链[①]上，中端的检察机关和后端的审判机关，均可通过区块链验证电子证据是否被篡改。需要说明的是，为了保证电子证据的安全，同时满足保密要求，上链的只是电子证据的完整性校验值和取证要素，而非电子证据本身，电子证据依然保存在取证单位本地。

（3）办案智能便捷。自动校验，自动上链，自动验真，自动生成取证报告。以现场摄影为例，运用搭载了区块链技术的执法记录仪，可在拍照同时记录该照片的经纬度、日期、司法人员 ID、取证设备 ID、电子证据的完整性校验值、文件名、文件大小等信息，不再需要人工计算完整性校验值、记取证笔录，而是由区块链充当"电子见证人"。

三、区块链取证设备试点情况

运用区块链取证办案在试点中取得了良好成效，取证设备也在不断推广和升级。

第一阶段，区块链取证为公益诉讼助力。西湖区人民检察院为保护董存瑞、黄继光等英烈名誉权，应用区块链技术进行在线取证。对于淘宝商家的侵权网页界面，运用取证设备拍照固定，自动生成取证报告并上链存证；对于侵犯英烈名誉权的纸质出版物，运用取证设备固定犯罪事实，同时记录取证日期、经纬度、完整性校验值等信息。基于上述区块链固定的证据，西湖区人民检察院成功向杭州互联网法院提起全国首例英烈保护民事公益的网络诉讼。诉讼中采取远程在线举证方式，由于有区块链技术确保证据的客观性、完整性，该证据成功被互联网法院采纳。

第二阶段，区块链取证为刑事诉讼护航。西湖区人民检察院开发了执法记录仪 2.0 版配发一线刑侦民警进行试点。根据民警反馈进行多项修改并办理多起刑事案件。其中，办案民警运用该设备，在现场搜查过程中更加高效、可靠地固定了涉案毒品证据。

除助力打击线下犯罪，区块链取证还能应对线上取证难题。以电信网络诈骗案为例，犯罪分子诱骗被害人购买数字货币充值到其提供的虚假炒币平台 App 中进行"投资"。因为本案中的交易均在境外网站上进行，民警难以向相关平台调取交易记录，更无法查询、冻结赃款。为应对境外取证难题，检察机关引导民警采用区块链执法记录仪拍摄境外网站

---

① 　该司法区块链由当地司法机关与蚂蚁科技集团合作共建。

内容，固定数字钱包之间的交易关系，查明赃款去向，并计算录像文件的完整性校验值，上传区块链保存。有效建立了犯罪嫌疑人与诈骗事实之间的关联性，并保障该证据和银行流水一样具有客观性和合法性。

四、远景展望

区块链取证未来仍有广阔的发展空间。前面只是提到了区块链在多媒体取证中的一个功能，即在执法记录仪上固定照片、视频证据。其实，区块链取证还有其他功能，比如实现数字签名、证据溯源、跨部门认证、哈希值校验等。区块链技术还将被西湖区人民检察院应用到线上送达、远程笔录制作、司法鉴定检验等场景中，在证据产生源头就实现了证据的数字化。可见，区块链技术可谓未来"司法新基建"的底层技术。浙江省有一个"政法一体化—单轨制"系统。它是一个从公安到检察机关，再到法院的电子卷宗系统。区块链技术可以和浙江的政法一体化结合起来，构建跨部门、全流程、高效率的取证存证基础设施。

检察技术支撑网络犯罪案件办理的基层实践

陈　荔[①]

上海市虹口区人民检察院依托上海市人民检察院司法鉴定中心成立"信息技术创新实验室"，立足检察办案，强化技术与业务融合，打造业务精、经验足、能力强的网络犯罪案件办理技术支撑团队。为有效打击涉网犯罪，虹口区人民检察院有三点可供参考的实践经验：一是提前介入，协助引导侦查；二是自行补侦，强化证据链闭环；三是出庭质证，回应辩方质疑。

一、提前介入，协助引导侦查

网络犯罪是智能化、高隐蔽性的犯罪形式，目前已经成为增长最快的刑事犯罪。根据最高人民检察院 2021 年发布的数据显示，2020 年全国检察机关起诉涉嫌网络犯罪14.2 万人，同比上升 47.9%。网络犯罪呈现出黑产化、集团化、跨境化的特征。基层办案中存在取证困难的现象，表现为以下三个方面：（1）技术迭代快，取证打击应对要求高。与日常生活相对较远的新技术如区块链、暗网等已经应用于犯罪，取证技术要求高。（2）黑灰产涉及面广，证据链完整性取证要求高。集团化、跨境化的衍变给证据溯源和场景重现带来挑战，取证时效性要求高。（3）入罪证据标准认识不一，关联性取证要求高。如虚拟身份落地与真实身份挂钩，犯罪主观故意的推定，"跑分客"等集团化运作的犯罪资金流水的确定等均需认定相应证据与犯罪嫌疑人的关联性。对于一些疑难案件，我们探索协助检察官提前介入，引导侦查，从专业技术的角度提供取证技术、手

---

① 上海市虹口区人民检察院检务保障部主任，四级调研员。

段、标准等意见。

二、自行补充侦查，强化证据链闭环

虹口区人民检察院以创新实验室为平台，打造技术＋业务联动基地，制定《检察技术人员协助检察官开展补充侦查工作的若干规定（试行）》，提升检察阶段补充侦查工作质效。以"王某、单某利用运营商系统漏洞实施网络盗窃案"为例，虹口区人民检察院确定本案补充侦查的关键在于：确定作案过程、认定被告人与案件的关联性和确定涉案金额。于是，我们根据案情恢复筛选关键信息，成功重现了被告人测试系统漏洞的过程；通过全面梳理涉案账号和作为检材的手机、计算机之间的关联，确定被告人与案件的关联性，锁定涉案账号和金额，为起诉提供了有力的支撑。经过一审和二审，王某被判处有期徒刑 11 年，并处罚金 3 万元；单某被判处有期徒刑 1 年 3 个月，并处罚金3 000 元。

三、出庭质证，回应辩方质疑

最高检《关于指派、聘请有专门知识的人参与办案若干问题的规定（试行）》第 3 条规定："人民检察院可以指派、聘请有鉴定资格的人员，或者经本院审查具备专业能力的其他人员，作为有专门知识的人参与办案。"依据该规定，上海市人民检察院司法鉴定中心电子数据鉴定人，首次以有专门知识的人的身份出庭。虹口区人民检察院鉴定人分别在庭前预案、电子数据证据梳理、出庭质证三个环节，辅助检察官完成案件办理、正确解读涉及专门技术的证据材料、弥补检察官的技术短板以准确认定案件事实。这项举措，充分发挥了上海检察机关司法鉴定中心统一调度专业技术人员跨院参与案件办理的职能作用，为今后以有专门知识的人的身份出庭工作的开展积累了经验。

鉴定人和有专门知识的人出庭有利于推进庭审实质化。庭审实践中专门技术问题越来越多，有专门知识的人出庭使控辩审三方聚焦于解决专门性问题。例如，在上海市人民检察院司法鉴定中心首例电子数据鉴定人作为有专门知识的人出庭案中，有专门知识的人协助解决了如下问题：（1）证人电脑上网记录、下载记录与特定网站的关联性问题；（2）涉案网站的运行原理及用户下载视频来源等专业性问题；（3）将数据库字段特征码转化为磁力链接，随机提取下载的科学性问题。最终被告人被判处有期徒刑 3 年，罚金 5 万元。

虹口区人民检察院技术人员参与办理的网络犯罪案件成效显著。2021 年，虹口区人民检察院技术人员参与办理的网络犯罪案件数比去年同期增长 6 倍，占到本院相应网络犯罪案件的 45%；技术人员参与的两起案件在上海市检察机关优秀自行补充侦查案（事）例评审中获奖；1 名干警代表上海市人民检察院获得第六届中国电子数据取证大赛团队一等奖；3 名干警入选上海市人民检察院声像鉴定检察技术办案团队，参与办案事迹获《上海法治报》专访。

电信网络诈骗跨境犯罪境外证据的审查与认定

程晓璐 [①]

一、引言

　　跨境有组织的电信网络诈骗犯罪中的很多关键证据往往形成在境外，取证难度大，还可能涉及公证及国际刑事司法协助；境外证据的合法性、真实性常常遭到质疑。2021 年 3 月 1 日正式施行的《最高人民法院关于适用〈中华人民共和国刑事诉讼法〉的解释》（以下简称《刑事诉讼法司法解释》）第 77 条在对原《刑事诉讼法司法解释》第 405 条进行修改完善的基础上，规定了法院对检察机关和当事人一方提供的境外证据材料的收集程序和审查判断标准。但落实到具体实务中，当境外证据的采纳与否关系罪与非罪时，如何界定"来自境外的证据材料"以及如何认定境外证据的效力则成为争议的焦点问题。接下来，我从《刑事诉讼法司法解释》的相关规定出发，结合自己办理的某跨国电信诈骗案，谈谈境外证据的审查判断以及境外证据的效力问题。

二、相关法律、司法解释规定

　　《刑事诉讼法司法解释》第 77 条规定："对来自境外的证据材料，人民检察院应当随案移送有关材料来源、提供人、提取人、提取时间等情况的说明。经人民法院审查，相关证据材料能够证明案件事实且符合刑事诉讼法规定的，可以作为证据使用，但提供人或者我国与有关国家签订的双边条约对材料的使用范围有明确限制的除外；材料来源不明或者真实性无法确认的，不得作为定案的根据。"

　　"当事人及其辩护人、诉讼代理人提供来自境外的证据材料的，该证据材料应当经所在国公证机关证明，所在国中央外交主管机关或者其授权机关认证，并经中华人民共和国驻该国使领馆认证，或者履行中华人民共和国与该所在国订立的有关条约中规定的证明手续，但我国与该国之间有互免认证协定的除外。"

　　最高人民法院、最高人民检察院、公安部于 2016 年 12 月 19 日联合出台的《关于办理电信网络诈骗等刑事案件适用法律若干问题的意见》第六部分关于证据的收集和审查判断的第（三）项明确规定："依照国际条约、刑事司法协助、互助协议或平等互助原则，请求证据材料所在地司法机关收集，或通过国际警务合作机制、国际刑警组织启动合作取证程序收集的境外证据材料，经查证属实，可以作为定案的依据。公安机关应对其来源、提取人、提取时间或者提供人、提供时间以及保管移交的过程等作出说明。

　　对其他来自境外的证据材料，应当对其来源、提供人、提供时间以及提取人、提取时间进行审查。能够证明案件事实且符合刑事诉讼法规定的，可以作为证据使用。"

　　最高人民法院、最高人民检察院、公安部 2020 年 11 月 26 日联合颁布的《办理跨境

---

① 北京德恒律师事务所高级合伙人。

赌博犯罪案件若干问题的意见》第七点第（三）项规定："当事人及其辩护人、诉讼代理人提供的来自境外的证据材料，该证据材料应当经所在国公证机关证明，所在国中央外交主管机关或者其授权机关认证，并经我国驻该国使、领馆认证。未经证明、认证的，不能作为证据使用。

来自境外的证据材料，能够证明案件事实且符合刑事诉讼法及相关规定的，经查证属实，可以作为定案的根据。"

三、提请注意的问题

这里需要提请注意一个问题：控辩举证责任不对等。

人民法院对于境外证据的审查、判断，需要区分举证主体。对于检察机关提供的证据，人民法院不予采信的情形包括：（1）提供人或者我国与有关国家签订的双边条约对材料的使用范围有明确限制的；（2）来源不明的；（3）真实性无法确认的。换言之，除上述三种情形之外，检察机关举出的境外取得证据，人民法院可以采信。这意味着对于办案机关收集的境外证据材料，无论是否通过互助合作调取，只要说清楚来源，法院经审查确认后，都可以作为定案依据。

但对于当事人（包括被告人、被害人）及其辩护人、诉讼代理人举出的境外取得证据，则需经过公证机关、所在国外交主管机关或者其授权机关、我国驻该国使、领馆证明或者认证程序，方可为人民法院所采信。

但问题在于，如此严苛的取证程序标准，给辩方举证造成了极大的困难，如果辩方提供的证据材料，被办案机关认定属于来自境外的材料，又没有经过公证、认证，这个证据是否必然不能作为定案依据？实践中，法院一般会进行否定性评价，更不会提亲自到境外核实证据真伪。

但如果这些证据关系罪与非罪，或者重罪与轻罪，办案机关基于追诉动机往往不愿或者找出各种理由认为没有必要去境外取证，不去核实辩方证据真伪。在此情形下，司法解释对于辩方提供的境外证据的程序要求远远超出了对控方证据的程序要求，必然导致辩方因无法完全满足上述程序要求，而对相关境外材料的取证、举证不能，进而影响司法机关对于事实的认定，甚至可能酿成错案。

四、具体案例释析

我在办理某企业家 A 被指控伙同 B 涉嫌跨境电信诈骗罪时，控方指控被告人伪造汇丰银行的继承款存单，并以境外取款需要手续费为由骗取 C 的钱款。案件诉讼程序历经 7 年之久，曾经三次发回重审，最后一次二审期间，被告人委托我们团队代理，虽然我们进一步补强了关键证据，但其中还有很多证据被法院认定为来自境外的证据材料，真实性无法核实，所以不予采纳，最终二审法院还是维持原判。

企业家 A 始终供称她曾委托一位台湾地区的企业家朋友 D 帮助联系英国律师并前往

英国区域财务中心办理有关事宜。为此，她还向法庭提供了大量的和 D 及英国律师的往来邮件及一些材料。因疫情期间出境非常不方便，辩护人向 D 进行了视频调查取证，D 详细说明了其和英国律师多次交流沟通及他本人受 A 委托前去英国区域财务中心核实进展情况并签署有关文件，文件副本也及时给了 A。但最终法院认定 D 的证人证言与其他证据矛盾，对其真实性不予确认；以及辩方提供的证据材料来源于境外，未经公证、认证，真实性无法确认，不予采信辩方证据。

法院认定犯罪成立的关键证据，就是当事人提供的汇丰银行（中国）有限公司出具的一份说明，该说明将一张 1998 年英国汇丰银行的继承款存单认定为"汇丰银行（中国）有限公司已取得注册在英国的 HSBC Bank plc 的确认，该份文件不是由 HSBC Bank plc 或其任何分支机构出具"。

本案当中确实涉及大量与境外有关的证据材料，在进行证据审查的过程中，存在三个需要司法判断的问题。

第一，对于来自境外的证据材料——一张显示为汇丰银行总部的存款单需要鉴别真伪，谁来进行鉴定？国内汇丰银行出具的说明是否具有证据效力？

第二，辩方向身处我国台湾地区的重要证人进行视频取证，如果未经公证，形成的证人证言是否为"来自境外的证据材料"？辩方提交了被告人和台湾证人及英国律师的大量往来邮件，其中就有证人亲自去英国区域财务中心核实进展情况并签署的有关文件，这些邮件和文件是否应界定为"来自境外的材料"？

第三，即便被认定为"来自境外的材料"，如果没有经过公证、认证，是否必然不能作为定案的依据？

可以说上述这些问题如何解决，直接关系到本案的罪与非罪。

关于第一个问题：如何看待汇丰银行（中国）公司出具的说明的效力？

在本案中，汇丰银行（中国）出具的说明称，经过英国的 HSBC Bank plc 总部的确认，涉案存单不是汇丰银行出具的。但如何证明其"得到了汇丰总部的确认"？跟谁联系的？汇丰总部的判断标准是什么？为何不对工作人员做笔录？这些都没有进一步说明。鉴定真伪在本案中是如此严肃而又重要的事情，为什么不能通过国际刑事协助程序由英国汇丰银行总部直接出具说明？

在我们看来，汇丰银行（中国）转述了英国的 HSBC Bank plc 的确认说明，严格来说，汇丰银行（中国）有限公司没有鉴定资格，且控方亦没有说明国内汇丰银行是通过何种方式得到汇丰银行总部的确认的，该证据同样属于来源不清，其合法性、真实性应不予认可。但法院居然就径直认定了该说明的证据效力。

关于第二个问题：何为来自境外的材料？《刑事诉讼法司法解释》并未进行界定。

对此，参照《最高人民法院关于民事诉讼证据的若干规定》第 16 条："当事人提供的公文书证系在中华人民共和国领域外形成的，该证据应当经所在国公证机关证明，或者履行中华人民共和国与该所在国订立的有关条约中规定的证明手续。

中华人民共和国领域外形成的涉及身份关系的证据，应当经所在国公证机关证明并经中华人民共和国驻该国使领馆认证，或者履行中华人民共和国与该所在国订立的有关条约中规定的证明手续。

当事人向人民法院提供的证据是在香港、澳门、台湾地区形成的，应当履行相关的证明手续。"

该规定明确表明，判断一份证据是否属于境外证据的标准是该证据是否是在境外形成。从法理上来讲，之所以对境外证据进行特殊的公证、认证程序，是因为该证据的生成并未适用本国（本法域）法律，基于尊重不同国家（法域）间司法主权的需要，需要进行特殊的公证、认证程序。

在本案中，本案辩护人调取的台湾地区谢某的证言并非境外证据。第一，虽然证人在台湾地区，但其证人证言是在境内形成的，是本案辩护人通过远程视频的方式询问获得的，取证人在境内，证言笔录形成在境内；第二，本案辩护人是适用我国境内的法律法规而非境外法律法规进行的调查取证。因此，本案辩护人调取的证人证言并非境外证据，不能适用《刑事诉讼法司法解释》第 77 条的规定。

但由此带来了第三个问题，当事人提供的境外证据，没有经过公证、认证，是否必然没有证据效力？

需要注意的是，2020 年 11 月出台的《办理跨境赌博犯罪案件若干问题的意见》中规定了"未经证明、认证的，不能作为证据使用"，但 2021 年出台的《刑事诉讼法司法解释》第 77 条第 2 款却并没有加上这句——这不是司法解释制定者的疏漏，而是有意为之，这其实就留下了可以解释的空间。

《刑事诉讼法司法解释》第 77 条第 2 款并未禁止不经上述公证和认证程序的境外证据可以作为刑事诉讼中的证据使用，这意味着该款规定并未否定未履行公证和认证程序的境外证据的证据能力，不能简单以境外证据未经公证和认证程序进而无法查证真伪为由否定其证据能力。我认为，只要能够通过调查核实方式查证其真实性的境外证据，无论是否履行了公证、认证等程序，均应认可其证据能力。

《刑事诉讼法》第 51 条规定，"公诉案件中被告人有罪的举证责任由人民检察院承担"。同时，第 196 条第 1 款规定："法庭审理过程中，合议庭对证据有疑问的，可以宣布休庭，对证据进行调查核实。"《刑事诉讼法司法解释》第 271 条款规定："法庭对证据有疑问的，可以告知公诉人、当事人及其法定代理人、辩护人、诉讼代理人补充证据或者作出说明；必要时，可以宣布休庭，对证据进行调查核实。"根据上述规定，尽管公诉案件中检察机关承担举证责任，但法庭仍有查明事实真相的职责。因此当其对证据有疑问时，不应径直否认该证据的证据能力，而是应当进行调查核实。

在前述案件中，被告人向法庭提交的四组英文文件经辩护人向谢某核实，确认其就是谢某从英国区域财务中心签署后带回交给我的当事人的，这些材料对于本案关键事实的认定及罪与非罪的判断具有重要作用。如果否认这些证据的效力，至少应该对这些境外文件材料进行鉴定，控方如果无法直接否定这些证据，无法举证说明这些材料为何不真实，法院就应该作出有利于被告人的认定。这才符合刑事诉讼法的证据审查规则和存疑有利于被告人的原则。

遗憾的是，法院在未依法对被告人提供的证据材料进行调查核实的情况下，就以"来源不明，没有经所在国公证机关证明、所在国中央外交主管机关以及其授权机关认证并经我国驻该国使领馆认证"为由不予采信。目前，该案正在申诉中。

诚然，随着经济的发展、科技的进步、互联网的普及以及交通设施的日趋便利，跨境有组织犯罪呈现出新的特点，给打击犯罪带来新的挑战。现行司法解释回应了打击跨国犯罪的需求，对于公权力主体提供的境外证据的审查标准进行"松绑"，却对私权利主体提供的境外证据、取证方式和取证程序的审查标准规定得极为严苛，这种不对等的举证方式会严重影响案件事实的准确认定。

五、结论

我认为，对于私权利主体举出的境外证据，不能"一刀切"地认为凡是未经公证、认证的就不具备证据效力。原因在于：相对于控方证据要求达到的"排除合理怀疑"的程度而言，辩方证据的采信标准本就应相对较低，只要能够"引起合理怀疑"或者使得司法人员对待证事实"不能排除合理怀疑"，就应作出有利于被告人的认定。如此，才能体现控辩平等，也才能精准打击犯罪，减少冤假错案发生。

第 12 讲

网络犯罪的技术中立问题——从"网络爬虫第一案"谈起

主讲人介绍

桑涛，浙江省杭州市拱墅区人民检察院党组书记、检察长，浙江省法学会诉讼法学会常务理事，中国检察学会理事，全国检察业务专家，首届全国优秀公诉人，最高人民检察院检察教育讲师团成员。

讲座主题

通过对"网络爬虫第一案"——魔蝎公司侵犯公民个人信息案的解读，分析"技术中立"的边界以及使用技术手段进行网络犯罪行为的司法认定。

讲座内容

与传统刑事犯罪相比，网络犯罪具有主体的智能性、行为的隐蔽性、手段的多样性、犯罪的连续性、传播的广泛性、犯罪成本低、后果难以预测和控制等特点。除了"魔蝎"案，我们在办理跨境赌博案件、电信网络诈骗案件、网络黑灰产打击等案件当中也遇到了很多问题，有很多法律适用的疑难复杂问题制约着办案人员最终作出准确的处理。随着信息技术的飞速发展，网络犯罪迅速蔓延，花样不断翻新。应对不断变化的网络犯罪，要求在宽严相济刑事政策之下，根据网络犯罪的自身特点及时调整对策，适当转型。

当前网络犯罪呈现分工细化的态势，逐步形成由各个作案环节构成的利益链条，使得网络犯罪的"技术门槛"日益降低。司法实践中，很多实施危害计算机信息系统安全犯罪活动的行为人只有初中文化程度，其往往通过购买用于破坏计算机信息系统功能、数据的程序、工具或者获取技术帮助进而实施犯罪。既然技术在网络犯罪中发挥了不可取代的作用，那么中立的帮助行为能否构成犯罪？技术中立能否作为免罪条件？回答这些问题，首先需要了解什么是技术中立。

王阳明的心学四诀说："无善无恶心之体，有善有恶意之动，知善知恶是良知，为善去恶是格物。"这四句话可用于理解网络犯罪或其他犯罪中的技术中立问题。何谓"无善无恶心之体"？技术本身在一般情况下无所谓善恶，也无所谓是犯罪工具还是并非犯罪工具。比如，一把菜刀可以用于切菜，也可以用于行凶抢劫，菜刀本身无罪，它是无善无恶的，这是本体。但人有了善恶之意，于是乎，"有善有恶意之动"。对于那些专门用于侵入计算机信息系统的程序、工具，可以将之评价为黑产。但一般情况下，技术无所谓善恶。更多的时候，当一个人将技术作为犯罪工具时，我们就需要思考这是不是犯罪手段了。评价一项技术究竟是否作为犯罪工具使用时，我们评价的是人，而非技术本身。

一、什么是技术中立

技术中立免责是仅对技术提供者而言的，若技术提供者未参与侵权，且不明知他人运用所提供技术侵权，可以免责。以爬虫技术为例，从技术中立的角度来看，爬虫技术本身并不当然违法，在读取、搜集互联网信息时，数据爬取行为本质上是对信息内容的复制，本着互联网开放共享的精神，这种临时复制行为若未采取破坏手段、未违背爬虫协议约定，那就是被允许的。有的技术则并非中立的，比如杭州市余杭区检察院办理的一起"小黄伞打码撞库"的案件，就是侵犯公民个人信息的案件。在最高检的指导性案例中就有这一案件，该案的技术工具就是专门用于撞破互联网公司设置的屏蔽、保护密码，进而获取数据，这种技术就是犯罪工具，这与技术中立是有区别的。

在司法实践中，基于技术中立原则给予法律责任豁免的情形，通常限于技术提供者，对于实际使用技术的主体，则应视其具体行为是否符合法律规定进行判断，进而厘清技术中立与恶意使用行为的界限。这也就是"有善有恶意之动"。当一个人有了作恶、实施犯罪的故意时，使用技术的行为就应认定为在主观恶的支配下实施的违反刑事法律规定的行为。此时，对这种行为应依据刑法规范评价，而不应再说因为使用了中立的技术就不追究责任。

在著作权和知识产权保护中有一个"避风港原则（规则）"。它可以用于理解技术中立问题。一般认为，"避风港原则（规则）"起源于美国《新千年数字版权法》（*Digital Millennium Copyright Act*，DMCA），该法又称为"通知—删除"原则，DMCA 第 512 条规定："网络服务提供者使用信息定位功能，包括目录、索引、超文本链接、在线网络存储，如其链接、存储的内容涉嫌侵权，在可以证明其无恶意且及时予以删除侵权链接及内容的情况下，网络服务提供者不用承担侵权责任。""避风港原则（规则）"是指对于不提供信息内容，只提供技术服务、网络空间的网络服务提供者，在目的合法的情况下，一般不对使用其服务的网络用户的侵权行为承担法律责任。

我国 2006 年出台的《信息网络传播权保护条例》中引入了"避风港原则"，该条例通过第 14 条至第 17 条确立了"避风港规则"，构建出"通知—删除—转送—反通知—恢复"的网络著作权侵权处理流程。同时，该条例通过第 22 条、第 23 条引入"红旗原则"，即网络服务提供者在"知道"或"应当知道"服务对象提供的作（制）品侵权的情况下，未主动删除或断开链接的，仍构成侵权。2009 年颁布的《侵权责任法》第 36 条也从侵权责任的角度规定了"避风港原则"，即网络提供者接到通知后仍不删除作（制）品带来的侵权责任。《消费者权益保护法》和《电子商务法》中也有"避风港原则"的相关规定。

从我国的一系列相关法律条款来看，"避风港原则"有较为明确的适用对象和条件：一是提供信息存储空间，供服务对象通过信息网络向公众提供作品、表演、录音录像制品；二是未改变服务对象所提供的作品、表演、录音录像制品；三是不知道也没有合理的理由知道服务对象提供的作品、表演、录音录像制品侵权；四是未从服务对象提供的作品、表演、录音录像制品中直接获得经济利益；五是在接到权利人的通知后及时删除。

二、网络爬虫

所谓网络爬虫，是指按照一定的预设规则，自动抓取互联网上相关信息的程序或者脚本，它与互联网的迭代发展息息相关。比如人们熟知的百度等搜索引擎，就是以网络爬虫作为关键底层技术来实现搜索的精准性和广泛覆盖性。从形式上看，网络爬虫技术具有中立性，借助这项技术可以实现数据资源的流通共享。

根据我国现行法律法规的规定，对于利用网络爬虫技术爬取个人信息行为是否涉嫌违法犯罪，主要看两点：一是个人信息的爬取是否符合法律规定。例如，根据《民法典》的规定，经过权利人同意而处理其个人信息的，属于合理使用的情形，不承担民事责任。因此，如果某科技公司爬取个人信息时经过了权利人的同意，则这种行为属于合法行为，当然不构成刑事犯罪。未经权利人同意而随意爬取个人信息的，则属于违法行为，情节严重的，还可能构成刑事犯罪。二是利用爬虫技术爬取个人信息时是否突破了他人设置的技术保护措施。有的公司为了保护存储在服务器内的数据，通常会以防火墙、加密程序等方式阻止网络爬虫，这就是技术保护措施。

在司法实践中，技术保护措施通常被视为保护数据安全的计算机信息系统，因此，突破技术保护措施而爬取个人信息的行为，还可能构成非法获取计算机信息系统数据罪、破坏计算机信息系统罪等犯罪。

技术中立并非侵犯公民个人信息的挡箭牌。对于网络爬虫技术，我们既要看到它在信息资源流通共享中的不可或缺性，也要意识到它的滥用对个人信息权益造成的严重侵犯。科技企业在使用网络爬虫技术的过程中，需要严格遵守现行法律法规，遵循爬虫技术规则，尊重爬虫对象设置的技术保护措施。唯其如此，才能在法治逻辑下使爬虫回归技术本质，推动整个行业健康有序发展。

根据《刑法》第 285 条第 2 款的规定，非法获取计算机信息系统数据的方法包括侵入计算机信息系统或者采用其他技术手段。所谓采用其他技术手段，是指侵入以外的技术手段，如利用钓鱼网站、中途劫持等技术手段。实践中，常见的是通过钓鱼网站获取计算机信息系统数据。

三、"网络爬虫技术第一案"

"网络爬虫技术第一案"是指其影响力比较大、涉及数据多，并不代表该案就是最早发生的网络爬虫案件。

2016 年 3 月开始至 2019 年 9 月，魔蝎数据科技公司为各网络贷款公司提供需要贷款个人用户的多维度信用数据过程中，针对支付宝、淘宝、京东、学信网等不同互联网公司的反爬源代码程序编写爬虫程序，利用 H5 和 SDK 通道模拟贷款用户个人手机的登录环境、模拟用户操作个人手机贷款软件的行为，租用 VPS 服务器不断变更海量 IP 地址等方式绕过支付宝、淘宝、京东、学信网等互联网公司的反爬机制，在未得到互联网公司的授权的情况下，非法获取 × 芝麻信用分、花×、× 淘气值、×× 小白信用分等由前述公司通过程序建模、大数据分析得出的信用评分数据，且将此类评分数据提供给网络贷款公司牟利，为全国上百家网络贷款公司提供风险分析贷后预警、催收智能运筹等金融全生命周期风险管理服务，魔蝎数据科技公司以此非法牟利人民币 213 694 226.76 元，办案机关共计获取数据 22 600 775 条，具体流程可参见图 12-1。

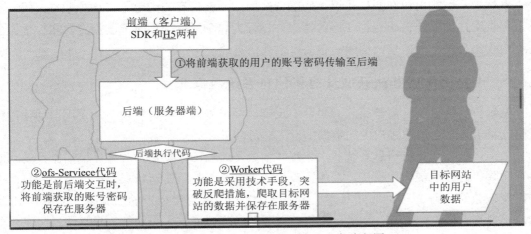

图 12-1　"网络爬虫技术第一案"业务流程图

围绕该案的定罪问题产生了如下分歧。

（一）是否构成侵犯公民个人信息罪

依照《刑法》第 253 条之一第 3 款的规定，窃取或者以其他方法非法获取公民个人信息的，构成侵犯公民个人信息罪。"两高"《关于办理侵犯公民个人信息刑事案件适用法律若干问题的解释》规定，"账户密码"等能够单独或者与其他信息结合识别特定自然人身份或者反映特定自然人活动情况的各种信息，属于公民个人信息。

该解释同时规定，在提供服务过程中收集公民个人信息的，属于《刑法》第 253 条之一第 3 款规定的"以其他方法非法获取公民个人信息"。那么，魔蝎公司的行为是否属于经授权的收集呢？答案是否定的。

《网络安全法》第 22 条第 3 款规定：网络产品、服务具有收集用户信息功能的，其提供者应当向用户明示并取得同意；涉及用户个人信息的，还应当遵守本法和有关法律、行政法规关于个人信息保护的规定。第 41 条第 2 款规定：网络运营者不得收集与其提供的服务无关的个人信息，不得违反法律、行政法规的规定和双方的约定收集、使用个人信息，并应当依照法律、行政法规的规定和与用户的约定，处理其保存的个人信息。第 44 条规定：任何个人和组织不得窃取或者以其他非法方式获取个人信息。此外，《网络安全法》第 42 条也有相关规定。

《民法典》第 111 条规定：自然人的个人信息受法律保护。任何组织和个人需要获取他人个人信息的，应当依法取得并确保信息安全，不得非法收集、使用、加工、传输他人个人信息，不得非法买卖、提供或者公开他人个人信息。"两高一部"《关于依法惩处侵害公民个人信息犯罪活动的通知》规定：对于在履行职责或者提供服务过程中，将获得的公民个人信息出售或者非法提供给他人，被他人用以实施犯罪，造成受害人人身伤害或者死亡，或者造成重大经济损失、恶劣社会影响的，或者出售、非法提供公民个人信息数量较大，或者所得数额较大的，均应当依法以非法出售、非法提供公民个人信息罪追究刑事责任。

本案中，魔蝎公司在授权协议中明确告知用户不会保存的淘宝、京东等账户密码，实际上仍将用户的账户密码保存在服务器中，该行为属于违反国家有关的规定，在提供服务过程中收集公民个人信息，构成侵犯公民个人信息罪。

（二）是否构成非法获取计算机信息系统数据罪

魔蝎公司绕过支付宝等第三方平台的反爬风控措施，在用户授权下，采用自动化程序复制支付宝等平台用户账户内的数据的行为，可能涉及三个罪名。

第一，破坏计算机信息系统罪，其犯罪构成是违反国家规定，对计算机信息系统功能进行删除、修改、增加、干扰，造成计算机信息系统不能正常运行，后果严重的。目前来看，魔蝎公司的行为不构成此罪。理由如下：（1）绕过反爬风控的措施主要有变化 IP 地址，模拟真人操作程序等，均满足用户授权下的访问，魔蝎公司的行为只是绕过了平台的这些措施，并未对平台的计算机信息系统产生影响。反爬虫措施本质上不是网络安全的技术措施，只是"防范用户授权第三方登录"的一种技术措施，实质上只是平台与用户对于用户专属空间的访问控制权问题的协议安排，主要针对特定系统的访问控制问题，其目的是限制同业竞争对手，其合法性值得商榷。从表面行为上看，魔蝎公司有绕过（骗过）技术措施的行为，但实质上，其绕过的技术措施并非网络安全等级的措施，因为根据《计算机信息系统安全保护等级划分准则》对于系统安全进行的分类，认定安全保护等级的标准主要有三个方面：一是自主访问控制；二是用户身份鉴别；三是数据完整性。从这三个方面来看，魔蝎公司在用户授权下，使用用户身份及密码进入用户可自主访问控制的空间或者在部分情况下绕过支付宝等第三方网站设置的反授权登录措施，该行为并未对上述三个系统安全的重要方面造成破坏，不会危害计算机信息系统安全。（2）支付宝等平台称，如果同时对一个平台进行的数据爬取达到一定的数量规模，可能增加平台服务器负担，但从用户授权的角度分析，只是把用户的人工操作过程变成程序机器人操作过程，登录的数量是一样的，目前也没有数据证明魔蝎公司的行为给平台服务器造成负担，且支付宝、人民银行发出函告后，魔蝎公司即停止爬取行为，故目前也无法认定其对平台的计算机系统造成干扰。（3）是否违反国家规定不明确。目前，此类行为违反何种国家规定尚不明确，有企业曾对外发表法律声明，反对此类爬虫行为，称要保留法律追索权利，但因数据的归属权不明，故无法认定爬取行为侵犯的具体权利。

第二，是否构成非法获取计算机信息系统数据罪，依照《刑法》第 285 条第 2 款的规定，违反国家规定，侵入或采用其他技术手段获取计算机信息系统中存储的数据，情节严重的，构成非法获取计算机系信息系统数据罪。本案中魔蝎公司不构成非法获取计算机信息系统数据罪，理由如下：（1）在行为层面，魔蝎公司已经得到了用户的授权，并非非法侵入计算机信息系统。根据目前的司法解释及相关案例，构成该罪需要满足两个条件：一是非法用户侵入系统，二是合法用户越权访问。就本案而言，两者均不符合。"两高"《关于办理危害计算机信息系统安全刑事案件应用法律若干问题的解释》规定，账户密码是确认用户在计算机信息系统上操作权限的身份认证信息，是辨别计算机信息系统是否得到授权访问的重要乃至最重要的措施。用户将自己的账户密码交由魔蝎公司，魔蝎公司使用该账户密码发起登录，相当于代替用户进入该计算机信息系统，也即其已经得到了该计算机信息系统最重要的安全措施的授权。此外，目标网站设置反爬措施的目的是限制用户使用自动化程序登录，而不是限制非授权用户的登录，因为用户的账户密码本身就代表授权，网络爬虫如果得到用户的账户密码，也就是得到了授权。退一步讲，即使目标网站和用户之间约定了用户不能将账户密码交给别人使用，但由于这并不是强制性规定，用户的行为也只能构成违约。（2）本罪法益是计算机信息系统的数据安全，而目前的立法对数据权属未作出明确规定。目前立法只对用户和数据网站之间的权利框架进行了拟定，但具体的权利义务关系尚未明晰，因此是否需要得到网站的授权存疑。理由如下：首先，根据《民法典》第 1037 条"自然人可以依法向信息处理者查阅或者复制其个人信息"的规定，用户在目标网站上的数据应判定为双方均拥有权益，且应当以用户的个人信息权为主、网站的数据使用权为辅。用户既然拥有一定的查阅和复制权，那么用户授权魔蝎公司爬取自己的用户信息，也就是在一定程度上"让渡"了数据权利，魔蝎公司的行为的危害性就不大。其次，魔蝎公司所爬取的数据大部分是用户的初始数据，而不是目标网站基于初始数据加工而成的数据。结合杭州铁路运输法院[①]的淘宝公司诉美景公司案判决可以发现，数据分为原始数据和衍生数据（即数据网站在原始数据的基础上通过算法、数据模型等形成的抽象化、去标识化数据），数据越靠近原始数据，用户对数据的权利越大，网站对数据的权利越小。本案中，用户自身授权某公司获取其在目标网站的数据，既有原始数据，也有一定的衍生数据（如芝麻信用分、小白信用分）。对于原始数据，不应认定某公司对用户的数据安全法益造成了危害；对于衍生数据，目前法律没有明确规定，应当存疑。最后，基于数据创新和共享的考虑，应鼓励原始数据的自由流通，当被爬取的一方数据体量巨大，而其中的数据又属于原始数据或基础数据时，应当更多允许第三方的数据爬取与数据合理使用，这是因为，当超级网络平台收集海量数据后，此时数据的潜在垄断就成为可能。

第三，爬虫程序的存在具有合理性，且现有证据无法认定魔蝎公司影响了网站的正常运行。现行立法并没有对爬虫程序（即自动化程序）作出规定，但国家网信办 2019 年

---

① 后改为"杭州互联网法院"。

5 月发布的《数据安全管理办法征求意见稿》第 16 条，首次以规范性文件的形式对爬虫（即自动化程序）进行界定。网络运营者采取自动化手段访问收集网站数据，不得妨碍网站正常运行。如果此类行为严重影响网站运行，如自动化访问收集流量超过日均流量三分之一，网站要求停止自动化访问收集时，应当停止。该意见稿条文只是对爬虫程序施加了不得影响网站运行的义务，但没有禁止爬虫的存在及其访问收集行为，故可以认为爬虫程序在不影响网站正常运行的前提下是合理的存在。

本案中，根据现有证据无法认定魔蝎公司影响了网站的正常运行，虽然支付宝等网站表示未经许可的数据爬取行为占用了支付宝的网络和服务器资源，但无法证明此种"占用"影响了网站运行：一是魔蝎公司的爬取是在用户"一事一授权"下进行的，用户本身就有登录服务器查看自己数据的需求，即使某公司不代替用户爬取数据，用户也会自己登录网站查看数据，其对服务器的"占用"并无二致，甚至魔蝎公司的爬虫程序效率更高。二是参考《数据安全管理办法征求意见稿》，如果认定魔蝎公司的爬取行为违法，应当证明其对淘宝等网站的运行造成了影响，如自动化访问收集流量超过日均流量三分之一等情形。但淘宝等网站出具的情况说明只表明魔蝎公司的爬取行为会占有服务器资源，至于占用了多少服务器资源，日均流量是否超过三分之一，是否对网站运行造成影响，现有证据无法证明。三是违法所得或者经济损失无法计算。由于本案中某公司获取的数据并非"身份认证信息"，因此，依照"两高"《关于办理危害计算机信息系统安全刑事案件应用法律若干问题的解释》，本案适用的"情节严重"的标准应当是违法所得 5 000 元以上或者造成经济损失 1 万元以上。本案中，魔蝎公司既爬取了有反爬措施的淘宝、京东等网站的数据，也爬取了没有反爬措施的公积金、车险等网站的数据，而魔蝎公司的收费是以用户为单位的，每个用户的所有信息（既包括有反爬措施的信息，也包括没有反爬措施的数据）混合在一起提供给网贷公司，以此作为其营利手段之一，故其每次的收费项目中既包含没有反爬措施情况下爬取的数据，也包含有反爬措施情况下爬取的数据，难以加以区分。此外，魔蝎公司还对爬取来的原始数据进行加工、整理，形成具有一定独创性的"魔杖""魔分"等类征信产品，而且这也是某公司的营利手段之一，因此难以计算其违法所得，现有证据也无法证明魔蝎公司的行为造成了被爬取网站的经济损失，经济损失也无法认定。

法院判决认定：被告单位杭州魔蝎数据科技有限公司犯侵犯公民个人信息罪，判处罚金。被告人周某犯侵犯公民个人信息罪，判处有期徒刑 3 年，缓刑 4 年，并处罚金。被告人袁某犯侵犯公民个人信息罪，判处有期徒刑 3 年，缓刑 3 年，并处罚金。

四、结论

技术中立并非侵犯公民个人信息的挡箭牌。对于网络爬虫技术，我们既要看到它对信息资源流通共享的不可或缺性，也要意识到它的滥用对个人信息权益造成的严重侵犯。科技企业在使用网络爬虫技术的过程中，需要严格遵守现行法律法规，遵循爬虫技术规则，尊重爬虫对象设置的技术保护措施。唯其如此，才能在法治逻辑下使网络爬虫回归技术本质，推动整个行业健康有序发展。

在当前科技创新、网络创新的背景下，该案的发生也与近年来的金融创新密不可分，无论是 P2P 还是网络贷款平台，实际上都是金融创新过程的产物。基于 P2P、网络贷款的市场需求，产生了利用技术手段进行风控的现象。同时，自 2018 年开展扫黑除恶专项斗争以来，我们遇到了大量的套路贷企业通过科技公司为它们提供风控技术的现象：比如获取他人的通讯录，然后在被害人未及时还款时进行催讨，辱骂他通讯录中的人员，通过这种 "软暴力" 追索 "债务"，实施黑恶势力犯罪。这些犯罪中都有技术中立的影子。在这些案件中，很多企业触犯了非法侵犯公民个人信息罪。应当注意，使用技术需有一个界限，爬虫技术尽管可以在使用中得到允许，但应遵循 "避风港原则"。同时，作为技术提供者、创造者，需要注意了解使用人利用技术进行何种行为。法律、司法解释对帮助行为（如提供资金结算、"第四方支付" 等技术手段）都已经作了明确规定，明知他人实施犯罪而提供帮助的，可能构成帮信罪，可能构成共犯，也可能构成其他犯罪。因此，科技企业在使用网络爬虫技术的过程中，仍需严格遵守现行法律法规，尊重爬虫对象采用的技术保护措施，只有这样才能在法治逻辑下使网络爬虫回归技术本质，推动整个行业健康有序发展。

专家评议

"爬虫第一案" 的反思

裴　炜[①]

一、为什么有这么多 "第一案"

关于本案，前期有一个讨论，很多人认为本案并非网络爬虫 "第一案"。"第一案" 之争恰恰反映出网络信息时代，我们在处理涉网络纠纷时，遇到了一系列新问题、新挑战，这种情况不仅仅在一个地区存在，在全国乃至世界范围内都是一种普遍现象。由于我国信息技术迅速发展，实务中面临的很多问题不仅在我国是新问题，在世界范围内都可能是其他国家未曾见过的新问题。所以，立法者、司法人员、理论研究者均受到冲击和影响，亟须各方进行协作，为新问题的应对提出新方案。

二、"第一案" 的标准之争

为什么魔蝎案被冠以 "第一案" 之称？我们应看到，这些案件中涉及大型的、行业头部的网络信息企业，它们对整个网络空间数据信息治理、网络空间整体治理方面规则成型产生深刻影响，某种程度上代表了其所处行业里数据是如何运用的、信息是如何运用的、网络安全是如何保障的、数据安全是如何保障的。由于目前立法尚处于建构阶段，实践就成了立法的先行者，其中，具有大量数据汇集能力和技术能力的头部企业成为影响网络空

---

①　北京航空航天大学法学院教授、博士生导师。

间治理的重要角色。它们如果用好了实践中的规则，就是对网络空间治理的助力，如果产生了一些负面规则，就会对网络空间的整体秩序产生负面影响。也即"能力越大、责任越大"。2021年出台的《个人信息保护法》最终确立了这些头部企业的"守门人"角色，表明它们在网络空间治理中要承担更重的责任。

在魔蝎案中，首先，我们可以看到网络爬虫技术有现实的需要。这也是为什么爬虫技术不仅可以运用于风控行业，还可以在各行各业发挥作用。在这个背景下，为什么越来越多的技术公司去爬虫？这反映出传统行业对于信息技术在使用上能力的有限性。比如，在传统金融行业中，对于用户是否有充分的信用，是否能到期还款，传统手段的利用有其局限性，但若采用大数据分析或者算法应用，传统行业在转型上可能又会有困难。因此，我们可以看到，数据以及数据的处理和应用已经转化为专门性行业，这是行业分工、社会分工的必然结果。像魔蝎这样的公司，它作为第三方公司介入传统的领域，这种公司有技术优势、数据优势，以及收集、分析、使用数据的动力优势。在此背景下，有这种实践需求，为什么还会有魔蝎案这样触犯刑法的情形？这就反映了我们关于该领域的法律规定尚处于不断建构中。比如，在本案中可以看到一个明显特征，即《刑法》需要与《个人信息保护法》反向契合。为什么这么说呢？因为《刑法》对个人信息保护的规定早于《个人信息保护法》，但后者并非与前者完全契合，对于什么是个人信息、如何保障个人信息，哪些行为触犯了个人信息保护的哪些利益这些问题，理论、实践、立法、司法均处于不断演进的过程中，比如我们对于个人信息处理行为的定义，现在《个人信息保护法》中所涉及的行为类型，就别说与《刑法》相比，即便与《民法典》《网络安全法》的规定都有差异。按照《个人信息保护法》的规定，个人信息处理的行为包括从收集到存储、使用、加工、传输、提供、公开、删除等，涉及数据整个生命周期的各种行为。从这个角度讲，早先制定的《刑法》在个人信息保护方面就需要和新出台的个人信息保护专门立法相契合，这就是所谓的"反向契合"。

其次，法律规定上的模糊性，主要体现在我们现在对于不同行为在法律责任上的界分不够细致。例如，前面提到的《个人信息保护法》对于个人信息不同的处理方式，这些方式在侵犯公民个人信息程度上会有所差异。因此，我们在某些案件中会讨论，单纯的存储行为是否会构成《刑法》所规定的侵犯公民个人信息罪。这里似乎有一条或隐或现的界限，可能存储的侵犯性更低，使用、加工、传输、提供、公开的侵犯性更高。这里需要立法进一步的细化。同时，我们也应注意，不同主体在采用不同强度的相同措施时，可能存在侵犯公民个人信息权益程度的差异。

最后，魔蝎案代表了一个普遍的现象：在网络空间整体治理层面，越来越依赖于公安机关与私主体的合作。在未来社会治理中，我们会看到越来越多的公权力机关，或具有公共事务管理职能的机关与私主体的合作，这也是为什么《个人信息保护法》第37条针对国家机关处理公民个人信息的行为专门做了扩展性规定，其他具备公共事务管理职能的主体也被纳入该范围。在此背景下，可以发现一个现象：现在大部分关于个人信息保护的规定都是针对私领域的处理，但对于私主体配合社会公共事务管理职能过程中，对个人信息处理的边界、强度、方式、途径，现在的立法有所欠缺。尤其是《个人信息保护法》中有大量涉及法律、行政法规另有规定的除外条款。但是，当我们反观法律、行政法规时，可以看到几乎很少有法律、行政法规规定究竟如何"例外"。这些都反映出公私合作在社会公共事务治理层面越来越重要，但法律规定不明确。网络信息产业进行合规建设的必要性是有的，但难度也是前所未有的，集中体现在企业面临的高违法风险。这种高风险主要源于以下三个因素。第一，法律规定本身的不清晰，现在还处于逐渐建构的状态，企业遵守了合规的程序、相应的法律规定，是否就意味着可以出罪、免除法律责任呢？这也不一定。有的企业称，我在做这个业务前，先向律师征求意见了，先让律师帮我审了业务流程，甚至还审查了用户协议。但律师审查的过程似乎不能为企业合规与否进行"背书"。这里就涉及企业如何在事前判断自己的行为是不是有可能踩法律红线。法律规定不明确时企业合规如何判断是亟须明确的问题。第二，法律规定之间相互冲突。例如，《刑事诉讼法》中侦查机关可能需要向企业调取数据侦破案件，但不同的法律之间对侦查措施的强度、门槛、条件等规定有所冲突，例如 2021 年出台的《数据安全法》中专门针对侦查机关调取企业数据进行了规定，其要求经过严格的批准程序。那么，在《刑事诉讼法》中该如何理解"严格的批准程序"呢？《刑事诉讼法》中只能找到一个"严格的批准程序"，即技术侦查，但这两种措施在性质上、运用的强度、侵犯公民基本权利的程度上天差地别。它们适用同一套标准的话，不仅不利于侦破案件，还会造成事实性违法的发生。第三，网络空间无边界。网络空间治理中关于一国的管辖权、网络空间主权的讨论空前重要，网络空间的弱地域性与刑事管辖的强地域性之间存在矛盾，这使得企业在合规方面面临新的挑战。在讲刑事合规的诉讼程序设置过程中，也需要考虑到不同行业在合规过程中可能面临的现实困境，对于类似于魔蝎公司的企业，如何保障运用技术的过程中既能发挥网络信息技术的优势，发挥数据资源价值，同时又能把这数据处理的活动限定在可控范围内，以保障国家、社会、个人的合法权益，这是对于立法、司法实践、理论研究者提出的重要命题。

爬虫问题思考——证据法角度

王　燃

一、关于技术中立问题

关于技术中立，可以用这句话概括我的感受："法律要规范的并非技术原理，而是技术运用所造成的当事人间的利益分配格局。"[①] 当中立的技术进入人类社会当中，法律可以对技术背后的行为进行规范。网络爬虫经历了从中立技术到一般违法，再到犯罪的演变过程。[②] 关于网络爬虫的技术趋势，我在网上做了数据库的粗略检索（见图 12-2），爬虫技术在我国从 2018 年开始到 2020 年呈现激增的趋势，在地域分布上除了北上广，湖南的爬虫案件也很多。这可能是因为湖南娱乐行业比较发达（见图 12-3）。娱乐公司的影音视频面临被爬虫的风险，这就导致在湖南省网络爬虫案例较多。

---

① 杨志琼：《数据时代网络爬虫的刑法规制》，载《比较法研究》2020 第 4 期。
② 苏青：《网络爬虫的演变及其合法性限定》，载《比较法研究》2021 第 3 期。

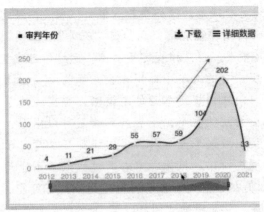

图 12-2　关于"爬虫"的案例数据

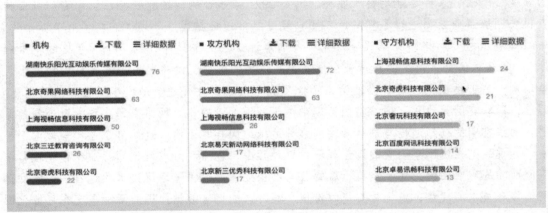

图 12-3　关于"爬虫"的案例涉案机构

在案件类型上，民事案件较多，占比 81.46%。案由则集中在侵害作品信息网络传播权纠纷、不正当竞争纠纷、著作权领域。刑事案件中侵犯公民个人信息罪较为典型（见图 12-4）。

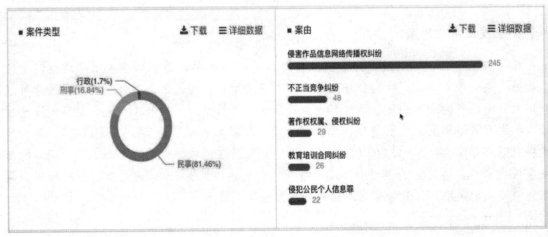

图 12-4　关于"爬虫"案例的涉案类型

刑事领域，数量上出现了与整体趋势相一致的情况，也就是案件数量从 2018 年开始呈现激增的状态，到 2020 年达到顶峰。在这些案件适用的司法文书中，不起诉书占相当一部分比例，这个现象反映出，司法实务中，大家对爬虫案件比较困惑的情况时有发生（见图 12-5）。常见的相关罪名包括：制作、复制、出版、贩卖、传播淫秽物品牟利罪，破坏计算机信息系统罪，侵犯公民个人信息罪，非法获取计算机信息系统数据罪、非法控制计算机信息系统罪，提供侵入、非法控制计算机信息系统程序、工具罪，侵犯著作权罪。从证据法的角度看，这些犯罪呈现的特征是案件中都有海量数据，比如魔蝎案就有 2 000多万条个人信息。面对海量数据，一方面要适用与电子数据相关的规则；另一方面，这些海量数据超出了人们认知，还需运用一些与大数据相关的方法、证据规则，这些规则在法律中没有太多规定，但司法实践、理论研究中已出现了相关研讨。

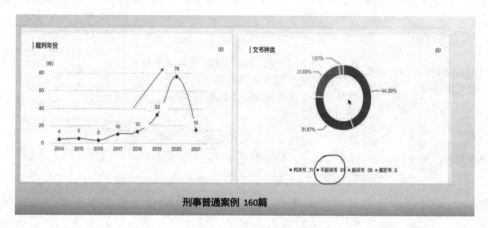

图 12-5　关于"爬虫"刑事案件的数据及文书种类

由此，引发出下面的问题。

二、海量数据真实性证明难题

海量数据真实性证明的难点，主要体现在海量数据的计算、计次。

"腾讯科技（深圳）有限公司、深圳市腾讯计算机系统有限公司等与广州合聚教育咨询有限公司等不正当竞争纠纷"一审判决认定：根据微信软件程序发布的收费标准，微信公众号单次广告投放最高标准为 40 元/千次曝光，最低收费标准为 25 元/千次曝光。涉案文章在"今日看点"网站的点击量为 83 273 289 次，以此计算，微信公众平台遭受的广告收益损失为 208 万~333 万元。

在刑事领域，根据前文罪名的司法解释，实际被点击数、身份认证信息组数、浏览数、转发数等（见表 12-1），会作为当事人是否被定罪，及其法定刑是否应加重的依据。

那么，司法实践中如何准确计算这些数据？现有的方案包括综合认定、等约计量、推定、抽样、底线证明等（降低证明标准、转移证明责任、非证据证明方法）。但这些方法没有回归到如何认定海量数据的真实性。

表 12-1　海量数据证据的相关司法解释及数据分类

犯罪类型	司法解释名称	海量数据种类
非法获取计算机信息系统数据罪；非法控制计算机信息系统罪	最高人民法院、最高人民检察院《关于办理危害计算机信息系统安全刑事案件应用法律若干问题的解释》	1.（网络金融服务的）身份认证信息组数 2. 计算机信息系统不能正常运行累计小时数
传播淫秽电子信息犯罪	最高人民法院、最高人民检察院《关于办理利用互联网、移动通讯终端、声讯台制作、复制、出版、贩卖、传播淫秽电子信息刑事案件具体应用法律若干问题的解释（二）》	1. 音视频文件个数 2. 实际被点击数 3. 注册会员数 4. 广告条数
侵犯知识产权犯罪	最高人民法院、最高人民检察院、公安部《关于办理侵犯知识产权刑事案件适用法律若干问题的意见》	1. 作品的数量 2. 作品的实际被点击数 3. 注册会员数
非法利用信息网络、帮助信息网络犯罪活动罪	最高人民法院、最高人民检察院《关于办理非法利用信息网络、帮助信息网络犯罪活动等刑事案件适用法律若干问题的解释》	1. 视频文件数 2. 用户账号数、通讯组群数 3. 网站数量 4. 关注人员账号数 5. 实际被点击数 6. 用户信息条数
侵犯公民个人信息罪	最高人民法院、最高人民检察院《关于办理侵犯公民个人信息刑事案件适用法律若干问题的解释》	公民个人信息条数

　　我的思路是可以按照数据生成类型区分。可以将数据分为静态数据和动态数据。对于静态个人信息类数据重复、无效的问题，可用两种方法解决：一是去重，二是抽样，但抽样时应采用科学抽样方法，不能随意抽样。对于静态数据中作品的数量、视频文件数的混杂性问题（这类数据可能混藏在一些合法影音视频中），可采用鉴定方法。动态数据是对人的行为的记录，如实际点击数、转发数等。如何计数呢？实际上，人的每次的行为都是一次数据，对人的行为累积的状况进行记录就形成了动态性数据。这类数据存在一个人短时间多次点击的状态，或一次点击被记录为多次点击的重复性问题。此外，有时这些数据会存在造假的情况，如一些 UP 主为提高人气会购买虚假流量、暗刷流量，办案中如何识别此类动态数据的重复性、虚假性呢？很多被告人会提出这些问题，但难以找到有效方案。一个可行方案是借助算法工具识别虚假的机器行为。例如，在"孙强、成都五二天科技有限公司侵犯著作权罪"二审中，法院认为"在目前没有对网页点击用户量、被点击量等数据进行统计的法定鉴定机构的情况下，CNZZ 公司旗下的 CNZZ 站长统计系统①属于该领域的第三方专业平台，与各方无利害关系，所统计的点击用户量、被点击量不受人为修改的影响，且五二天公司在案发前亦采用 CNZZ 系统对吹妖网点击量进行统计。故对

① CNZZ 站长统计系统是目前国内站长使用最多的网站流量系统，为个人站长提供安全、可靠、公证的第三方网站访问免费统计，是站长们每日必看的流量统计分析工具。通过 CNZZ 站长统计，站长可以随时知道自己网站的被访问情况，每天多少人看了哪些网页，新访客的来源是哪里，网站的用户分布在什么地区等非常有价值的信息数据。站长们根据 CNZZ 站长统计，可以一目了然地了解自己的网站的访问情况，及时调整自己的页面内容及推广方式，并对自己网站的调整做出客观公正的评测。同时 CNZZ 站长统计已经被业内公认为一个可信赖的第三方评判标准，发生网站访问流量方面的疑问时，大家都愿意以 CNZZ 站长统计来作为第三方的公正评判依据。

CNZZ 统计数据的真实性、合法性应予采信"。再如，一些大公司的网络平台自己会设计一些算法，去识别平台上的虚假流量、虚假交易记录、虚假评论等。

观众互动

问题 1：如果访问过度，造成服务器崩坏，构成破坏计算机系统吗？

桑涛回答：我们在办案中也遇到了这种情况，访问过多造成系统破坏的典型案例是 DDoS 攻击、勒索类案件。其原理是什么呢？举个例子来说明。我开了一家饭馆，可以坐 10 个人，生意很好，后来隔壁也开了一家饭馆，只能坐 5 个人，这家饭馆的老板就很嫉妒，于是雇 10 个人到我这里，每个人就点一杯水，从早喝到晚，别的客人来一看，人太多了，就不在我这吃了，我这儿的生意就不好了，这就是过度访问造成流量受侵害的过程。这个例子说明，一般情况下，只有恶意入侵、访问，或特殊时期（如"双 11"前夕），互联网公司才会扩容，因为那时候会出现"塞车"现象，但一般情况下不会出现这种情况。所以就摩羯公司而言，它的访问不会造成计算机信息系统的损坏、流量崩溃。当然，若恶意导致系统的崩溃，则可以定破坏、侵入计算机系统。为什么摩羯案没有认定这个罪名？因为无论从物理上，还是从数据访问量情况看，都没有造成这种后果。

企业在运用爬虫技术爬取数据时，若获取授权时就向当事人说明"我会获取你的账户密码"，这是否构成侵犯公民个人信息罪呢？我们在办理案件时，遇到大量这样的案件，尤其是套路贷中的借款人把自己的个人信息给了套路贷公司或风控公司，这种情况基于用户授权，不会认定构成侵犯公民个人信息。但这里有一个问题：我向套路贷公司借款时，我承诺把我的信息给套路贷公司，我的通讯录信息也给套路货公司，那么，套路贷公司把我的通讯录信息拿走了是否构成侵犯公民个人信息？一种观点认为，基于授权获取了通讯录信息，不构成侵犯公民个人信息；另一种观点认为，构成侵犯公民个人信息，自己只有权让渡自己的个人信息。基于个人承诺把自己的信息给了套路贷公司，一般不认为构成侵犯公民个人信息。

问题 2：网络平台数据权属归于用户，还是归于平台？

桑涛回答：这里面需区分"信息"与"数据"这两个概念。个人信息，比如姓名、身份证号码、电话号码属于个人信息；而数据较为复杂，比如通过信息加工形成的数据，这种数据就不能简单归于公民个人。再如，汽车维修的数据到底归谁？在维修过程中，我会提供公民个人信息，但他在检查中也会形成一些数据，如车辆什么地方存在问题，此时就不能简单地说数据都归于我。所以，我觉得要根据工作内容以及数据中有没有投入工作加以区分。

问题 3：如何认定动态数据的数量？数据的起点、终点如何选取？

王燃回答：对于行为数据，我建议用机器、算法解决。我发现在很多案件中，机器的行为与自然人在自然状态下的行为有所差异，例如一些机器行为的作弊手段不是特别高明，它们会用同一个 IP 地址在短时间内反复大量刷评论，一些虚假点评，点评内容可能是重合的；一些僵尸粉的活跃度不会很高，或评论内容奇怪。机器行为从技术上可以被识别，因此淘宝等大公司自己会研究一些反诈算法，反作弊算法，用于识别虚假造假行为。

例如，在一起网络赌博案件中，涉及统计赌博群里有多少用户。被告人称赌博群中很多用户是假的，是为了提高赌博群的人气拉的虚假用户，后来办案机关通过人为方法看用户活跃度，把没有活跃度的用户排除在群人数的认定之外。这虽然是人的识别，但这反映出机器产生的虚假数据与自然人产生的数据之间在规律上的区别。犯罪分子作弊手段不断更新，可能骗过机器，骗过人，做起来就像自然人一样。这也是犯罪分子与司法机关博弈的过程。

第 13 讲
纯正计算机网络犯罪的几个实务问题

主讲人介绍

白磊，北京市海淀区人民检察院第二检察部科技犯罪检察团队检察官，国家检察官学院教官。

讲座主题

"爬虫技术入刑第一案"公诉人白磊检察官就"纯正计算机网络犯罪实务"的主题进行讨论。为大家揭开纯正计算机网络犯罪的神秘面纱，解读核心罪名的适用难点和重点。

讲座内容

什么是纯正计算机网络犯罪？它指的是我国《刑法》第 285 条至第 287 条规定的 8 个罪名，即以计算机信息系统为实施手段或者侵害对象的犯罪案件。日常的司法办案过程中涉及网络犯罪的案件大致可以分为两类：一类是"互联网＋传统犯罪"，另一类就是"纯正计算机网络犯罪"。第一类比较好理解，比如网络色情犯罪、网络赌博犯罪、网络诈骗犯罪，这些在现实生活中能够发生、在互联网上也可以发生的犯罪，我将其归类为"互联网＋传统犯罪"。第二类就是我要讲的纯正计算机网络犯罪，这类犯罪只能发生在互联网空间中。

一、纯正计算机网络犯罪五年数据研究 [①]

（一）纯正计算机网络犯罪的画像概览

首先是纯正计算机网络犯罪的时间趋势和地区分布。大家通过图 13-1 可以看到，2013—2017 年，全国的纯正计算机网络犯罪的发案量呈现快速增长的态势。其中，2013—

---

① 本部分内容也收录在我参与撰写的《刑事司法大数据蓝皮书》中，具体可参见林维、邹邵坤主编：《刑事司法大数据蓝皮书》，北京：北京大学出版社，2020。

2016 年的案件数相对较少，2017 年则有很高比例的上升。图 13-2 是 2013—2017 年纯正计算机网络犯罪的地区分布统计，表现出比较有趣的地区分布规律，案发量前四位的地区分别是江苏、浙江、广东和北京。在分析这五年的数据之前，我的概念里北京、浙江和广东的纯正计算机网络犯罪案发量应该较多，因为这几个地区分布着互联网巨头公司 BAT（百度、阿里巴巴和腾讯）。北京除了有百度之外，还有像网易、新浪、搜狐这样的老牌传统互联网企业，以及很多新兴的互联网企业。广东有腾讯，浙江有阿里巴巴。但梳理数据后，我发现江苏的案发量竟是最多的。经了解，可能是因为江苏省对网络犯罪的打击力量比较大，所以纯正计算机网络犯罪的案发量在江苏省就很高。

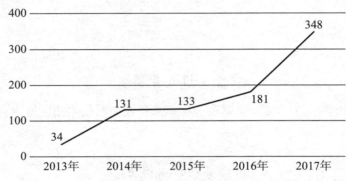

图 13-1　2013—2017 年全国纯正计算机网络犯罪的发案量

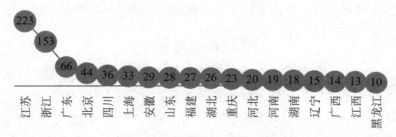

图 13-2　2013—2017 年纯正计算机网络犯罪的地区分布

其次是纯正计算机网络犯罪中具体罪名的占比情况及案发趋势。图 13-3 是 2013—2017 年纯正计算机网络犯罪各具体罪名的案件数量和所占比例。可以看出，非法获取计算机信息系统数据罪和破坏计算机信息系统罪占较高比例，分别是 34% 和 33%。其余占据较高比例的是非法控制计算机信息系统罪和提供侵入、非法控制计算机信息系统程序、工具罪，占比分别为 16% 和 13%。而非法侵入计算机信息系统罪由于其犯罪对象的特殊性，案件数量占比只有 4%。当然，图 13-3 中没有包含非法利用信息网络罪、帮助信息网络犯罪活动罪和拒不履行信息网络安全管理义务罪，因为这三项罪名实施时间较晚，所以统计数据只包含上述五项主要罪名。从图 13-4 可以看出，这五项主要罪名在 2013—2017 年的案发趋势也不同。其中，破坏计算机信息系统罪和非法获取计算机信息系统数据罪不仅案发数多，而且上升幅度很大。非法控制计算机信息系统罪和非法侵入计算机信息系统罪的案发数增长相对较慢。最特殊的是提供侵入、非法控制计算机信息系统程序、工具罪，我之前认为其案发数理应呈上升趋势，但为什么在 2016—2017 年明显下降？一个可能的解释是随着近几年打击网络犯罪的力度的加大，很多能够提供专门破坏性程序的网络犯罪分子有一定的"出海"迹象。比如，近些年东南亚地区的一些网络犯罪，其中以网络赌博犯罪和网络诈骗犯罪为代表的境外犯罪数量很多，一般都是中国籍的犯罪嫌疑人去到东南亚或者其他国家实施犯罪。

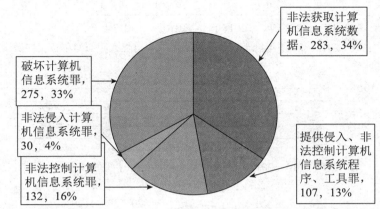

图 13-3　2013—2017 年纯正计算机网络犯罪具体罪名的案件数量和占比

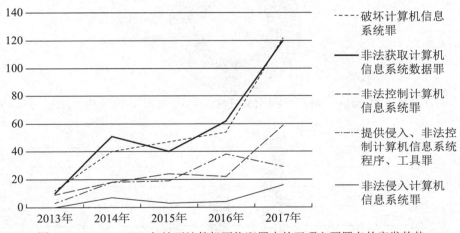

图 13-4　2013—2017 年纯正计算机网络犯罪中的五项主要罪名的案发趋势

最后是纯正计算机网络犯罪人的画像情况。从图 13-5 可以看到，纯正计算机网络犯罪中自然人犯罪的比例很高，虽然现行《刑法》第 285 条至第 287 条的 8 个罪名都规定了单位犯罪，但实际上直至 2017 年才有公开判决显示有 4 起单位犯罪，所以纯正计算机网络犯罪的主体还是以自然人为主，但单位犯罪的数量也在逐步提升。图 13-6 和图 13-7 分别反映了被告人的性别和年龄分布，男性被告人占绝对多数，同时，18 ～ 29 岁的年轻人占据主要的分布区间。因此，纯正计算机网络犯罪中年轻男性是主要犯罪主体，这与年轻男性群体对于计算机网络知识接受程度较高及接受速度较快有关。图 13-8 体现了纯正计算机网络犯罪的刑罚情况，分析 2013—2017 年的数据可以发现，刑罚情况整体上较为轻缓，3年以下的刑罚占绝大多数，但实际上除了纯正计算机网络犯罪之外，"互联网＋传统犯罪"

以及纯正的计算机网络犯罪和其他的犯罪在进行共犯处理时，刑罚还是有很大可能提高的。

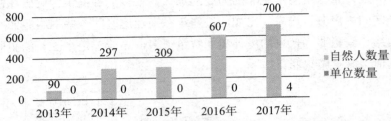

图 13-5　2013—2017 年纯正计算机网络犯罪中自然人犯罪与单位犯罪数量

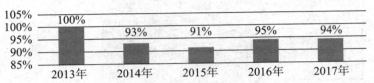

图 13-6　2013—2017 年纯正计算机网络犯罪中男性被告人占比

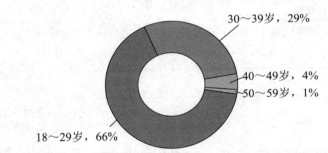

图 13-7　2013—2017 年纯正计算机网络犯罪中被告人年龄分布及占比

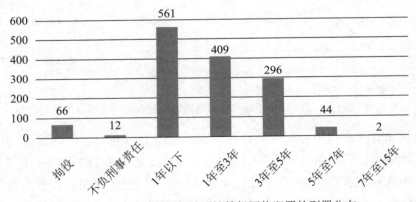

图 13-8　2013—2017 年纯正计算机网络犯罪的刑罚分布

（二）纯正计算机网络犯罪的主要特征

以上是基于 2013—2017 年司法判决的实证研究而简单勾勒出的纯正计算机网络犯罪的基本概况。通过分析这五年的公开判决，我总结了纯正计算机网络犯罪的四个特点：单位成为犯罪侵害对象的情况非常突出；网络犯罪的虚拟化和数据化特点使得其跨地域性和体系化作案特征明显；单位的"内鬼"犯罪现象引人注目；与 DDoS 攻击[①] 相关联的犯罪占比很大。

首先，单位成为犯罪侵害对象的情况非常突出。由于纯正计算机网络犯罪不像"互联网＋传统犯罪"，如网络诈骗犯罪、网络赌博犯罪那样都是"to C"（to Consumer）即针对个人。纯正的计算机网络犯罪，如非法控制计算机信息系统罪，破坏计算机信息系统罪，非法获取计算机系统数据罪，提供侵入、非法控制计算机信息系统程序、工具罪等，这些犯罪瞄准的对象一般是游戏平台、各类 App 以及计算机信息系统的数据和服务器，因而相关网络科技企业成为侵害对象的可能性很大，这也是纯正计算机网络犯罪中单位成为犯罪侵害对象突出的原因所在。从公开发布的判例来看：最高人民检察院发布的第九批指导案例中，6 起案件中有 5 个侵害对象是单位；第十八批指导案例中，3 起案件中有 2 个侵害对象是单位；最高人民法院发布的第二十批指导案例中，5 起案件中的 3起都是侵害了被害单位的数据权益和经济利益。换言之，根据"两高"近些年发布的三批纯正计算机网络犯罪的指导案例，单位作为犯罪侵害对象的比例相当高。而且，当单位成为犯罪侵害对象时，被告人所获取的非法利益和对被害单位造成的侵害结果也相比自然人作为被害对象更加严重。

其次，网络犯罪的跨地域性和体系化作案特征比较明显。这个特点除了纯正计算机网络犯罪具备，"互联网＋传统犯罪"如网络诈骗犯罪、网络赌博犯罪、网络色情犯罪等亦具备，但是纯正计算机网络犯罪的体系化特征相对而言更加明显。以 DDoS 攻击为例，我梳理 2013—2017 年的公开判决后发现，全国各地涉及 DDoS 攻击的判决书中都存在一个名为"阿布小组"的犯罪组织。就犯罪嫌疑人的实际情况而言，我们并不了解，但是通过判决来看，"阿布组织"在全国各地可能都是有联系的。我们筛选出 6 起涉及"阿布小组"的案件，分别是浙江省诸暨市人民法院审理的周某非法控制计算机信息系统案；长春高新技术产业开发区人民法院审理的梁某（黑龙江省尚志市）、赵某（河北省石家庄市）、刘某（长春经济技术开发区）破坏计算机信息系统案；江苏省无锡市惠山区人民法院审理的吴某（四川省达县）、张某（福建省南平市）非法控制计算机信息系统、帮助信息网络犯罪活动案；北京市第三中级人民法院审理的王某破坏计算机信息系统案；上海市杨浦区人民法院审理的于某（江苏省邳州市）、赵某（山东省烟台市）、黎某（广西壮族自治区）、张某（河南省新郑市）破坏计算机信息系统案；北京市海淀区人民法院审理的刘某（四川省）非法控制计算机信息系统案。这 6 起涉及"阿布小组"的案件分布在全国不同地区，而且在多名被告人的案件中，被告人也都是来自全国各地。由此我们可以看出，对于一个稳定的网络犯罪组织而言，其架构的体系性和分布的广泛性通过互联网得以放大和扩散，这也是近些年打击此类犯罪难度较大的原因。

再次，单位"内鬼"犯罪现象引人注目。现代科技公司十分重视安全防护工作，往往

[①]　DDoS 攻击（Distributed Denial of Service，分布式拒绝服务）攻击：是指通过控制"肉鸡"等资源，对一个或多个目标发动攻击，致使目标服务器断网或资源用尽，最终停止提供服务。DDoS 攻击常伴随敲诈勒钱、打击报复、同行恶意竞争等行为。参见最高人民检察院第一检察厅：《网络犯罪案件技术法律术语解释汇编（一）》。

会设置周全的防御措施，并花费大量人力、物力进行维护，以抵御外部威胁。但是在单位作为被害人的纯正计算机网络犯罪案件中，经常能够看到"内鬼"作案的情形，不仅让被害企业安防工作功亏一篑，而且"内鬼"作案相比外部威胁更容易造成严重影响。例如，在最高人民检察院第九批指导性案例"卫某某等人非法获取计算机信息系统数据案"中，被告人龚某案发前在被害单位北京某大型网络公司运营规划管理部任职，拥有登录该公司内部管理开发系统的账号、密码、Token 令牌（计算机身份认证令牌），具有查看工作范围内相关数据信息的权限。为谋取私利，龚某向卫某某提供上述账号、密码，任由卫某某多次违规在异地登录该公司内部系统，查询、下载该计算机信息系统中储存的电子数据并交薛某某出售牟利。无独有偶，在海淀区人民法院 2017 年审理的一起非法控制计算机信息系统案件中，被告人闫某某案发前系乐视云计算公司的工程师，其受同案被告人吴某指使，利用职务之便登录公司内部系统，并将木马程序布置在乐视云计算公司分布于呼和浩特等地的 207 台服务器上，给乐视云计算公司造成严重影响。近些年，"内鬼犯罪"一直是引起各大公司和安全行业关注并重视的问题，如在自己公司的服务器上种木马继而利用公司的服务器资源"挖矿"以及删库跑路事件。不难看出，相较于外部威胁，"内鬼"犯罪给公司造成的危害有可能是一击致命的。

最后，纯正计算机网络犯罪中与 DDoS 攻击相关联的犯罪占比较大。DDoS 攻击的网络犯罪模式从互联网出现以来就一直存在。近 20 年来，DDoS 攻击技术的成本越来越低，效果却越来越显著，其所能输出的攻击流量随着每一次技术更迭呈现指数级上升。由于 DDoS 攻击涉及的罪名广泛，比如非法控制计算机信息系统，提供侵入、非法控制计算机信息系统程序、工具罪以及破坏计算机信息系统罪等，所以 DDoS 攻击涉及的相关罪名在纯正计算机网络犯罪占比很高。经筛查发现，2013—2017 年的五年中，全国 132 起非法控制计算机信息系统案件中有 50 起涉及 DDoS 攻击，也就是犯罪嫌疑人利用抓"肉鸡"的方式非法控制他人的计算机信息系统；在 275 起破坏计算机信息系统案件中，也有 119 起涉及 DDoS 攻击。可见，DDoS 攻击是目前我国纯正计算机网络犯罪中的主要犯罪模式。

二、计算机网络犯罪的立法沿革

（一）立法与司法对网络犯罪的迭代应对

在这部分，我以时间为轴梳理立法和司法领域对于网络犯罪的应对态势，除了涵盖纯正计算机网络犯罪之外，还会涉及"互联网 + 传统犯罪"。事实上，网络犯罪的井喷式爆发给立法端和司法端带来了巨大的压力，而这两端也用各种方式予以回应。立法端出台立法解释，丰富网络犯罪的构成，包括罪名、量刑和单位犯罪等；司法端发布典型案例和进行司法专业化建设。例如，近些年"两高"发布的三批网络犯罪的指导案例，各地的司法机关也有专业化的建设，我所在的海淀区人民检察院就成立了专门的科技犯罪检察团队，以专业的司法队伍应对网络犯罪。此外，最高人民检察院也成立了相关的研究中心并举办了论坛会议,"电子证据与网络犯罪检察论坛"的举办也正是实务界和理论界积极迎接纯正计算机网络犯罪挑战的表现。

自 1997 年《刑法》修订开始,立法端就已经关注到网络犯罪,只不过 1997 年《刑法》中只规定了两个相关罪名,一个是第 285 条规定的非法侵入计算机信息系统罪,另一个是第 286 条规定的破坏计算机信息系统罪。

2004 年和 2010 年"两高"就电子淫秽物品出台过两个司法解释,分别是《关于办理利用互联网、移动通讯终端、声讯台制作、复制、出版、贩卖、传播淫秽电子信息刑事案件具体应用法律若干问题的解释》和《关于办理利用互联网、移动通讯终端、声讯台制作、复制、出版、贩卖、传播淫秽电子信息刑事案件具体应用法律若干问题的解释(二)》。

2009 年修订的《刑法修正案(七)》对纯正计算机网络犯罪的罪名进行了扩张,增设了非法获取计算机信息系统数据、非法控制计算机信息系统罪和提供侵入、非法控制计算机信息系统程序、工具罪。

2010 年"两高一部"联合出台了《关于办理网络赌博犯罪案件适用法律若干问题的意见》(以下简称《网络赌博犯罪意见》),该意见确立了处理网络犯罪的原则和标准,对于后续的网络犯罪程序的相关意见和网络诈骗的司法解释具有重要借鉴意义,它们在证据的收集、证据的证明、管辖的确定、立法的技术以及对待网络犯罪的打击态势上和《网络赌博犯罪意见》的精神一脉相承。

2011 年"两高"出台了《关于办理危害计算机信息系统安全刑事案件应用法律若干问题的解释》,该司法解释中明确了各罪的入罪门槛,是目前处理纯正计算机网络犯罪参考的主要的司法解释。

2012 年《刑事诉讼法》修改,增加了电子数据这一新型证据种类,这是诉讼法和程序法对于网络犯罪的回应。

2014 年"两高一部"联合制定《关于办理网络犯罪案件适用刑事诉讼程序若干问题的意见》(以下简称《网络犯罪程序意见》),其中明确了网络犯罪的案件管辖和涉众网络犯罪案件的证明标准,是对 2010 年《网络赌博犯罪意见》的承继和发展。

2015 年修订的《刑法修正案(九)》,第二次扩张了纯正计算机网络犯罪的立法序列,增设各罪中关于单位犯罪的规定,增设了拒不履行信息网络安全管理义务罪、非法利用信息网络罪、帮助信息网络犯罪活动罪。这三个罪名的增设表明立法端已经看到了以网络诈骗为代表的网络犯罪所凸显出来的体系化、片段化、跨地域化的特征,因而在网络犯罪给刑事司法打击带来严峻挑战的背景下予以立法上的回应。但是,非法利用信息网络罪和帮助信息网络犯罪活动罪这两个罪名在刑法理论上引发了较大的争议,这两个罪名究竟是帮助行为和预备行为的正犯化还是把这种特殊的行为直接作为正犯进行处罚?以及这两个罪名在相关的犯罪构成和共犯的情形下应该如何处理?对此,学术领域存在很多争论,司法实践中大家也会有谨慎的考量。

2016 年"两高一部"联合制定《关于办理刑事案件收集提取和审查判断电子数据若干问题的规定》,详细规定了电子数据提取及审查的规则,从司法解释的层面明确了电子数据这一类证据在程序上的要求。同年 12 月,"两高一部"出台《关于办理电信网络诈骗等刑事案件适用法律若干问题的意见》（以下简称《电信诈骗意见》），这是一个很及时的司法解释，它不仅降低了电信网络诈骗的入罪门槛，同时对于各种加重情节增加了入罪的可能性，对于打击高发的网络诈骗犯罪有很大的帮助。

2017 年有两部法律规范出台，一部是《网络安全法》，另一部是"两高"制定的《关于办理侵犯公民个人信息刑事案件适用法律若干问题的解释》。《网络安全法》是司法领域打击纯正计算机网络犯罪和传统互联网犯罪十分重要的一部前置法，办理纯正计算机网络犯罪时，犯罪构成要件之一都是"违反国家规定"，但"国家规定"的概括描述使得打击行为的法理基础不够牢固，《网络安全法》的出台正是有益而及时的填补。同时，《网络安全法》在数据保护、公民个人信息保护、数据安全方面有很多前置性的规定，也是处理这些领域现实问题所必须参考的法律。至于《关于办理侵犯公民个人信息刑事案件适用法律若干问题的解释》，可谓"千呼万唤始出来"。从 2009 年侵犯公民个人信息入罪以来，很长一段时间内都没有关于侵犯公民个人信息犯罪的入罪标准，这一司法解释在犯罪认定、证据采信、证明等方面都是对于司法实践所面临的棘手问题的回应。同年，"两高"出台的《关于利用网络云盘制作、复制、贩卖、传播信息淫秽电子信息牟利行为定罪量刑问题的批复》也是对过往立法的有益完善。2004 年和 2010 年出台的两部针对互联网传播淫秽物品犯罪的司法解释对于量刑进行了较重的规定，但是到 2017 年，利用云盘传播淫秽物品对旧司法解释的适用提出了新挑战。过去利用光盘传播电子淫秽物品，在淫秽物品数量比较少的情形下也有可能判重刑，但是随着互联网的发展和云盘技术的更迭进步，司法解释的"入罪与上档"标准突然之间显得极低，如果继续按照旧的标准进行量刑，很多人将会面临很重的刑罚，所以 2017 年出台的这个批复十分必要。

2019 年出台了两部重要的法律文件，一部是最高人民检察院第一检察厅发布的《网络犯罪案件技术法律术语解释汇编（一）》。在办理纯正计算机网络犯罪案件的过程中，无论公安干警，还是检察官和法官，共同欠缺的就是对于技术的了解，很多专门用于犯罪的技术或者涉及犯罪的技术，如果公检法人员对其具体含义不甚明确，也就不可能形成同案同办、全国统一的尺度，所以最高人民检察院第一检察厅于 2019 年出台了专业技术的法律术语解释汇编。如果出现涉及这些专业术语的刑事案件，司法人员参考这一汇编，将能从同一知识平台的高度理解和处理相关的案件，对于促进司法公平意义重大。另一部重要的法律文件是"两高"出台的《关于办理非法利用信息网络、帮助信息网络犯罪活动等刑事案件适用法律若干问题的解释》，该解释对于 2015 年《刑法修正案（九）》新设的三个罪名作了更进一步的明晰。

2020 年关于计算机网络犯罪的司法解释相较以往不多，9 月，"两高"出台了《关于办理侵犯知识产权刑事案件具体应用法律若干问题的解释（三）》，其中第 3 条将一部分过往可能是以计算机网络犯罪的罪名来处理的案件划归到了侵犯知识产权的刑事案件的范畴，进一步提高了从知识产权保护的角度打击计算机网络犯罪的可能性。

2021 年最高检发布的《人民检察院办理网络犯罪案件规定》，是最高检在总结全国检察机关多年网络犯罪办案经验基础之上的指导性文件，该规定关注网络犯罪检察工作的细节和难点，具有很强的指导性和可操作性，能够让较少接触此类案件的司法人员对网络犯罪的审查有初步了解和感性认识。2021 年"两高一部"《关于办理电信网络诈骗等刑事案件适用法律若干问题的意见（二）》，对电信网络诈骗案件管辖问题、入罪门槛及侵犯公民个人信息罪，帮助信息网络犯罪活动罪，掩饰、隐瞒犯罪所得、犯罪所得收益罪等上下游犯罪，进行了更加细致的规定，是对持续高发、社会危害性越来越大的电信网络诈骗案件的不断回应。

（二）重要司法解释的亮点分析

2010 年"两高一部"联合出台的《网络赌博犯罪意见》第一次在参赌人数的证明上有了明显的突破。因为立法和司法部门都发现网络赌博以及聚众赌博和开设赌场都是以参赌人数作为入罪和量刑的重要标准，但是因为网络赌博跨地域的特性，司法机关无法查清到底有多少人在赌博。于是，《网络赌博犯罪意见》明确规定，"赌博网站的会员账号数可以认定为参赌人数"。即在提取赌博网站的数据以后，通过在赌博网站注册的账号就能直接认定参赌人数。除非查实一个账号多人使用，或者多个账号一人使用，应当按照实际使用的人数来计算参赌人数。关于赌资数额，则是按照网络上投入或者赢取的点数乘以每一点实际代表的金额来认定的，于是在网络赌博赌场上体现出来的点数就能代表赌资的金额。而对于不是以点数来计算的，也即对于将资金直接或者间接兑换为虚拟货币或者游戏道具的情形，则是按照实际支付的资金数额来进行认定。《网络赌博犯罪意见》还提到，"对于开设赌场犯罪中用于接收流转赌资的银行账户内的资金，犯罪嫌疑人、被告人不能说明合法来源的，可以认定为赌资。向该银行账户转入、转出资金的银行账户数量可以认定为参赌人数。如果查实一个账户多人使用或多个账户一人使用，应当按照实际使用的人数计算参赌人数"。即除了按照赌博网站上的账号数来直接认定外，对于专门用于开设赌场赌资流转的账户数量也能认定为参赌人数。同时，账户内的资金不能说明合法来源的，可以认定为赌资，这就是将证明责任转移至犯罪嫌疑人和被告人。巨额财产来源不明罪也是这样的认定思路，理解为倒推也好，理解为举证责任倒置也好，都没有问题。

《网络赌博犯罪意见》中所明确的认定参赌人数和赌资的方法在后来的司法解释中也一以贯之。因为在办理网络赌场和网络赌博的刑事案件过程中，要查实确切的参赌人数几乎是一个不可能完成的任务，所以就以账号数来认定；至于专门用于流转赌资的银行账户内的资金，如果不能说明合法来源就全部认定为赌资，对其全部罚没。这就是网络赌博犯罪相较于其他犯罪在证据和证明方面存在的差异，也符合网络赌博犯罪的特点。

2014 年"两高一部"联合制定的《网络犯罪程序意见》对管辖问题作了十分详细具体的规定。"网络犯罪案件的犯罪地包括用于实施网络犯罪行为的网站服务器所在地，网络接入地，网站建立者、管理者所在地，被侵害的计算机信息系统或者其管理者所在地，犯罪嫌疑人、被害人使用的计算机信息系统所在地，被害人被侵害时所在地，以及被害人财产遭受损失地等。"该款关于网络犯罪的管辖规定得很宽泛，可以说是数据所到之地皆能被管辖。最近，海淀区人民检察院起诉了一起通过网络传播淫秽物品的案件，针对网络色情直播，包括通过互联网传播淫秽物品牟利——这些视频数据在计算机信息系统终端的展示地，就能被认定为犯罪结果发生地，当地的司法机关就有权处理和打击。这一关于管辖地的认定契合了《网络犯罪程序意见》的精神。再比如网络直播，哪个地方的人打开手机看到了直播，哪个地方的司法机关就有管辖权，即只要证明淫秽物品、淫秽视频已经传播到了某地区，该地区的司法机关就有打击的权限。同时，《网络犯罪程序意见》规定了一个重要条款，即第 20 条："对针对或者组织、教唆、帮助不特定多数人实施的网络犯罪案件，确因客观条件限制无法逐一收集相关言词证据的，可以根据记录被害人数、被侵害的计算机信息系统数量、涉案资金数额等犯罪事实的电子数据、书证等证据材料，在慎重审查被告人及其辩护人所提辩解、辩护意见的基础上，综合全案证据材料，对相关犯罪事实作出认定。"该条在后来的网络诈骗的司法解释中又被重新提及，就是因为网络犯罪是"一对多"，即一个犯罪嫌疑人对全国多地的多名被害人，多名被害人也不是传统上理解的"以危险方法危害公共安全"中的多名被害人，如开着车去撞人群，被害人可能达几个人、几十人，网络犯罪中"一对多"常常是一个犯罪嫌疑人对 1 000 人、1 万人或者 10 万人这样的数量级。在面对这个数量级时，司法机关不可能到全国去找这 1 000 个、1 万个、10 万个被害人逐一取证，所以司法解释明确规定了在"一对多"的情形下，对于被害人一方的相关证据应该如何收集。

2016 年"两高一部"制定的《电信诈骗意见》中也有一些特殊规定。

首先，比较特殊的是数罪并罚的情形。对于电信网络诈骗的案件，刑法理论界一般认为应当从一重罪处罚，包括牵连犯或者竞合犯。但是《电信诈骗意见》中，唯独规定了一个数罪并罚的情形，即"使用非法获取的公民个人信息，实施电信网络诈骗犯罪行为，构成数罪的，应当依法予以并罚"。实际上，《电信诈骗意见》中规定了很多数罪以及牵连犯罪的情况，包括伪基站及其他的计算机信息系统，但只有涉及侵犯公民个人信息时，法律明确规定数罪并罚，而这个条文在司法实践中很有可能被忽略。

其次，《电信诈骗意见》对于管辖问题作了进一步明确。从立法的角度来看，《网络犯罪程序意见》中关于管辖的规定并不明确，或者说不适应电信网络诈骗的犯罪形态，所以"两高"在《电信诈骗意见》中重申了犯罪地和管辖问题，"'犯罪行为发生地'包括用于电信网络诈骗犯罪的网站服务器所在地，网站建立者、管理者所在地，被侵害的计算机信息系统或其管理者所在地，犯罪嫌疑人、被害人使用的计算机信息系统所在地，诈骗电话、短信息、电子邮件等的拨打地、发送地、到达地、接收地，以及诈骗行为持续发生的实施地、预备地、开始地、途经地、结束地。'犯罪结果发生地'包括被害人被骗时所在地，以及诈骗所得财物的实际取得地、藏匿地、转移地、使用地、销售地等"。可以看出，《电信诈骗意见》对于管辖、犯罪地、行为发生地和结果地所作出的明确的列明性规定几乎是无所不包的。理由是，目前我国发生的电信网络诈骗犯罪具有的不仅是跨地域性质，它的快速转移、掩饰隐瞒诈骗所得资金的特性，给司法机关的打击工作造成了很大难度，所以必须使管辖的规定充分适应这种犯罪模式，才能减轻司法实践中在取证程序上的困难。

最后，《电信诈骗意见》再次强调了被害人众多的情况下如何收集证据以及如何认定被害人的内容，即"办理电信网络诈骗案件，确因被害人人数众多等客观条件的限制，无法逐一收集被害人陈述的，可以结合已收集的被害人陈述，以及经查证属实的银行账户交易记录、第三方支付结算账户交易记录、通话记录、电子数据等证据，综合认定被害人人数及诈骗资金数额等犯罪事实"。这一条没有继续规定要充分审查被告人的辩解和律师的辩护意见，而是要综合已有的客观证据来进行综合认定。实践中经常发生的情况是，公安机关抓获了一个犯罪嫌疑人后，在他用于诈骗的电脑里发现了他在过去三年到五年涉嫌诈骗的聊天记录，比如 2018 年抓获了一个犯罪嫌疑人，从他的 QQ 聊天软件中发现诈骗的聊天记录从 2015 年就开始了，但是 2018 年抓到他时能找到的被害人仅有最近两三个月的，没法找到之前的被害人。在这种情况下允许对于证据进行统一综合认定，很大程度上降低了打击电诈犯罪的证明难度。

2020 年"两高"制定的《关于办理侵犯知识产权刑事案件具体应用法律若干问题的解释（三）》第 3 条规定，采取非法复制，未经授权或者超越授权使用计算机信息系统等方式窃取商业秘密的，以及以电子侵入的方式获取权利人商业秘密的，应当认定为侵犯商业秘密罪。目前在很多高科技企业，包括一些传统企业都会发生以窃取数据、拷贝数据的方式来窃取公司核心商业秘密的案件。这类案件进入刑事诉讼程序以及有成熟判决的数量，远远低于进入公安机关的侦查视野的数量。因为很多情况下，公司的技术人员在离职期间可以把原公司的一些源代码和商业开发出来的产品原型、数据带走，但是无法以非法获取计算机系统数据罪处理，其构罪要求是犯罪嫌疑人采用侵入或者其他技术手段获取，而直接插 U 盘从电脑上拷贝的方式既不算侵入，也不算采用其他技术手段。而且，定盗窃罪的话，没有第三方评价公司进行定价，物价局也不可能对于一串源代码的商业价值进行定价。所以，在过去传统的刑事打击过程中，以盗窃罪和非法获取计算机信息系统数据罪来处理这类窃取电子化商业秘密的行为是力不从心。而且，随着互联网的发展和企业向互联网的转型，这种行为的危害性是越来越大的，所以该司法解释的出台，很好地回应了刑事司法过程中的一些难题。

三、纯正计算机网络犯罪的主要罪名与典型案例

（一）非法获取计算机信息系统数据罪

接下来我介绍的案例被称作"爬虫技术入刑第一案"，我本人也作为检方的成员全程参与了该案的办理。案情大致如下：被告人于 2016—2017 年采用技术手段抓取被害单位抖音视界有限公司（曾用名：北京字节跳动网络技术有限公司）服务器中存储的视频数据，破解被害单位的防抓取措施，使用"tt_spider"文件实施视频数据抓取行为，造成被害单位损失技术服务费人民币 2 万元，法院以非法获取计算机信息系统数据罪予以判处。判决公布后在学术界和实务界引发了广泛的争论，这是我在办理案件时没有想到的。在本次讲座中，我将我的思考分享出来：司法实践处理的从来不是爬虫技术，不是说这项技术构成犯罪，或者说对使用这项技术的行为进行刑事打击。实际上，爬虫技术入罪，包括非法获取计算机信息系统数据罪，其所关注的核心应该是数据权属。

举一个简单的例子，我非法持枪，然后用枪支去杀人和我持有菜刀并用菜刀去杀人

在理论上是不一样的。因为非法持枪构成犯罪，杀人也构成犯罪；用菜刀杀人虽然也是犯罪，但是持有菜刀并不构成犯罪，因为菜刀可以还有其他的用途。爬虫技术不是一个天然的犯罪专用技术，它不是提供侵入、非法控制计算机信息系统程序、工具罪中专门用于侵入和非法获取计算机信息系统的程序和工具。爬虫技术有合法的应用场景，包括正常的研究和互联网产品的生产，但如果使用爬虫技术侵害他人的数据权属，那就有可能构成犯罪，就属于非法获取计算机信息系统数据罪的处理对象和约束对象。在处理非法获取计算机信息系统数据罪时，首先评价的应该是这些数据的数据权属是什么？这个数据是不是公开的？或者说这个数据虽然是公开的，但是它的数据利用权和数据控制权是不是公开的？如果数据体现出来的视频或者文字是公开的，但是其背后的 0 和 1 的二进制数据不是公开的，不允许在互联网上批量传播，也不允许随意抓取，不允许从原有的储存的服务器随意调到自己的储存介质里，而你用爬虫的方式去侵害他人或者其他公司的数据权属，那么你就有可能构成非法获取计算机信息系统数据罪。所以，这是我第一次在公开场合回应这起我多年前办的案件，我作为公诉人的态度是：对于爬虫技术或者说非法获取计算机信息系统数据犯罪，在司法处理过程中，我们关注的应该是法律上的数据权属问题，而不是技术行为本身的问题。

（二）破坏计算机信息系统罪

破坏计算机信息系统罪是纯正计算机网络犯罪中最重要的一个罪名，"两高"网络犯罪指导案例中涉及这个罪名的案例最多。最高检在 2024 年 2 月宣布检例第 3 号、检例第 34 号两个指导案例失效，后者李某某等破坏计算机信息系统案被宣布失效的核心原因，正是破坏计算机信息系统罪犯罪构成规定的逻辑争议。加之最高法 2020 年发布的第 145 号指导案例张竣杰等非法控制计算机信息系统案中，明确了破坏计算机信息系统罪第 2 款的成立条件，因此检例第 34 号指导案例的失效也就变得"顺理成章"了。

我们来看破坏计算机信息系统罪的犯罪构成。《刑法》第 286 条规定，违反国家规定，对计算机信息系统功能进行删除、修改、增加、干扰，造成计算机信息系统不能正常运行，后果严重的，处 5 年以下有期徒刑或者拘役；后果特别严重的，处 5 年以上有期徒刑。违反国家规定，对计算机信息系统中存储、处理或者传输的数据和应用程序进行删除、修改、增加的操作，后果严重的，依照前款的规定处罚。故意制作、传播计算机病毒等破坏性程序，影响计算机系统正常运行，后果严重的，依照第 1 款的规定处罚。单位犯前三款罪的，对单位判处罚金，并对其直接负责的主管人员和其他直接责任人员，依照第 1 款的规定处罚。

除了第 4 款单位犯罪的相关规定，本罪前三款规定了三种破坏计算机信息系统的犯罪构成形态，但是第 1 款和第 3 款都有明确的"造成计算机信息系统不能正常运行"和"影响计算机系统正常运行"的描述，唯独第 2 款对计算机信息系统中存储、处理或者传输的数据和应用程序进行删除、修改、增加的操作，却未明确规定要求对计算机信息系统本身造成实质性损害。这种规定上的明显差异性，在一段时间内导致司法实践中在适用第 2 款入罪时，往往会有较大争议。一种观点认为适用第 2 款入罪时不需要产生对计算机信息系统本身运行上的危害结果，另一种观点则认为从罪名规定和体系化解释的角度出发，第二款应考虑删除、修改、增加数据和应用程序时，必须造成对系统本身的实质损害的后果才能构罪，如果只是侵害了数据和程序，而系统未受到侵害，不能认定破坏计算机信息系统。

最高检检例第 34 号恰恰是适用了破坏计算机信息系统罪第 2 款作为入罪依据，其裁判要旨规定，"冒用购物网站买家身份进入网站内部评价系统删改购物评价，属于对计算机信息系统内存储数据进行修改操作，应当认定为破坏计算机信息系统的行为"。不难看出，本案裁判要旨所持观点，是适用第 2 款，即不需要产生对计算机信息系统本身运行上的危害结果。虽然指导案例的观点很明确，但实践中关于这一问题的争议并未消失。在最高法 2020 年发布的第 145 号指导案例——张竣杰等非法控制计算机信息系统案中，其裁判要点明确规定：通过修改、增加计算机信息系统数据，对该计算机信息系统实施非法控制，但未造成系统功能实质性破坏或者不能正常运行的，不应当认定为破坏计算机信息系统罪，符合《刑法》第 285 条第 2 款规定的，应当认定为非法控制计算机信息系统罪。这里最高法也明确了自己的观点，就是适用第 2 款必须要求造成系统功能实质性破坏或者不能正常运行，即从立法逻辑上要保持破坏计算机信息系统罪前三款对危害后果上的一致性。

当然，随着最高检检例第 34 号的失效，我们认为这一争论可以告一段落。但是我要提醒大家的是，看指导案例不能只看裁判要点，其实在最高法第 145 号指导案例的裁判理由中，还有另一种可能性："经查，被告人张竣杰、彭玲珑、祝东、姜宇豪虽对目标服务器的数据实施了修改、增加的侵犯行为，但未造成该信息系统功能实质性的破坏，或不能正常运行，也未对该信息系统内有价值的数据进行增加、删改，其行为不属于破坏计算机信息系统犯罪中的对计算机信息系统中存储、处理或者传输的数据进行删除、修改、增加的行为，应认定为非法控制计算机信息系统罪。"也就是说，如果行为人虽然未造成计算机信息系统功能实质性的破坏，或不能正常运行，但是如果对该信息系统内有价值的数据进行增加、删改，那么是否能够适用第 2 款呢？我认为司法实践中是可能出现这种情况的，至于哪些数据能被认定为"有价值的数据"，如果认定了，那么能否认定为破坏计算机信息系统罪，我建议大家还是要慎重论证和处断。

（三）提供侵入、非法控制计算机信息系统程序、工具罪

提供侵入、非法控制计算机信息系统程序、工具罪是一个选择性罪名，包括提供侵入计算机信息系统程序罪、提供侵入计算机信息系统工具罪、提供非法控制计算机信息系统程序罪、提供非法控制计算机信息系统工具罪。该罪的犯罪构成很简单，至于什么是"专门用于侵入非法控制计算机信息系统的程序和工具"，在《关于办理危害计算机信息系统安全刑事案件应用法律若干问题的解释》中有明确规定。从表面上来看，大家可能觉得这里提到的"程序和工具"包括两种：一种是提供侵入计算机信息系统程序、工具罪，另一种是提供非法控制计算机信息系统程序、工具罪。但实际上司法解释中规定了三种：第一种是具有避开或者突破计算机信息系统安全保护措施，未经授权或者超越授权获取计算机

信息这种数据功能的程序、工具；第二种是对计算机信息系统实施控制的程序、工具；第三种是其他用于侵入、非法控制计算机信息系统和非法获取计算机信息系统数据的程序、工具。因此，按照司法解释的规定，该罪名应该包含提供非法获取计算机信息系统数据的程序工具、提供侵入计算机信息系统的程序工具以及提供非法控制计算机信息系统的程序工具，也即它的程序、工具的内涵实际上是三大类。

那么，如果涉案的程序、工具是非法获取计算机信息系统数据的程序、工具，这个选择性罪名我们要怎么适用？是提供侵入计算机信息系统程序、工具罪还是提供非法控制计算机信息系统程序、工具罪？对此，我们可以参考最高人民检察院第十八批指导案例中的"叶源星、张剑秋提供侵入计算机信息系统程序、谭房妹非法获取计算机信息系统数据案"。被告人叶源星编写了一款撞库软件供他人免费使用，[①]该撞库软件的功能就是非法获取计算机信息系统数据中的用户身份认证信息，被告人被定为提供侵入计算机信息系统程序罪。所以该案就回答了刚才的问题，即如果犯罪嫌疑人提供的是非法获取计算机信息系统数据的程序，他涉嫌的罪名应该是提供侵入计算机信息系统程序罪。

关于小黄伞软件的鉴定有以下几个特征。第一，该软件没有合法用途，正如前面所说，它不同于爬虫程序有合法用途，这种恶意程序只是用来违法犯罪。第二，该软件有避开或者突破计算机信息系统安全保护措施的功能，它的前提就是软件应当设置防止被他人实施撞库的安保措施和自我防护的功能，这也是近些年《网络安全法》对于所有互联网企业产品的要求——不能开发一款没有安防措施的产品，这是从平台对普通公民进行保护的角度提出的要求。第三，该恶意软件具有绕过验证码这一措施的功能。第四，该软件具有非法获取计算机信息系统数据的功能。以上所述的四个特征，尤其是后两项特征，是该软件契合非法获取计算机信息系统数据罪的构成要件。也就是说，对于小黄伞这种专门的黑客类恶意程序，需要对其进行鉴定，而鉴定的维度都是司法解释对于这种恶意程序在法律特征上的要求。

（四）非法控制计算机信息系统罪

非法控制计算机信息系统罪主要涉及的就是 DDoS 攻击。DDoS 攻击可能牵涉到很多罪名，包括破坏计算机信息系统罪和非法控制计算机信息系统罪。DDoS 攻击涉及非法控制计算机信息系统罪的主要理由是：一次完整的 DDoS 攻击包括前期的控制"肉鸡"等支援行为和后期的直接攻击行为，二者为手段和目的的关系。但是一些案件中，行为人只参与了前半程行动，没有实施直接攻击行为，因而在证据上难以认定前后行为存在共谋关系，只能对前半程行为单独认定；或者后半程行为证据缺失，只能对前半程控制行为予以认定。

---

① "撞库"是指黑客通过收集以及泄露的用户信息，利用账户使用者相同的注册习惯，如相同的用户名和密码来批量登录某个网站，从而非法获取可登录用户信息的行为。参见最高人民检察院第一检察厅：《网络犯罪案件技术法律术语解释汇编（一）》。

四、非计算机网络犯罪罪名应对纯正计算机网络犯罪的问题——以破坏生产经营罪为例

实务中经常出现的情况是，虽然我们面对的是一个纯正的计算机网络犯罪问题，但是由于网络犯罪的跨地域性和复杂性、取证和证明的困难、司法人员对于罪名认识的局限，导致我们用纯正的计算机网络犯罪罪名，即《刑法》第 285 条至第 287 条的规定对其进行打击，可能并不如以非计算机犯罪的罪名对其进行处理更具可行性，破坏生产经营罪就是一个最突出的表现形态。

这里列举的典型案例是最高人民法院 2018 年的公报案例——江苏省南京市雨花台区人民检察院诉董某某、谢某某破坏生产经营案。正如大家所看到的，我对网络犯罪的研究是以权威案例为基础的，大家如果遇到相关案件，除了看"两高"的指导案例之外，也可以多关注最高法的公报案例，它们也是司法裁判领域对于前沿问题的回应。

淘宝店铺一般依据一定的特征和规则排序，很多淘宝店铺为了提升自己销量或好评的排名，会选择刷单、刷量，即在短时间内制造出大量的产品销售的情况来提升店铺的排名。对此，浙江淘宝网络有限公司（以下简称淘宝公司）会给予打击措施，把该商品或者该店铺的排名从第一直降到末尾，或者降到倒数第几的位置。本案的当事人是在淘宝网上经营论文相似度检测业务的两家淘宝店铺，被告人董某某的店铺出于打击报复竞争对手的目的，雇用被告人谢某某多次用同一账号恶意大量购买被害单位北京智齿数汇科技有限公司南京分公司（以下简称智齿科技南京公司）淘宝店的产品。如 2014 年 4 月 18 日被告人用同一个账号恶意购买了 120 单商品，4 月 22 日用同一个账号恶意购买了 385 单商品，4 月 23 日用同一账号恶意购买了 1 000 单商品。被告人的三次恶意购买行为被淘宝公司认为店铺的管理人员为了提升店铺的排名而刷量，结果导致 4 月 23 日淘宝公司认定智齿科技南京公司在从事虚假交易，进而该店铺商品被作出搜索降权的市场管控。因为被告人知道淘宝有这样的降权处理措施，所以恶意反刷，通过给别人刷量来欺骗淘宝公司，骗取淘宝对自己竞争对手的处罚。由此导致被害店铺直接被搜索降权，降权之后被害店铺的曝光量降低，购买人数也相应减少。后来经过分析，被害店铺在降权期间的损失为人民币 10 万元以上。

该案经过二审终审，法院认定被告人构成破坏生产经营罪。《最高人民法院公报》总第 262 期的裁判摘要包括以下内容：第一，被告人主观上具有报复和从中获利的目的，客观上采用反向刷单的措施，造成被害单位损失 10 万元以上，应当以破坏生产经营罪定罪处罚。第二，网络交易平台的搜索排序属于互联网经济的运营方式，应当认定为生产要素，从刑法解释上可以比照信誉、商誉予以解释，而反向炒信是破坏了商业信誉和生产经营，二者竞合的，应择一重罪处。第三，对于被害单位遭受的损失应综合予以认定和评估。

裁判摘要的第一点是该行为要以破坏生产经营罪定罪。破坏生产经营罪早在 1979 年《刑法》中就有体现，在互联网经济出现之前，破坏生产经营罪最典型的表现是杀害耕牛和毁坏机械。杀害耕牛即破坏第一产业，毁坏机械、砸烂机器即破坏第二产业，立法者在

设立破坏生产经营罪之初只是设想到这一层面。但是，随着社会的进步和互联网经济的发展，破坏生产经营罪也应该与时俱进地回应破坏互联网经营的犯罪行为。从最高人民法院的公报来看，司法的态度是肯定的，即应当将破坏生产经营罪的处理对象扩展到互联网经济的范围，这符合我们目前经济社会发展的态势和现实情况。裁判摘要第二点明确将网络交易平台的搜索排序认定为生产要素，实际上这是对马克思主义政治经济学的丰富，在目前互联网经济或者数据经济的形态下，生产力、生产工具、生产对象已经不是 20 年前经济社会中的样态了。《最高人民法院公报》的裁判摘要不仅让破坏生产经营罪有了新的生命力，还从哲学和经济学的角度对于经济社会中生产要素的扩展给予了法律的认定。当然，这个反向炒信的案件在学术领域、教学领域，在各种平台和期刊上都有一些不同的声音，但是我一直认为法律应当与时俱进，应当具有生命力，应当对于社会当下出现的新问题和新现象予以回应，特别是在解释学的范围之内能解决的问题，就不必再另出司法解释界定一个新的罪名，这也是我对该案判决十分肯定的原因。

此外，在 2013—2017 年的判例中，我也梳理了几个典型的破坏生产经营罪的案例。比较有趣的是全国各地的法院面对 DDoS 攻击案件时，常常会不约而同地适用破坏生产经营罪这一罪名（见表 13-1）。网吧之间进行 DDoS 攻击是比较常见的情形，比如某地有 A 网吧和 B 网吧，双方是竞争关系，A 网吧雇用黑客把 B 网吧打瘫了，那么想上网的人就不能去 B 网吧了。对这种行为，法院就认定构成破坏生产经营罪，实际上是破坏了 B 网吧正常的网络服务经营。用破坏生产经营罪来解决纯正的计算机网络犯罪中的 DDoS 攻击的，"马某某等三人破坏生产经营案"是一个比较经典的案例，该案经过两审。一审法院认为三名被告人以攻击网吧路由器的方式，对网吧计算机信息系统的功能进行干扰，造成计算机信息系统不能正常运行，后果严重的，构成破坏计算机信息系统罪，以破坏计算机信息系统罪定罪。被告人不服提起上诉。二审法院认为，上诉人为达到泄愤报复和不正当竞争的目的，伙同他人多次对他人经营的网吧进行网络攻击，破坏他人的经营活动，三人的行为均构成破坏生产经营罪，于是撤销原判，改变罪名，但是刑期是一致的。该案一审以破坏计算机信息系统罪定罪，但是从控方的角度来讲，检方的证据可能达不到破坏计算机信息系统罪的要求，因为破坏计算机信息系统罪对于证据的要求是比较高的，比如用什么样的程序发起了攻击？发起攻击时购买的服务器在哪里？发起攻击的数据流量有多大？对什么样的系统、什么样的路由器进行了什么样的攻击？是否造成服务器或者路由器的宕机？影响了多少网吧的计算机信息系统的正常运行？这一系列关键问题都要求相应的电子数据或者说电子证据来支撑，可以想象其对证据的要求标准之高。但是，破坏生产经营罪的犯罪构成就和破坏计算机信息系统犯罪的犯罪构成不一样。破坏计算机信息系统罪的犯罪构成是对于计算机信息系统的功能进行删除、修改、增加和干扰，相应地要对这些内容进行证明，但是破坏生产经营罪的犯罪构成只要求破坏他人的经营活动，其评价的重点不在于这套电脑是如何宕机的，而是网吧是如何无法经营的。即不管犯罪嫌疑人采用何种方式进行攻击，只要电脑不能用了，想上网的人没法上网，网吧不能运营，导致营收遭受严重损失，就能构成破坏生产经营。我认为这个案件是以破坏生产经营罪打击纯正计算机网络犯罪的典型案例，法院在罪名上灵活的选择也是司法智慧的体现。

表 13-1　因 DDoS 攻击行为被判处破坏生产经营罪案例

判决书文号	认定事实	量刑情节	判刑情况
上海市闵行区人民法院（2016）沪 0112 刑初 2025 号	为报复而 DDoS 攻击购物网站	被害公司网站被攻击时段与同时段最小销售额的差额为人民币 7 181.50 元，与同时段平均销售额的差额为人民币 11 768 元	犯破坏生产经营罪，判处拘役 5 个月、缓刑 5 个月
湖州市吴兴区人民法院（2016）浙 0502 刑初 1205 号	网吧间实施 DDoS 攻击	多次采用网络攻击的手段破坏他人正常生产经营活动	犯破坏生产经营罪，分别判处有期徒刑 6 个月、缓刑 1 年和拘役 5 个月、缓刑 8 个月
浙江省长兴县人民法院（2015）湖长刑初字第 721 号	网吧间实施 DDoS 攻击	多次采用网络攻击的手段破坏他人正常生产经营活动	犯破坏生产经营罪，分别判处有期徒刑 6 个月、缓刑 1 年和拘役 5 个月、缓刑 10 个月

以上就是我介绍的关于纯正计算机网络犯罪比较粗浅的办案心得，希望能够对大家理解、认识、研究、判断纯正计算机网络犯罪有一定的帮助。

专家评议

网络犯罪研究的方法论与技术观

邓矜婷[①]

白磊检察官今天的讲座首先通过数据统计向我们展示了网络犯罪——主要是纯正计算机网络犯罪的发展趋势，然后集中介绍了五个具体的纯正计算机网络犯罪的罪名，并梳理了一系列丰富的法律法规、司法解释和规定。对此，他也做了自己的一些解读，这些解读非常具有一线的特点，给了我们很多思考。另外，他的讲座也为我们提供了丰富的案例，针对每一个罪名逐一结合典型的案例来进行解释，生动而具体地帮助我们理解如破坏计算机信息系统罪这些罪名的构成要件以及在司法实务中具体应该怎么理解和把握。

一、网络犯罪研究的方法论

在准确把握计算机犯罪罪名方面，需要阅读大量的司法案例，并且要对这些案例做定性和定量的分析，从而归纳出稳定的类型特征，让这些类型特征帮助我们更好地解读相关的法律条文，以此推动和促进司法实务和刑法理论界的沟通。如从丰富的审判实例中提炼一些规律性的经验，然后通过这种经验来帮助我们更好地解释《刑法》法条涉及的具体罪名。当然，这种启发比较抽象，因为它是方法论层面的启发。但是对于有志于从事这方面研究的同学、专家或者同仁也是颇有意义的。我们应该更多地关注一线所接触到的丰富案例，包括我自己曾经也着重研究了提供侵入、非法控制计算机信息系统程序、工具罪，以及厘清该罪和网络帮助犯之间的区别，具体也是通过对涉及这两个罪名的判决书做定性定量的分析进行的。[②]

---
① 中国人民大学纪检监察学院教授、博士生导师。
② 邓矜婷：《网络空间中犯罪帮助行为的类型化——来自司法判决的启发》，载《法学研究》，2019（5）。

二、网络犯罪研究的技术观

在把握计算机相关犯罪的构成要件时，不仅要能够理解犯罪所涉及的计算机技术本身的技术逻辑和原理，还要综合考虑这项技术本身所能够发挥的作用是怎样的：它对刑法所要保护的法益会构成怎样的侵害？是会降低侵害的门槛，还是使得侵害的程度更大，等等。这些是必须进行综合考虑的。一方面，我们要弄清到底什么样的技术和行为才能构成破坏，或者侵入，或者非法控制；另一方面，我们又需要理解它们的法律意义在哪里，即它们的危害程度和风险有多高。不是所有在计算机科学上被认为是"侵入"的行为都能构成刑法所要惩罚的"侵入"；并不是只要在计算机上对于系统数据做了改变，或者是未经授权的非法获取，就一定要用刑法来做统一的惩罚。

我想举一个例子，就是白检察官讲到的提供侵入、非法控制计算机信息系统程序、工具罪有两款规定，其中一款是提供专门用于侵入或者非法控制计算机信息系统的程序和工具，这里的"专门性"应该怎样理解？如果我们没有实践中丰富的案例，可能很容易地把它解释为专门用来做某件事情，或者说它具有某种唯一的功能。但如果进一步地了解和阅读案例，了解计算机技术本身的丰富性，我们就会知道，有很多计算机程序不只是用来侵入的，它还可以和其他程序相结合实现更丰富的功能。所以，我们很难确定一个计算机程序是否只有某个唯一的功能。如果我们这样解读，就会把"专门性"的门槛设定得非常高。但阅读了大量的案例之后，我们就会发现很多这种富有入侵性的程序和工具并不是仅具备"侵入"的功能，其最主要的功能是实现相关的侵入或者非法控制计算机信息系统，由此拓宽了我们对于"专门性"的理解。换言之，"专门性"不能只被理解为唯一性，它可以被理解为具有一种最主要的特征或者最显著的特征，即主要用它来实施侵入或者是非法控制计算机信息系统的活动。由此，我们就能更好地调节刑法解释和司法实务在这一点上的矛盾，不至于僵化地理解"专门性"这一条款。

观众互动

问题 1：利用爬虫程序爬取中国裁判文书网的数据然后加工成数据成品是否构成犯罪？

回答：正如之前提到的，数据权属应该是我们关注的核心问题。有人会说，既然数据是从公开这些数据的网站爬取的，那么数据权属就都应该属于这些网站。实际上，除了我办理的第一个爬虫入刑案之外，也有其他的比较引人注目的爬虫案件，其中之一就是深圳市南山区人民法院审理的"车来了"案。一家公司在深圳的所有公交车上安装了 GPS 系统来统计全市的公交车是否能够按时到站，进而形成了涉案数据。另外一家公司爬取了被害单位的数据形成自己的产品。本案被告单位的律师在抗辩中提到，被告爬取的数据是公开数据，同时具有公益属性，以此论证爬取行为没有社会危害性。但是法院的判决也论证得很明确，涉案数据是为所有使用公共交通的市民提供公交车到站时间的服务，它是公开数据的同时也具备一定的公益属性。但是，被害单位花了很多的资金在每辆公交车上安装

GPS 系统，因而其数据权属应该属于被害单位，在被害单位的 App 上展示就确定了它的数据权属。

回到大家提的问题，裁判文书网的数据是不是不应该爬？在这里可能就不一样了。我们都知道，很多互联网大数据产品是基于对裁判文书网公开判决的收集、整理和加工，收集的时候就很有可能用到爬虫技术。企查查、天眼查搜寻全国的工商企业的信息，都可能涉及爬虫技术。我个人的观点是，裁判文书网上的判决书数据是具备公开属性的，也具备公益属性。关于数据权属的问题，最高人民法院不可能在这些数据上主张百分之百的权属，并禁止用户爬取和加工利用，或者即使用复制粘贴的方式收集的数据也不能加工应用。因为公开的判决书的公益属性尤其明显，或者说可能已经不是公益属性，从司法公正和司法公开的角度来讲，对于数据权属的要求可能就没有那么明确。从最高人民法院的角度来说，也欢迎大家对于数据产品进行深加工和利用，这种行为没有侵害最高人民法院的经济利益和产业经营的利益。当然，最高人民法院也没有这样的利益。相反，它能够促进司法公正，服务于全国法官同案同判的要求，能够提高律师法律服务的准确性，提高社会大众对于法律的认识和对特定犯罪行为的认识。所以在这个应用场景里面，可能就不存在社会危害性的考量。也就是说，司法人员在判断这个行为时应当关注数据权属，但要评价的是行为的社会危害性，数据权属问题并非绝对的百分之百，数据权属引申出来更深层次的问题就是爬取数据行为的社会危害性：它是不是有危害性？它的危害性是不是大到需要用刑法来评价和惩处？

此外，爬虫程序多是涉嫌非法获取计算机信息系统数据罪，但是如果爬虫程序请求量过大导致网站的正常运行受到影响的时候，就可能涉嫌破坏计算机信息系统罪了。所以，有的时候我们评价和考察爬虫程序，除了关注数据权属，也要关注爬虫技术的运行是否会给整个计算机信息系统的正常运行造成危害，导致服务器宕机、网站死机、正常的用户无法使用等。如果造成这些后果，这个行为就有可能从非法获取计算机信息系统数据罪这样一个量刑较轻的罪名，变成破坏计算机信息系统罪这样一个重罪名。

问题 2：对于分布在全国各地的网络犯罪小组，如何利用共犯理论来解决？

回答：网络犯罪因为利用互联网空间，导致有的时候证据很难达到共犯认定的司法要求，共犯认定除了要求客观层面的相互配合之外，还有主观的犯意联络或者意思联络，但是从侦查和打击网络犯罪的角度来说，后者是相当困难的，所以共犯理论在网络犯罪的跨区域特征面前显得有些捉襟见肘。

问题 3：网络犯罪中的海量电子证据构成大数据证据时，在司法实践中如何处理？

回答：对于海量数据，我们可以参照其他"海量"的情况。比如，在处理假烟案件中，一次性起获了几万根、几十万根假烟，对于这种假烟怎么认定？不是把每根烟都检测一遍，而是采用抽样的方法，从这几万根、几十万根香烟里面抽取一些进行鉴定。所以对于传统的海量假烟案件的司法判断方法，可以类比适用于海量电子数据的司法裁判标准。

第 14 讲
网络犯罪法律适用中的疑难问题探析

主讲人介绍

李玉萍，最高人民法院应用法学研究所副所长。

讲座主题

近年来，信息网络犯罪数量不断增长，呈现出犯罪对象多样化、犯罪样态链条化、犯罪场所虚拟化、犯罪规模扩张化等特征。在司法实践中，如何准确适用网络犯罪罪名、如何确定罪数以及如何协调网络犯罪与相关法律条文之间的关系等，成为司法机关面临的突出问题。

本次讲座围绕以下问题进行研讨：当前网络犯罪法律适用中的几类疑难问题；解决网络犯罪法律适用分歧的基本思路；关于适用《刑法》第 287 条的具体思考。

讲座内容

在介绍网络犯罪法律适用问题之前，我先就网络犯罪以及网络犯罪发展的态势和当前司法机关在办理网络犯罪案件的时候遇到的一些挑战，做初步的介绍。

一、前言

讨论网络犯罪的法律适用，首先要界定网络犯罪的范围。关于网络犯罪范围的最早的也是比较规范的界定是 2014 年 "两高一部"《关于办理网络犯罪案件适用刑事诉讼程序若干问题的意见》中就网络犯罪的范围所做的划分。该意见把网络犯罪分为四类，分别是危害计算机信息系统安全的犯罪；通过危害计算机信息系统安全实施的盗窃、诈骗等犯罪；在网络上发布信息或者通过设立网站通讯群组的方式针对不特定主体实施的犯罪；主要的行为在网络上实施的犯罪。自 2014 年以来，刑事立法和实践发生了很大的变化。有学者根据目前立法的发展和实践情况把前述四种类型的犯罪归纳为两种情形：纯正的网络犯罪和不纯正的网络犯罪。所谓纯正的网络犯罪是指这种犯罪一旦离开信息网络就不可能存在。比如典型的危害计算机信息系统安全的犯罪，以及非法利用信息网络罪和拒不履行网络安全监管义务罪、帮助信息网络犯罪活动罪。所谓不纯正的网络犯罪实际上就是传统犯罪的网络化，这类传统犯罪也可以在线下以传统的方式实施。后面关于网络犯罪的介绍就在这样的范围和情景下展开。

对于网络犯罪的态势相信大家都有所认知。早几年有侵犯公民个人信息罪，近两年的电信网络诈骗在我们身边时时出现。大家的感受跟有关部门的统计数据应该是高度吻合的。2016 年，中央政法委发布的信息显示，当年我国网络犯罪占全部刑事犯罪的三分之一，并且呈快速增长态势。2021 年 4 月，最高人民检察院发布的网络犯罪大数据报告显示，2020 年检察机关办理的网络犯罪案件同比增长了 47.9%，这充分表明我国的网络犯罪呈现出快速增长，甚至是激增的态势。

网络犯罪作为一种社会现象已经成为一种客观存在，甚至是一种普遍存在，战斗在一线的司法机关在办理案件的时候面临的是全方位的挑战。为什么说这是全方位的挑战？之前不管是公安、检察院还是法院的办案经验和办案方法都是源自农业时代和工业时代积累的经验和方法，网络犯罪是信息时代的产物，网络对司法实践的挑战表现在四个方面，也就是我们经常讲的办理刑事案件要把好四个关口，即证据关、事实关、程序关和法律适用关。在这四个方面，司法机关在办理这些案件的时候都面临一些亟待解决的问题，比如事实和证据，它们是摆在司法机关面前的第一个问题。不管是电子数据的发现、提取、保管、审查判断，还是利用电子数据认定案件事实，都是司法机关和司法人员面临的现实考验。第二个是程序问题，关于网络犯罪，司法解释也好，相关的规范性意见也好，都确立了普遍管辖原则，普遍管辖原则确实有利于及时、有效地打击或者惩治网络犯罪。但同时它也带来了一些问题，比如重复管辖、人权保障等问题在实践中都逐渐显现出来，需要我们能够有效地应对和解决。第三个问题是法律适用，也就是我们讲的能否入罪，入罪以后是此罪还是彼罪，一罪还是数罪，以及相应的量刑，这都是摆在司法机关面前的比较重要的问题。

二、当前网络犯罪法律适用中的几类问题

关于网络犯罪法律适用中的问题，我把它归结为三大类。第一类问题是纯正网络犯罪的法律适用。纯正网络犯罪实际上指的就是《刑法》第 285 条，第 286 条之一和第 287 条之一、之二所含的 8 个罪名，这 8 个罪名里有 5 个是典型的危害计算机信息系统安全犯罪，另外的 3 个也就是 2015 年《刑法修正案（九）》确定的三类新的罪名。这些纯正的网络犯罪的法律适用涉及的是一些新类型的案件，所以在实践中关于法律适用的分歧比较突出。第二类问题是利用计算机信息系统实施传统犯罪时的法律适用，主要表现在当传统的犯罪借助信息网络线上化以后应定此罪还是彼罪，个罪还是数罪及相关的量刑问题。第三类问题就是信息时代传统罪名的适用，包括新型犯罪行为的法律适用和新型犯罪对象的法律适用。接下来我就这三种情形从案例入手，向大家介绍。

（一）纯正网络犯罪的法律适用

本部分我选取了两个案例。第一个案例是最高人民法院发布的第 145 号指导性案例，它的案情比较复杂，我在这里做了简化处理。

张某为赚取广告费用，向目标服务器植入木马程序，再使用特定软件链接该程序，获取了目标服务器后台的浏览、增加、删除、修改等操作权限，然后将添加了赌博关键词并设置了自动跳转功能的静态网页上传到该目标服务器，案发时共有 113 台服务器被植入木马程序，其中部分服务器（含国家事务网站）被植入了含赌博关键词的网页。如果仅从案件事实入手，我们会发现它可能涉及几类罪，比如这里有个关键词就是"含国家事务网站"，根据《刑法》第 285 条第 1 款的规定，侵入国家事务、国防建设以及尖端科学技术类网站的犯罪是行为犯，也就是只要侵入这类网站就构成非法侵入计算机信息系统罪，可见这个罪是成立了。在侵入国家事务网站以及其他的服务器以后，行为人张某还实施了控制行为，他向目标服务器植入了木马程序，这个控制行为涉及 113 台计算机，肯定符合了刑法规定的非法控制计算机信息系统罪的犯罪构成。在控制了上述信息系统之后，张某后续的行为主要体现为向被控制的计算机信息系统中增加新的数据，就是含有赌博关键字并有自动跳转功能的静态网页，也就是在 113 台计算机的服务系统里面增加了新的数据。按照《刑法》和相关的司法解释的规定，被添加数据的计算机如果达到 20 台以上，就可能构成破坏计算机信息系统罪。从这个案例可以看出，第一个行为构成非法侵入计算机信息系统罪，但后面的这两个行为是定非法控制计算机信息系统罪还是破坏计算机信息系统罪？如果定后面两个罪，不管是哪一个，能不能够吸收前面的非法侵入计算机信息系统罪？这个就是非常典型的一罪还是数罪、此罪还是彼罪问题。

第二个案例的案情看上去特别简单，但实际上法律适用中的分歧是非常大的。本案中隋某等人成立了一家公司，以公司的名义为赌博 App 提供网络推广。截至案发，隋某成立的公司共收取服务费 5 亿多元，获利近 2 000 万元。在这个案件里，公司为赌博 App 提供推广的行为，持续时间非常长，而且获利的金额也非常大，实践中就存在是否需要把公司作为开设赌场罪共犯的观点。另有观点认为公司的行为不构成共犯，而构成帮助信息网络犯罪活动罪，因为公司提供的是一个 App。还有人认为，因为下游的犯罪没有查实，下游的犯罪行为没有得到证实，所以很难说提供 App 的行为帮助了信息网络犯罪，因此主张在网络上推广 App 的行为是发布违法犯罪信息的行为，构成非法利用信息网络罪。

通过这两个案例，可以看出在网络犯罪中，存在着一罪与数罪、此罪与彼罪的争议，具体的争议类型可以概括为三类：第一类是《刑法》第 285 条第 1 款的非法侵入计算机信息系统罪与第 2 款的非法获取计算机信息系统数据罪和非法控制计算机信息系统罪的关系。如果仔细研究和考察这两个条文的关系，会发现非常有意思。因为第 1 款中的非法侵入计算机信息系统罪是行为犯，只要有侵入行为就构罪，刑事处罚力度比较轻，即 3 年以下有期徒刑，且只有这一个量刑档。第 2 款里的非法获取计算机信息系统数据罪和非法控制计算机信息系统罪规定有两个量刑档，其中第一个量刑档也是 3 年以下的量刑幅度，第二个量刑档是 3 年以上 7 年以下有期徒刑。第一个量刑档里法律条文明确规定：行为人入侵到第 1 款规定以外的其他的计算机信息系统，非法获取数据或者非法控制计算机，情节严重的……也就是说它是一个情节犯，要达到情节严重才能构成犯罪。接下来还有第 2 款：情节特别严重的，可以判处 3 年以上 7 年以下有期徒刑。现在实践中争议比较大的就是第二个量刑档能不能够适用第 1 款中的非法侵入计算机信息系统罪？如果不能适用，就面临着对非法侵入计算机信息系统罪打击不力的问题，比如行为人既侵入国家事务网站，同时又控制了国家事务网站，或者获取了国家事务网站里的数据，如果不能适用第 2 款，反而不能对其予以打击。这就涉及这两个条款之间的关系怎么处理，实践中争议非常大。第二类争议主要体现在非法控制计算机信息系统罪和破坏计算机信息系统罪之间的关系。实践中经常表现为后者吸收前者，使得非法控制计算机信息系统罪的适用空间非常小。第三类是《刑法》第 287 条之一的非法利用信息网络罪和帮助信息网络犯罪活动罪之间的关系，以及它们与其他犯罪之间的关系。其中，非法利用信息网络的服务对象有两类，如果是为了自己实施违法犯罪活动，定非法利用信息网络罪没有问题；但如果是为了帮助他人犯罪而非法利用了信息网络，这个时候是定非法利用信息网络罪还是定帮助信息网络犯罪活动罪，分歧就非常大。

（二）利用计算机信息系统实施传统犯罪时的法律适用

我先通过两个案例向大家介绍利用计算机信息系统实施具体犯罪的时候，在法律适用上存在的问题。第一个案例就是最高检发布的第 35 号指导性案例，主要案情是曾某与王某使用聊天社交软件冒充年轻女性与被害人聊天，诱骗被害人使用被告人提供的 ID 及密码登录，然后远程锁定被害人的手机，之后以解锁为条件向被害人索要钱财。截至案发，曾某共作案 21 起，非法所得 7 290 元；王某作案 12 起，非法所得 4 750 元。第二个是近期的一个案例，潘某采用 DDoS 攻击的方式，使得被害单位的网络交易活动无法正常进行。后潘某以此方式先后向不同的被害单位索要比特币 60 个。注意，他索要的是比特币，而不是人民币。但是这些被害单位为了免受他的攻击，支付给被告人 60 个比特币，用去的费用共计人民币 23 万余元，另外有 40 个比特币索要未果。在这两起案件中分歧最大的或者争议最大的点就是罪名的适用。上述两起案件中的行为实际上都是利用计算机信息系统实施犯罪，也危害了计算机信息系统的安全，均构成破坏计算机信息系统罪。我们要注意的是，在构成破坏计算机信息系统罪的同时，勒索行为其实也构成了犯罪，构成了敲诈勒索，所以就面临着两个犯罪都成立的时候是适用一个罪名定罪，还是按数罪的方式来定罪处罚的问题。第二个案例的特殊之处在于怎么样认定比特币的性质。如果不承认比特币的财产属性，按照它的物理属性，那它就是一个数据，这个时候潘某的行为算不算非法获取计算机信息系统数据罪？如果按照非法获取计算机信息系统数据来定罪，那它是否符合非法获取计算机信息系统数据罪客观方面的要件，就存在很大争议。

（三）信息时代传统罪名的适用

1. 新型犯罪行为的定性
关于新类型犯罪行为出现以后怎么定性，我用破坏生产经营这种行为来举例。江苏的反向炒信案被称为信息时代破坏生产经营罪第一案，这个案件利用的是非常特殊的犯罪行为或者犯罪手段。行为人利用平台规则来大量地购买竞争对手的产品，导致这种产品的销售触犯了平台规则，使得该产品被降权，这就意味着在平台上搜不到这个产品。既然搜不到产品，竞争对手的生产经营活动当然无从进行，因此造成了重大损失。在这个案件里，能不能定犯罪，要不要定犯罪，首先就存在着争议。有学者和实务工作者主张，这就是一个不正当竞争行为，应当将其作为民事案件处理。另外也有强有力的观点认为，在信息时代这就是一种破坏生产经营行为，和破坏机器设备或者残害耕畜相比，行为人的手段应该是有过之而无不及，所以可以视为破坏生产经营的其他的手段，因此，主张把这种行为作为犯罪。相似的两起案件分别发生在广东和北京。广东的案件是离职员工罗某因为对离职待遇不满，利用他掌握的公司的网络账号密码，将演出公司存放于云端的后台数据全部删除，导致在演出的时候出了事故。演出公司因此遭受了重大的损失。损失来源于两个方面，一是恢复后台数据支出的费用，二是演出公司因为重大事故造成的违约行为。北京的案件是近期发生的，北京某公司的员工姬某因对工作调动不满，登录公司网站改低商品单价，导致商品被低于采购价抢购，公司为此损失 55 万元。广东罗某的行为和北京姬某的行为，都符合破坏生产经营罪里的基于个人的目的或者泄私愤的主观要件，其行为是否构成破坏生产经营罪还是同时构成其他的犯罪，实践中存在着较大的争议。

2. 新型犯罪对象的定性

关于新型犯罪对象的定性，争议最大的是关于虚拟财产的认定。实践中存在两种截然不同的做法，其中一种做法是把虚拟财产均视为计算机信息系统数据，就按照数据相关的犯罪定罪量刑，这种做法在一些情形下存在法律适用困境，比如下面这两个案例。

浙江的网游玩家曹某以借用为由骗取了钱某 78 件游戏装备皮肤。钱某为了购买这 78 件游戏装备和皮肤，花费了 75 万元。曹某骗取到游戏装备和皮肤以后，就把自己的手机号、QQ 号等所有的联系方式都删除，之后失联。在这个案件里，该怎么定性？如果把游戏装备、皮肤视为数据而定非法获取计算机信息系统数据罪，我们会发现由于曹某没有进入被害人钱某的计算机信息系统，也没有采取所谓的技术手段规避钱某的防范，而是钱某主动把自己游戏装备和皮肤交给曹某，这导致利用数据定罪存在一些先天障碍。第二起案件中，北京的仲某利用职务便利，将公司的 100 个比特币转移到个人的账户，公司发现以后报案。在这个案件里，是按照财产犯罪定职务侵占罪，还是按数据犯罪定非法获取计算机信息系统数据罪？如果定非法获取计算机信息数据罪，也存在前面所讲的手段的非法性问题。综上所述，这类案件的争议点有两个：第一个是能不能定罪，如果定罪，定什么罪。第二个是在这种虚拟财产犯罪里如何计算犯罪数额。

三、解决网络犯罪法律适用分歧的思路

网络犯罪是信息时代的附随物，它真实地记录和反映了我们这个时代在发展中存在的一些矛盾和问题。在对网络犯罪的惩治上，要兼顾办案的法律效果和社会效果。面对个

案时要恪守刑法的基本原则和精神，把握刑事立法条文的实质精神和要义，同时准确把握好、运用好宽严相济的刑事政策以及针对特定时期、特定犯罪的刑事政策，采取正确、适当的司法方法。

（一）坚持对既有罪名体系进行系统考量，厘清个案的适用范围，做到准确定罪

面对个案的时候，要关照现有的罪名体系，厘清个罪的适用范围，做到准确定罪，如结合各罪名保护的法益，犯罪构成的特点，坚持主客观相统一的原则等。需要特别注意的是在办理网络犯罪案件中要谨防两个口袋罪，一个是破坏计算机信息系统罪，另一个是帮助信息网络犯罪活动罪。这两个罪名目前都已经有口袋罪的倾向，并因此影响到司法执法的准确性。

关于破坏计算机信息系统罪，它所涵盖的口袋罪的类型有两种，第一种是相对于其他危害计算机信息系统安全犯罪而言，它吸收了其他的危害计算机系统安全犯罪。危害计算机信息系统安全犯罪涵盖五个罪名，除了破坏计算机信息系统罪以外，还有其他四个。这四个罪名里除了非法侵入计算机信息系统罪以外，另外的三个罪名是：非法控制计算机信息系统罪，非法获取计算机信息系统数据罪，以及提供侵入或者控制计算机信息系统的程序、工具罪，它们都容易落入破坏计算机系统罪的口袋罪，要注意防范。第二种是利用破坏计算机信息系统的方式实施的其他犯罪被一律定为该罪。在实践中会出现当某个案件构成破坏计算机信息系统罪时就不再往下追究的现象，使得利用破坏计算机信息系统实施的那些目的犯罪未能受到追究，导致了口袋罪的使用，也导致对其他犯罪的打击不力。

回顾前面提到的第一个指导性案例可以发现，这个案例就是关于如何区分非法控制计算机信息系统和破坏计算机信息系统，以避免对非法控制计算机信息系统罪的过度吸收。对于以破坏数据程序为目的删改增计算机信息系统中有价值的数据程序的，可以按照破坏计算机信息系统罪定罪量刑。为什么破坏计算机信息系统罪容易跟非法控制计算机信息系统罪产生混淆呢？是因为这两个罪都有一个行为上的共同点：不管是控制还是破坏，很多案件中都呈现出对被害人计算机信息系统里的数据或者程序进行删改增——控制计算机系统，需要对它的数据和程序进行删改增，破坏也会体现为删改增。此时，什么情况下按照破坏计算机信息系统罪定罪，什么情况下按照非法控制计算机信息系统定罪，可以结合客观情形认定。对于以破坏计算机系统程序为目的的删改增计算机信息系统中的数据和程序的，按照破坏计算机信息系统罪定罪量刑；对于为转移数据或者实施其他犯罪而对数据和程序进行删改增，而且这个行为没有达到对系统功能的实质性破坏的，按照非法控制计算机信息系统罪定罪量刑。在上述指导性案例中，行为人在使用木马程序控制了 113 台计算机的信息系统之后，实际上已经完成了非法控制计算机信息系统罪。之后他还上传了静态网页，上传网页确实是一个增加数据的行为，但这个行为还没有达到破坏计算机信息系统的程度，没有对计算机信息系统的功能造成实质性的影响，所以其实多出的行为并不构成破坏计算机信息系统罪。接下来要注意的就是，如果行为人在实施非法控制计算机信息系

统罪或者破坏计算机信息系统罪的同时又构成其他的犯罪了，这时可以按照从一重处罚的原则进行处罚。如果罪责相当，建议按照目的行为构成的犯罪进行应对处理，这样就既全面考虑了被告人所有的犯罪行为，同时也能够实现罪责刑相适应，更能够体现主客观相一致原则。

第二种口袋罪，即帮助信息网络犯罪活动罪，这是《刑法修正案（九）》新增的罪名，在 2015 年到 2019 年这个期间实际上是"表现平平"，跟其他的两类罪没有太大差别。但是随着 2019 年司法解释的出台，尤其是随着公安部"断卡行动"和"两高一部"《关于办理电信网络诈骗等刑事案件适用法律若干问题的意见（二）》的出台，帮助信息网络犯罪活动罪的案件呈激增态势，目前在所有的犯罪中排名已经列居第六七位。这类犯罪数量激增的同时，也会呈现一些口袋罪的趋势。具体分成三类，第一类是与非法利用信息网络罪相关的口袋罪。主要表现在非法利用信息网络罪里，有为帮助他人违法犯罪而实施的利用信息网络的情形，它跟帮助信息网络犯罪有一些竞合。在这种情况下怎样准确定罪量刑需要认真思考。第二类是与掩饰隐瞒犯罪所得罪和洗钱罪有关的口袋罪，它们的重合点在于都有为犯罪提供支付结算的帮助行为。第三类就是共同犯罪中的帮助犯，这是一个非常大的课题，不论理论上还是实践中都有很大的争议，也是实践中比较棘手的一个问题。立法或者司法解释中都把帮信罪作为一个堵截性的罪名，它是具有兜底性的。所以在适用中我们的建议是当相关行为能够被解释为其他犯罪的时候，应优先适用其他罪名，给其他罪名的适用留足空间，同时也切实做到罪责刑相适应。回到前面的隋某案件，隋某成立公司以后专门推广赌博 App，收取的服务费达到 5 亿多元，盈利近 2 000 万元。在这个案件里能不能定开设赌场罪？如果定开设赌场罪，实际上是把公司作为开设赌场罪共犯，这个时候就需要开设赌场罪正犯的出现。在这个案件中，赌博 App 可以用来开设赌场，也可以用来聚众赌博，还可以以赌博的名义实施诈骗，所以我们很难知道他下游或他的帮助对象到底实施了什么罪，而且截至案发也没有查出来，所以就不能够贸然把公司定为开设赌场罪的共犯。另外，能不能定帮助信息网络犯罪活动罪？我们知道，定帮助信息网络犯罪活动罪必须有一个前提，即明知他人在利用信息网络实施犯罪，这需要帮助对象的行为构成犯罪。当没有这样一个前提存在的时候，就不能够直接把公司的行为定为帮助信息网络犯罪。本案中司法机关就是把推广赌博 App 的行为认定为利用信息网络发布违法犯罪信息。赌博 App 不管是用来实施诈骗，还是用来开设赌场或是聚众赌博，都是刑法可以规制的非法利用信息网络罪中的违法犯罪行为的范围。因此，在这个案件里，最终就以非法利用信息网络进行了定罪量刑。

（二）尊重经济社会发展规律，合理解释和适用刑法

面对网络犯罪案件，尤其是面对新类型网络犯罪案件的时候，要尊重经济社会的发展规律，合理解释和适用法律。回到前面提到的破坏生产经营罪案件，破坏生产经营罪的主观方面界定为基于个人泄愤报复或者个人目的，客观方面表现为毁坏机器设备、残害耕畜等。在信息时代，对毁坏方式的界定存在分歧。在工业时代，对机器设备的毁坏主要表现为物理性的毁坏，但如今，很多生产经营活动都是利用信息网络实施的，对被

害单位的信息网络实施功能性的毁坏，能不能视为"毁坏机器设备"？如果可以，这个破坏生产经营罪的具体适用就随着信息时代的发展变化了。前面讲到的广东罗某和北京姬某都是出于个人的原因，一个删除了公司非常关键的生产经营的数据，另外一个修改了公司的生产经营的数据，并因此给公司造成了重大的损失，二者都可以以破坏生产经营罪归罪。

关于虚拟财产的性质，所有争议的根源都来自 2010 年最高人民法院作出的一个答复。当时的答复是对利用计算机窃取他人游戏币非法销售获利的行为，以非法获取计算机信息系统数据罪定罪量刑，就是把游戏币视为计算机信息系统数据。后来一些学者在文章里把它做了扩大，比如游戏装备或者 QQ 号等都归为计算机信息系统数据，由此导致实践中针对虚拟游戏币、虚拟币的定性就存在着两种截然不同的意见。我们要注意到，上述答复是在 2010 年作出的，到了 2017 年及之后的《民法典》都肯定了虚拟财产的属性，尤其要注意的是在 2017 年 10 月，最高检发布了第 37 号指导性案例——张四毛盗窃案，这个案例中被害人以 11.85 万元人民币竞拍取得了一个网络域名，然后被告人张四毛利用技术手段破解该域名所绑定的邮箱密码，之后经过一系列的运作将该网络域名转移绑定到自己的邮箱，最后以 12.5 万元出售。这个案件最终是以盗窃罪定罪量刑的。最高检确定的裁判要旨是网络域名具备法律意义上的财产属性，因此盗窃网络域名可以认定为盗窃行为。对于这起案件的指导意义，最高检指出，盗窃网络域名的行为符合以非法占有为目的窃取他人财产利益的盗窃罪的本质特征，因此应当以盗窃罪论处。这个指导性案例给我们的启发，不仅仅是可以把盗窃网络域名的行为视为盗窃行为，更在于某种盗窃虚拟财产的行为，如果符合以非法占有为目的窃取他人财产利益的盗窃罪的本质属性的，就应当以盗窃罪论处。与这个案例最相关的也是最近的一个案例，再次表明司法实践中对虚拟财产的认定还是存在非常大的争议：检察机关指控的时候是一个罪名，一审法院判定的时候是另外一个罪名，最后二审法院定的又是另外一个罪名。案情是沈某利用其在某公司负责充值返利等职务上的便利，违规向玩家账户添加游戏币元宝，并私自收取费用。对这样一个事实，二审法院认为沈某系利用其本人职权登录到游戏后台系统，沈某没有对计算机系统实施侵入行为，也没有采取其他技术性手段拦截数据，因此不构成一审法院认定的非法获取计算机信息系统数据罪；同时认为沈某修改增加数据的行为未影响计算机信息系统数据的正常运行或者实际效用，而且也不是以破坏计算机信息系统数据为目的，所以不构成检察机关抗诉指控的破坏计算机信息系统罪；且认定游戏币具有财产属性，因此改判沈某构成职务侵占罪。

关于虚拟财产的定性，初步的思考是对可以用货币购买并进行交易的这些游戏币、道具、装备或者虚拟货币等虚拟财产，当它们同时具备价值属性、管理属性、交换属性的时候，可以视为刑法中的财物。当然对这种虚拟财产价格的认定，当前争议也非常大，我们的观点是采用填平原则，就是对被害人造成的实际损失，或者是被害人为了生产或者得到这些虚拟财产付出的物质上的成本进行填平。当然，在具体案件中可以根据不同情况采用不同方法，对此，实践中有非常多的探索。

四、关于适用《刑法》第 287 条的思考

（一）实践中的法律适用分歧

《刑法》第 287 条实际上就是把所有的传统犯罪与信息社会链接起来，但在链接的过程中怎么适用好这个条款，实践中存在非常大的分歧。

一种观点认为该条款属于拟制性的规定，因此，凡是利用计算机实施的犯罪，都应当以金融诈骗、盗窃、贪污等目的犯罪进行处罚。拟制性规定就是只要利用计算机实施的目的行为构成犯罪的，就要按照目的犯罪定罪量刑。利用或者危害计算机信息系统的行为，可以作为量刑情节进行考虑。这个观点有它的合理性，但是在实践中会遇到一个巨大的障碍，比如前面提到的曾某、王某破坏计算机信息系统案。在这个案件中曾某和王某通过锁定他人手机索要钱财，锁定行为显然构成破坏计算机信息系统罪。索要钱财的行为可能构成犯罪，也可能不构成犯罪。如果他们锁定计算机信息系统之后，索要钱财的行为不构成犯罪，就可以以破坏计算机信息系统罪定罪处罚。但是如果是索要钱财的行为，比如勒索行为刚好达到敲诈勒索罪的入罪门槛，可能判处 3 年以下有期徒刑。这时候我们就会发现一个奇特的现象，如果他们利用破坏计算机的手段实施的目的行为不构成犯罪，则可以定一个重罪——破坏计算机信息系统罪。如果他们利用破坏计算机的方式实施的行为构成了一个轻罪，比如敲诈勒索罪，按照目的犯罪来定罪的话，就只能定敲诈勒索罪，相当于定了一个轻罪。为什么说敲诈勒索罪是一个轻罪？因为敲诈勒索罪的第一个量刑档是 3 年以下，而破坏计算机信息系统罪的第一个量刑档是 5 年以下，所以如果出现这种现象，就违背了最朴素的正义观——手段行为构成犯罪，目的行为不构成犯罪的时候，从重处罚；手段行为构成犯罪，目的行为也构成犯罪的时候，反而要从轻处罚。

另一种观点认为《刑法》第 287 条属于特殊的提示性规定。前文提及的曾某、王某破坏计算机信息系统案中法院的生效判决就认为，被告人锁定他人手机索要钱财，手段行为和目的行为分别构成破坏计算机信息系统罪和敲诈勒索罪，两者之间成立牵连犯，应当从重罪论处。这就更能够实现对整个不法行为的全面评价。同时也更符合民众对罪责刑相适应原则的期待。所以在这种情形下，我们就更提倡适用第二种方案处理。

（二）对于利用计算机实施的犯罪行为，应当区分行为人利用计算机的具体方式，结合个案实际情况，区分不同情形适用相应罪名

在具体适用《刑法》第 287 条的时候，要结合行为人利用计算机的具体方式，根据个案的实际情况区分不同的情形来适用相应的罪名。具体分成三种情况：

第一种情况是行为人利用计算机实施犯罪，没有危害目标计算机信息系统安全。比如行为人在电脑上通过微博或其他途径散布谣言或者侮辱诽谤他人，甚至发布诈骗信息，实施诈骗活动，等等。这个时候行为人只是将电脑作为实施犯罪的工具和手段，不涉及计算机信息系统的安全。这种情况下利用计算机实施的犯罪，就可以直接按照目的行为来定罪处罚。当然，这个时候行为人即使利用了自己的电脑发布、散布谣言，侮辱诽谤他人，也

可能构成非法利用信息网络罪。如果这两个罪同时构罪，就采取从重处罚的原则。

第二种情况就是行为人利用计算机实施犯罪，危害到了目标计算机信息系统的安全，但是这种危害行为尚不构成犯罪，这个时候也可以按照目的行为构成的犯罪直接定罪处罚。这有一个真实的案例，被告人趁与他同住的被害人熟睡之际，使用被害人的手机，利用事先掌握的开机密码和微信支付密码，将被害人的钱转到自己的微信账户，然后又将手机放回。这个案件中被告人的一系列行为都是围绕着盗窃被害人钱财的目的实施的。他针对被害人的手机所实施的行为尚不构成犯罪，因此对他拿被害人手机的行为不进行评价，而是直接按照转账的数额定罪处罚。

第三种情况就是行为人利用计算机实施犯罪既危害目标计算机信息系统安全，又构成危害计算机信息系统安全罪，这个时候就适用从一重原则进行处罚，法律另有规定的除外。此处的适用从一重原则处罚，就可以结合前面讲的最高检的指导性案例，把它归为牵连犯，就是目的行为和手段行为的牵连。对于牵连犯，我国《刑法》并没有明文规定要按照数罪并罚的原则定罪，所以可以参考理论界的通说按从一重原则办理，实际上这个做法也有相应的司法解释的支撑。最高人民法院《关于审理危害军事通信刑事案件具体应用法律若干问题的解释》中有明确的规定，侵入军事通信设施尚未造成破坏的，依照《刑法》第 285 条定罪处罚。《刑法》第 285 条就是非法侵入计算机信息系统罪；如果侵入军事通信设施造成破坏，同时违反《刑法》第 285 条、第 286 条和第 369 条规定的，从一重处罚。

上述观点在实践中也有印证，2019 年有一起在全国影响都非常大的案件，就是广东的任庆盗窃案，该案被告人在预售的手机中预置了恶意扣费软件，在手机用户不知情的情况下，秘密地扣取了手机用户的资费。法院的生效判决认为被告人基于非法占有手机用户资费的目的，通过非法侵入控制计算机信息系统，在用户不知情的情况下，秘密扣取了用户的资费，非法获利数千万元，其目的行为和手段行为触犯了盗窃罪和非法控制计算机信息系统罪，应择一重罪处罚，最后是按照盗窃罪定罪处罚。因为本案被告人盗窃的数额特别巨大，可以按照最高的量刑档进行定罪量刑，相对于非法控制计算机信息系统罪，盗窃罪属于重罪，所以按照盗窃罪定罪。

以上是关于适用《刑法》第 287 条的一些思考，实践中还是要结合案件的具体情况，区分不同的情形，准确定罪量刑。

专家评议

网络犯罪中电子数据的收集与审查

谢登科 [①]

在网络犯罪里面，电子证据会大量存在，且相比于传统的实物证据其具有典型的特征，例如虚拟性的特点。虚拟性会带来很多问题，比如在电子数据取证方面，"两高一

---

① 吉林大学法学院教授、博士生导师，中国刑事诉讼法学研究会常务理事。

部"出台的《关于办理刑事案件收集提取和审查判断电子数据若干问题的规定》(以下简称《电子数据规定》)规定了很多取证的行为类型,这种取证行为类型、取证模式和传统的类型、模式相比有很大区别,这种区别主要是由电子数据的特征决定的。在收集电子数据的过程中,我们可能不收集它的原始存储介质,只是把电子数据拷贝到其他存储介质里面,我把它归纳为电子数据的单独取证。实务中有一种取证方式,就是电子数据的转化取证,也即把电子证据通过打印的方式转化为传统的纸质证据。在认定电子数据的合法性的过程中,我们通常需要结合具体取证行为和取证程序进行,比如是搜查,还是勘验、扣押、冻结。由于电子数据具有的虚拟性特征,在取证的过程中可能没办法直接接触这些证据,办案人员需要借助相应的技术手段,包括现场提取和远程收集,我国《刑事诉讼法》规定的搜查和扣押主要是对物证、书证的搜查扣押,没有规定对电子数据的搜查扣押,"两高一部"的《电子数据规定》和公安部的《公安机关办理刑事案件电子数据取证规则》中的规定也过于原则,实践中对电子数据采取搜查的方式于理论上可能就有一些争议。

另一种就是电子数据的关联性,这和传统的实物证据确实有很大的区别,传统的实物证据可以直接体现实物和人之间的某种关系。但是电子数据和人之间的这种关系需要借助于设备或者介质才能体现,所以在判断关联性的时候可能更加复杂一些。还有电子数据的真实性的问题,包括电子数据的鉴真。在传统实物证据的鉴真过程中,我们也比较注重真实性的保障,比如在搜查或者在勘验的过程中,需要制作笔录、进行同步录音录像,可能还需要找见证人。但是这些方法运用于电子数据的取证中就会有一些问题。电子数据具有虚拟性,一个服务器、一个移动硬盘里面可能有海量的数据,提取的信息量就会很大,如果借助于传统的方式进行鉴真,效率会很低,有时候甚至没办法进行,这个时候就需要一些专门适用于电子数据本身的技术性鉴真方法。在刑事案件里,比较常见的是对电子数据的完整性校验值进行计算,这也是通过技术方法来保障电子数据的完整性,也就是通过保障不被篡改来保障电子数据的真实性,它本身是一种技术性鉴真方法。当然,除了完整性校验值之外,最高法出台的《人民法院在线诉讼规则》和《关于互联网法院审理案件若干问题的规定》里,也把实践中用的一些比较成熟的电子数据的技术性鉴真方法上升到法律规则这个层面,比如区块链存证。我的观点是区块链存证本质上是一种电子数据的技术性鉴真方法,它是用来防止电子数据在移送、保管、流转、庭审过程中被修改、篡改,为庭审过程中证明的真实性、完整性提供一种途径或者方法。当然这种技术性鉴真和传统的证据保管链条以及这种独特性确认的内在的机理又不太一样。传统的电子数据鉴真,比如保管链条还有独特性确认,实际上都是通过人的识别,然后把相应的信息记录下来,或者是由这个人出庭陈述取证过程中的相关信息,或者是辨认电子数据的这种独特性。这种技术性鉴真通过算法程序来保障电子数据的真实性,所以它内在机理是不一样的,内在机理不一样就导致很多问题不太一样。当然,鉴真解决的一些基本问题是一样的,比如它的功能,它鉴真的标准,这些与传统证据的鉴真相比没有什么变化,但是它可能影响对于真实性的证明责任。《民事证据规定》里面对于证据的真实性规定由提出证据一方来证明,这就意味着鉴真实际上需要由提供证据的一方进行。不管是最高法出台的《人民法院在线诉讼规则》，还是《关于互联网法院审理案件若干问题的规定》，实际上都用了推定真实的规定，这方面刘品新老师也写过专门的文章。这种真实推定在鉴真这一块儿会影响证明责任的分配，如果鉴真的机理和方法不同，就会影响很多问题。

再就是电子数据取证过程当中的权利保障、电子证据和诉讼形态，不管是线上诉讼还是线下诉讼，可能都有很多问题。可以再找机会深入交流。

帮助信息网络犯罪活动罪之推定明知

陈 碧[①]

我想从证据法的角度讲一下《刑法》第 287 条的帮信罪。自 2019 年司法解释出来以后，帮信罪的判决数量出现了明显的变化，很有可能成为危险驾驶罪、盗窃罪、诈骗罪之后排行第四的多发性的犯罪。

帮信罪主要有这样一些特点：刑期比较短，而且很多都适用缓刑。从被告人的情况来看，平均年龄 30 岁左右，约有三分之一是无业，但是也有三分之一左右属于公司的技术高管人员。从判决上来看，多数都适用了认罪认罚，而且比较少有上诉。实务中，在进行全案认定的时候，对于"明知"，法官是很犹豫的，有时甚至并不能很肯定地知道这是一种"明知"。所以我们看到这个罪名设立之后的几年，这类案件的数量是比较少的，直到 2019 年司法解释对"明知"做了一些推定类性质的规定，案件数量才开始大规模增长。除了对"明知"予以解释，司法解释还对什么是情节严重，以及对于下游犯罪到底要证明到什么程度也做了解释，这些对于认定帮信罪起到了推动作用。从证据法的角度来讲，司法解释对"明知"列举了 6 种情形，在 6 种情形之后还有一个兜底，我们把它称为"6+1"，也可以把它叫为"7 宗罪"。当然，还有一种情形是可以反驳的，所以我们又把它叫做"6+1+1 反驳"。我把它理解为证据法上所讲的推定。

我想定义一下推定。很多时候我们说推定，比如推定他的犯意成立，推定他的行为是什么。我想明确一下，我们现在讲的推定的是证据法上的推定，而不是法官做综合认定的时候所讲的推理认定。比如，想要认定某人的杀人故意，可以从击打的位置、击打的力度、击打的次数和事后的反应综合认定他是不是有杀人的故意。我认为这不叫做推定，应该叫作推理认定，所以法官在判决文书里面的推理也不是这里所说的推定。

那推定是什么？它是美国证据法上的一个专业术语，而且是一个特别慎重的行为，因为它关系到《美国宪法第五修正案》里面对于陪审团独立对案件事实的审理和无罪推定原则，所以美国法上的推定经常受到联邦最高法院的司法审查。它意味着一种关系：当基础事实 a 存在的时候，我们就会推定一个事实 p，叫作推定事实存在，也就是说用法律建立了基础事实和推定事实之间的关系。换句话来说，它让法官不用去思考了，简单来说就是它可以帮你拍板，你可以免除在这个时候继续承担"万一如果概率还有多少"的责任，并以此逻辑建立这样一种法律关系，所以它是一种相当慎重的行为。在我国，出于无罪推定

---

① 中国政法大学刑事司法学院副教授。

原则以及罪刑法定原则的考虑，法律中的类似规定也有很多。在刑法条文中大家比较熟悉的应该是巨额财产来源不明罪。在司法解释里，证据法上的推定比较少，大家比较熟悉的是最高人民法院出台的关于合同诈骗的司法解释，关于抢夺机动车的司法解释，以及关于走私的司法解释，这些司法解释中的推定具有一个共同的特点——基于经验和逻辑规则，也即它们是建立在经验和逻辑规则上的。就是说如果我们不能在逻辑上说基础事实 a 和推理事实 p 之间的联系是 100% 存在的，但是在经验法则上我们可以说它很可能存在，所以它的基础是逻辑加经验。另外，司法解释强行建立了一种法定证据制度，在这种情况下不需要法官再去承担其他的证明责任了，从 a 可以推出 p 就可以得出判决结果，实际上是减轻了法官在证明上的难度，也降低了证明标准。所以我觉得从这个意义上来看，帮信罪在2019 年之后的大幅上升，就是因为司法解释降低了证明难度。推定必须具备的第三个特点就是它的可反驳性。因为它是建立在逻辑和经验法则上的，它并不是排除 100% 的合理怀疑，所以允许错误的存在，也允许反驳。

为什么会在帮信罪里出现推定？大家可以看一下司法解释的变化。2016 年"两高一部"发布过关于电诈案件的意见，提到了对于明知应当怎么认定，我的理解是司法解释仍然是鼓励法官综合全案内容材料予以认定。但是最高法的意见出来以后，案件的数量上没有发生太大变化，也就是说给了法官指导意见之后，在判案的过程中也还是会有明显的障碍，这是导致 2019 年"两高"发司法解释的原因。本来推定就是一个慎之又慎的法律创造的事实，免除了法官在判案过程中的负担，法官判案就会放心。所以，我觉得这是充分考虑到了刑事政策，因为如果无法证明，就无法打击帮信的行为，如果打击不了帮信行为，网络犯罪就源源不断，那样又该如何打击呢？

我们知道，推定是在慎之又慎的情况下是使用的，我想讲的是我的两点担心，第一个担心是反驳有多少空间。因为推定存在的前提，就是一定要允许反驳，只有反驳不成立的情况下，推定才能成立。那现在反驳的空间大不大？我想通过一则案例分析一下。

张某用匿名、假名的方式买了 100 张互联网卡，然后又加价往外卖。他加价卖的时候，在淘宝上用了支付宝，那个是实名的，所以张某实际上是用实名卖出去了这些卡。他卖出去的其中一张卡就被犯罪分子李四利用了，李四利用这张卡去上网，诈骗了几百万元。这种情况就符合刚才我们说的司法解释的 6 种情形里面的其中一种情形，然后张某就以帮信罪被抓起来了。张某的辩解是他卖卡的时候用的是实名，但是司法机关是认为他在买卡的时候用了匿名，所以叫以隐秘身份逃避侦查，符合司法解释规定的 6 种情形之一。

还有一个类似的案件，就是一个公司做游戏软件，在这款游戏里可以攒积分，行为人明知这个软件可以靠积分来赌博，他就把这个游戏软件卖给了一家公司，这家公司就拿软件去赌博。行为人在跟这家公司合作的过程中，实际上也是要帮公司维护的，司法机关认为他没有尽到监管职责，也是按帮信罪处理，适用的是兜底条款。说到这个案例，我想再谈一下另外一部法律——《个人信息保护法》。该法明确了如果泄露了个人信息，要适用过错推定原则。它也是在反电诈的背景下出台的，因为电信诈骗很多就是因为个人信息被泄露了，然后出现了诈骗。如果你把用户的个人信息泄露了，是适用过错推定原则的，但凡你手里有别人的信息，而且信息泄露了，你就必须证明你尽到了保管义务和监管职责。现在很多企业都开始大量搞企业合规，就为了将来一旦出现泄露个人信息的事情，可以证明自己尽到了监管义务，可以对抗过错推定，它们可以提供专业技术支持，可以请外部的评审认证，然后拿到认证资格，如果有这些可能就能够成为免责的依据。但是对于个人和一些小微企业而言，它们作为服务商向别人提供服务的时候，需要投入多少才算尽到这种监管职责？所以在这个问题上，我对推定的适用提出了一些担心。

司法解释第 6 条已经列举了，可以从正面来认定明知，将来是不是也有可能通过一些指导性案例来表明在什么情况下足以认定反驳成立？

我的第二点担心就是兜底条款的存在，在司法解释里面兜底条款是不是应该更加谨慎地使用？如果兜底都被大量使用，就有可能使得口袋罪的现象更加严重。以上是我从证据法角度对于帮信罪的"明知"做的一些分享。谢谢大家。

观众互动

问题 1：帮信犯与共犯的本质区别是什么？

回答：在实践中判断帮信罪与其他犯罪的区别，主要是从行为人的主客观方面进行的，比如主观上是否有共同犯罪的故意，有没有事先的同谋，以及在犯罪实施的过程中有没有形成同谋的可能性。如果有事先的同谋或者事中的同谋，可能构成共犯。但这里还有另一个构成共犯的前提，即行为人对他所帮助的对象所实施的犯罪的明知程度。比如明知他人实施盗窃罪，还给他人提供帮助，跟明知他人在实施犯罪而提供帮助是不一样的。就是说如果明知他人实施的是盗窃犯罪，还给他人提供帮助，这种情况下，不管是司法解释还是司法实践中，都会作为共犯来处理。如果明知的不是具体的犯罪，只是明知对方在实施犯罪而为其提供帮助，更多的可能是往帮信罪上靠。

问题 2：帮信罪与掩饰、隐瞒犯罪所得罪如何区分？

回答：掩饰、隐瞒犯罪所得罪和洗钱罪都属于下游犯罪，这是它们跟帮信罪之间非常大的区别。从主观上来讲，要定掩饰、隐瞒犯罪所得罪，必须证明行为人在主观上有掩饰、隐瞒的故意。它们可能的交叉点在于以下几个方面。

帮信罪里有明知道对方实施犯罪而为其提供了支付结算的帮助的要求；掩饰、隐瞒犯罪所得罪不仅仅是为支付结算提供了帮助，还把犯罪所得直接变现了，如果是赃物就销赃，如果是赃款就直接兑现，或者用其他的方式进行掩饰、隐瞒，实践中更多的是提供"两卡"。关于帮信罪，实践中出现了很多情形，比如学校的学生，对方给付了他们一定的费用，他们把卡给别人，是租给别人也好，是出售给别人也好，反正是有偿给别人用的。第一次给别人用，可能是觉得出于朋友间的帮助、信任，或者是亲戚之间的这种关系。但如果反复用，而且长期给别人用，还有一定的回报，就不符合我们正常的用卡习惯了。在这种情况下，这种行为很可能就会按照帮信罪来定罪量刑。实践中比较特别的是在实施帮信罪的过程中，刚开始是把卡租借给别人用，但后来发现银行卡的流水非常多，就把卡里的钱取出来了。在这种情况下，前面的行为构成了帮信罪，后面行为构不构成犯罪？如果构成犯罪，构成的是什么罪？实践中有的检察机关就是按诈骗罪来起诉的，就是说前面的帮助行为都是为了最终得到钱款，为了最终非法占有钱款，实际上就属于他虚构隐瞒事实中的一部分，因此以诈骗罪来起诉。但我认为，前期它确实是一个帮助犯的行为，后期临时起意非法占有这笔钱，是定盗窃罪还是其他的罪，应按照主观心态和实际的行为来确定。

问题 3：嫌疑人在明知下游犯罪的情况下仍然提供帮助和支持，但仅收取常规手续费，不参与下游犯罪最终收益分配的，应如何定罪？

回答：对此，可以区分两种情况，要看对于下游犯罪他明知到什么程度。如果他明知是盗窃罪，哪怕单方认为他提供了帮助，也应认为该行为是盗窃罪的一部分。相反，如果行为人没有准确的明知，这种情况下可能还只是帮助犯。

问题 4：利用木马程序窃取公民手机数据行为该如何定性？

回答：利用木马的行为，我们首先要判断它是否形成了对手机的控制。然后再看窃取的数据的具体性质，是人身信息还是财产信息，也就是要看信息数据的类型。但是不管是非法控制的行为，还是侵犯公民个人信息的行为，都要达到情节严重的程度才能构罪，尤其是非法控制计算机信息系统罪要情节严重才能入罪，侵犯公民个人信息罪也要达到这个情节严重的程度。

第 15 讲
"第四方支付"灰黑产业链的刑事风险分析与监督

主讲人介绍

施净岚,上海市浦东新区人民检察院检察委员会专职委员、三级高级检察官、上海市检察官协会副会长、第二届上海市检察官遴选委员会委员、上海市检察官惩戒委员会委员、同济大学中欧创新政策与法律研究中心兼职研究员、上海市妇联兼职副主席、上海市浦东新区总工会兼职副主席。2017 年 3 月,施净岚通过公开遴选,成为上海市浦东新区人民检察院命名检察官,成立"施净岚检察官专业化办案组",是上海四个首批命名的检察官专业化办案组之一。

讲座主题

随着电子商务交易的繁荣,提供支付方式整合服务的聚合支付成为新的发展趋势,"第四方支付"等灰黑产业链也与商业机遇相伴而生。本次讲座主要从以下方面展开讨论:"第四方支付"的概况;"第四方支付"关联行为的刑事认定;"第四方支付"的治理和犯罪预防。

讲座内容

众所周知,随着电子商务交易的繁荣,支付方式呈多样化的发展,提供支付方式、整合服务的聚合支付,已经成为新的发展趋势。实践中,由于监管尚未成熟,新的灰黑产业也与新的商业机遇相伴而生。一些机构也以"第四方支付"的形式参与了个人信息买卖、违法资金结算等相关违法犯罪活动,并且形成隐蔽、高效、专业的灰黑产业链。正如尼尔·巴雷特所说的:"随着我们跨入计算机王国时代,因特网和数字技术产生了一个潘多拉的效果,这些自由发展的科技已经对我们的国家、公司、企业以及个人的安全造成了威胁,我们必须在这些技术尚未控制人类以前,对其加以控制。"在网络科学技术快速发展的背景下,如何在鼓励技术创新、引导企业发展的同时,实现对灰黑产业的高效打击,成为亟须解决的问题。

一、"第四方支付"的概况

（一）"第四方支付"的产生和发展

"第四方支付"是相对于第三方支付提出的概念，又被称为"聚合支付"，是通过聚合第三方支付平台、合作银行、合作电信运营商及其他服务商接口等多种支付工具进行的综合支付服务。主要是由于市场上不同支付平台之间的相互独立性，激发了实现不同支付方式综合利用的需求。"第四方支付"能够以技术手段结合第三方支付机构，合作银行及其他服务商接口，实现支付通道资源优势互补的效果。在形式上，"第四方支付"机构介于第三方支付机构及其他支付机构和终端用户之间，以相对独立的主体出现，所以有了"第四方"的概念。

常见的第四方支付产品之一是集合码。集合码实际是"第四方支付"机构根据银联二维码的规范，自主生成的一个收款二维码，可以自动判断消费者使用的扫码 App 是微信还是支付宝，或者其他的手机应用等，再通过模拟的技术代替用户完成扫码支付行为。"第四方"充当的是提供技术服务的中间商，实际上收单的机构仍然是第三方支付，如微信、支付宝等。

在我国，"第四方支付"的产生和发展可分为三个阶段：第一阶段为起步期，2014 年至 2015 年，网络支付机构大范围普及，互联网巨头互相竞争，由于支付方式日趋多样化但十分零散，提供支付方式一体化整合服务成为新的发展机遇。第二阶段为规模爆发加速期，2016 年至 2017 年，聚合支付产品大规模推广。第三阶段为合规发展期，自 2017 年下半年开始至今，监管政策陆续出台，如《关于进一步加强无证经营支付业务整治工作的通知》《关于规范支付创新业务的通知》《条码支付业务规范（试行）》《聚合支付安全技术规范》等。

2020 年 8 月 20 日，中国支付清算协会发布了《收单外包服务机构备案管理办法（试行）》，根据有关规定，收单外包机构原则上应当在 2020 年 10 月底之前通过备案系统向协会提出备案申请，且该备案申请应在 2021 年 6 月底前提出，备案率提高到百分之百，即在规定时间内，对于未完成备案的外包机构，持牌收单机构在确保收单机构服务延续性的情况下，有序终止合作。目前已经通过备案的收单外包服务机构数量是 7 000 余户。业务类型包括：特约商户推荐、受理标示张贴、聚合支付服务以及特约商户维护等。在 2020 年发布的收单外包机构评级名单参评的 8 926 家中，C 级及以上的总计 5 845 家，占比 66.48%，其中 A- 级仅 21 家，B+ 级有 93 家。由此可以看出，通过相关的监管部门的监督管理，"第四方支付"的行业监管日趋合规化。

（二）"第四方支付"机构的类型和几个相关概念

凡是介于支付机构与终端用户之间的相对独立的支付通道，都可以被纳入广义的"第四方支付"的范围，包括合法和非法的"第四方支付"机构。针对合法的"第四方支付"机构，当前市场上从事聚合支付服务的服务商可以分为两大类，包括收单机构和收单的外包机构，即收单外包服务机构。

1. 何为收单机构？

收单机构可以分为银行和第三方收单机构，也就是具备银行卡收单业务许可和网络支付业务许可的机构，因而是能够提供通道进行资金结算等相关的服务，聚合支付也是其支付业务之外的一个延伸服务。

2. 何为支付结算？

根据中国人民银行《支付结算的办法》的规定，支付结算是指单位个人在经济活动过程当中使用票据、信用卡和汇兑、托收承付、委托收款等结算方式进行货币给付以及资金清算的行为。银行是支付结算和资金清算的中介机构，第三方收单机构也是经过国家批准，被许可从事网络支付业务的相关机构。

但有关作为支付机构的外包机构，也就是我们通常说的收单外包机构，通常不具备从事支付业务的许可，它只能提供支付渠道的融合。换句话说，"第四方支付"机构从事各业务过程当中，可能涉及资金聚合、信息聚合、通道聚合。对于不持牌的收单外包机构，除了允许做的通道聚合以外，是禁止资金聚合和信息聚合的。

3. 何为通道聚合？

通道聚合是指为实现不同支付通道的综合利用，"第四方支付"将各个支付公司不同的接口进行整合，形成具有综合功能的单一通道，终端用户只需要使用同一个二维码，就可以选择任意支付方式。

具体来说，"第四方支付"发展之初，它的最核心的业务便是通道聚合，为了实现不同支付通道的综合便利性，"第四方支付"实际上是将各个支付公司的不同的结果进行了整合，形成具有综合功能的单一通道，终端用户只需要使用二维码就可以完成支付，所以我们在支付时仅需提供自己的付款二维码，对方的扫码机就可以自动进行识别，完成支付。作为单纯的通讯通道，它的业务成本相对较低，操作也相对简单，具有资质的第三方支付机构，可以通过与其他支付机构相互合作的方式来拓展这一类业务，也可以授权外包机构，为这类"第四方支付"机构提供技术上的支持和协助。此种情况下，在经营过程中，实际上是不涉及有关资金的结算的核心业务，也不需要用户额外注册账号或者提供重要个人信息，这就是通道聚合。

4. 何为信息聚合？

信息聚合是指第四方支付机构利用自身用户来源广泛的优势，在通道聚合的基础上，额外对终端用户进行吸收和维护，具有拓展客户、收集信息的功能。

第四方支付机构在客户交易的过程当中是不接触资金清算的，它只是接触到客户的一些交易信息。在这个过程中涉及对客户的具体信息进行收集、储存和利用的，"第四方支付"机构也可以在大量收集交易数据的基础上形成对信息的汇总，包括有关的总结、记录等。需要注意的是，根据中国人民银行支付结算司《关于开展违规"聚合支付"服务清理整治工作的通知》，收单外包机构不得从事商户资质审核受理协议签订，不得伪造篡改或者隐匿交易信息，也不得采集留存特约商户和消费者的一系列的敏感信息。

5. 何为资金聚合？

资金聚合与持牌支付机构的资金结算业务类似，实质上是在第三方支付机构和终端用户之间架设了一个新的支付机构。合规的"第四方支付"机构仅提供通道，不涉及资金的二次清算、二次结算，但是有部分违规的"第四方支付"机构就会将资金先由支付宝、微信等第三方支付机构结算，再将资金结算到"第四方支付"所控制的账户当中，由"第四方支付"机构发放给自己的平台用户，也就形成了我们所称的二次结算。但在2017 年，相关监管部门禁止二次清算，并且发布了一些政策和法律法规予以规制，这样，外包收单机构在从事聚合支付等服务过程当中，就不可以从事资金结算业务。但目前仍然存在少部分违规从事资金结算业务的平台，这些平台也往往会被犯罪团伙作为转移、洗白资金的通道，以灰黑产业链的形式游离在法律法规的监管之外。

在上述两类服务商之外还有一类游离在法律法规监管之外的平台，也就是我们通常说的非法的"第四方支付"平台。这些平台、组织通常通过大量购买公民个人信息，用这些信息去注册空壳公司，然后以个人或者企业的名义在持牌的支付机构上注册大量的账户，并控制这些账户，从而达到控制资金结算的目的，实质上形成了新的结算平台。控制资金结算的方式也不限于利用正规的支付机构，还包括购买手机充值卡再销售等方式，只要能够达到控制资金流转和结算目的即可。这类组织往往对其他犯罪起到了关键的协助作用，如为网络诈骗平台、网络赌博、色情直播产业等提供的支付交易和资金结算的相关服务，也成了网络黑产的重要一环。更甚者，该"第四方支付"平台本身就是赌博、色情、诈骗网站的配套平台，扩大了刑事犯罪的社会危害性。

二、"第四方支付"关联行为的刑事认定

根据我国法律规定，"第四方支付"关联行为主要涉及《刑法》第 212 条的掩饰、隐瞒犯罪所得、犯罪所得收益罪，第 191 条的洗钱罪，第 225 条的非法经营罪，第 253 条之一的侵犯公民个人信息罪，第 287 条之二的帮助信息网络犯罪活动罪，同时也可能构成其他犯罪的共犯。本次讲座主要针对实践中较为常见的，在定性上容易发生争议的违法犯罪行为进行相应的分析。

（一）非法经营行为的认定

对于只提供通道聚合的合法的"第四方支付"机构，由于其不从事独立的资金结算业务，如果没有以虚构交易、虚开价格、交易退款等非法方式向指定付款方支付货币资金的行为，则不宜认定为非法经营罪。也不宜以非法从事资金支付结算业务来认定信息聚合类的第四方支付机构构成非法经营罪。

信息聚合类的第四方支付机构在未合法获得授权许可的情况下，买卖交易信息、扰乱市场秩序的，有可能构成非法经营罪，同时也可能与侵犯公民个人信息罪、侵犯商业秘密罪等发生竞合。

针对资金聚合问题，我们可以看到，司法实践中一些一般的支付结算也有特殊形式的

规定，都是以非法经营罪入罪的，但是入刑金额标准有所不同。司法实践中认定的虚构支付结算情形，一般是指使用受理终端或者是网络支付接口的方式以虚构交易、虚开价格、交易退款等非法方式向指定付款方支付货币资金的行为。虚构支付结算过程中有些特殊的情形，如频繁出现的信用卡套现的行为，此种行为也是特殊支付结算的一种行为方式。最高人民法院、最高人民检察院《关于办理非法从事资金结算业务、非法买卖外汇刑事案件适用法律若干问题的解释》将其以非法经营罪定罪，但该司法解释与最高人民法院、最高人民检察院《关于办理妨害信用卡管理刑事案件具体应用法律若干问题的解释》在非法经营罪入罪的数额标准上有所区别。我们在办案过程中应遵循"特别规定优于一般规定"，对于信用卡套现应适用信用卡管理的司法解释，即一百万元的入罪标准。但在办案实践过程中也会存在多个行为交叉的情况，此种情况下如何定性？在近期办案过程中我们遇到一起真实案例，存在一定的争议。

案例 1：沈某某涉嫌非法经营案

沈某某在 2020 年 9 月以个人名义通过中介公司注册了个体工商户，又以个体工商户的名义从"第四方支付平台"先后申领了 7 台 POS 机。随后，沈某某带着 POS 机到了澳门，与澳门涉嫌娼赌的游客进行商议后，以虚构货物交易的方式进行刷卡，取得人民币消费金额，刷卡后扣除一定的手续费，将等值的港币交付给其他大陆游客。经过审计，截至 2021 年 1 月，短短的 4 个月，涉及 POS 机刷卡交易的人民币达到 5 700 余万元。

整个过程中涉及以下行为：支付结算行为、利用 POS 机进行刷卡支付结算行为。但本案中，因为支付金额较大，所以大部分的刷卡刷的都是借记卡，而非信用卡。另外，进行人民币和港币的兑换行为，也涉及游客在境外参赌。

对于沈某某的行为如何定性？到底是一罪还是数罪？这涉及有关的支付结算。以非法经营罪定罪处罚时，到底以简单的"POS 机一台""一百万元"的入罪标准定罪，还是"一般的结算""五百万元"的入罪标准定罪，都有一定的争议。

在办案实践中，在有关资金流向无法查清，也无法区分有关支付机构或与其他犯罪行为的关系的情况下，如果能够查证行为人具有违反国家规定非法从事资金支付结算业务而且达到一定的入罪门槛和标准时，一般都是以非法经营罪一罪提起公诉。同一个行为同时触犯了非法经营罪、洗钱罪、帮助信息网络犯罪活动罪等罪名，在一个行为触犯多个罪名的情况下，遵循的一般原则是"特别法优于普通法""择一重"的处罚原则，并非以非法经营罪一罪进行认定处罚。

（二）网络洗钱行为分析

《刑法修正案（十一）》对洗钱罪进行了修订。

实践中，第三方支付机构的存在增加了对网络洗钱犯罪的侦查难度。在现实资金交易的过程中，第三方支付机构作为支付服务的中介时，原本银行掌握的完整的交易过程被割裂，形成付款人与第三方支付机构以及第三方支付机构与收款人两个独立交易的模式。以往办案过程中查一笔资金的流向，只需查银行流水、交易对手即可。但是由于第三方支付机构的介入，就会通过当中一个环节把有关的资金链（证据链）串在一起。由于独立交易行为在一定程度上屏蔽了对资金流向的识别度，也即在有关网络交易过程中，实际上支付机构主要是通过证书等来识别判断一个客户的相关身份，该种核实不是面对面的交易，所以很难获得账户实际控制人的相关信息，从而在另一种程度上增加了识别的难度，部分犯罪分子利用了这种隐蔽性。

犯罪分子在第三方支付的基础上进一步搭建起非法的资金聚合的"第四方支付"平台，这样的平台在整个犯罪链中充当资金转移的工具，是将违法所得洗白的一个途径，因为有利益驱逐，也就形成了网络洗钱的黑色产业链。

转移资金的行为有可能贯穿在整个行为过程中。因此，如果认定洗钱罪，还是要先区分上游、下游犯罪，然后判断行为人在犯罪过程中所起的具体作用。行为人实施的支付结算行为针对的是上游犯罪非法控制的资金，真正的目的是掩饰隐瞒资金真正的来源和性质，并且上游的犯罪是符合《刑法修正案（十一）》当中八种特定的上游犯罪类型的，根据法律的规定可以认定为洗钱罪。如果不符合八种特定的犯罪类型，可以考虑掩饰、隐瞒犯罪所得、犯罪所得收益罪。

《刑法修正案（十一）》和 1997 年《刑法》的规定有所差别。根据 1997 年《刑法》，有证据表明事先通谋的，而且在整个过程中共同参与，并且实施了上游相关的违法犯罪行为的，在办案实践中，我们将其作为上游犯罪的共同犯罪进行处罚，不单独认定为洗钱罪。《刑法修正案（十一）》明确将自洗钱也认定为洗钱罪，并据此进行定性。在实践中，洗钱罪的适用较少，主要是由于认定上游犯罪、收集证据难度较大，在网络犯罪中尤其如此。在网络空间中，往往用多层结构、单线联系、自创暗语的手法进行交际，给侦查活动带来了阻碍。

对于洗钱罪，是和上游犯罪数罪并罚还是认定为一罪，目前理论界和实务界尚有争议。我个人认为，随着对洗钱犯罪打击的逐步增强，对洗钱罪的适用范围可以在立法上适度扩大。如果有证据证明既在上游成立共同犯罪，又在下游成立洗钱罪，就可以考虑数罪并罚。即对上游犯罪的定性和下游的洗钱罪进行数罪并罚，而不是择一重处或者定单一的洗钱罪一罪。

（三）信息及数据侵权行为的认定

《刑法》第 253 条之一、《检察机关办理侵犯公民个人信息案件指引》等相关规定，对如何认定信息的数据侵权行为以及认定的标准做了明确的规制，给实践办案人员划了红线。实际上，违法搭建的资金聚合的"第四方支付"机构当中，也会涉及行为人收集大量的公民个人信息用于资金结算账户的情况。在一些偏远地区，犯罪团伙都是通过向当地的个人购买身份信息并且取得相关的身份证件，借用身份信息，办理了银行卡、手机卡等，通过控制这些个人账户来实现对资金的控制，实施实质上的结算行为。在这个过程当中，我们还发现相关的灰黑产业当中还有专门提供或者出售公民个人信息的重要环节。

根据"两高"《关于办理侵犯公民个人信息刑事案件适用法律若干问题的解释》第 5

条,① 由于侵犯公民个人信息罪属于侵犯公民人身权利、民主权利一章的犯罪,目前仍属于侵犯个人法益,因此行为人提供自己的个人信息供他人实施犯罪属于被害人的自损行为,是不构成侵犯公民个人信息罪的。若是为网络犯罪提供便利,符合相关条件时,可能构成其他犯罪,比如帮助信息网络犯罪活动罪。在信息聚合类的"第四方支付"机构中,也存在信息以及数据侵权的问题,根据《非银行支付机构网络支付业务管理办法》,凡是支付机构都应该遵循了解自己客户的原则,建立客户身份识别机制,实施实名管理。在此前提下,支付机构本身掌握着大量的公民个人信息,第三方机构如果违反国家规定向外包的第四方机构、第四方支付机构等出售、提供客户的信息,情节严重的,也会构成侵犯公民个人信息罪。其中,提供行为也包括非法授权其他机构收集客户的个人信息,如果客户信息是在提供服务的过程当中获得的,依法应当予以从重处罚。就"第四方支付"机构本身而言,它在经营过程中本身没有得到授权,私自窃取或者以其他非法的方式获取客户的公民个人信息,符合"情节严重"的标准时,也会构成侵犯公民个人信息罪。

(四)提供技术帮助行为的认定

《刑法》第 287 条之二规定了帮助信息网络犯罪活动罪,该罪名较新,是目前重点打击的罪名之一。依据我国法学界通说,成立共同犯罪要具有共同的犯罪行为和犯罪故意,这个证明标准还是相对较高的,也即必须查明正犯的相关情况,从犯意联络等角度正视行为人与正犯之间的关系。但网络犯罪帮助行为自身的特点导致难以查清每个环节的事实,尤其是在网络犯罪过程中,可以看到有关的人员都是相当分散的,而且人员之间的联系十分隐蔽,按照共同犯罪的证明标准进行取证定罪难度较大。通过《刑法修正案(九)》设立帮助信息网络犯罪活动罪,相对来说有关的证明标准有所降低。只要证明行为人明知他人利用网络实施犯罪,而且实施了帮助行为即可构成帮助信息网络犯罪活动罪,对于上游犯罪人是否到案、有无依法获得裁判,甚至是否因为刑事责任年龄等原因未被依法追究刑事责任,都不影响对帮助信息网络犯罪活动罪罪名的认定。

我们可以看到,在第四方支付机构参与的违法行为中,技术支持往往是一个非常重要的环节,与传统的犯罪帮助行为不同,网络传输的便捷性和复制的无限性将导致网络技术

---

① 《关于办理侵犯公民个人信息刑事案件适用法律若干问题的解释》第 5 条:非法获取、出售或者提供公民个人信息,具有下列情形之一的,应当认定为《刑法》第 253 条之一规定的"情节严重"。(1)出售或者提供行踪轨迹信息,被他人用于犯罪的;(2)知道或者应当知道他人利用公民个人信息实施犯罪,向其出售或者提供的;(3)非法获取、出售或者提供行踪轨迹信息、通信内容、征信信息、财产信息 50 条以上的;(4)非法获取、出售或者提供住宿信息、通信记录、健康生理信息、交易信息等其他可能影响人身、财产安全的公民个人信息 500 条以上的;(5)非法获取、出售或者提供第(3)项、第(4)项规定以外的公民个人信息 5 000 条以上的;(6)数量未达到第(3)项至第(5)项规定标准,但是按相应比例合计达到有关数量标准的;(7)违法所得 5 000 元以上的;(8)将在履行职责或者提供服务过程中获得的公民个人信息出售或者提供给他人,数量或者数额达到第(3)项至第(7)项规定标准一半以上的;(9)曾因侵犯公民个人信息受过刑事处罚或者两年内受过行政处罚,又非法获取、出售或者提供公民个人信息的;(10)其他情节严重的情形。

实施前款规定的行为,具有下列情形之一的,应当认定为《刑法》第 253 条之一第一款规定的"情节特别严重":(1)造成被害人死亡、重伤、精神失常或者被绑架等严重后果的;(2)造成重大经济损失或者恶劣社会影响的;(3)数量或者数额达到前款第(3)项至第(8)项规定标准十倍以上的;(4)其他情节特别严重的情形。

的帮助行为呈现出一对多的特点。实际上，违法的"第四方支付"能被多个渠道适用，而不同渠道又可以供多种来源的资金适用，单一的技术能够通过网络进行大范围扩散，从而产生巨大社会性。因此，在支付资金结算过程中参与软件开发和技术维护，在非法第四方支付平台的运营中起到了帮助作用的行为，可以认定为帮助信息网络活动罪。

该罪中争议较大的一点还存在于，是否要将帮助信息网络犯罪活动视为纯粹的正犯，脱离帮助犯的限制。这样的话，仅要求行为人主观上有帮助他人利用网络实施犯罪的意志，而不要求他人有具体实际的行为。大部分学者认为，虽然我国《刑法》单独规定了帮助信息网络犯罪活动罪，但是不能将其等同于狭义上的正犯，其适用仍要遵循帮助犯的一系列规则，因为根据法条规定，对行为人还是要有相关的规制要求的，不仅要求行为人主观上明知他人利用信息网络实施犯罪，还要求行为人为实施犯罪的人提供帮助。我个人也支持此观点，如果他人没有实施犯罪，或者行为人没有为他人的犯罪行为起到帮助作用，则不能机械化地以帮助信息网络活动罪进行定罪处罚。

在认定中还有一个难点，即便提供了技术支持，如果这种支持属于中立的业务服务，对于中立的业务服务是否认定为犯罪？我认为不宜机械化地认为其构成单一的帮助信息网络活动罪。事实上，行为人自己也会以技术中立作为辩解点。对此，我个人认为，除了应当关注到犯罪嫌疑人的辩解外，还应当对证据进行固定。可以从客观行为判断其提供的技术是否客观中立，主观上是否是不明知的。首先，要看行为人所提供的技术对犯罪活动在何种程度上起到了促进作用，如果所提供的技术不涉及犯罪的核心环节，对犯罪活动没有明显的推动作用，在没有其他证据印证的情况下，不能将其行为认定为帮助信息网络活动罪。其次，还可以从技术本身的特点进行分析。如果行为人本身提供的是完整的技术或者是核心技术，对于技术的性质和潜在的用户有较为明确的认识，而且提供的技术帮助具有完整性，只能被用于进行违法活动的，尽管其以技术中立辩解，也不具有可信度，其辩解不能成立。我们以此也是可以判断其主观上"应当明知"上游犯罪且实施了相关的网络犯罪活动。最后，我们可以参照有关赌博犯罪的法律解释予以认定，比如从违法所得数额判断其主观的明知程度。如果提供不法服务的"第四方支付"平台，在提供服务时往往索要更高昂的服务费，即超过正常标准的服务费，而且在提供服务的同时还索要经营利润的分成。有此种情形出现时，就说明其价格明显超出正常的"第四方支付"平台经营市场的正常标准。据此，可以推断其主观"明知"程度，认定其为他人实施犯罪提供了帮助行为，成立帮助信息网络活动罪。

案例 2：张某某涉嫌帮助信息网络活动罪

犯罪嫌疑人张某某 2020 年 12 月底至 2021 年 3 月上旬，组织了另外五名犯罪嫌疑人，在明知资金来源不合法的情况下仍然通过"跑分"方式洗钱，涉案资金合计 240 余万元。

从相关证据可以锁定诈骗团伙通过"第四方支付"二维码作案。被害人在扫二维码后将资金转入犯罪团伙控制的多家公司的账户。这是第一层资金的走向，被诈骗的资金流入公司账户后经过层层银行转账，通过在其微信绑定的个人账户，将资金转入零钱通，帮信人员立马转出，用于购买虚拟货币，再将虚拟货币交付给有关的犯罪团伙。按照此种模式，办案部门查询资金流向难度很大，无法通过穿透式的资金链层层查询，在查询中门槛较多。当前，除了"跑分"平台模式，还有"企业—商户"模式、"虚假交易"模式。

2016—2019 年，"企业—商户"模式完成了起步期到成熟期的转变。2018 年出现了"跑分"平台的模式，单个账户的使用周期明显缩短，流水更少，隐藏更深。之后又出现了虚假交易类模式，该模式突破风险、识别管控能力越来越强，一旦出现立马进入成熟期，而且有关单个账户使用周期非常短，有的只有一两天，日均流水量非常大。

三、"第四方支付"的治理和犯罪预防

2015 年起，中国人民银行的相关负责人就《非银行支付机构网络支付业务管理办法》答记者问时提到：网络机构的职能定位仍是小额便民，遵循服务于电子商务的原则。近年来，第三方支付机构在相关的法律法规的规制下，慢慢走向成熟期，也成了电商行业繁荣发展的重要驱动力，但违法"第四方"机构的出现，也为我们敲响了警钟，提醒我们网络犯罪的灰黑产业链在利益的驱动下，会包裹着合法的外衣出现在监管尚未涉及的灰色地带，与其他的犯罪行为相结合，通过网络进一步扩大了社会危害性。因此在现有制度基础上，我们还是要加强对支付行业的组织和规范，以免给犯罪分子留下可乘之机。

我个人认为，第一，应明确"第四方支付"的性质，并建立监督管理体系。对于以从事违法犯罪为目建立的"第四方支付"平台，我们应始终秉持严厉打击的态度；对不直接参与刑事犯罪，但存在违规操作，涉及刑事风险的机构，应当加强引导和管理，划定明确的业务范围，将"第四方支付"机构排除在独立从事支付结算业务之外。明令禁止资金聚合，订立从事相关业务的准入标准，严格禁止异化的支付结算机构的形成。在此基础上，立足于"第四方支付"机构的业务性质，建立分类监管体系，实施备案制。

我国监管部门也出台了相关的文件，根据中国支付清算协会发布的《收单外包服务机构备案管理办法（试行）》等相关文件的规定，收单外包机构原则上应当于 2020 年 10 月 31 日前，在相关的备案系统上递交备案申请，在 2021 年 6 月 30 日前，第三方支付机构应完成相关的备案手续，未完成的，相关的收单机构在确保商户服务延续性的前提下有序地终止合作，以此方式使不合规的、未备案的"第四方"外包机构良性退出。根据最新数据，目前已按要求备案的"第四方支付"机构已达到 7 000 余户。

第二，加强第三方支付机构的连带责任，通过授权方的监督加强对提供外包服务的"第四方支付"机构的管理。在信息聚合方面，支付机构在主动授权的同时也要承担审核责任，避免服务商从中窃取、篡改交易资料和客户的个人信息，全面保障支付系统的安全性。当出现个人信息泄露、违法账户揭露等问题时，收单机构应当在自己的职责范围内尽到一定的义务，承担相应的责任。尤其在资金聚合方面，应当明确第三方支付机构的反洗钱责任，适度扩大其管理权限。

第三，鼓励不同支付机构建立条码支付互通技术体系，打通条码支付服务壁垒。合法的"第四方支付"能够助力支付行业实现互通，为商户带来更便捷的收银体验，让收单服

务更加专业、更加全面，也极大地便利了消费者。

　　清理网络灰黑产业任重道远，对办案部门而言，一方面，应善于利用技术手段，加强监管的硬件；另一方面，相关部门及时出台法律法规、相关政策，在保护公民个人信息、规范网络金融秩序等领域提高相应的监管水平。

控辩审学与谈

"第四方支付"的合法与非法

刘丽娜

一、什么是"第四方支付"

　　我认为"第四方支付"不是一个特别官方的表述，在此之前我也请教了中国人民银行支付结算管理处的领导和同志，他们也认为"第四方支付"在金融系统中不属于官方称谓，它属于网络用语。我在中国期刊网以"第四方支付"为关键词，检索了有关的论文，发现对"第四方支付"的评论更多一些，互联网上或者微信等平台上大多数介绍的是某地区"第四方支付"的案例。在中国期刊网上也只有相对较少的文章来描述"第四方支付"的刑事规制问题，但在金融、技术领域，有文章倡导在"第四方支付"中发力，还有关于"第四方支付"的技术构架。综合以上，我个人认为，"第四方支付"确实是网络用语，它在金融领域可能更贴近于聚合式的支付，但很多公司或不法分子套用"第四方支付"的名义，实施不法行为。对普通公民来说，影响最大的可能就是网络的灰黑产业。

　　对于聚合支付的概念进行介绍以后，我们可能还是无法很好地理解其具体的形式，生活中常见的聚合支付的类型有 POS 机刷卡和微信、支付宝扫码支付。还有一些专门的App，如某某商户端 App，此种软件是一款针对商户开发的无卡支付服务软件，商家可以适用这款软件实现高效收银，支持微信、支付宝等多种主流支付方式，还可以对每天的收银情况进行统计和分析。根据我个人的理解，这种公司如果从事的是合法的"第四方支付"，它应该是网络技术服务公司，它提供的是更便捷地实现资金收取，让第三方能够较快地流转经营的服务。从产业的发展角度来说，这种产业是需要鼓励的。

　　我个人对"跑分平台"和"二清"的理解如图 15-1 所示。

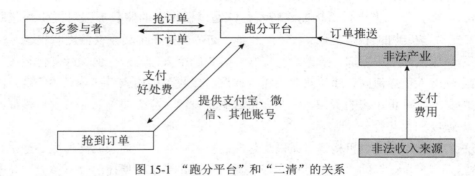

图 15-1　"跑分平台"和"二清"的关系

大概所有的界定中都说"跑分平台"是通过下单，召集很多提供账户的参与者，有的会做传销，有的还会再设下线。在此情况下，众多的参与者抢单，抢到订单者将自己的支付宝、微信等账号提供给"跑分平台"，"跑分平台"会支付其报酬。"跑分平台"收集他人账号信息大概率是为了从事非法业务，这些非法的业务也有非法的来源，最常见的如赌博。组织者会让赌徒或参赌会员支付赌金，从事非法业务的人员再将订单推送给"跑分平台"。

二、如何判断合法与非法

接下来，我基于个人的理解谈一下"第四方支付"的合法与非法的边界。2021 年发布的《关于办理电信网络诈骗等刑事案件适用法律若干问题的意见（二）》中进一步细化了各个电信网络诈骗犯罪的枝节，对它们的每个环节都做了明确，如是否构成犯罪以及构成犯罪的情形等。该意见严厉地打击了犯罪，也保护了公民的权利，使普通公民明确了犯罪的边界，帮助司法者更好地遵守了《刑法》的谦抑性，也即只有在行为真正触碰到刑法时，才能采用刑事的手段。

刚才施净岚检察官也介绍了，非法"第四方支付"因为资金聚合或信息聚合，自己开展一些非法的资金结算业务等，可能涉及非法经营罪。如果上游犯罪是贪污、走私、黑社会性质犯罪时，还可能涉及洗钱罪；其他情况下，可能涉及掩饰、隐瞒犯罪所得、犯罪所得收益罪；还有常见的帮助信息网络犯罪活动罪，以及上游犯罪的一些共犯，甚至还有其他犯罪的问题。

案例：林某甲涉嫌非法经营罪和开设赌场罪

该案为最高人民检察院发布的典型案例，与"跑分平台"有些相似。林某甲以杭州某智能科技有限公司的名义，伙同林某乙、张某等人，以支付宝、微信等第三方支付平台为接口，自建非法"第四方支付"系统。通过向他人收买、要求本公司员工注册等方式收集大量无实际经营业务的空壳公司资料（包括工商资料、对公银行账户、法人资料等），利用上述资料在支付宝、微信等第三方支付平台注册数百个公司支付宝、微信等账户，再将上述账户绑定在其自建的支付平台上，实现资金的非法支付结算。赌客在赌博网站点击充值后，赌博网站即向该系统发送指令，系统随机调用已接通的空壳公司支付宝、微信等账户，与赌客间生成一笔虚假商业交易（如购买电子书等），并给赌客发送收款码。赌客扫描收款码支付赌博资金，资金直接进入空壳公司支付宝、微信等账户，再转移到空壳公司的对公银行账户，经过层层转账后，最终转入赌博平台实际控制的账户。林某甲等人以上述方法为境外赌博网站等非法提供资金支付结算服务，结算金额共计人民币 46 亿余元。上述人员同时涉嫌非法经营罪和开设赌场罪，从一重论处，最终定为非法经营罪，判处主犯 12 年 6 个月有期徒刑，并处没收财产 5 000 万元。目前，北京此类案件相对较少。

三、如何保障合规经营

首先，我个人认为如果把"第四方支付"平台发展好，是更有利于网络业态发展的。因此我想从有利于其长远发展的角度，而不是轻易入刑的角度进行思考。一是对施净岚检察官提到的加强第三平台连带责任的建议我十分认同。二是我认为第三方——包括银行等金融机构，它们在运转或委托"第四方"时应更加提高自己的合规能力。一方面，要明确委托的内容；另一方面，对涉及"第四方"中的"多频次""高频率""大量的流水"，应该提高对这些技术的监管能力。三是要提高身份与实名识别技术，在北京办理的案件中，在将大量的信息通过第三方平台给他人提供帮助的行为中，即使有人脸识别、身份证识别的设置，第三方平台仍会感到捉襟见肘，因此在技术方面需要进一步提升。

其次，针对行政监管工作，我也有一些个人的思考。一是要明确相应的监管单位。若"第四方"平台是合法平台，它本身即属于网络技术服务企业，对此种企业有专家建议应由市场监管局进行监管。若非法支付机构触碰了银行金融业务，则应当由金融监管单位进行监管。二是各相关单位在网信办的统筹下，要落实《数据安全法》对相关数据和公民个人信息的保护和保障。三是建议相关的行业（即"第四方支付"平台）建立相应的行业规范，在统领牵头的行政机关的监管下，指导建立行业规范。

最后，我简单介绍下北京该类案件的办理情况。此类案件存在过于分散、难以追踪等现实困难。我们部门除了办理破坏社会主义市场经济犯罪外，还办理涉及金融的民事、行政检察监督案件。针对网络领域电子数据的审查，我们自 2016 年起开始推行"技术人员专业同步辅助审"的机制。此外，海淀检察院也建立了自己的电子数据审查实验室，北京市人民检察院也有自己的鉴定中心，我也去实地感受过，目前的优势是检察技术人员可以实际地加入办案组，对海量的数据进行分析，画出犯罪结构图，对每个人在犯罪中的参与程度、主观上的明知、微信聊天等电子数据做客观证据的认定，这些工作有利于我们对分散式的、链条式的产业的打击。

"第四方支付"与帮助信息网络活动罪

马　朗 [①]

结合我办理过的"第四方支付"的案件，有几点体会和大家分享。施净岚检察官也提到，在"第四方支付"中，我们如何才能看清其本质。我个人认为这个"本质"主要是指不能将单纯的技术中立行为作为犯罪进行打击。"第四方支付"具备资金结算功能，如果其仅提供了通道服务，并没有对资金进行结算就不涉及犯罪问题。但实践当中也有把它作为非法经营罪进行打击的一些案例。可能由于取证的原因，或者大家对法律规定和司法解释无法统一认识，导致实践中笼统地认为只要没有牌照，并且提供服务通道了，即使没有接入或接出客户的资金，也有被起诉的可能性。我个人认为这类案件中，"第四方支付"平台是否具有资金支付结算的功能以及从证据上为证明对象提供哪些证据才能认定其有支

---

① 北京大成（上海）律师事务所高级合伙人，兼任上海市律师协会刑法与刑事辩护业务研究委员会主任、上海市律师协会对外宣传与联络委员会副主任、上海市案例法学研究会理事等职务。

付结算的行为，是我们在指控或辩护时需要注意的地方。

　　另外，在我遇到的案件中，帮助信息网络犯罪活动罪已经慢慢变成了兜底性的罪名。从立法上来看，帮助信息网络犯罪活动罪的定罪相对较易，只要推定其主观"明知他人利用信息网络实施犯罪"即可。但在我自己的办案过程中，实际上能证明主观"明知"的案件很少，大部分情况下是"推定"其主观"明知"，如果在证据方面没有十分明确的要求，该罪就有被口袋化的倾向。我遇到的一些互联网领域的犯罪，当没有办法把行为人作为共犯或以其他罪名归罪时，最终都是以帮助信息网络犯罪活动罪兜底。我们应防止把帮助信息网络犯罪活动罪作为口袋罪的倾向。

　　实践中，从取证角度来说，此类犯罪指控方取证难度较大。从辩方角度来说，提供证据的难度也很大。在办理此类案件时，往往也仅能找到电子证据，但由于技术有限，设备有时又被公安查控，很多时候仅能听取被告的一面之词。取证难是控辩双方共同的挑战。

"第四方支付"的审理视角

王　敏[①]

　　之前我对"第四方支付"并没有太整体、全面的研究，仅办理过帮助信息网络犯罪活动罪，洗钱罪，掩饰、隐瞒犯罪所得罪这几类案件，今天听了讲解，对"第四方支付"也有了粗浅的理解。其特征主要体现为：一是在信息聚合和通道聚合的情况下，它是架设在第三方平台之上的，其自身没有最终的支付结算能力，需要借助第三方支付平台和银行完成最终结算，我认为这具有一定的合法性。二是资金聚合型的"第四方支付"是有独立的资金支付结算能力的，本质上也算是"第三方支付"，但究其不合法原因，是由于缺乏国家颁布的牌照，属于非法的"第四方支付"。我查阅大量的案例后发现，这种平台往往被犯罪分子用来为境外的赌博网站、淫秽直播平台、网络诈骗集团等提供充值、提现和洗钱服务。

　　对"第四方支付"技术中立的理解，从法官的角度看，我认为绝大多数的技术本质就是工具，工具不会说话，也不存在过错，只有那些利用工具的人才可能存在过错。刑法不处罚合理提供、使用工具的行为，但会处罚不合理、不合法的利用工具的行为，比如明知他人要杀人而为其提供菜刀的行为。当然，还有一种行为可能受到处罚，比如基于某种技术提供网络服务，在运营过程中不履行法律、行政法规规定的信息网络安全管理制度，经监管部门责令改正而不改正的行为，也可能构成相应的犯罪。

　　对施净岚检察官提及的单纯运营"第四方支付"平台是否构成非法经营罪的问题，我同意施净岚检察官的观点。从"第四方支付"平台运营的原理来看，信息聚合和通道聚合式的"第四方支付"平台并不提供最终的支付结算业务，它只是一个中间环节，其本身不具有独立性；真正实现支付收款过程的行为还是在第三方支付和银行等合法经营主体之间，所以不宜直接将单纯运营通道聚合和信息聚合的行为认定为非法经营罪。只有能实现资金结算业务的、资金聚合的"第四方平台"，因其具有独立的支付结算行为，才可能构成非法经营罪。当然，这些第四方支付平台的运营行为也可能同时构成诈骗罪、开设赌场罪等共同犯

----

① 北京市第二中级人民法院四级高级法官。

罪，以及洗钱罪，掩饰、隐瞒犯罪所得、犯罪所得收益罪，此时应当按照想象竞合犯的处理原则，从一重罪处理。

我在裁判文书网搜索"第四方支付平台""跑分平台"等关键词，检索到相关案例有八百余件，在这些案件的分析中，有认为"第四方支付""跑分平台"不构成犯罪的，也有认为构成掩饰、隐瞒类犯罪以及帮助信息网络犯罪活动罪、侵犯公民个人信息罪的；还有认为构成制作、贩卖、传播淫秽物品诈骗牟利罪、开设赌场罪和诈骗罪等共同犯罪的。

最后，具体讲一下我对"第四方支付"平台涉嫌犯罪的界限和法律适用问题的理解。核心还是事前是否有通谋及"第四方支付"平台经营者的参与程度和参与阶段。判断存在通谋与否，主要是对"明知"进行审查，明知包括明确知道和应当明知。对"应当明知"的审查是综合判定的结果，需要考虑行为人自身的受教育水平、认知能力、经验阅历以及行为的次数、参与的阶段、获利的模式等，再结合言词证据、书证、电子证据等综合分析判定。如果能够确定事前存在同谋，按照司法解释的相关规定，可以认定为共同犯罪。如果没有事前预谋，只是事后提供了转移、掩饰、隐瞒犯罪所得的行为，可以根据上游犯罪查证的具体情况，认定洗钱罪，掩饰、隐瞒犯罪所得罪等犯罪。在涉及"第四方支付"平台的犯罪中，很少适用洗钱罪，掩饰、隐瞒犯罪所得罪，个人认为主要有两方面的原因：一是从法律适用的角度看，非法"第四方支付"平台一般是为赌博网站、淫秽网站、诈骗网站等提供支付结算业务，这些行为本身就是协助行为，相关司法解释已明确规定适用共同犯罪的规定。二是从事实证据的角度看，认定洗钱罪、掩饰隐瞒犯罪所得罪需要上游犯罪查证属实，上述赌博、诈骗、淫秽网站往往设在境外，即使"第四方支付"平台有掩饰、隐瞒犯罪所得、犯罪所得收益的行为，对上游犯罪的查证工作也十分困难。所以在实践中，掩饰、隐瞒犯罪所得罪是很少被适用的，在检索的案例中见到的也不多。

帮助信息网络犯罪活动罪目前经常被适用，在有事先通谋的情况下，其与开设赌场罪、诈骗罪等可能存在竞合；在无事先通谋的情况下，其与洗钱罪，掩饰、隐瞒犯罪所得罪之间可能存在竞合。帮助信息网络犯罪活动罪作为一个轻罪，按照想象竞合犯从一重罪论处。该罪在理论上很少被讨论，但实践中却被广泛适用。究其原因，我个人认为主要有以下四点：第一，共同犯罪的主犯实施的犯罪类型不太好确定，有些"第四方支付"平台帮助支付结算的非法资金可能同时涉及赌博、诈骗、淫秽网站等，还可能包括其他犯罪类型，主犯的类型不太好确定，导致帮助犯的罪名也不好认定。第二，上游犯罪很难被查证属实，尤其是上游犯罪发生在境外时更难查清。第三，从涉及的"第四方支付"平台的层级来看，从"第四方支付"平台的管理者、一级代理、二级代理到最底端提供二维码的码商，随着层级不断下降，主观明知的内容会不断模糊弱化，对犯罪所处的阶段及涉案资金的来源、违法所得等仅有概括的明知，在此种情况下遵循主客观相统一的原则，认定为帮助信息网络犯罪活动罪比较合理。第四，帮助信息网络犯罪活动罪所要求的证据较少，证明标准较低，在司法实践中，有些地区要求明知的程度非常低。我个人认为，有些犯罪在能够查清犯罪、认定上游犯罪的情况下，还是尽量查清事实，适用共同犯罪条款或认定洗钱罪，掩饰、隐瞒犯罪所得罪，做到罪责刑相适应、罚当其罪。对于被欺骗、被他人冒用支付宝转账结算等行为，特别是对末端的码商来说，因为行为人主观上确实无"明知"，所以要严格区分，不能因为帮助信息网络犯罪活动罪证明标准较低，而一律以此罪定罪，要不然打击面实在太广了。

"第四方支付"的学理视角

江　溯①

施净岚检察官在讲座中指出，所谓的"第四方支付"有一个界定，叫作收单外包机构。从目前的规定来看，我们把它定位为基于各种支付方的信息流的中介服务和技术服务，其本身不包含请求央行批准的资金结算业务资格。按照官方界定的方式运行，其是合法的中介服务性质，我们之所以讨论，是因为实践中它超越了合法的界限，很多行为人利用它实施了违法的行为。

我个人了解到的"第四方支付"就是近年来风起云涌的网络灰黑产的一种表现形式。因为网络灰黑产目前涉及各种形态的犯罪，利用"第四方支付"实施犯罪行为，表面上看起来有些新的东西，但实际上与之前的其他犯罪有很多相似之处，这一点施净岚检察官也有提及。

我注意到主讲人和另外的三位与谈人对帮助信息网络犯罪活动罪的相关说法有一定的分歧。主讲人采取的限缩态度，与一些学者的意见相同，认为帮助信息网络犯罪活动罪是一种量刑规则，在认定时仍要坚持传统的共同犯罪原理，即应遵循"共犯从属性原则"，认为构成共犯必须以主犯或实行犯构成犯罪为前提，这种观点得到了很多学者的支持。但是我们考虑到立法渊源或立法史，会发现此种理解存在一定的问题。该罪名的设立不是为了解决共同犯罪的问题，在网络空间的共同犯罪如果符合传统的共同犯罪理论，可以适用传统理论解决，但目前的帮助行为往往无法按传统的共犯理论解决。因为网络空间的帮助行为与传统物理空间或者实然空间中的帮助行为有很大的不同，主要体现在三个方面：一是网络空间的帮助行为，帮助者和被帮助者在主观上的联系十分薄弱，特别是在网络灰黑产领域，该领域最大的特征是链条化，下游的帮助者和上游的被帮助者在传统共犯上的"故意"本身十分稀薄，很多时候上游和下游人员根本互不知情，在事实上完全不可能产生共同犯罪的故意，这与传统共同犯罪的帮助行为存在很大的差别。二是在客观角度上，网络空间的帮助行为与传统的帮助行为也不同，网络空间中的链条化、产业化体现为环环相扣，每个参与者仅负责一个环节，与传统共犯不同。三是网络空间的帮助行为造成的社会危害更大。如果坚持传统的共犯理论处理，可能不太恰当。近 15 年来，从"两高"发布的关于网络犯罪帮助行为的司法解释以及帮助信息网络犯罪活动罪的设立，可以看出网络空间的帮助行为实际上是在逐步脱离传统共同犯罪理论来设立适合网络空间的新规则，即所谓的帮助犯的正犯化。在解释刑法时应遵循罪刑法定原则，也要结合网络空间的具体特征。

对于"明知"的理解不仅包括"确切知道"，还应包括"可能知道"。"两高"在 2019 年的《关于办理非法利用信息网络、帮助信息网络犯罪活动等刑事案件适用法律

① 北京大学法学院副教授，博士生导师，北京大学刑事法治研究中心副主任、北京大学法学院法律硕士刑法中心主任、北京大学法律人工智能实验室／研究中心副主任、《刑事法评论》主编。

若干问题的解释》中列举了两种"可能明知"的情形，而且还加上了兜底条款。一方面，司法解释吸取其他犯罪，比如毒品犯在推定明知时所采用的规则；另一方面，司法解释也的确考虑了网络空间中的帮助行为本身所具有的特征。但如果被告人能够提供相反的证据，即使满足《关于办理非法利用信息网络、帮助信息网络犯罪活动等刑事案件适用法律若干问题的解释》，也不能推定为"明知"。我认为该规定较为合理，其一方面解决了办案机关认定难的问题，另一方面设定为可反驳的"明知"，给了辩方一定的辩护空间。

就技术中立问题，劳东燕老师发表了《技术中立是一个伪命题》的文章，我个人比较支持劳老师的看法。不论何种技术，只要被犯罪分子利用，就不再具有中立性，它一定是犯罪的工具，如果仅以技术中立作为辩护的理由，我个人认为是不成立的。就像王敏法官以"菜刀"为例所解释的，我们不能以菜刀是中立的来辩护，除了那些专门用于犯罪违法行为的工具，我们可以说其他的工具或软件都具有中立无色的性质，但一旦被犯罪分子利用就不再是中立的工具，以中立性为由论证犯罪分子无罪不具有合理性。

第 16 讲
网络帮助行为刑法规制的路径选择与制度适用

主讲人介绍

涂龙科，上海社会科学院法学研究所副所长、研究员。担任中国刑法学研究会理事、上海市法学会理事等学术职务；兼任公安部网络安全法律咨询委员会委员、最高人民检察院网络犯罪研究中心研究员等社会职务。主要研究领域为经济刑法、网络刑法等。

讲座主题

本次讲座从四个层面体系化地展开关于当前网络犯罪中网络帮助行为的刑法定性与规制问题。主要从四个主题入手，即网络帮助行为的实践特质、网络帮助行为刑法规制的理论争议、网络帮助行为刑法规制的路径选择以及制度适用。全面分析在网络犯罪高发态势下，网络帮助行为在我国的刑法路径选择与制度适用，不仅有理论深度，也具备实践指导意义。

讲座内容

网络犯罪中，有两个问题非常突出并值得研究：其一为网络空间犯罪行为的定性。如偷换二维码，侵入他人账户转移资金的行为以及涉及虚拟财产的刑法评价等。其二为网络帮助行为的刑法规制问题，这一点也容易引起理论和实务界的困惑。例如，传统空间中的犯罪帮助行为和网络犯罪中的帮助行为有什么区别，网络犯罪帮助行为有什么特质等。但目前为止，网络犯罪帮助行为涉及的刑法问题依然未得到有效解决。尤其是随着 2015 年《刑法修正案（九）》的出台，新增的关于网络犯罪帮助行为的罪名究竟如何适用，引起了实务界很大的困惑。因此，本次讲座针对上述问题，分为四个部分展开讲解。

一、网络帮助行为的实践特质

（一）现象中呈现出的特点

网络犯罪中，不同的网络犯罪现象，凸显了网络帮助行为的三个主要特点。（1）网络帮助行为的危害可能远大于实行行为。一般来说，实行行为是直接着手针对犯罪客体的行为，危害也会大一些。但网络空间中的犯罪，情况可能不同。例如，某人在网络上提供盗窃工具，就有很多人可以利用该工具实施盗窃行为，此时该帮助行为产生的危害就可能远远大于单独盗窃的危害。这种网络上的帮助行为相当于一个放大器，利用了网络的扩散效应，造成了危害后果的无限延伸。再如，行为人将侵犯他人著作权的链接置于网络中，他人可通过该途径侵犯权利人的著作权，这会放大侵犯网络著作权行为的效应。(2) 网络帮助者不一定为从犯，其可能为主犯。网络犯罪中的帮助行为可能对之后的实行行为起到关键性作用，即若无此帮助行为，实行行为也会缺乏可能性，甚至不会发生。无帮助则无犯罪，行为人在整个网络犯罪活动当中可能处于核心地位，即行为人可能成为主犯。(3) 帮助行为与实行行为的界限是模糊的。比如，现在的网络深度链接行为，也即某人将其网页与他人网页中的具体内容链接在一起，其可以将他人网页上的内容抓取后放入自己的网页中并显示，那么这种行为究竟是一种复制发行的实行行为还是帮助行为，在理论上争议较大。2004 年"两高"颁布的《关于办理侵犯知识产权刑事案件具体应用法律若干问题的解释》提到："通过信息网络向公众传播他人的文字作品，可以认定为侵犯著作权的复制发行。"因此，有学者提出网页的深度链接行为其实也是一种侵犯他人著作权的行为。也有学者提出该行为只是提供了一种获取他人作品的渠道，用户亲自点击才能获取作品，此时深度链接更像是一种帮助行为。

（二）理论上的特点之网络帮助行为对刑法理论提出的挑战

网络犯罪中的帮助行为主要是对传统共犯理论的挑战。挑战主要来自三个方面的实践困境。其一为实行行为人因数额、刑事责任能力原因，不构成犯罪，也即实行行为人都最终不构成犯罪，对帮助行为能否处罚？其二为网络犯罪中，实行行为人可能无法找到，或犯罪数额无法查明。那么对提供帮助的人应否处罚？其三为网络犯罪中，帮助行为的对象可能是不特定的，对被帮助犯罪行为、犯罪计划不清楚。比如，某人在网络上提供能用于犯罪的技术支持的行为，提供转账的卡号等。此时对网络帮助行为能否定罪就成了问题。

二、网络帮助行为刑法规制的理论争议

（一）传统共犯理论的功能局限

了解了网络帮助行为的现象特点及其对刑法提出的挑战之后，我们再看对该种行为的刑法规制路径会出现哪些理论争议。

首先是关于行为主体的争议。传统共犯理论中，要求行为主体均为有刑事责任能力的人。一旦实行行为人没有刑事责任能力，那么提供帮助行为的人就不能受到处罚。

其次是关于共同犯罪问题。根据传统理论，共同犯罪人需要具有共同犯罪行为，但若实行行为人的涉案数额无法查明或无法查明实行行为人，就不能将帮助行为人定为共同犯罪人。

最后是关于共同的犯罪故意问题。传统理论要求共同犯罪人之间有基本的犯意联络。但若帮助对象不特定，很难确定各方存在犯意联络，那么这一环节就是缺失的。

综上，网络帮助行为带来的理论和实践的挑战和问题均无法通过传统共犯理论解决。

（二）片面共犯的理论争议

片面共犯是一个较为有利的理论工具，若依据片面共犯的理论，则上述提到的相关网络帮助行为都可作为片面共犯处罚。片面共犯理论源于大陆法系国家，德、日和我国台湾地区都承认该理论。美国虽没有片面共犯的概念，但有"潜在的同谋犯"概念，实质上承认了片面共犯的运用。但片面共犯究竟应否采用依然存在学术争议，分为肯定说与否定说。片面共犯理论认为即使没有犯意联络，帮助他人犯罪也可构成共同犯罪。

否定说的理论基础在于犯罪共同说。该学说认为共犯的本质是犯罪共同，包括行为类型一致，不法一致，责任一致，行为人必须犯共同的罪。此时，片面共犯就没有存在的理由。

肯定说的理论基础在于行为共同说。该学说认为只要行为相同即可，不需要行为人的不法与有责的要件均相同。主观上也不需要具有犯意联络。

（三）片面共犯的法律实践

立法上，境外多数国家和地区都承认片面共犯理论并在立法上有所体现。但我国理论界通说认为我国正式立法是不承认片面共犯的。但根据"两高"颁布的《关于办理侵犯知识产权刑事案件具体应用法律若干问题的解释》第 16 条"明知他人实施侵犯知识产权犯罪……为其提供贷款等便利条件、帮助的，以侵犯知识产权犯罪的共犯论处"的规定看，多数学者认为这是我国司法解释中有关片面共犯的规定。但这种说法有失偏颇，单凭此条款认定立法上承认片面共犯是不妥的。因为具体分析该条文，其实际意味着实行行为人和帮助行为人之间具有犯意联络或犯意沟通，所以不能认定该条款是关于片面共犯的条款。

司法实践中，我国一般也不承认该理论，但也存在例外。例如，福建省莆田市中级人民法院（2017）闽 03 刑终 587 号的判决中，就体现其运用了片面共犯理论。该案的主要情形是甲乙二人一起唱歌时，甲突然将其中一名女陪侍拉入洗手间实施强奸，另一名女陪侍去敲门，准备救助洗手间内的被害人，同时乙却阻止了敲门的陪侍，最终甲完成了强奸行为。该案事发突然，甲乙二人事先并无犯意联络，那么对乙是否要处罚？法院最终判决乙构成帮助犯，认定构成片面的帮助。一二审法院均对片面帮助进行了确认。

域外司法实践中，经典案例来自日本的 WINNY 案。该案不仅在日本，甚至在世界范围内的刑法学界都是具有广泛影响力的经典案例。原因有以下几点：其一，该案涉及提供网络帮助行为即提供技术开发行为时，刑法惩治的边界和惩治方式。其二，该案中争论的焦点还在于能否将这种行为认为是一种技术中立以及是否存在技术中立等问题，这种认定具有标杆性意义。

WINNY 是一个免费的共享软件，类似我国的 BT 或电驴。其由东京大学的研究员金子勇 2002 年首次发布，因其文件分享功能出色，因此广受欢迎。金子勇于 2003 年发布新版的软件，在利用 p2p 技术开发大规模电子公告系统的同时，保留了文件分享的功能。但由于其软件涉及重大国家安全的泄密事件，2004 年 5 月 31 日京都地方检察厅即以侵犯著作权罪的帮助犯起诉金子勇。该案于 2006 年 12 月判决构成起诉之罪。一审的判决理由中认为该软件本身的开发技术是价值中立的，但被告人明知该软件被用于非法侵害他人知识产权还抱着可以开发新的商业模式的目的，放任他人使用，因此，被告构成起诉之罪。但该案上诉后，大阪高等裁判所撤销了一审的判决，改判金子勇无罪。二审理由是：若对他人非法利用开发的软件实施犯罪活动没有达到明知的要求，或未提供专门或主要用于实施非法活动的软件程序时，就不能认定为帮助犯。该案由公诉人进一步上诉至日本最高裁判所，但被驳回，最高裁判所维持了二审的无罪判决。但理由又发生了变化，最高裁判所认为二审的理由会过度限制帮助犯的帮助范围，是不妥的。最高裁判所认为若要认定构成帮助行为必须满足两个基本条件：（1）行为人认识到该软件程序一旦发布，有可能带来侵犯著作权的具体的、紧迫的风险；（2）侵害著作权的行为实际发生。

我认为该案总结下来有两个焦点：（1）从帮助者的"明知"限制帮助犯的范围；（2）从技术属性还是行为属性角度判断是否构成帮助犯。此外，本案延伸出来的理论要点也非常值得讨论：其一是帮助对象是否必须对正犯有认识？其二是帮助对象是否可以为不特定多数人？我认为，实践中即便对被帮助对象没有认识或帮助对象为网络上的不特定多数人，提供帮助行为的人也可以构成帮助犯。这样就可以解决此前提出来的问题与争议。

（四）量刑规则说的优点与不足

该学说最初是张明楷教授在 2016 年提出的。其要解决的核心问题是理解帮助信息网络犯罪活动罪究竟是一个单独罪名还是一个量刑规则。虽然现在来看量刑规则说已被立法机关否认，但其价值在于该学说背后试图运用共犯理论规制网络帮助行为的一种理论进路或理论探索。首先，量刑规制说背后的处罚依据为因果共犯论；即帮助人对法益侵害结果进行了"加功"，提供了一种客观的贡献，有一种因果力存在，就可以认定为共犯。但要注意这种因果力不是条件说的因果力。按照此学说则不要求帮助者对正犯有认识；其也不要求共犯和正犯之间具有犯意联络；其亦不要求对正犯的不法行为有具体认识。该理论可以解决今天提出的很多问题。其次，量刑规则说对共犯的性质界定是一种限制从属性的观点。从属性意味着共犯的成立从属于正犯，相对于正犯而言，其有依附性；与之相对应的则是共犯的独立性，但共犯的独立性学说会让人很难理解其社会危害性的体现。比如，在他人盗窃时的放风行为，如何解释其法益侵害性会存在很大问题。而量刑规则说只要求正犯"着手"实施实行行为则共犯即可成立并处罚，也不要求正犯满足"有责性"。但该学说无法解决今天提出的一个问题，即实行行为人无法查明时，无法判断正犯已经"着手"。该学说只能解决部分网络帮助行为的问题。

（五）行为中立 vs 技术中立

首先看行为中立理论。对行为中立持肯定论的学者认为日常行为或职业的典型行为应该是中立的，一般不应将这些行为作为帮助犯来处罚；如杀人者用菜刀杀人，不能认定卖菜刀的人因此有罪；对行为中立持否定论的学者认为日常和典型职业行为都不能算作中立的。否定说的理由大多可见于德联邦普通法院判决。但不中立并不意味相关行为就是犯罪。因此如何理解"中立"这个词就很重要。中立本身不代表有罪或无罪，而是刑法是否对其进行评价。

让我们把目光再聚焦于技术中立理论。对技术中立的学说持肯定态度的学者认为技术都是中立的，如 WINNY 案中，日本裁判所整体上对技术中立是持肯定态度的。而对技术中立学说持否定态度的学者则认为没有中立的技术存在，技术本身存在好坏之分。

那么，我们该如何理解行为中立和技术中立？我认为存在中立的技术。技术本身无好坏之分。比如洛阳铲，最初被用于盗墓，但现在在考古中却是必备的基本工具。所以关键在于应用技术的人和行为。技术中立在刑法体系中最适当的理解是价值无涉，不进行刑法评价，刑法上不能直接将技术作为有罪或无罪的理由。技术就是技术，行为就是行为，二者之间需要区分开。这一点在国外的案例中也能得到体现，即技术中立从来不是责令豁免的理由。值得注意的是，我国目前的立法或司法解释中，存在着对技术本身进行评价，然后判断行为是否构成犯罪的路径，这是不妥的。能否从对技术的评价转到对人的行为的评价很重要，且这样的路径在实践中存在很大困难，比如如何证明"专门用于违法犯罪的程序、工具或其他技术支持"的要件规定？辩方可能对此提出异议。同时，我认为行为都是不中立的，因为刑法上要评价的就是行为，行为只有违法的和合法的，所以不存在中立的行为。

三、网络帮助行为刑法规制的域外司法实践

首先来看美国的做法。美国主要通过两种路径规制网络犯罪中的帮助行为。其一是按照帮助者实施的行为定罪处罚。这又包括两种不同情形：（1）刑法本身规定了具有帮助性质的犯罪行为；（2）帮助者跨越了网络服务的界限，作为内容提供者实施了刑法规定的犯罪行为。其二是规定共犯责任情形，包括成立帮助、教唆或共谋犯罪的情形。

美国在规制网络犯罪的帮助行为的工作中有不少经典案例。BuffNET 案中（该案是美国网络服务提供者刑事责任第一案），警方提醒被告，网络上有人传播儿童色情材料，但被告并未采取任何措施，因此后来该服务网站被查封。Gourlay 案中，被告跨越网络存储提供者的界限，成为信息内容提供者，该内容侵犯了刑法要保护的法益，因此该帮助行为实质上成为一种实行行为。Sony 案中，法庭确立了主要非侵权用途规则，这是对网络服务提供者提供产品的行为进行评价。该提供产品行为本身并未提供侵权用途。但这样的做法可能放任侵权行为发生，因为提供者可能明知网络上存在侵权行为却并未阻止。Grokster 案中，创设了诱导侵权规则：行为人即使主要提供的是非用于侵权用途的产品，但若此过程中存在诱导他人实施侵权行为可能，同样可构成侵权。之后的 Craigslist 案中，被告网站正是因为并未诱导用户发布非法内容而无罪，这将 Grokster 案中确立的 203 免责条款延伸至刑事诉讼。

其次来看德国的做法。德国对网络帮助行为主要发展出两种理论，并相应运用于刑法

中进行规制。一是控制力理论，指服务提供者离特定信息越近，对信息所承担的法律责任就越重。德国根据此理论建构相关网络犯罪刑事责任体系。但运用此理论的前提必然是对网络服务提供者进行分类，区分其不同的控制力，区分其与特定信息的远近程度，然后再确定对应的责任。该理论在网络犯罪领域具有很大的发挥空间。因为网络空间中人与人的关系与现实空间不同，所以才会产生犯罪治理上的难题。二是中立帮助理论。该理论在立法上主要有三种体现：第一，直接提供帮助行为的，会提高正犯成功实施犯罪构成要件行为的概率，按《德国刑法典》第 27 条帮助犯处罚。第二，在预备阶段，一般不将提供支持行为认定为帮助，除非该物品、信息具有专供犯罪行为使用的帮助手段的特征。我国刑法中规定的非法利用信息网络罪即对预备行为的正犯化，这是针对行为人自己的行为的帮助，但此处所讲的是对预备行为的帮助，要注意将这两者区分。第三，支持行为人实现合法目标，正犯虽然违反了规范，但帮助者不能认定为帮助犯。如某人出于合法目的上传一个文件，其不知该文件中实际包含了违禁品信息，导致违禁品的传播，此时提供帮助的人在非常偶然的场合促成了犯罪结果的产生，此时不宜认定为帮助犯。

德国在这方面的经典案例是 CompuServe 德国公司案。该公司因在德国传播违法犯罪信息被起诉，一审被判有罪，上诉后改判无罪。二审改判的依据正是控制力理论。因为该公司总部在美国，而德国子公司的员工不能从母公司服务器中封锁或移除特定内容，则其在控制力上无法实现目标。所以不应构成犯罪。

最后来看我国对网络帮助行为处罚实践的演变史。

我国实践中最初直接适用既有罪名，如 2010 年"两高"发布的《关于办理利用互联网、移动通讯终端、声讯台制作、复制、出版、贩卖、传播淫秽电子信息刑事案件具体应用法律若干问题的解释》第 16 条的规定。司法实践以帮助犯处罚后发展为帮助行为正犯化（非共犯正犯化）。目前，实践中基本采用的还是帮助行为正犯化的处理方式，但刑法规定体现的是独立犯罪说。实践中这样处理的理由包括以下几点：第一，既有理论无法解决实践问题；第二，在网络生态中其犯罪链条有相对独立性；第三，网络上的帮助行为存在积量构罪的特点，有一种发散的性质，聚集起来的细微数量会变成海量的犯罪形态；第四，网络帮助行为包括实行行为、帮助行为、预备行为及违法行为。针对以上四点理由，我国认为必须将网络帮助行为作为一种独立犯罪而不是帮助行为，才能更好地予以规制。

聚焦于我国实践可以看出，目前主要的处理方式是将网络帮助行为正犯化。首先，立法中设立了拒不履行信息网络安全管理义务罪，该规定从处于控制地位的网络服务提供者着手，是一种不作为的犯罪。其次，立法中设立了帮助信息网络犯罪活动罪。该规定从小处着手，补充处罚。共同犯罪或其他罪名处罚不了的，即可通过此条处罚。最后，立法中设立了非法利用信息网络罪，该罪可否理解为帮助行为正犯化？我认为是可以的。

但上述三个条文的问题在于，预备行为的正犯化难以涵盖第二项罪名。这又对刑法的实际适用和规制提出了难题。

四、网络帮助行为刑法规制的制度适用

（一）拒不履行信息网络安全管理义务罪的司法适用情况

该罪目前在裁判文书网中只检索到两例案例，分别为（2018）鄂 1003 刑初 150 号和（2018）沪 0115 刑初 2974 号案例，且均为售卖 VPN 翻墙软件的情节，对行为的定性是有争议的。实践中，对于同类行为，多数案件中也认定构成其他犯罪，包括非法经营罪、破坏生产经营罪等。

对此罪的司法认定，先看主观方面，其主观方面应归类为过失、故意、直接故意还是复合罪过？有人理解为直接故意：如对"拒不改正"的解读，但这种理解针对的是命令，而非针对危害后果。若针对危害后果，则应包括直接和间接故意。此外，该罪的主观方面是否包括过失？应当包括。因为此罪中的"拒不改正"更多的是疏忽或自信型不改正，对危害后果的产生完全可能出于过失，因此更宜将其认定为复合罪过。对此罪客观方面的认定主要是网络安全管理义务的来源，应认识到，该罪是真正的不作为犯，需要有法定的作为义务与作为根据作为前提。这里的法律又可理解为法律或行政法规的规定，如《网络安全法》《互联网信息服务管理办法》《电信条例》等。应当注意，部门规章可以补充空白条款，只不过直接适用部门规章的前提是存在这方面的空白条款，而且也不能直接援引其作为网络犯罪的义务来源。

在作为义务来源方面，还要注意以下几个问题。首先，我国行政监管部门有多少？谁来具体监督并可要求相关网络行为人进行整改？各部门间的级别高低如何确定？具体哪个级别的部门可以或应当要求相关网络主体进行整改？在这方面是否存在特别的级别要求？现实情况是我国目前没有就监管行为设置级别要求。其次，要注意结果要素与行刑协调的关系。最后，关于责令改正与不改正导致后果之间的因果关系。若不存在因果链条，则不能认定构成此罪。如责令行为人改正 A 行为，其未改正，但行为人却因 B 行为造成了危害后果，由于 A 行为与危害后果间无因果关系，因此不能认定 A 行为构成犯罪。

（二）非法利用信息网络罪

先来看该罪的司法适用情况，如图 16-1 所示。

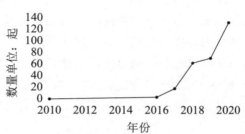

年份	数量单位：起
2010	1
2016	5
2017	19
2018	62
2019	71
2020	131

图 16-1　非法利用信息网络罪的司法适用情况

关于该罪的司法认定问题。首先就涉及对"违法犯罪"的解释。至少在行为类型上，

这些行为应至少属于某一种犯罪类型，只不过可能存在行为在程度上没有达到定罪标准的情况，但这也不影响认定"非法"这一要件。其次是违法犯罪是否真实发生（包括本人与他人）？我认为目前一般不要求违法犯罪真实发生。

（三）帮助信息网络犯罪活动罪

首先来看该罪的司法适用情况，如图 16-2 所示。

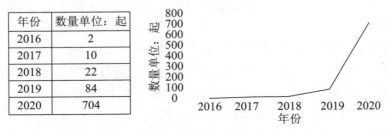

年份	数量单位：起
2016	2
2017	10
2018	22
2019	84
2020	704

图 16-2　帮助信息网络犯罪活动罪的司法适用情况

我来分析一下帮助信息网络犯罪活动罪不起诉的相关案例。这些案例集中在以下三种情况：（1）关联犯罪未查实。有很多关联犯罪可能在境外，有时根本查不到。（2）主观明知未查清。（3）情节显著轻微，危害不大。这其中包括认罪认罚的情形。有些是在校大学生提供银行卡之类的轻微行为。

对该罪的司法认定问题，可以从以下几个方面展开分析。首先是主观明知的认定。在国外，"明知"是判断帮助犯成立的重要维度。就主观明知的内容而言，是否要求对被帮助对象有认识？是否要求对被帮助对象的行为类型有明确、具体的认识？是否要求对被帮助对象的犯罪属性有认识？鉴于规制此类犯罪行为的需要，我认为这三个问题的答案都是"不需要"。

其次是被帮助人未实施犯罪时，帮助人是否成立帮助信息网络犯罪活动罪（帮信罪）？我国司法解释对此予以确定：只要认定帮助人主观上存在明知，即使被帮助人未实施犯罪，也可以认定帮助人成立本罪。

最后我想谈一下帮信罪设立后是否还有共同犯罪的处罚空间。关于这个问题，要注意实践中存在的帮信罪的适用误区。大家可以对比一下（2019）闽 0725 刑初 207 号案例和（2019）刑初第 295 号案例。有些情况完全可以以共同犯罪的帮助犯进行处罚，没有必要定帮信罪。这就涉及了帮信罪与共同犯罪的处罚边界问题。我认为对这个问题的回答要注意两个标准：其一为构成共同犯罪的，按照共同犯罪处罚；其二为不成立共同犯罪的前提下，符合帮助信息网络犯罪活动罪的，依该罪处罚，也即帮信罪是补充性罪名。

将帮信罪作为补充性罪名的理由包括以下几点。一是为了弥补现行理论的局限；二是符合我国立法精神；三是配合刑罚配置；四是竞合适用的同一结果，不否定补充罪名的性质。

讲到这里，我想澄清一下帮信罪与掩饰、隐瞒犯罪所得罪之间的界限。对此，我们仍要秉持帮信罪为补充罪名的前提，即掩饰、隐瞒犯罪所得罪优先适用。当不构成掩饰、隐瞒犯罪所得罪时，才决定是否处以帮信罪。同时注意，帮信罪不能处罚事后不可罚的行为。

专家评议

网络帮助行为定罪的难点与对策

季美君

涂龙科研究员在不到两个小时的时间内，从网络帮助行为的实践特质、对其进行刑法规制的理论争议、路径选择和制度适用等几个方面，详细阐述了网络帮助行为的相关理论和争议问题，如片面共犯理论、量刑规则说以及国外的相关判例、实践做法，同时对我国处罚网络帮助行为的实践演变史以及《刑法修正案（九）》规定的三个新罪名所涉及的相关理论问题和实践适用情况也作了简要分析，让大家对网络帮助行为有了全方位而深入的了解。

从司法实践来看，网络帮助行为具有发案多、危害广、成本低、查处难等特点。从具有技术优势和控制地位的网络服务提供者着手，以遏制网络犯罪、保障网络安全、规范网络秩序，可以说已成为全世界普遍的刑事政策选择。由于我国《刑法修正案（九）》规定的三个罪名（《刑法》第 286 条之一规定的拒不履行信息网络安全管理义务罪、第 287 条之一规定的非法利用信息网络罪、第 287 条之二规定的帮助信息网络犯罪活动罪）都属于新型的网络犯罪，相对来说大家对此都比较陌生。对此，学术界众说纷纭，实务界也是左右为难，而社会大众更是对刑法的打击不力冷嘲热讽。据相关部门统计，目前我国有 9 亿多网民，网络上的行为因不受环境的约束，又不容易知道行为人的真实身份，网络环境就成为暴露人性阴暗面的场所。

可以说，随着大数据信息化的迅猛发展，在日益数据化、智能化的信息社会或者说数字社会，现实世界与网络虚拟空间已高度融为一体，传统观念中的种种犯罪已快速网络化。从司法实践来看，想要有效地对这些产生了足量的社会危害性、已构成犯罪的网络帮助行为进行侦查、起诉、定罪，从而充分发挥刑法的威慑作用，我认为可以从以下几个方面入手。

一是要先搞清楚这类犯罪的共同特点。第一，都是情节犯。网络帮助行为构成犯罪的都是情节犯，情节严重的行为（如为犯罪提供互联网接入、服务器托管、网络存储、通信传输等技术支持，或者提供广告推广、支付结算等帮助）才需要予以刑法处罚。作为情节犯，其最大的问题是犯罪行为与违法行为之间的边界模糊不清，就像涂教授刚才说到的帮助行为与实行行为之间的界限也模糊不清，具有皮勇教授提出的"积量构罪"的特点，也就是单个行为的社会危害性并不大，但积累到一定的量、危害到众人的时候，就构成了犯罪。因情节犯有一个发展的过程，从社会治理角度来看，是否应首先考虑网络空间的行政管理，让行政规范走在前头？就像德国刑法学家李斯特所提出的"最好的社会政策就是最好的刑事政策"；预防可能胜过治理，这是另一个话题，就不展开说了。第二，所涉人数众多。因网络犯罪不像传统犯罪大多是一对一，至多是一对几而已，网络犯罪的受害者少则几十人，多则上百人、上千人，尤其是在互联网金融犯罪案件中，非法集资诈骗罪、非法吸收公众存款罪等，受害人更是上千、上万。因受害人人数众多，导致取证、非法所得数额方面的计算困难，批量公民个人信息的真实性证明也遇到困境，这也是当前对此类犯罪打击不力的重要原因。第三，网络犯罪花样翻新。这一点，从最高人民检察院理论研究所与蚂蚁金服、阿里巴巴的多年合作来看，感受尤其明显，可以说每年研究的犯罪重点都会有所不同，如 2018 年为互联网金融犯罪，2019 年为网络爬虫，2020 年为公民个人信息保护等，但有一个多年不变的重点，那就是网络犯罪证据的审查与运用，毕竟在司法过程中，要将某人的行为认定为犯罪，犯罪主体与犯罪行为之间的因果关系、危害后果等都是需要相应的证据来一一证明。在网络犯罪中，如何用相应的证据来确定犯罪主体，无疑是最为关键的一个问题。这就涉及网络犯罪主体的同一认定问题。

二是解决同一认定问题。网络行为具有隐蔽性，就像何家弘教授在他的公众号上发表的一篇文章中所说的"如何认定网络上的一条狗"？正如 20 世纪 90 年代美国的《纽约客》杂志刊登的一句广为流传的名言：在互联网上，没有人知道你是一条狗。因此，网络犯罪中，如何认定从这台计算机上发出的帮助犯罪的信息就是某个嫌疑人干的？这恐怕是惩治网络帮助行为的一大难题，因为要认定犯罪，首先要搞清楚犯罪主体是谁，也就是人身同一认定问题。在所有犯罪案件中，人身同一认定都是最为重要的，因为它可以直接完成案件侦查的任务，而物体同一认定和场所同一认定往往也要服务于最终的人身同一认定。但在网络犯罪案件中，最难证明的就是人机同一认定，即作案电脑及作案人的同一认定。有关这一难题，有什么有效的解决办法？前段时间，何家弘教授和谢君泽在《人民检察》上发表了题为《网络犯罪主体的同一认定》的文章，文章认为："从理论上讲，对网络犯罪主体进行同一认定，可以从电子设备、数据信息、行为痕迹这三类客体特征展开，即以电子设备为中介的同一认定，以数据信息为中介的同一认定，以行为痕迹为中介的同一认定。"而网络犯罪主体认定的首要任务是解决如何在网络信息环境下全面收集特征信息的问题，其次是面对大量特征信息，该如何进行评估与运用。"网络犯罪主体的同一认定可以按照特征信息的发现与收集、特征信息的分析与运用、同一认定结论的确定性评断这三个步骤展开。"在以数据信息为中介的同一认定中，谈到了密码认定法与明文认定法。密码认定法又可分为电子签名认定法、应用账户认定法、代码指令认定法。明文认定法主要有日志数据认定法、数据内容认定法以及碎片数据认定法。有兴趣的读者，可以找来看看。这些特征信息的收集与认定都是非常专业的，这就涉及办案理念的转变。

三是要转变办案的思维和理念。在数字化时代，网络犯罪不但对传统的刑法共犯理论等提出了挑战，也对办案的检察官提出了种种挑战。陈兴良教授在《网络犯罪的刑法应对》一文中提出："犯罪作为一种社会现象，具有与社会变动之间的联动性，社会的重大变动总是在犯罪中反映出来。""互联网为犯罪提供了空间载体，不仅对于狭义上的计算机犯罪，而且对于传统犯罪都具有变异效果。"那么，该如何解决网络犯罪证明认定中的种种难题？最为关键的是要改变传统的办案理念。在"万物互联"的大数据时代，办理网络犯罪案件，就要有大数据时代的理念。具体来说，首先要一体化地认知现实世界与网络世界，从而合理地扩张或者限制解释刑法分则条文。其次要运用综合判断认定规则，如运用大数据综合认定犯罪数额，或者运用信息对称性与不对称性的思维来确定犯罪主体等。2014 年"两高一部"《关于办理非法集资刑事案件适用法律若干问题的意见》规定，办理非法集资刑事案件中，确因客观条件的限制无法逐一收集集资参与人的言词证据的，可结合已收集的集资参与人的言词证据和依法收集并查证属实的书面合同、银行账户交易记录、会计凭证及会计账簿、审计报告、互联网电子数据等证据，综合认定非法集资对象人数和吸收资金数额等犯罪事实。最后是借助外脑，聘请有专门知识的人帮助认定案件的犯罪事实。比如，检察官自己不懂技术，也不是什么大不了的事儿，完全可以借助他人的知识和能力。尽管培养既懂技术又懂法律的检察人才是各个检察院努力的目标，但人才的培养不是一朝一夕的事。

社会分工是人类社会发展的必然结果，同时也带来了社会各组成部分之间的相互依赖和人们之间的合作与配合。随着社会分工的不断细化，专业化程度的不断提高，人们所能了解和掌握的知识和技能也越来越精细。像达·芬奇那样不仅是画家和雕塑家，而且还是了不起的数学家、机械工程师和物理学家的全才也逐渐在社会中消失，隔行如隔山的现象则越来越普遍，身为事实裁判者的法官或陪审团就不再是无所不知的万能者。因此，在司法活动中，法官和陪审团的经验和知识就越来越难以适应案件中对专业知识判断的需要。早在 14 世纪的英国，为了弥补事实裁判者知识上的不足，除了由特殊陪审团来审理案件中的专门问题以外，法院就开始不时地聘请各个领域的专家充当法庭顾问来帮助解决案件中的专门性疑难问题。因为拥有专门知识、经验或技能的人更有能力对案件中的专门性问题作出准确的解读和判断，这也是西方国家设立专家证据制度的基础所在。

因此，身处大数据时代的检察官们，当网络犯罪案件如潮水般涌来时，在事实上也不能放着案子不办理而先学习网络技术知识。实际、高效的出路就是借用外脑，也就是聘请有专门知识的人（专家证人）参与办案。如何聘请有专门知识的人？这些人应具备什么样的资格？其资格又该如何审查把关？其提供的专家意见或者说专家证据是否具有可采性？这一系列的问题，是我多年研究关注的话题，一开讲可能至少需要三个小时。限于今天的主题和时间关系，我就不多展开了。有讲得不对的地方，请大家多多批评指正。

第 17 讲
网络洗钱犯罪的司法认定

主讲人介绍

王新，北京大学法学院教授、博士生导师，北京大学法学院学位委员会副主席，刑事法治研究中心副主任，中国刑法学研究会常务理事，中国行为法学会金融法律行为研究会副会长，国家检察官学院兼职教授，入选中央政法委和教育部"双千计划"。在洗钱犯罪领域造诣颇深，研究成果包括《自洗钱入罪后的司法适用问题》《总体国家安全观下我国反洗钱的刑事法律规制》《新论洗钱的发展和危害性》等。

讲座主题

伴随着互联网金融的发展，特别是第三方、第四方新型支付产品及虚拟货币的出现，其具有的匿名、瞬时、远程、去中心化的大规模资金流转的特点，决定了互联网金融很容易被洗钱犯罪分子滥用。可以预见的是，网络洗钱必将成为洗钱犯罪的重灾区。

讲座内容

一、引言：问题意识

洗钱罪不是一个多发的犯罪类型，官方数据统计出了 2008—2019 年根据《刑法》第 191 条洗钱罪定罪的人数（见图 17-1）。

洗钱在我国的司法实践当中并不是一个多发的犯罪类型，但危害性很严重，已被国际社会公认为冷战之后典型的"非传统性安全问题"之一，威胁到社会政治、经济、法律、公共秩序等多个方面。

反洗钱已经被提升到维护国家经济安全和国际政治稳定的战略高度，是国际合作的重点领域之一。许多重要的国际多边合作机制均将预防和打击洗钱与恐怖融资作为重要议题。

图 17-1　2008—2019 年洗钱罪定罪的人数发展曲线图

　　"金融行动特别工作组"（Financial Action Task Force，FATF，俗称"胖F"）是一个专门致力于国际反洗钱和恐怖融资的政府间国际组织。国际反洗钱最权威的标准是由"胖F"制定的，并且成员间要进行相互评估。

　　美国已经将反洗钱上升到国家安全的高度。在中国，大家也可以发现，自从习近平总书记在 2014 年提出总体国家安全观之后，反洗钱已经被纳入总体国家安全观的视野当中，特别是在 2017 年深改组专门做了体制设计，要求完善中国"三反"（反洗钱、反恐怖融资、反逃税）监管体制机制，明确把反洗钱纳入国家治理体系。

　　国务院办公厅为落实深改组意见，在 2017 年 9 月印发了《关于完善反洗钱、反恐怖融资、反逃税监管体制机制》的意见，提出了 27 条全方位的具体措施。从司法操作来看，2009 年最高法颁布了反洗钱的司法解释《关于审理洗钱等刑事案件具体应用法律若干问题的解释》，对司法实践当中关于洗钱犯罪的认定难点作出界定。2020 年 3 月，最高检专门召开了反洗钱的电视电话会议，在全国部署反洗钱工作，把反洗钱作为防范化解重大金融风险的一个重要问题。

　　反洗钱的重要性已经得到了淋漓尽致的体现，从国际角度看尤其明显。2019 年 4 月 17 日，FATF 对中国进行了第 4 轮评估，对中国执行 40 项建议进行打分，其中有 6 项不合规，12 项部分合规。由此看来，我们面临着艰巨的后续整改任务，这也包括我们今天讨论的如何提升反洗钱的司法效果。

　　伴随着互联网金融活动的发展，特别是第三方、第四方新型支付产品、比特币等虚拟货币的出现，这些金融服务产品都具备了新的特征：瞬间、远程和匿名，可以大规模完成资金的转移，很容易成为洗钱犯罪的滥用手法。通过研究发现，每当一种金融服务产品出现之后，给我们的生活带来便利的同时，也容易被天生嗅觉敏锐的洗钱分子所利用。在打击网络犯罪和网络金融活动的过程中，这些金融服务产品往往会成为洗钱犯罪的重灾区。基于此，对网络洗钱犯罪的规制应当放在洗钱罪的演变和刑事规制考量的大背景中进行。

二、洗钱的演变与危害

洗钱是下游犯罪，我们经常说的洗钱是洗黑钱，但是黑钱一定是由上游犯罪产生的，也是上游犯罪衍生出的犯罪收益，所以毫无疑问洗钱是一种下游犯罪，它与上游犯罪之间的关系是非常紧密的。我们在理解网络洗钱罪时，都需要把它放在下游犯罪和上游犯罪的辩证的互动关系中来理解和解释。考察洗钱罪的产生历史可以发现，洗钱罪和三种上游犯罪存在着天然的紧密联系。

（一）产生：毒品犯罪衍生的怪胎

从 20 世纪开始，西方国家的毒品犯罪开始猖獗，政府不断制定各种政策对其予以打击。由于毒品犯罪的利润极高，所以有较强的利益驱动力，如果在反毒品犯罪的过程中切断利益驱动力，并据此调整反毒品犯罪的政策和策略，就有可能遏制毒品犯罪的势头。所以在反毒品犯罪的过程中出现了一个重心：毒品交易得到的黑钱到哪里去了？早期的毒品交易常常是街头交易，卖出毒品得到现金。大家可以想象，早期的街头毒品交易所得到的毒赃有巨大的物理的空间，很危险。警方可能盯着，其他毒贩可能黑吃黑。所以贩毒分子在街头交易毒品后，一定要把毒赃洗白、转移，所以必然要进行洗钱。这是大家看到的两者之间辩证的关系。

（二）发展：有组织犯罪和腐败犯罪的必然选择

有组织犯罪在取得第一桶黑金之后可能并不满足，它要用第一桶黑金衍生出第二桶乃至第 N 桶金，也就是我们所说的犯罪收益：由黑钱来生黑钱。这样才能扩大其影响力，得到更大的收益。所以有组织犯罪在做大做强之后也必然要去洗钱。

还有一种上游犯罪就是大家都知道的腐败犯罪。

洗钱之所以会存在，和这三种上游犯罪有必然的联系。所以在打击这三种上游犯罪的过程中有一个策略：切断利益驱动力，以遏制上游犯罪。最高检在 2021 年国际禁毒日明确提出，按照以前的思路，对毒品犯罪案件打财断血，摧毁其经济基础。这实际上也是把反洗钱作为遏制毒品的传统思路。联合国所主导的反毒品、打击跨国有组织犯罪和反腐败国际公约中都有专门内容来反洗钱。所以我们在理解洗钱时，其实是和这三种产生巨大利益驱动力的犯罪紧密相连的。

（三）"9·11"事件之后洗钱罪的演变：恐怖融资

"9·11"事件之后，恐怖融资成为反恐活动中非常重要的部分，恐怖组织在维持全球恐怖活动时必须要有经济基础。在国际反恐的大背景中，反洗钱的重要性得到进一步的提升。洗钱与金融安全、经济安全以及网络安全都存在有机联系。在这个背景下，只有抓住资金的流向，才能抓住金融乱象的根本。也就是说，现在合法的金融活动和非法的金融活动都与资金紧密相连。"钱"要么是目的，要么是工具。只要抓住资金流向，反洗钱和遏制金融乱象的工作就会取得重大进展。国际货币基金组织（IMF）在 1996 年估计：全球洗钱的数额每年高达 5 900 亿至 15 000 亿美元，相当于全球国民生产总值的 2% ～ 5%。这就相当于一个正常人的血液当中有 2% ～ 5% 的黑血，可以想象得到它对人体机能的伤害性有多大。

三、我国反洗钱罪名体系的形成和发展

洗钱危害日益严重，那么我们如何来遏制？从国际社会以及我国的法律体系来看，可以得出一个基本结论：双剑合璧。通过反洗钱法来预防犯罪，这是防患于未然。但是如果构成犯罪，就要进行刑事反击。所以国际社会反洗钱就是双剑合璧的机制。本次讲座重点讲解如何从刑事规制的角度切入反洗钱工作，这毫无疑问涉及两个方面：第一个是刑事立法，第二个是刑事司法。

由于在计划经济的背景下很少出现洗钱犯罪，1979 年《刑法》中与洗钱罪比较沾边的可能就是窝赃、销赃罪，即传统的赃物罪。洗钱的罪名在 1990 年全国人大常委会通过的《关于禁毒的决定》后才开始在刑事立法中出现。1990 年通过《关于禁毒的决定》，有一个背景：中国于 1988 年年底参加了维也纳联合国禁毒公约，要把禁毒公约的内容体现在国内法当中。再加上 20 世纪 80 年代末中国的毒品犯罪也开始增多，所以全国人大常委会通过了《关于禁毒的决定》。在这个决定中，我们看到一个基本思路：加罪名，加死刑。所以其中根据联合国禁毒公约的毒品犯罪化的要求增设"掩饰、隐藏毒赃性质、来源罪"。这个罪名标志着中国反洗钱的罪名开始出现。但是局限在上游犯罪是毒品犯罪。

到了 1997 年，《刑法》第 191 条中设置了洗钱罪。但是洗钱罪的上游犯罪在该部《刑法》中确定为"三罪"：毒品犯罪、黑社会性质的组织犯罪、走私罪。可以看到联合国三个框架中的禁毒国际公约、打击跨国有组织公约的相关规定在我国刑法中都有体现。但是腐败犯罪是放在修正案中的。所以 1997 年《刑法》中"三罪"包括了走私犯罪。虽然在第 312 条、第 349 条中有独立的罪名，但是大家可以发现这是远离金融犯罪的板块。所以 1997 年《刑法》中的洗钱罪是局限在第 191 条的狭义的洗钱罪的基础上的犯罪。这标志着洗钱罪在《刑法》中开始出现。后来修正案开始对其进行修改，我把它比喻为"上游犯罪的扩军"。《刑法修正案（三）》在上游犯罪中增加了恐怖犯罪，因为《刑法修正案（三）》是在"9·11"事件发生后三个月通过的，所以恐怖活动犯罪被列为上游犯罪。2006 年《刑法修正案（六）》又增加了三种上游犯罪：贪污贿赂罪、破坏金融管理秩序罪、金融诈骗罪。大家可以看到腐败犯罪被加入其中。

至此第 191 条的上游犯罪包括 7 种犯罪类型：毒品犯罪、黑社会性质的组织犯罪、恐怖活动犯罪、走私犯罪、贪污贿赂犯罪、破坏金融管理秩序犯罪、金融诈骗犯罪。

2020 年 12 月 26 日，《刑法修正案（十一）》通过，于 2021 年 3 月 1 日起实施。通过与《刑法修正案（十）》对比，可以明显看出上游犯罪没有扩军，也即维系了 7 种上游犯罪。《刑法修正案（十一）》中关于洗钱罪有很多措辞的改变：把"明知"废除，把三种行为手段中的"协助"字段废除，"明知"这种主观要素和"协助他人"的帮助要素意味着洗钱罪属于帮助犯的范畴。在之前的刑法中，"我贪我洗"只能判定贪污罪，定不了洗钱

罪，也即洗钱罪只能由他犯来构成。《刑法修正案（十一）》中最大的亮点就是自洗钱入罪。当然，还有罚金形式的变化，包括大家看到的支付结算。还有一个很重要的内容就是跨境转移资产，过去叫协助将资金汇入境外，它是单向的，比如把中国的钱汇往境外，但现在改为跨境转移资产，这就意味着将从国外汇入国内的黑钱也纳入其中。而且过去叫资金，现在叫资产，它们的概念是完全不同的。由此可以看出《刑法修正案（十一）》对第191条做了第三次"手术"。这个第三次"手术"就不是前两次"手术"当中的上游犯罪的扩军，而是意义重大的自洗钱的入罪。这是第191条从无到有的过程。

洗钱犯罪是否就是指《刑法》第191条的规定？这从立法动态中自然可以得出结论。《刑法》第312条的前身就是1979年《刑法》中的窝赃、销赃罪，就是一个传统的赃物罪。为什么《刑法修正案（六）》要对第312条"动刀子"？如果不知道上述背景，就无法理解对第312条的"手术"。中国为了融入反洗钱的国际框架，积极加入FATF。FATF在2006年11月15日对中国进行实际评估，依据就是当时通过的40项建议。当时的40项建议中第一个核心标准就是洗钱犯罪化。根据FATF的要求，洗钱犯罪化是什么呢？具体到国内立法，可以采取不同的立法技术，鼓励把上游犯罪扩大至所有的犯罪类型，但是又给予一定的灵活性，这个灵活性有一个门槛条件，不能低于20类犯罪。如果洗钱犯罪的上游犯罪不确定为这20类犯罪，会被FATF认定为不合格。这是核心标准，否则就很难加入。所以中国在实际评估前面临着一个考验：洗钱的上游犯罪怎么办？

为了满足这20类犯罪，我们做一个简单的算术题，将第191条极度"扩军"。但是这会导致罪刑不均衡等一系列的立法问题，《刑法修正案（十一）》出台的过程中大家的争议也非常大。第191条极度"扩军"不可能怎么办？这个门槛达不到怎么办？我们就把目光落到第312条，换句话说就是第312条虽然是妨碍司法罪的个罪，但是可以通过"做手术"的方式让第312条具有洗钱罪的本质内容，所以2006年《刑法修正案（六）》对第312条做了3个"手术"：第一个"手术"是将犯罪对象从过去的"犯罪所得赃物"变为"犯罪所得及其产生的收益"，也就是我说的有组织犯罪，犯罪收益盯着的焦点。第二个"手术"就是行为方式过去只有4个，现在加入兜底方式：掩饰、隐瞒。第三个"手术"是增加第二档次法定刑。第312条过去是单一的法律体系，就是传统赃物罪，它以《刑法修正案（六）》赋予其反洗钱的属性可以起到关键性的作用。我把它比喻为"身在曹营心在汉"。它在妨碍司法罪项下，所以我们不能把第312条排除在反洗钱的体系外。再看《刑法修正案（七）》对第312条做的第二次"手术"，将单位增设为犯罪主体。这也是FATF在评估报告中批评过的：第191条单位能够构成犯罪，在一个罪名体系中为什么第312条不能构成？所以《刑法修正案（七）》对第312条做了第二次"手术"。这一立法的变化是想说明什么问题？就是我们在完善一个罪名的时候，考察点、综合点到底是什么。这是学者"不当家不知当家难"的表述。我把这条线从复盘的角度给大家提出一定的建议和思考。

对于反洗钱的理解需要从国内、国外两个角度出发。国内把它和国家总体安全观挂钩，用检察机关和法院的话来说就是"这是防患、化解重大金融风险的检察与审判职能的体现"。来自国际方面的压力是，如果经FATF评估后显示不合格，经整改还不过关的话，就有可能纳入灰名单。这对中国的影响也很大。《刑法》第 191 条的上游犯罪有毒品犯罪，第 349 条又规定了毒品犯罪，这两个罪应该如何区分？第 349 条中的毒品与第 191 条的毒品很容易区分，而且"毒赃"也带有黑钱的含义，在罪名体系中保留第 349 条就会出现法条竞合的问题，特别是跟第 191 条、第 312 条等存在反洗钱法体系的协调问题。而且 FATF 在两次评估报告中对第 312 条也提出了同样的问题，但是中国没有把这个问题当作重点，第 349 条从 1997 年列入《刑法》至今一次都没被修订。回顾第 191 条、第 312 条被修订的频率，一个是 3 次，一个是 2 次，明显可以看出它们之间的差距。

最后一个罪名就是资助恐怖活动罪，这个罪名经《刑法修正案（三）》加入，《刑法修正案（九）》又增加了两个类型，但资助恐怖活动罪没有包含赃物运输，所以《刑法修正案（九）》在修改了第 120 条之一后，"两高"就把这个罪名改为帮助恐怖活动罪。通过回顾刑事立法过程可以看到，中国现在反洗钱的刑事立法实际上是个罪名体系。这个体系就是以第 191 条为核心的、狭义的洗钱罪，但是它的上游犯罪局限在 7 种严重的上游犯罪，也就是前文提到的"3+1+3"的"扩军"路线。因为"两高"把第 191 条称为洗钱罪，所以很多人把中国的洗钱罪理解为单一的第 191 条。实际上，第 312 条和第 349 条也是反洗钱罪名体系中的有机组成部分，再加上反洗钱和反恐的紧密联系，帮助恐怖活动罪也要算进来。这个罪名体系并不是学理方面的解释。2009 年最高法出台反洗钱的司法解释实际上是把三个罪放在一起的。也就是说，2009 年反洗钱的司法解释在最高法的眼中就是一个罪名体系。FATF 对中国的两次评估也都是从罪名体系的角度进行的，狭义地理解为仅包括第 191 条。因此以后我们在理解反洗钱的时候要从罪名体系的角度看待法律规定。第 191 条是核心的，第 312 条和第 349 条是独特的。换句话说就是第 191 条是特殊罪名，第 312 条是普通罪名，第 312 条的上游犯罪是 7 种法定犯罪之外的行为所产生的黑钱。

四、洗钱犯罪的司法适用和认定难点

2006 年 FATF 对中国进行评估，要求最高法提供一个数据：《刑法》第 191 条在新中国成立以来的司法适用情况如何。最高法院提供的数据显示：1997—2006 年 10 月（评估截止日），10 年中全国审判机构适用《刑法》第 191 条的司法数据是 3 案 4 被告。洗钱的高风险与极低的司法适用生态形成鲜明的反差。基于这一重要缘由，FATF 对中国洗钱犯罪化核心标准的打分是"部分达标"，换句话说是在必须整改的边缘，而且强烈建议我们提升司法机关发现和打击洗钱活动的意识，以便加强打击洗钱犯罪的实际效果。2007 年 6 月 FATF 全体成员大会根据评估报告同意中国加入。当时央行行长代表中国参加并正式签署协议书，答应进行后续整改，其中就包括司法效果。前面和大家描述了三个刑法修正案对第 191 条、第 312 条的修改，2009 年最高法出台《关于审理洗钱等刑事案件具体应用法律若干问题的解释》，2015 年最高法出台《关于审理掩饰、隐瞒犯罪所得、犯罪所得收益刑事案件适用法律若干问题的解释》。这一系列的政策出台都是以反洗钱效果不明显的状况下如何提升司法效果为考量。目前，我们在第四轮的整改当中，司法效果依然是 FATF 盯着的问题。

与 1997—2006 年 10 年中 3 案 4 被告相比，2008 年依据《刑法》第 191 条定罪的人数是 4 人，2009 年 9 人，2010 年 14 人（见表 17-1）。这个数字处于爬坡阶段，这是一个可喜的现象。但如果就把第 191 条定义为反洗钱的风向标肯定是不合格的。把第 312 条和第 349 条放在同一罪名体系当中，定罪人数是大幅上升的。依据第 312 条定罪的绝对数量可以达到上万人，因此这个总数在三年整改期可以实现绝对提升，所以 FATF 在后续整改中认为中国司法效果得到了改善和提升。

表 17-1　2008—2010 年根据《刑法》第 191 条、第 312 条、第 349 条定罪的案件数量和人数对比

洗钱的罪名	年份	定罪的案件数量 / 人	定罪的人数 / 人
第 191 条：洗钱罪	2008 年	3	4
	2009 年	5	9
	2010 年	12	14
第 312 条：掩饰、隐瞒犯罪所得、犯罪所得收益罪	2008 年	10 318	17 650
	2009 年	10 613	17 617
	2010 年	11 383	18 031
349 条：窝藏、转移、隐瞒毒品、毒赃罪	2008 年	59	69
	2009 年	56	78
	2010 年	61	90
总数		32 510	53 562

从图 17-2 可以看到，自 2008 年开始，依据第 191 条定罪的人数一直到 2016 年都是一个缓慢爬坡的状态，但是从 2017 年开始急剧提升。这个大背景就是央行开展了对金融乱象的强监管，因为有了反洗钱的意识，移交的案件就多了，数据出现了明显的上升趋势。再看第 312 条的适用情况，同样是一个 10 年的数据图，我把这些数据给大家做了一个抛物线的形象描述。

图 17-2　2008—2019 年适用第 312 条掩饰、隐瞒犯罪所得、犯罪所得收益罪的定罪人数

除了"两高"的视角外，中国人民银行反洗钱局包括部际联席会议对反洗钱的司法效果是怎么评价的，这是另外一个视角。根据 FATF 第四轮评估的数字，2013—2017 年五年间，依据第 191 条的定罪人数为 87 人。根据央行 2018 年和 2019 年的《反洗钱报告》，依

据第 191 条、第 312 条和第 349 条判决的案件数和定罪人数分别是：47 件 52 人和 77 件 83 人；4 742 件 11 287 人和 5 623 件 13 700 人；36 件 89 人和 34 件 95 人。央行认为洗钱罪的定罪数量偏少。其中，依据第 191 条定罪的连 100 人都不到，表明基层办案机关缺少办案经验。目前，"两高"对打击洗钱犯罪工作高度重视，对相关工作进行研究部署。下一步，央行将积极配合公检法机关，通过推动修改刑法和相关司法解释，加大金融情报支持力度等方式加大对洗钱犯罪的打击力度。这就可以与最高人民检察院在 2020 年 3 月召开的反洗钱电话会议部署工作的背景衔接上了。

2020 年 7 月 22 日，最高人民检察院出台《关于充分发挥检察职能服务保障"六稳""六保"的意见》，提出了 11 项保障措施。其中在"依法惩治破坏金融管理秩序犯罪"中强调加大惩治洗钱犯罪的力度，切实转变"重上游犯罪，轻洗钱犯罪"的做法，办理上游犯罪案件时要同步审查是否涉嫌洗钱犯罪。着重关注两点：第一，转变"重上游犯罪，轻洗钱犯罪"的狭隘思路。我们过去都是重上游犯罪的打击，比如反贪反腐，就重打击贪污受贿，至于钱的转移，一般都放在传统赃物罪中。但在国家监察委和中纪委追源追赃、海外追赃的过程中，犯罪分子跑到天涯海角都要追回来，让赃款用不了，这些就是在反洗钱和反腐之间做了紧密联系。第二，确立办理上游犯罪时同步审查有没有洗钱犯罪这一工作机制，比如在打击非法集资中要同步审查有没有洗钱的问题。通过观念和机制的嵌入，才能把反洗钱的司法效果提升上来。

下面我们来看几个具体问题。

第一个问题就是对"上游犯罪"的认定。以往司法人员产生"重上游轻下游"这一观念的原因是他们认为只有在法律把上游行为确定为犯罪之后，洗钱才能称为洗黑钱。将洗黑钱中的"黑"理解为上游犯罪的判决已经发生法律效力。但上游犯罪的审理一般要一两年，会严重制约对下游犯罪包括洗钱犯罪的打击。因此，我们需要辩证考察上游犯罪与下游犯罪的关系。对此，2009 年最高人民法院《关于审理洗钱等刑事案件具体应用若干法律问题的解释》作出了明确规定，第 4 条提出了"三个不影响认定"的情形，即（1）上游犯罪尚未依法裁判，但查证属实的，不影响刑法第 191 条、第 312 条、第 349 条规定的犯罪的审判。（2）上游犯罪事实可以确认，因行为人死亡等原因依法不予追究刑事责任的，不影响《刑法》第 191 条、第 312 条、第 349 条规定的犯罪的认定。（3）上游犯罪事实可以确认，依法以其他罪名定罪处罚的，不影响《刑法》第 191 条、第 312 条、第 349 条规定的犯罪的认定。因此，洗钱罪的立案侦查以上游犯罪事实成立，而非"罪名"成立即可启动。换句话说，在对贪污受贿行为侦查、起诉的过程当中，只要发现基本事实清楚就可以同时启动洗钱罪的立案侦查和审判。对此我们需要确定的理念是，洗钱作为下游犯罪，具有相对的"独立性"。我形象地把它比喻为洗钱早期是上游犯罪衍生出来的"怪胎"，但随着它的发展，已经逐渐"成人化"，进而具有独立法定评价的人格。所以，我们要通过动态的上游犯罪与下游犯罪的关系来理解，不能把下游犯罪理解为上游犯罪的绝对附属，这个观念是要彻底打破的，实际上我们的司法解释中已经把这一理念嵌入进去。

第二个问题是洗钱的方式的司法认定。1997 年《刑法》确定了洗钱犯罪形式的基本框架，具体列举了五种方式（一个"提供"+ 三个"协助"+"其他方法"）：（1）提供资金账户；

（2）协助将财产转换为现金、金融票据、有价证券；（3）通过转账或者其他结算方式协助资金转移；（4）协助将资金汇往境外；（5）以其他方法掩饰、隐瞒犯罪的违法所得及其收益的性质和来源。《刑法修正案（十一）》虽然做了措辞的调整，但是它的基本框架或者说确认的洗钱的方式没有变化，除了地下钱庄洗黑钱、跨境转移资产之外，其他的行为形态、基本路线图和 1997 年《刑法》第 191 条相比没有变化。同时我们可以发现，《刑法》第 191 条确定的洗钱方式的框架中列举的前四个载体都是金融机构交易，比如提供资金账号、转移为票据、转账、支付结算，这也是早期国际社会洗黑钱的主要渠道。但从 1996 年开始，洗钱的方式不断翻新，伴随着互联网金融活动的发展，以及新型支付产品、比特币等虚拟货币的出现，其具有瞬间、远程、匿名、去中心化的大规模资金快速流动特点，也经常被洗钱犯罪分子所滥用，在传统金融机构未介入的情形下完成交易。行为人为了切断资金交易的追溯链条，交叉组合地使用银行、证券、保险、非银行支付、房地产、珠宝和贵金属交易等多种行业和业务，已经成为洗钱的新趋势。因此，如果犯罪分子绕开金融机构洗钱，难以对"一个提供，三个协助"规制该怎么办？对此，2009 年最高人民法院《关于审理洗钱等刑事案件具体应用若干法律问题的解释》第 2 条细化了兜底条款，列举了不通过金融机构进行洗钱的六种手段：（1）通过典当、租赁、买卖、投资等方式，协助转移、转换犯罪所得及其收益的；（2）通过与商场、饭店、娱乐场所等现金密集型场所的经营收入相混合的方式，协助转移、转换犯罪所得及其收益的；（3）通过虚构交易、虚设债权债务、虚假担保、虚报收入等方式，协助将犯罪所得及其收益转换为"合法"财物的；（4）通过买卖彩票、奖券等方式，协助转换犯罪所得及其收益的；（5）通过赌博方式，协助将犯罪所得及其收益转换为赌博收益的；（6）协助将犯罪所得及其收益携带、运输或者邮寄出入境的。最高人民检察院也关注到利用伪造商业票据、信贷回收、期权等，通过网络赌博、虚拟货币等进行洗钱的情况。这就要求我们对于实务中发现的问题及时在对策方面与时俱进地作出调整。《2005 年美国洗钱威胁评估报告》是美国洗钱犯罪的第一个政府间的分析评估。这份报告是一个由跨部门（国土安全部、财政部、司法部、联邦储备委员会、美国邮政服务）的反洗钱专家所组成的工作小组的研究成果。该报告列出了 13 种洗钱方式的详细分析，有银行业、货币服务业务、汇款、支票、货币兑换、汇票、储值卡、在线支付系统、非正式转账系统（Informal Value Transfer Systems）、大规模现金走私、基于贸易的洗钱、保险公司、空壳公司与托拉斯、赌场，这里既包括将黑钱混合进金融系统的已经比较成熟的方法，也包括运用全球支付网络、互联网的新的洗钱方法。

　　第三个问题是自洗钱。《刑法修正案（十一）》最大的亮点就是自洗钱入罪。自洗钱入罪的修改是有较大争议的，《刑法修正案（十一）》的第一稿中其实并未列入自洗钱。因为如果秉持传统赃物罪的思路，洗钱罪是针对上游犯罪的非法资产而设立的罪名。本犯实施洗钱是上游犯罪的自然延伸，属于刑法理论中的"不可罚的事后行为"，自洗钱是不能入罪的。FATF 曾对此提出尖锐批评，指出这是严重削弱我国反洗钱实践效果的原因之一。事实上，自洗钱入罪具备实践需求和政策背景，2017 年 9 月国务院办公室《关于完善反洗钱、反恐怖融资、反逃税监管体制机制的意见》第 10 条提出：推动研究完善相关刑事立法，修改惩治洗钱犯罪和恐怖融资犯罪相关规定。按照我国参加的国际公约和明确承诺执行的国际标准要求，研究扩大洗钱罪的上游犯罪范围，将上游犯罪本犯纳入洗钱罪的主体范围。对照国际公约要求，根据我国反恐实际需要，推动逐步完善有关恐怖融资犯罪的刑事立法，加强司法解释工作。研究建立相关司法工作激励机制，提升反洗钱工作追偿效果。《刑法修正案（十一）》将自洗钱入罪是对顶层设计的落实，需要对包括上游犯罪与下游犯罪之间的互动关系作出全新的、辩证的考量。同时我们可以乐观地估计，自洗钱入刑后，洗钱罪名的定罪人数会急剧增长。

最后一个问题是洗钱罪中对"明知"的认定。《刑法修正案（十一）》把"明知"这个术语删除了。这一修改有重大的考虑，"明知"这一主观状态的认定标准太过严格，与三个"协助"都是自洗钱入罪的障碍之一，删除了"明知"和三个"协助"，实际上是扫清了自洗钱入刑的术语障碍。那么，在删除前是如何认定"明知"的？2009 年最高人民法院《关于审理洗钱等刑事案件具体应用若干法律问题的解释》第 1 条明确提到，《刑法》第 191 条、第 312 条规定的"明知"，应当结合被告人的认知能力，接触他人犯罪所得及其收益的情况，犯罪所得及其收益的种类、数额，犯罪所得及其收益的转换、转移方式以及被告人的供述等主、客观因素进行认定。同时，还细致列举了 7 种具体情况：（1）知道他人从事犯罪活动，协助转换或者转移财物的；（2）没有正当理由，通过非法途径协助转换或者转移财物的；（3）没有正当理由，以明显低于市场的价格收购财物的；（4）没有正当理由，协助转换或者转移财物，收取明显高于市场的"手续费"的；（5）没有正当理由，协助他人将巨额现金散存于多个银行账户或者在不同银行账户之间频繁划转的；（6）协助近亲属或者其他关系密切的人转换或者转移与其职业或者财产状况明显不符的财物的；（7）其他可以认定行为人明知的情形。只要证明了其中一种客观情形就可以认定犯罪嫌疑人是"明知"的。

《刑法修正案（十一）》把"明知"删除是因为在自洗钱中是不需要证明"明知"的，但是对于他犯的洗钱罪还是要确认"明知"的。第 191 条和第 312 条要求"明知"的内容不同，第 191 条要求行为人必须明知是毒品犯罪等法定 7 类上游犯罪的所得及其产生的收益。第 312 条只要求行为人明知是犯罪所得及其产生的收益，至于上游犯罪的性质和范围，则在所不问。为什么在司法实践中第 312 条用得比较多？就是因为证明"明知"的上游犯罪类型比较困难，所以退而求其次才用第 312 条，所以大家要注意如何处理第 191 条和第 312 条之间的辩证关系。对于"明知"的程度，不能只理解为百分之百知道是黑钱，还需要将"可能知道""高概率的知道"纳入进来。用老百姓的话说就是，知道东西不是或者可能不是"好来的"，都可以成立"明知"。所以"明知"的程度包括确定性和可能性。最后讨论的是"明知"的形成时间，这是和共同犯罪联系在一起的。以《刑法》第 156 条规定的走私罪作为上游犯罪为例，上游犯罪的过程中，比如提供资金账号就是洗钱，但是这种洗钱和上游犯罪有通谋，这个洗钱的行为就要被评价为走私罪的共犯，所以还要看洗钱的客观行为与上游犯罪之间的关系，如果与上游犯罪是通谋，就不能定洗钱罪了；只能是在没有通谋的情况下或者上游犯罪既遂的情况下介入才能定洗钱犯罪。

第 18 讲
网络犯罪可疑交易分析与打击洗钱犯罪

主讲人介绍

汪珮琳，北京市东城区人民检察院第二检察部副主任，一级检察官。

讲座主题

近年来，电信网络诈骗犯罪案件高发，呈现"边打边冒"的态势，与之相关的黑灰产业链更是推波助澜，使得打击治理工作频频遇到新问题、新挑战。位于黑灰产下游的"洗钱链"更是电信网络诈骗犯罪所得得以快速掩饰、隐瞒的关键环节，提升对该环节的打击治理质效对推动反诈、反洗钱工作有重要作用。本次讲座以反洗钱司法实务为支撑，围绕反洗钱关键制度、金融监管与刑事打击的联动、电信网络诈骗可疑交易审查重点和分析要点，提出打击治理思路。

讲座内容

本次讲座具体分为以下四个部分。第一部分是反洗钱交易报告制度，第二部分是反洗钱调查与打击洗钱犯罪的联动，第三部分是电信网络诈骗可疑交易分析的要点，第四部分是打击治理思路的探析。

反洗钱交易报告制度是反洗钱调查和可疑交易分析的基础，有了交易报告制度的铺垫，能很好地认识反洗钱调查及其与打击洗钱犯罪联动的工作。本次讲座通过分享反洗钱实务和打击电信网络诈骗犯罪过程当中的可疑交易审查重点和识别要点，提出反洗钱和反诈联动的打击思路。

一、反洗钱交易报告制度

（一）洗钱

交易报告制度是反洗钱的核心制度，在了解交易报告制度之前，有必要简要介绍洗钱和反洗钱的基础问题。

洗钱是为掩饰、隐瞒犯罪资金流转痕迹而采取的手段，其本质是通过转移、转换等方式来掩饰、隐瞒犯罪所得及其收益的来源和性质。洗钱的概念不同于洗钱罪的概念，最新修订的《中华人民共和国反洗钱法（修订草案公开征求意见稿）》（以下简称《反洗钱法（修订草案）》）已经明确，以各种方式掩饰、隐瞒犯罪所得及收益来源的性质的行为都叫洗钱。从行政立法体例看，洗钱的上游犯罪包括所有的犯罪类型，也包括此次讲座中的电信网络诈骗犯罪。

洗钱的发展史是从个体犯罪到有组织犯罪再到跨国犯罪的过程，体现了复杂化、隐蔽化和智能化的特征。20 世纪 30 年代，美国以阿尔卡彭的为首的犯罪集团通过自助洗钱服务收取现金。它们以经营洗衣店的名义，将贩毒的收益融入正常的洗衣店收入，存入银行并申报纳税，使之成为合法收入的一部分。这是现代意义上比较早的洗钱。20 世纪 50 年代，美国的黑手党首领在美国组织具有金融背景的专业人士，共同讨论毒品走私、进口、分销、零售等相关洗钱方式，并达成协议，共同制定国际贩毒的网络操作细则。从那个时候开始，洗钱从孤立无序的状态演变成有专门分工、有组织的完整体系。20 世纪 70 年代初的水门事件中，尼克松的竞选班底将带有贿赂性质的非法政治捐款清洗为合法捐款，这也是美国政府第一次将洗钱作为法律术语呈现在各大出版物上。20 世纪 80 年代，跨境洗钱成为洗钱犯罪的主要表现形式，成为国际社会的一大公害。计算机技术的出现和金融工具的创新，使得洗钱犯罪变得更加复杂、隐蔽和智能。我们经常讨论的网络洗钱，现在已经成为洗钱的重要手段。这与金融产品网络化、可利用非金融产品的网络化，都有很大的关系。

目前常见的网络洗钱通道有以下几种。

第一种是三方支付通道。目前常见的三方支付通道有个人通道、商户通道和企业账户通道，其中个人通道是最常见的。普通用户的第三方支付平台账户，收款额度比较小，风险比较高，在整个网络洗钱当中的占比较低。商户通道（简称商户）是第三方商户账号，收款额度很高，不受异地收款以及陌生人转账的风险限制，在整个网络洗钱当中占比较高。还有企业账户通道，它是通过第三方平台企业账号开通的各种服务产品，收款限制也比较少，风险比较低，可以进行大额的交易。

第二种是银联网关通道。目前常见的是云闪付和网关支付，云闪付跟第三方支付平台比较相似，也包含商家账户或个人账户。受害者通过云闪付将钱款付到商户之后会走正常的清算程序，银行在第二个工作日会将款项返给商户，个人账户会实时到账，不受清算的影响，所以犯罪团伙会大批量地使用个人账户。网关支付是需要跳转到第三方页面的网银支付，也是网关支付的一种。个人银行卡的网关支付和企业银行卡的网关支付也经常被用于网络洗钱。

第三种是聚合通道。第四方支付聚合通道给用户和商家带来了便利。但因为其聚合属性，成为洗钱团伙逃避监管的一种手段。聚合通道可以将代付订单、个人收款码、商家收款码等接口做成一个二维码，用户只需要扫码就可以跳转到相应的平台。即便某三方支付加强监管，犯罪团伙也会用另外的三方支付账户从事洗钱活动。

第四种是数字货币通道。数字货币的特点是去中心化和匿名化，所以难以追踪。"断卡行动"开展以来，数字货币通道被频繁用于网络犯罪的洗钱活动，有逐渐发展为主流洗钱通道的趋势。目前主流的用于洗钱的数字货币有比特币、泰仿、泰达币、瑞波币等，其中泰达币与其他的数字货币相比，价格更稳定，市场波动更小，风险也更低，所以更为常用。

第五种是跑分通道。跑分通道是第四方支付的一种延伸，主要面对的是个人参与者，个人提供收款账户、交纳金、保证金，为平台非法收款，如此一来降低了洗钱成本，也分散了风险。目前，普通的资金跑分通道比较常见，也有数字货币的跑分通道。现在清洗赃款的发展趋势越来越迅猛，而且越来越智能化。

除此之外还有话费通道、网购通道等。洗钱的方式是不断演化的，从线下转到线上，从一国境内再转至跨国。像网络洗钱中涉及的电信网络诈骗，用的是虚拟货币、三方支付、银联网关或者跑分平台，这都对打击治理洗钱犯罪带来了巨大挑战。

（二）反洗钱

洗钱行为具有巨大的社会危害性，其使得非法资金的流动脱离监管视野，为上游犯罪不断提供"再生血源"，为截断、追缴上游犯罪违法所得设置障碍。如果对上游犯罪的违法所得不予截断、不予追缴，会对上游犯罪变相予以助力，导致上游犯罪的社会危害性持续扩大。所以，全球都在进行反洗钱行动，这也充分体现了反洗钱在金融安全、国家安全中的重要性。

反洗钱行动是政府通过立法、司法、行政力量，调动有关组织和商业机构对可能的洗钱活动予以识别、对有关款项予以处置、对相关机构和个人予以惩罚，从而阻止洗钱犯罪活动的一项系统工程。

过去，反洗钱主要集中在金融领域，随着时代的发展，特定的非金融领域（如房地产、审计、会计、博彩）也应该被纳入反洗钱体系，这在最新的《反洗钱法（修订草案）》中得以体现。美国是最早注意预防和惩治洗钱犯罪的国家之一。1970 年《银行保密法》（*Bank Secrecy Act*）被认为是美国反洗钱法立法的开端，也是世界上首部反洗钱立法。尽管该法通篇都没有专门规定洗钱犯罪，但是它突破了传统的银行保密原则，要求金融机构和赌场必须将同一日的大额交易上报，建立了资金进入美国及其金融机构的监测机制。如此一来，在实质上压缩了洗钱犯罪的空间，增加了相关犯罪成本。美国《银行保密法》建立的大额交易上报制度，也是交易报告制度的一种雏形。

（三）反洗钱国际公约

1988 年 12 月 19 日《禁止非法贩运麻醉药品和精神药物公约》（即《维也纳公约》）

第一次将洗钱确立为犯罪，这部公约中虽然没有明确出现洗钱、洗钱罪的字眼，但是把贩卖毒品和清洗毒赃规定为犯罪，从法律方面确立了反洗钱国际合作的基础。1999 年 12 月 9 日第 54 届联合国大会上通过的《制止向恐怖主义提供资助的国际公约》主要针对的是恐怖活动。为了断绝恐怖主义的资金来源，该公约规定了资助恐怖主义罪，并要求缔约国采取相应的立法、司法、执法及金融监管措施来制约资助恐怖活动。《联合国打击跨国有组织犯罪公约》（即《巴勒莫公约》）是世界上第一部针对跨国有组织犯罪的全球性公约，该公约用专门条款规定了打击洗钱活动的措施。《联合国反腐败公约》是第一部用于指导国际社会反腐败斗争的全球性法律文件，对防范和打击洗钱提出了相当周密的规范性要求。上述四部公约基本上规制了洗钱罪的几大上游犯罪。我国洗钱罪的立法与国际公约有密切联系。

（四）反洗钱核心制度及组织机构

反洗钱可疑交易行为报告制度（Suspicious Activity Report，SAR，以下简称"交易报告制度"）是反洗钱的核心制度。交易报告制度的核心是强制性要求金融机构、特定的非金融机构向指定的主管部门报告和披露规定范围内的金融交易情况。指定主管部门接收信息后，对其进行分析、处理，得到相应金融情报的一系列标注和规范。随着交易报告制度的发展，需要更具效率的专业化机构以及国际间的金融信息交流合作，也要提升交易报告信息的收集和分析的专业化水平、加强反洗钱组织之间的协调，这也催生了金融情报中心。金融情报中心的主要职能是收集、分析和处理大量金融情报，各个国家都有相应的金融情报中心，其中埃格蒙特集团（Egmont Group）是国际上著名的金融情报中心的联合组织。埃格蒙特集团是多国金融情报中心的联合体，对于国家与地区之间金融信息的共享、互换，反洗钱信息的交流和合作，还有世界金融情报网络的完善，作出了很大的贡献。我国类似的金融情报中心是中国反洗钱监测分析中心，它是中国人民银行总行直属的事业法人单位，是行政型的金融情报机构，主要职责是收集、分析、监测和提供反洗钱情报。

金融行动特别工作组（Financil Action Task Force on Money Laundering，FATF）是国际上第一个专门的国际反洗钱组织，1989 年在巴黎成立，成立时有 7 个会员方，目前已经发展到 39 个会员方，其会员方遍布各大洲主要金融中心。我国于 2007 年 6 月加入FATF。FATF 专门研究洗钱的危害、制定预防洗钱的措施，并协调反洗钱国际行动，是目前最具影响力和权威性的反洗钱国际组织。它提出的反洗钱 40 条建议和反恐融资的 9 项特别建议，是世界上反洗钱和反恐怖融资的权威文件。FATF 推行国际合作审查机制，定期发布和更新"黑名单""灰名单"。FATF 的"黑名单""灰名单"已经成为"准金融制裁手段"。

（五）反洗钱交易报告制度

反洗钱的核心制度是交易报告制度，也是当今国际社会公认的一国反洗钱体系的核心制度。客户身份识别制度（"了解你的客户"，Know Your Customers，KYC；"客户尽职调查"，Customer Due Diligence，CDD）则是对身份的识别。它们与客户身份资料和交易记录保存制度并称为金融机构反洗钱工作的三大制度。交易报告制度之所以是三大制度里最为核心的制度，是因为对于一家金融机构而言，客户身份识别和交易记录保存都是必要的工作。无论是否开展反洗钱工作，这两项工作都是基本的业务要求。只有交易报告制度是为反洗钱工作而生的，也是反洗钱工作的由来和基础，没有交易报告制度，就没有真正意义上的反洗钱。对于符合上报标准的交易进行识别并分析是反洗钱制度的生命所在。

广义上讲，交易报告制度规定了银行业、特定的非金融机构应该上报的内容。但从目前来看，我国的交易报告制度主要限定在金融机构。交易报告分为两个部分——可疑交易报告和大额交易报告，但是归根结底，我们要重点调查的是可疑交易报告，大额资金流动本身就是需要重点监管审核的。大额交易报告制度，是指金融机构对规定金额以上的资金流动，依法要向金融情报中心进行报告。可疑交易报告制度是指金融机构有合理的理由怀疑某项资金属于犯罪活动的收益或者是跟恐怖分子筹资有关，可以按照要求立即向金融情报机构报告。可疑交易报告跟大额交易报告之间的区别在于，大额交易报告有非常明确的标准，也可以设置相应的监测标准。但是可疑交易报告，需要反洗钱义务机构发挥自己的能动性，通过预设资金交易特征监测出可疑交易，通过人工审核，结合客户的身份信息、交易背景，对客户行为和交易进行识别和分析，如果有合理理由判断其与洗钱恐怖融资或者其他犯罪活动有关才会上报。我国的交易报告制度和金融情报中心的相关法律规定，主要体现在《金融机构大额交易和可疑交易报告管理办法》（以下简称《交易报告管理办法》）当中。人民银行作为反洗钱行政主管部门及监测分析中心，对于交易报告制度的相关规定不断细化。从一开始的银行支付机构、银行金融机构报告，发展到了非银行支付机构也要开展交易报告工作。

考察我国的相关规定，可以知道中国交易报告制度的核心是金融机构依规上报大额交易和可疑交易，而中国的金融情报中心是监测中心。根据 2016 年《交易报告管理办法》的规定，反洗钱义务机构要依规上报大额交易至监测分析机构进行相应的分析；2006 年的《交易报告管理办法》对可疑交易进行了多达 48 项的列举和兜底。但是 2016 年的《交易报告管理办法》取消了列举可疑交易特征的规范方式。这主要有两个方面的原因：一方面，在执行 2006 年《交易报告管理办法》的过程中，发现了列举的有限性。各个金融机构上报的报告存在很多局限，体现出单一化的特征趋势，而且可能也不会随着本机构风险的变化而变化；另一方面，2018 年 FATF 对中国开展互评估工作，2016 年中国人民银行开始对互评估工作做准备，提出反洗钱工作要从以规则为本转向以风险为本，这也是整个反洗钱工作发展的趋势。因为一家金融机构不只做反洗钱业务，还有很多其他业务，资源需要优化配置，要将有限的反洗钱资源进行最优配置。针对不同机构不同风险，要灵活地掌握可疑交易报告的标准。所以整个金融监管也从规则性监管转变为原则性监管。列举的方式不可能穷尽所有的可疑交易，也不可能覆盖所有机构的风险，因为这会造成资源的浪费。基于上述两方面的原因，2016 年的《交易报告管理办法》在可疑交易部分更加关注预设监管目标的实现，没有再具体地规定可疑交易的标准，而是修改为要求金融机构根据自身面临的风险，自主设计本机构的可疑交易监测标准，并对其有效性负责。2016 年的《交易报告管理办法》也提出了几个参考要素，即可以参考中国人民银行及其分支机构发布的指引、风险提示、分析报告，也可以参考公安司法机关发布的犯罪形式的分析、风险提示报告；要考虑本机构的资产规模、地域特点，还要考虑中国人民银行分支机构提出的比较具体的反洗钱监管意见，增强了各类工作的目的性、灵活性和高效性。实践中，为了让金融机构更好地履行反洗钱义务，特别是可疑交易监测模型的设置，人民银行也会通过风险提示等方式，指导金融机构更新本机构的反洗钱监测模型。在宏观上也对金融机构反洗钱监测有所指导，确保上报的监测分析报告具有一定质量。虽然 2006 年的《交易报告管理办法》中列举的情形已经不再适用，但其列举范围和分析可疑交易当中的经验对于司法工作是很有参考价值的。

二、反洗钱调查与打击洗钱犯罪的联动

反洗钱调查，又叫反洗钱行政调查。一般情况下，反洗钱调查是指人民银行及其分支机构，在反洗钱履职中为实现特定的行政目的（研判可疑交易、查证洗钱犯罪等），向反洗钱义务机构（金融机构）实施的收集资料、核实信息的行为。反洗钱调查是反洗钱法赋予中国人民银行及其分支机构的职权。根据最新公布的《反洗钱法（修订草案）》，目前反洗钱调查的启动主体要扩大到社区的市一级派出机构。以前调查的主要内容，是对涉嫌洗钱和恐怖主义融资的可疑交易活动或者违反《反洗钱法》的其他活动。可以看到反洗钱调查的启动原因的第一条写的是金融机构和特定非金融机构按照规定报告的。上报的交易报告，可能涉及可疑交易、大额交易，人民银行及其分支机构觉得可以启动调查的话就会启动。侦查机关立案之后，在侦查、审查过程当中需要协助的，也可以让中国人民银行去协查洗钱或者恐怖主义融资的交易行为。调查制度最核心的还是交易报告制度，必须依赖于金融情报、金融机构上报的可疑交易报告、大额交易报告才能够启动反洗钱调查。金融机构根据以风险为本的原则建立监测分析机制，按照相关的参考标准、本机构的风险、金融产品的设置，对每个金融产品进行风险评估之后，会建立本机构的反洗钱监测模型，通过系统的自动分析，及时将可疑交易报告上报给中国人民银行反洗钱监测分析中心。将其中的重点可疑交易报告上报给中国人民银行或者省一级的分支机构，由后者启动反洗钱调查。启动反洗钱调查之后，会经过专门的核实分析，发现有价值的涉案线索后，移送侦查机关。

总结而言，反洗钱调查可以分为四个步骤展开。第一步是反洗钱义务机构要履行交易报告的义务。交易报告首先要设计监测分析模型，要针对行为人的个人身份特征、行为特征、开业的账户、购买的金融产品、资金交易的特征去设置。第二步是通过监测系统的自动分析，筛选出可疑的目标对象，再进行人工分析，上报交易报告给相关监测分析机构。交易报告又分为两个方面，分别是一般可疑交易报告和重点可疑交易报告。一般可疑交易报告，首先是自动筛查，之后经过人工筛查可疑或可能涉罪的内容，在报告中对客户身份特征、交易特征或者行为特征进行分析，形成完整的报告。通过电子方式直接上报给监测分析中心，最迟不超过五个工作日。对于重点可疑交易报告，必须以书面形式上报给中国人民银行及其分支机构，还要配合相关的书面文件。对于重点可疑交易报告，2016 年

的《交易报告管理办法》当中明确规定了需要上报的三种情形：明显涉嫌洗钱、恐怖融资等犯罪活动的；严重危害国家安全、社会稳定的；其他情节严重或者情况紧急的。但实际上在具体操作中，如果某家金融机构报告某客户或交易可能涉嫌上游犯罪，中国人民银行的分支机构也会接收相对完整的书面可疑交易报告，对于明确涉罪类型的再去开展调查。在实践操作中的重点可疑交易报告，上报数量会大于现在列举的情形。第三步是调查主体启动反洗钱调查，中国人民银行及其派出机构接收到重点可疑交易报告之后，会适时开展反洗钱调查，依照法定职权或者程序对可疑交易进行调查核实，对获取的资料进行分析处理，确认可疑线索是否涉及某特定上游犯罪。把大额交易或可疑交易信息，从交易报告、交易线索转变为涉及洗钱或者其他违法犯罪的金融情报，再提供相应的证据支持，之后移交给侦办机关。第四步是反洗钱调查与打击洗钱犯罪联动，把金融情报提交给相应的侦办机关。这有别于一般的司法查询，反洗钱调查的主体是中国人民银行的反洗钱部门，调查的时候会要求相关的金融机构配合提供交易记录原始凭证，或者直接询问可疑交易的报告人员，调查可疑客户的工商登记情况、信息情况，等等。通过反洗钱调查，可以从身份、行为等维度深入地分析具有情报价值的可疑线索。再通过主体特征背景、人物画像还有交易情况、交易性质等综合分析之后，形成完整的情报，移送至公安机关等侦办机关。反洗钱调查没有办法查明资金账户之间人物的关系和涉案的事实，主要是通过同类的交易特征判断可能涉嫌的上游犯罪。中国人民银行在调查过程中认为涉嫌非法集资等可疑交易的，经过反复调查和核实，认为涉及非法集资的同类交易特征非常明显的，无论当事人是涉案账户的使用人、实际控制人、实际受益人还是涉嫌非法集资的犯罪团伙，中国人民银行都会把情报和线索移交给侦办机关。因此，通过反洗钱调查发现的情报线索往往涉及上游犯罪，侦办机关再以此为"线头"开展侦查工作，这也是反洗钱调查的作用之一，也叫情报支持。反洗钱调查还可以协助公安机关和检察机关对在侦在审的下游犯罪或者是上游犯罪案件开展分析，能厘清犯罪嫌疑人和关联人员账户的资金来源和去向、获取电子银行交易的 IP 地址、账户交易信息性质，提出协助侦查和审查的意见。反洗钱调查为案件协作、资金协查发挥了重要作用。金融监管机构在专业层面上具备反洗钱资金分析团队及专业工具的力量，能够实现资金账户规范查询、全面查询及资金穿透式审查，从而全链条地协查上下游犯罪、满足办案需求。从逻辑上就形成了两个联动链条。（1）情报支持（线索移送）：上游犯罪可疑交易报告——反洗钱调查——移送侦查机关——上游犯罪立案侦查；（2）证据支持（案件协作）：上游犯罪办理过程——反洗钱调查——协助分析账户交易特征、交易规模、资金去向报告涉嫌洗钱的可疑交易。通过这两条联动链条，可以很好地理解反洗钱调查与打击洗钱犯罪如何合作、如何加强协作，在司法实践中能够提高资金查控的质效。

三、电信网络诈骗可疑交易分析的要点

在网络犯罪中有各种各样的洗钱犯罪，但凡逐利性、收益类犯罪，行为人一定会想方设法将所有的犯罪所得及其收益迅速转移、洗白，防止被司法机关追回。在这类犯罪中，

电信网络诈骗犯罪显得尤其突出。洗钱链是整个电信网络诈骗犯罪的关键环节，是无数电信网络诈骗犯罪所得得以快速掩饰、隐瞒其来源和性质的关键环节，也是反洗钱交易报告的重点之一。通过现有的电信网路诈骗的可疑交易分析监测模型、报告、调查，一方面可以从金融监管部门的反洗钱调查中得出电信网络诈骗团伙犯罪的金融情报，在资金协查上协助司法机关侦破电信网络诈骗犯罪；另一方面，也需要反洗钱实务部门、司法实务部门通过打击实践和经验，分析梳理电信网络诈骗洗钱交易的新趋势、新特征，补充完善反诈可疑交易分析模型，提升打击治理电信网络诈骗洗钱犯罪的质效。

下面我们就来看一下，依托反洗钱实务和司法打击实务总结的电信网络诈骗的主要可疑交易特征。电信网络诈骗分为三个环节，跟普通的洗钱大体上是一致的，但有一定的独特性。首先是收款环节，买卖、租借银行卡、收取诈骗资金，快速通过层层账户转移取现，其次通过虚拟货币的交易，最后通过跨境交易，把钱洗白再取现，切断跟上游犯罪之间的关系。

电信网络诈骗可疑交易分析也要以资金查控为核心，要梳理查明资金去向，要关注交易的全过程。首先是交易账户的审查：第一是审查交易流水、规模、频率及规律；第二是审查交易行为，比如开户行为有重大变更的；第三是交易背景的实质化审查，如这笔交易的备注是什么、实质化的背景是什么。在资金查控过程当中，要分析异常的交易，要了解账户主体的基本情况，这需要向银行或者支付机构调取涉案资金、流转账户的资料。金融机构的工作人员在开户的时候，要尤为关注账户主体信息的审查，从开户关口上切断为电信网络诈骗提供账户的行为。现在常用的两种账户是自然人账户（个人账户）和对公的单位结算账户，对这两种账户的审查有一定区别。如果是自然人账户，开户时间、姓名、地址、身份证号、联系方式、代理开户人、是否异地开户、账户之间的关系（开户主体年龄、户籍、常驻地联系方式、职业）都是重点审查和分析的内容。具体来说，要看开户主体跟同龄人的资金交易行为与特征是否匹配；要看户籍所在地、发证机关跟开户行之间是什么关系，如果是异地开户，还要判断可不可能存在出租、出借银行账户的情况，或者是不是电信网络诈骗犯罪等上游犯罪的高风险地区。还有联系地址和常住地址，可以看看常住地址附近有没有开户网点，如果没有在常住地址附近开户，而是选择了比较偏远的开户地址，甚至前往异地开户就比较可疑。在联系方式方面，要分析账户主体所留的电话和户籍所在地、开户行所在地是否有不一致的情况。一般情况下，电话地址、户籍所在地和开户行所在地这三个地址中至少有两个应该是一致的，如果有三个不一致的情况，账户是人头户的可能性就很大了。还要查阅开户人填写的职业信息，分析职业跟资金交易规模是否吻合。比如有的账户主体的职业是普通工人，但账户交易规模非常大，那账户被用于电信网络诈骗犯罪的可能性就很大。账户主体是法人或者其他非自然人主体时，需要重点关注户籍地、法定代表人的户籍地和年龄、主体的地址、开户时间、经营范围、注册资本、联系电话、企业关联人，或者开户行及其他互联网可以查询到的企业相关信息。经过统计也发现，在主体名字方面，咨询、商贸、工贸、网络、科技等名字涉及的空壳公司相对比较多。多个主体企业之间，可能有相似或相近的名称，要审核对公账户，如开办公司的注册地址、经营地址和对账地址，如注册地址是否为居民楼，或者集中办公区注册地址是否真实。在我们之前办理过的一起倒卖对公账户的团伙案件中，办案人员发现所有的注册地址都是伪造的，甚至连租房协议都是伪造的，实际上没有真实地址，不管是金融机构还是司法办案人员，通过审核可以看到大多数用于电诈的对公账户所涉单位的注册地址都是虚假的。我们还可以通过企业信息公开查询平台查询企业的注册时间跟涉案账户与上游犯罪的转账行为有没有重叠。还可以看一下公司经营范围、注册资本，如万元左右的小公司资金体量非常大，和它的经营规模和注册资本都不匹配，也非常可疑。还可以看联系电话是代办人提供的联系电话，还是企业的座机号。如果根本没有座机号，也是要重点关注的。还可以关注企业的关联人，因为现在很多电信网络诈骗，开通对公账户的办理人年龄要么偏大要么偏小，跟企业之间没有真实雇佣关系，在开户的时候可以进行相应的询问调查。最后要提示的是，对于对公账户资料的审查，要用好互联网公开的企业信息查询资源。通过相应的平台可以查实很多空壳公司存在异常的经营信息，也可以据此判断该账户是否为洗钱的账户。

对于电信网络诈骗犯罪和洗钱罪账户的审查，可以概括为一看主体二看交易。

主体方面的审查主要指识别身份信息。电信网络诈骗或者是洗钱的账户，有几个识别点。第一个识别点是开户异常，开户异常是指一人或者多人在短时期内在多家网点开户，预留的手机号或者地址存在交叉重叠，或者互为联系人。第二个识别点是异地开户，有时预留的地址是宾馆等非日常生活地。第三个识别点是代办对公账户。代办对公账户都是非专业代办公司的人来统一联系，带领不同的人员去开户，也存在多家公司股东、联系人相同或者交叉的情形。对于电子银行的账户，一般在开立账户时会要求开通多项电子银行业务，常见的网上银行、短信余额提醒会把交易限额设置为最高额度。如果开立的是支付账户，大多数涉案账户是未认证的账户或者是简单认证的账户，还有通过同一 IP 或者批量注册的邮箱来开立支付账户的。很多涉案账户的开户网点在火车站周边，也有一部分在交通便利的城乡结合部、郊区，还有城市管理或者银行网点管理比较薄弱的区域。用于电信网络诈骗、洗钱犯罪的银行卡，使用时间都非常短。用完之后可能挂失，也可能再行补办。除此之外还有虚假信息，是指同人在不同网点留存的电话不一致，或者是留存法定代表人电话，在开户当天能联系上，第二天再打便是空号或者停机。第四个识别点是开户起始金额。很多账户的开户金额为 10 元、20 元，开户成功之后就很快转走。

审查交易异常可以从交易的规模、资金划转情况、交易的时间、交易的金额、交易方式、非面对面交易设备代码等方面进行。交易规模要看其与开户资料、客户身份职业、财产状况是否相符。资金划转方面，要审查是否存在巨额现金频繁划转、资金分散转入又集中大额转出或者取现的情况。还要判断账户有没有过渡的性质，因为在电信网络诈骗犯罪当中，每个账户都有很多层级，不同账户之间有不同的功能，过渡性质的账户，会快速转出之后又快速转入，转入之后又快速转出，转入的金额和转出的金额基本是持平的。在交易时间方面，开户后有测试性的小额转款，随即有大额的资金快速流入流出的情况，存在特殊的异常交易时间等。交易金额方面，可以看到每日的交易资金量巨大，资金快进快出，当日不留或者少留，余额频繁出现低于大额交易或者可疑交易报告标准的特殊金额，比如报告标准是 50 000 元但是转出 49 999 元等。在交易方式上，大量出现 ATM 机取现的资金交易形式，账户内资金很快使用完毕，账户会销户或者休眠，大量使用非面对面的交易模式。非面对面的交易代码方面，若有异常的账户无法确定实际控制人的，可以通过反洗钱调查，请人民银行帮助协查非面对面交易指令发出的 IP 地址，可以缩小侦查和审查的范围。交易模式上，多为快进快出，或者是分散进入、集中转出的成结构式的交易。整体上，电信网络诈骗洗钱的账户，分为上游账户、过渡账户和下游账户。上游账户，是分散转入集中转出，频繁收到网银或者柜台汇款，或者通过自助设备或者第三方支付机构转账。资金的来源大多没有相应的关系，都是天南海北的被害人的钱，进入上游账户的资金很快进入过渡账户。过渡账户的特征是集中转入再分散转出，会出现聚合支付的特征，还有第三方支付的频繁出现。通过第三方支付的方式来进行转账，同时下游账户会在短时间内取现，之后电诈的犯罪分子或者是洗钱犯罪分子账户再进行一次转账，让后续追踪更加困难。

电信网络诈骗和洗钱犯罪的账户还有另外几个特征：沉睡期＋频繁测试＋突然启用＋休眠。现在，电信网络诈骗的产业链非常分明，上游提供资金账户的产业链可能需要在全国各地搜集账户，比如在北京办卡，使用地可能是沿海地区，邮寄给幕后洗钱团伙往往需要一定的时间，这段时间账户肯定是沉睡休眠的。在沉睡期内，不管是银行卡还是手机卡，都会有小额测试或者启用前的测试，比如慈善机构的小额汇款等。测试完毕，会突然发生规模性的收付交易，并在短时间内快速使用完毕账户内的资金，之后该账户又会进入休眠状态直至销户。

在交易金额上，单笔交易具有一定的规律性，这个规律性主要用来规避自动取款机的取现限额，还有反洗钱监测的限额。如果是通过第二钱庄汇兑、跨境的交易，还会存在人民币折合某外币的限额，也就是交易金额上的特征。

四、打击治理思路的探析

通过对反洗钱的核心制度和打击洗钱犯罪联动的介绍，结合对可疑交易的分析和打击犯罪的司法实务，可以发现金融监管和司法打击是互补的关系，可以在二者之间找到连接点。它们的连接点是，无论是反诈还是反洗钱，金融监管跟司法打击之间都应该是相互支持、互补互助的。反诈和反洗钱的联动作用如果能发挥到极致，是可以提升打击治理质效的。从金融监管的角度来看，目前金融机构应该进一步加强对银行卡实名制的管理力度，了解客户、做足尽职调查，防止人头户、空壳账户、空壳公司账户在电信网络诈骗犯罪当中横行，防止其成为洗钱犯罪的最有力的工具。同时，我们也看到反洗钱交易报告制度和反洗钱调查能够打击电信网络诈骗的洗钱犯罪，从而打击电信网络诈骗。这是很好的犯罪线索来源，也是很好的案件协作工具。希望相关部门能够更好地在金融情报的移送、犯罪线索的移送中，发现电信网络诈骗的可疑交易报告，能够从开户环节发觉问题，及时上报、及时扩大线索来源。

从公检法的角度而言，应该在打击中不断总结。上述提到的反诈可疑交易分析模型，是一套成型的模型。但是随着时代的发展，随着电信网络诈骗的发展，肯定会还有新的犯罪方式。比如，虚拟货币洗钱的监测模型应该是何种样态，就需要进一步研究。应该充分在打击治理的过程中借鉴反洗钱可疑交易报告的分析方法，总结新型的电信网络诈骗的特征，更新金融监管部门的可疑交易分析监测的模型，把新的特征融入监测模型当中。真正提升整体监测分析能力，也提升金融情报的质量。

在打击洗钱犯罪时，还要看到金融机构和特定非金融机构有哪些金融产品是高风险的。要梳理提炼相关的治理建议，推动产品的整改。同时，对于某些金融机构，在反诈或者反洗钱工作中履行义务不到位的，要及时移送线索。加强刑事与行政之间的联动，进一步将金融和刑事打击的跨界联动发挥到极致。

金融监管人员和反洗钱调查的专业人员，要更深入地了解打击一线犯罪的情况，这对于提高反洗钱调查的质效、提高金融情报的质效有很大的帮助。检察官作为一线的办案人员，要了解反洗钱的思路和反洗钱的实务以及金融监管的现状、金融机构的义务，通过跨专业的深度融合，可以更有效地促进对电信网络诈骗犯罪的打击和治理。

专家评议

以数据化思维化解网络犯罪办案难题

刘品新

今天作为评议人参加讲座的感受特别独特，我想分享三个学习体会。

第一是关于主题。因为电信网络诈骗涉及每一个人，我们身边的人可能都有过类似的经历，所以国家下了很大功夫进行治理。从这个角度来讲，该主题也是贴近每个人的主题。

第二是大数据证据、法律加科技、大数据侦查的智慧和知识来自实践。今天我看了很多资金分析平台的分析工具和分析产品，联想到最近这几年看到很多一线的科技公司或者政法队伍研发的资金分析相关平台。今天讲的很多经验都可以被数据化，办案经验也不例外。数据化是如今科技领域热词的基础，是算法和模型的基础。算法和模型到目前为止主要的体现是案件的数据化。如果有大数据公司能够开发这种资金分析产品并配合办案工作，将极大地提升大数据侦查取证相关工作的效率。今天的讲座展示了科技算法模型的基础究竟来自哪里，也讲了模型算法可能需要淘汰旧的规律、产生新的内容。这是侦查和犯罪之间对抗的规律，也是司法和犯罪之间对抗的规律，表现为算法模型升级要出现新的改变，也说明了法律加科技创新的知识是来自实践的。更重要的是，算法模型抓住了资金分析这个切口。资金分析是打击新型犯罪的一种犯罪 DNA，可能是侦查能力和司法能力提升最重要的部分。如果把资金分析当作犯罪现场，跟现场勘查以及证据相关的理论进行碰撞，一定会产生大数据侦查和大数据证据等更多的创新型理论和其他产品。我今天感受到了科技创新的知识来自于一线的实践，也感受到了科技创新的难点在于怎样做得更加与时俱进。比如，开发出随着时代发展不断改变的模型，让模型更加精确，防止误命中。

第三是法律人在法律加科技创新的潮流之中，究竟怎样才能不迷失自己的专业。要注重联动，把法学理论跟司法实践结合起来。我想到了侦查学中的名言："蜗牛爬过必然留下痕迹。"今天理解痕迹的时候，不仅是形象痕迹，还有样态的痕迹，特别是脱离个体规模的痕迹，相信痕迹的理论以及证据的概念都有可能发生相关改变。这样可以进行理论创新，再反哺实践。如果理论创新跟上，它将会变成制度创新。最后几个治理思路有大量需要制度确认的问题。作为线索或者情报的东西能不能作为证据？如果答案是肯定的，那么证据制度就要创新。行政机关和司法机关要联动，联合办案也要进行制度创新。如果检察官在办案中可以联动开展，对接到最高检提出来的大数据监督平台的建设，也可以通过制度创新来实现。

观众互动

问题 1：明确了交易的具体要求会不会加大未来侦查犯罪的难度？

汪珮琳回答：不可否认，随着时代的发展，犯罪分子的反侦查意识和能力都在增强，这就需要我们在办案中不断总结，进而通过司法办案反哺反洗钱、反诈监测工作，更新数据模型。这也是不断博弈的过程，相信通过司法和金融协作，一定可以增强我们的监测、分析、侦查等综合能力。

问题 2：根据汪珮琳检察官的办案经验，立法和司法解释中有哪些规定比较落后或者说限制了我国反洗钱的实践效果？

汪珮琳回答：立法和司法解释都在随着社会发展而优化和演进，反洗钱是一项系统工程，法治化只是其中一个环节。司法实践中，打击洗钱犯罪的问题主要是长期重上游犯罪轻下游犯罪的打击思路。长期以来，司法办案人员在挖掘下游犯罪的过程当中确实缺乏意识、能力或者资源。2020 年以来，大家可以感受到司法机关已经不断加大对洗钱犯罪的打击力度，通过《反洗钱法》的修订，《刑法修正案（十一）》的颁布，立法针对国际、国内反洗钱的大局不断作出回应和完善，打击洗钱犯罪的态势持续向好。但不可否认的是，洗钱罪的司法适用还是存在许多疑难问题，需要进一步通过理论研究和司法实践予以解决，达成共识。

刘品新回答：刑法的修正案或者司法解释对于打击犯罪究竟有没有副作用？我想还是有的。以司法解释为例，司法解释里面有两大块，第一块主要是关于定罪量刑的门槛的设计，第二块是关于证据的设计。如果定罪量刑的门槛设得不好，会出现门槛把检察官和法官给拦住以及让犯罪分子规避的现象。一旦有不科学的标准，犯罪团伙就可以拿来脱罪，检察官、法官的工作会变得非常困难。所以如果量化标准不科学就会阻碍打击犯罪。在这一点上，我觉得法律共同体应该着力使标准科学化。

第 19 讲
数字化版权的刑事司法保护实务

主讲人介绍

白云山，北京市海淀区人民检察院第二检察部副主任，知识产权检察办公室副主任。

深耕知识产权检察专业化案件十余年，共计办理各类型知识产权刑事案件、民事案件 300 余件，多起案件在全国、全市范围内有影响力，其中三起案件获评最高人民检察院"年度知识产权保护十大案例"。2020 年办理的销售假冒文创品牌商标案入选最高人民检察院"侵犯知识产权刑事案件权利人诉讼权利义务告知工作典型案例"。此外，2016—2021 年每年均有案件获评北京市检察机关、市法院、市扫黄打非办评选的"年度十大案件"。主笔撰写《知识产权·服务科创白皮书》，申报并完成市院或区院重点课题共计八个，参与编写图书一部，在《中国检察官》等刊物发表文章三篇。深入开展检企联络工作，致力于搭建知识产权检察社会共治平台；多次组织、筹备知识产权保护理论研讨活动，为顶层设计贡献基层经验；打造普法宣传品牌"海检小知"。三次获评国家版权局年度"查处侵权盗版案件有功个人"；两次获评"北京市检察机关先进个人"；获得"海淀区三八红旗手""海淀区优秀党务工作者"等荣誉称号；荣立个人三等功一次。

讲座主题

近年来，数字化版权刑事犯罪案件高发，民刑法律问题交叉、电子证据审查、司法鉴定审查愈发复杂，给司法实务工作带来新的挑战。本次讲座以实际案例为支撑，围绕司法实务中此类案件办理中的热点难点问题展开，剖析、解读数字化时代版权保护的实务难题，分析数字化版权的保护路径。

讲座内容

此次讲座主要围绕五个板块展开。第一个板块我会以三个特征为主线向大家介绍数字化版权刑事案件的基本情况。第二个板块我会从四个方面给大家介绍类型案件的证据审查要点，同时延伸出我们在证据审查认定过程中常见的四大类问题，并且辅以两个案例进行相应的复盘。第三个板块我会从六个方面研究数字化版权案件法律适用的难点问题，并辅以两个案例进行详细展开。第四个板块主要是分享北京市检察机关，尤其是海淀区检察院办理的数字化版权的典型案件，这些案件具体涵盖的作品类型非常多样，包括侵犯视听作品、网络文学作品、网络游戏以及破坏技术保护措施的案件等。最后，我会和大家分享《刑法修正案（十一）》出台之后，我们在司法实务过程中的实践和思考。

一、数字化版权刑事案件基本情况

数字化版权刑事案件主要有三个特征。第一个特征是被侵权领域多样化，涵盖电子书、网络文学作品、漫画作品、影视作品、网络游戏、在线教育类，还有计算机软件、数据库侵权等。第二个特征是侵权手段技术化，包括通过破坏技术保护措施伪造授权，或者利用爬虫技术、视频解析技术、转码技术、深度链接等方式侵权。第三个特征是犯罪手法隐蔽化，例如通过云盘存储海量的作品进行间接侵权，还有对计算机软件代码进行修改，替换非实质意义代码、掩盖抄袭行为的侵权，还有通过租用外国服务器来逃避侦查，或通过第三方、第四方支付平台非法获利，同赌博、色情等黑色产业链紧密相关等。这些是我们从日常办理的数字化版权刑事案件中梳理出来的三大特征。

二、证据审查要点

我主要从四个方面来分析证据审查问题。第一个方面是关于权属证明材料的审查，这对于侵犯著作权案件中的确权工作是非常重要的。第二个方面是围绕鉴定意见的审查，几乎每一件数字化版权案件中，都会有司法鉴定的存在，有的是作品的同一性鉴定，有的是软件功能性鉴定，还有电子数据的固定提取的鉴定意见。第三个方面是关于电子证据的审查。第四个方面是证明主观认知的证据审查。

对应这四个审查要点，首先看下司法实务中证据审查的常见问题。第一个常见问题是著作权的权属证明材料存在瑕疵，我们在审查的过程中要不断核实、完善和确定权属。第二个常见问题是鉴定检材来源不明，这也是需要引起我们的重视的，如果一个鉴定的检材有瑕疵，那么对于后续的影响是非常大的，即便得出了有同一性或者是实质性相似的结论，但是因为检材来源不明，也足以推翻整个鉴定。第三个常见问题是在电子取证的环节中，网络取证有时没有体现整个侵权过程，没有办法还原侵犯著作权罪客观行为的整个链条。第四个常见问题是以营利为目的的证据的取证链条不完整，因为侵犯著作权罪除了要具有主观上的故意，包括直接故意或间接故意，还必须有行为人存在以营利为目的的主观超过要素的证据。

（一）权属证明材料的审查

先来看权属证明材料方面的证据。我刚才也说到数字化版权案件作品类型是非常多样化的，在日常的办案中会遇到多种形式，包括计算机软件作品、网络文学作品、纸质图书、影视剧和美术作品这几类比较常见的权属证明材料。其中，计算机软件案件中一般会提供权利人的软件著作权登记证书；网络文学作品案件中一般会提供授权发表的文件，包括发表权、信息网络传播权的归属；纸质图书案件中会有出版授权合同的问题；影视剧案件中常见的是影视公司、制作公司的版权声明材料；美术作品案件中在作品本身会附着印章来标注权利归属的情况。

那么，著作权权属证明在案件的办理过程中的审查方法是什么样的？总结来说，是以实质审查为原则，以署名为原则，这是和著作权法相互衔接的，因为著作权法也明确规定以作品和录音制品上署名的自然人、法人或者非法人组织来确定权属。当然，存在相反的证据的可以例外。而且，在具体审查的过程中，也要注意授权权属证明受保护的几个关键的环节，包括权属是不是期限届满，或者是不是属于我国著作权法规定的应当保护的作品类型。此外，作品的著作权人是否放弃权利也是需要审查的实质性内容。因为作品的类型是非常多样化的，不同类型的作品中会有各种各样的授权合同、委托声明等，所以我们在审查的过程中，不要拘泥于权属证明的形式。

在审查的过程中要做到分步骤、区分作品类型、区分权利主体，这样才会让审查更加高效和便捷。之所以要审查权属证明材料，就是要回归到著作权的本质权属是一种经许可的授权，我们要判断涉案行为是不是经过了著作权人的许可，包括专有出版权人的许可、录音录像作品制作者的许可和表演者的许可，也即确权是确定著作权权利人的一个基础性环节，所以这方面的证据是我们入门之时就要审查好的，也是我们判断知识产权犯罪中，尤其是侵犯著作权犯罪中，到底谁才是真正的权利人的第一个环节，这是与著作权法的规定相契合的。

（二）鉴定意见的审查

下面我们来看一看关于鉴定意见的审查包括哪些内容。

在日常办案中，有四大类常见的鉴定意见需要我们进行相应的审查：对作品同一性鉴定的审查，对功能性鉴定的审查，对电子数据提取鉴定的审查以及对司法会计鉴定报告的审查。

对作品同一性鉴定的审查，主要是比对权利作品和侵权作品之间是不是具有同一性，并对此进行鉴定。对功能性鉴定的审查，例如对于破坏技术保护措施等的侵权行为的审查，要判断破坏技术保护措施的插件或者配套的功能是不是能够达到破坏技术保护措施的效果，比如修改程序、解除整个软件的加密功能，那就需要专门性的鉴定。对电子数据的提取鉴定，一般情况下都是采取计算哈希值的方式。在实践中，我们要注意电子数据鉴定的审查过程，我会详细地描述电子数据审查的几个维度，要审的重点内容（包括电子数据存放的位置），以及是怎么应用的，比如在虚拟机上怎么调取这些数据。还有文件的存储路径的下载情况，包括对整个电子数据进行哈希值计算之后，对电子数据材料进行压缩、打包之后的命名的情况也要进行相应的审查。因为在电子数据报告出具的过程中，文件的命名可能有一定的瑕疵。例如压缩包记录错误，就会对后续的鉴定带来影响。对司法会计鉴定的审查，常见的是数字化版权的刑事案件中涉及销售数额的计算，此时就会引入司法会计的鉴定，分析电商平台销售的盗版作品的具体金额是多少，这和平常的司法会计鉴定报告的审查规则和方法是一样的。

（三）电子证据审查的关键点

电子证据审查的关键点主要包括四个方面，刚才也提到了检材来源是非常重要的，如果检材来源不明，可能推翻整个鉴定结论。对于比对方法，我们也要进行相应的审查，比如电子证据会有相应的国家标准，也要看鉴定报告里面使用的方法是否正确，或者描述的内容是否跟通用的规则一致，还要审查电子证据的分析逻辑。在数字化版权的案件中，常见的如对代码的比对，或者是对应模块的比对，得出的数据分析，我们要从逻辑角度来进行实质性的审查。最后要审查电子数据的结论，如文字作品、软件作品案件中，尤其是在数字化版权的案件的比对过程中，有时对软件或者文字作品的内容进行修改了，如加一个字符的空格，或者使用的输入法的全角半角的不一致都会使表达形式存在差异，但不会影响到实质性的判断。综上，我们要从不同角度看待电子证据实质性审查的核心的内容。

（四）主观方面证据的审查

对于侵犯著作权罪来说，除了要审查行为人主观上具有直接故意或者间接故意之外，还要重视以营利为目的的超过要素的审查。那么，以营利为目的到底应该如何认定？早在最高人民法院、最高人民检察院、公安部《关于办理侵犯知识产权刑事案件适用法律若干问题的指导意见》中，就提到了以营利为目的的四种情形。

新的司法解释和《刑法修正案（十一）》出台之后，有一些法律上的争议。例如，以营利为目的只是体现在某一个阶段，有的网站在传播盗版的作品，但是并没有广告弹出，或者并未收取相应的会员费，而是采取一种促销和赔本的方式进行推广。嫌疑人到案之后往往辩解说，"你去查我的银行流水也好，你去看整个侵权网站的展示的情况也好，没有任何一个是收取费用的"。这时怎么能够证明以营利为目的呢？那就要从几个维度审查具体的表现形式，要判断行为人建立网站的实际意图是什么，远期目标是什么……综合判断行为人是不是存在出于商业目的实施侵权行为的情况。同时我们也要注意，除了对于是不是具有以营利为目的进行实质性审查之外，还要注意是不是存在著作权法规定的合理使用的 13 种情形。如果存在，那也要排除具有以营利为目的的相关内容。在审查以营利为目的的时候，并不等于一定要有即期的利益，或者有直接经济收入。总之，还是要从多个角度进行综合的判断。

（五）案例分享

说完了证据审查的要点和经常遇到的问题，我再给大家分享两个案例。

第一个案例，是一个侵犯销售工程计价测量软件的著作权的案子，最后本案做了存疑不起诉处理。因为我们在审查鉴定意见的时候，发现了检材来源是不明的，最后就导致终局性地否定整个鉴定。检材来源不明的问题出现在哪里？我们发现，鉴定所使用的检材是权利人自行提供的，权利人自己购买了盗版的软件，然后将材料送到了公安机关立案，公安机关拿到软件之后，又委托开展了鉴定工作。但是，权利人自己购买了产品，又送到公安机关，在这个过程中，没有证据证明权利人提供的检材是无污染或者没有被调包的。因为刑事案件中一定要排除合理怀疑，这是当时认定检材来源不明的一个重要的原因。另外，审查的过程中也反映出销售记录的问题。当时，行为人通过电商平台搭建了一个网店进行盗版软件的销售，我们在审查他的犯罪金额的时候，发现电子销售记录也有很多证据存在问题，比如电子销售的账目调取是不完整的，时间段是不完整的——仅仅调取了犯罪时间的一小部分的时间段，而且中间还有漏时间段的情况。因此，直接调取的网店的销售记录，就不能够全面地反映销售金额。从我们调取的整个网店后台的销售记录来看，产品的名称也存在一定的问题，不能直观反映涉及的侵权软件的名称。那在行为人不认罪，没有其他证据予以佐证，也没其他证言进行指正的情况下，很难将涉案产品锁定到盗版的软件上。同时我们也发现，行为人在网店不仅销售涉案的侵权软件，还有别家的侵权软件的产品，因此调取的销售记录是不能直接使用的。

第二个案例，是我们当时办理的一个手机清理 App 侵犯著作权的案子。该案有两个关注点：一是我们应该怎样进行"以营利为目的"的取证和引导侦查的工作；二是如果鉴定的检材已经灭失，后续应该怎样进行补救。行为人在日常工作期间，接触到了原公司的手机清理加速软件的源代码，他没有经过权利人的授权，就将软件的源代码进行修改，又换了一个名称，发布在一个手机应用市场上，供用户下载。应用市场的数据显示，在某一个时间段它的下载量达到了 9 万次。但是它在应用市场的时间只有短短几个月，立案之后该应用软件已经从应用市场下架了。根据行为人的供述，行为人和两家广告联盟进行了合作，收取了相应的广告费用，将广告的代码植入软件中，在用户下载软件的时候，就可以生成相应的广告并让用户看到广告，行为人则通过广告的展示量和点击量按月收取广告费，广告费打到行为人绑定的银行账户。仅仅从行为人供述的角度来看，案情是非常完整的，但是我们审查的时候发现，本案只有行为人的供述，属于孤证，没有其他任何证据予以佐证，比如银行结算的流水、应用市场方面的证据、每月的银行回款单上的结算的情况、和他合作的广告联盟的相应的证据材料等，都是缺失的。这给我们提了一个醒，在审查"以营利为目的"的时候，不能仅凭行为人自己的供述，而是应该在开始的时候就多维度调取证据，这样才能更好地还原"以营利为目的"的事实。

关于鉴定检材方面的相关情况，由于软件在应用市场上仅存在几个月便下架了，权利人发现侵权行为发生后，自己进行了公证，同时做了鉴定工作，但是当公安机关立案之后，再想到应用市场上下载该软件用于相应的电子数据的鉴定时，检材就灭失了。因为电子证据的提取不及时，确实给侦查带来了很大的困难。从本案中，我们也延伸思考两个方面的内容：一是公证书怎样应用于刑事案件。我觉得在公证环境下取得的证据，主要目的是证明权属的内容在复制、保存、移转和提交到公安的整个过程中是无污染的。有时除了公证书之外，还要辅之以公证员的证言、侦查人员的证言等，公证的情况也可以做相应的录像。二是区块链技术的应用，在很多民事案件中，尤其是知识产权类的民事案件中，区块链技术的应用是非常广泛的。但在刑事案件中，尤其是在知识产权犯罪中的应用还不是那么普及。初期权利人发现侵权事实之后，可以采取区块链技术将这些证据固定下来备用，待刑事手段介入之后，如果检材灭失，就可以恢复当时的侵权事实。区块链技术对于知识产权刑事司法保护来说，还有一个很重要的应用的场景。我们可以考虑，是不是在庭审的过程中，在法庭上通过区块链技术展现整个侵权过程，这样也能更好地体现举证质证的效果，这是我自己的拓展性想法。

三、法律适用的疑难问题

我将本部分为六个方面进行讲解：第一是侵权行为的认定；第二是作品数量的认定；第三是犯罪形态的判断；第四是罪名选择；第五是数字化版权刑事案件中电子证据的应用；第六是数字版权刑事案件的具体办理思路。

（一）侵权行为的认定

首先来说侵权行为的认定。刑法上对侵犯著作权的行为的打击，一定要和民法的规范相互衔接，同时也要注意到刑事打击的谦抑性，要严格按照《刑法》第 217 条规定的侵权行为的类型进行入罪的判断。

（二）作品数量的认定

关于作品数量认定的争议由来已久，海淀区人民检察院自 2013 年开始办理数字化版权侵权案件以来，围绕网络文学作品和影视作品案件中作品数量的认定，就有很大的争议，我们也是经过了很多的讨论。因为根据司法解释的相关规定，入罪的门槛是 500 部或者 500 件，部和件应该怎么样理解？在司法解释出台的时候，数字化版权的作品并不是很多，大家理解的部和件是一本书等实物概念，但是因为数字化时代的到来，尤其是随着影视作品类型的多样化，一部电视剧里面有很多集，七八十集的电视剧只按"一部"计算的话，会不会对权利人的保护不力？还有特殊类型的作品，比如漫画，应该怎样认定作品的数量？这都是我们要考量的。

下面我给大家举一个涉及漫画的案件，当时就存在关于作品数量如何认定的争议。行为人建立了一个网站，使用采集软件将其他网站上的漫画作品下载之后，上传到自己的服务器上，后来经过勘验鉴定，网站上存储了 8 部漫画作品，一共是 1 973 集，共 82 卷，因为漫画的计量单位跟普通的影视作品不一样，它是用话来计量的，像本案的《火影忍者》作品一共有 627 话，如果将一话等于一部来认定，那么侵权作品就达 627 件之多，已经达到了刑事入罪的标准。我们当时就考虑到，漫画作品样式跟别的作品不大一样，每一张画都体现了作者的智力成果，不能因为它一话就只有两张图或者几张图，或者因为篇幅大小，就否认作者在图画创作过程中的独创性或者智力成果属性。但漫画又不同于一般的绘画作品，它具有连载性，必须承载一定的故事性和情节性，如果仅仅是一幅插画或者是一话中的几张图就认定为一部或者一件作品，就跟刑法的谦抑性背道而驰。所以我们也觉得作品的数量难以确定，也就没有认定侵权作品数量达到了刑事追诉的标准。此外，我还想再拓展一下，2010 年，最高人民法院刑事审判二庭《关于就网上影视复制品数量计算等问题征求意见的函》提到了一部以上的电影，或者一部以上的电视剧是以一个视频文件为一份。那么，到底应该怎么理解视频文件？在具体的案件中，还要进行实质化的判断。未来，随着新的司法解释的出台，对于体量比较大的作品，比如说一部很长的影视作品，会不会包括分集传播的入罪标准，也是值得关注的。

（三）犯罪形态的判断

对于数字化版权案件的既遂和未遂问题，之前也有一定的争议，我认为数字化版权案件基本上都是属于既遂的。早在 2003 年的时候，《公安部关于对侵犯著作权案件中尚未印制完成的侵权复制品如何计算非法经营数额问题的批复》就提到，尚未印制完成的侵权复制品的行为在计算犯罪数额的时候，要认定为未遂。关于数字版权案件中的既遂和未遂，目前还没有看到比较官方的答复、批复或者解释等。一般情况下，因为不论是采取服务器标准还是用户感知标准，作品既然在互联网上已经可以呈现，就应认为已经达到了数字化版权侵权的既遂。

（四）罪名选择的问题

我再给大家举一个案例，是我们前两年办理的一个外文数据库的侵权案件，我们当时按照非法经营罪进行了打击。

在案件中，有几个问题是需要格外注意的。第一，数据库的性质到底是什么？有的人觉得数据库是计算机软件，有的人觉得是汇编作品。我们办理著作权的案件时，首先要判断讨论的对象到底属于哪种类型的作品，不同类型的作品的权属证明的表达方式不一样，判断独创性的内容等也是不一样的，所以我们要清楚它们的性质。第二，注意电子证据的提取规范。2019 年 2 月 1 日，《公安机关办理刑事案件电子数据取证规则》就已经开始实施了。我们在办理案件的过程中，也是要求公安机关完全按照相应规定完善证据情况，比如要有现场的提取笔录、现场的工作记录表，还要对整个提取过程进行录像。因为案件涉及海量的电子数据，硬盘装满了之后，还需要第二天再次提取，那整个的录像还有时间记录，包括相关证人证言，就要提取得非常完善，以确保案件起诉到法院的过程中，电子证据不存在任何的瑕疵。我们也通过这个案子做了一个很好的电子数据规范化的尝试。

回归到案件本身，我们来看看法律适用上有什么难题。该案当时是按非法经营罪追究刑事责任的，因为案件基本的情况是行为人销售给多家高校外文电子图书的数据库，根据相关法律法规，进出口电子图书必须取得相应的进口资质，同时必须持有出版物的经营许可证，所以本案中的行为是符合非法经营罪的构成要件的。当时之所以没有认定侵犯著作权罪，是因为涉的是外文数据库，里面涉及很多的作品，有的是论文，还有的是论文集的汇编，对于外文作品的权属在取证上是存在一定难度的，所以当时我们采用非法经营罪进行了相应的打击。我们也可以延伸思考，要确定作品的种类，在罪名选择上也要根据在案的证据以及证据最终取得的实际情况选择合适的罪名进行打击。

（五）数字化版权刑事案件中电子证据的应用

在数字化版权刑事案件中，电子证据应该如何应用？我总结了三个方面。

第一，电子证据的调取要具有规范性，具体可以参考的法律如下：最高法《关于适用〈中华人民共和国刑事诉讼法〉的解释》(2021)、"两高一部"《关于办理网络犯罪案件适用刑事诉讼程序若干问题的意见》(2014)、"两高一部"《办理刑事案件收集提取和审查判断电子数据若干问题的规定》(2016)、公安部《公安机关办理刑事案件电子数据取证规则》(2019)、最高检《人民检察院办理网络犯罪案件规定》(2021)。

第二，要注意电子数据调取的全面性。因为很多数字版权案件是多平台交互作用下产生的犯罪，行为人利用多个平台的共同作用完成整个侵权行为，比如电商平台、支付平台等交互作用，去实现存储、共享、提取、下载等切割模式、链条式的侵权，这也给我们的电子取证工作提出了新的要求，要求我们全面调取在各个平台上留下的电子证据的痕迹，通过电子证据之间的相互印证和逻辑关系，梳理出一条清晰的脉络。这项工作要求快速、全面，更要规范，同时也要保证电子证据的来源是清晰的，提取过程是符合相应要求的，保管封存的环境是不受污染的。

第三，电子证据调取要有及时性。很多知识产权案件是存在上下游犯罪的，尤其是数字化版权案件，如果只是关注某一个犯罪行为的电子证据，只抓到了其中的一个环节，比如盗版作品的传播者、技术的提供者、盗版作品的销售者，会陷入就案办案的惯性思维模式，有时会导致关键性证据的缺失，不利于对上下游犯罪的打击。通过规范性、全面性和及时性的调取，能更好地发挥电子证据在数字化版权刑事案件中的作用，比如可以发挥认定单位犯罪的作用、认定主观明知的作用，还有以营利为目的的判断，这是办理刑事案件中，证据搜集比较难的方面。电子证据已经是时代的证据之王，我们要学会更好地挖掘电子证据，包括查扣的手机、电脑中的各种文件和社交媒体记录等，还有互联网的各种痕迹，勾勒出罪犯的画像，尤其是对于共同犯罪中，从实施上级指令的行为中去认定行为人是不是具有明知，通过聊天记录的恢复，清晰地展现出行为人主观上是否明知，相互之间的分工情况；还可以从多个维度充分利用电子证据，如邮件的往来，电子交易的凭证等认定"以营利为目的"，这些都是发挥电子证据作用的方向。

（六）数字版权刑事案件的具体办理思路

以上是电子证据在案件中的应用，接下来我们看一下数字化版权刑事案件的具体办理思路，总体来说分为四个方面。

第一，检察机关要充分发挥提前介入的职能，对于数字化版权的案件，要确实做到全覆盖、提前介入。首先，要判断侵权行为是不是符合《刑法》第 227 条规定的侵权行为标准。其次，要根据电子证据的固定和提取规范，对侦查机关提出相应的要求。再次，要关注鉴定的相关内容，在提前介入的时候跟鉴定机关进行充分沟通，确保检材来源的无污染，对于需要进行抽样的鉴定，怎么样确定抽样的比例以符合个案的要求。对于同一性鉴定，我们也会进行实质性审查。比如我们会跟鉴定人沟通鉴定结论和论证的逻辑方法是不是科学合理，或者选用的比对方法是不是符合案件的需求。进行充分的沟通也会提高办案的整体质量和效果。在提前介入的时候，还要准确确定刑事打击的范围，尤其是在单位犯罪、集团化犯罪和其他共同犯罪中，刑事打击的面到底有多广，我们也会在提前介入的过程中，进行判断。最后，网络案件的管辖问题也一直是我们需要关注的重要方面。

第二，要充分利用同版权人沟通的方式开展工作。对知识产权的权利人权利义务的告知工作我们已经开展了很多年，也积累了一定的经验。尤其是对于数字化版权的案件，一定要做好确权工作。对于权利人来说，权属材料的梳理，包括作品的种类、权属证明材料的分类等都是必备的。我们也会结合个案的情况，对于权利人提供的材料提出规范性等要求，以提高审查的便捷性。另外就是对证据形式的同一性和对应性审查，一个数字化版权案件中会涉及多位权利人，比如一个网站上的侵权影视作品涉及多家公司，每家公司都会有一个对接人，如诉讼代理人、法务人员等，我们的证据审查标准要保持一致，以保证在一个案子中不同的权利人提供的内容的同一性。

第三，关于审查的核心要点。首先，对于数字版权的案件，尤其是对于隐蔽性或者新型的技术案件，要非常关注和了解侵权的技术原理。其次，对于"以营利为目的"，要进行实质和深入的判断。最后，共同犯罪和单位犯罪也都是需要我们关注的问题。

第四，关于庭审的准备，要充分地利用庭前会议。因为很多的数字版权案件涉及海量的证据。一方面，涉及电子证据怎么展示，对于比较抽象的或者需要多媒体展示的，可以通过庭审的屏幕进行展示，完整地向法庭呈现整个侵权过程；另一方面，对电子数据中有争议的问题，要充分利用庭前会议予以解决，例如检材的问题、提取规范性的问题等。另外，在庭审过程中，可以适时地引入技术专家解决专业性的技术问题。

四、典型案件

这部分我主要给大家讲一讲我们办理的一些典型案件。

（一）侵犯影视作品的信息网络传播权的刑事案件

首先，我们来看一下侵犯影视作品的信息网络传播权的刑事案件，影视作品的侵权刑事案件分为四个时代。传统盗版的 1.0 时代，在原始的服务器的方式下，存储模式一般依据服务器标准进行判断。到了 2.0 时代，随着网络媒体播放技术的成熟，电脑端的盗版视频大肆进行传播，包括 P2P 的下载分享模式。它是一种盗版网站加定向链接加播放器复合的模式，主流观点是依据用户感知标准进行判断。随着移动互联网时代的到来，盗版进入了 3.0 时代，网盘模式、移动端聚合 App 的侵权模式层出不穷。而在 4.0 时代的现在，随着短视频的发展，出现了剪辑搬运的现象，内容版权主题化的情况日趋明显。

我们看一下两个案例。

案例 1：张某侵犯多家视频平台影视作品案。张某某经营的网站"2345 热播""星级 S 电影"上，未经著作权人许可，通过网络传播他人影视作品。经查，上述两个网站侵犯合一信息技术（北京）有限公司及北京搜狐互联网信息服务有限公司等权利人享有独家信息网络传播权的影视作品共计 600 余部。案子中有两个关键词，也是我们在办理案件中提出的审查规则，其中包括电子数据的抽样鉴定。2011 年的《关于办理侵犯知识产权刑事案件适用法律若干问题的指导意见》提到，知识产权案件中是可以进行相关的抽样鉴定的。那么对于影视作品应该怎样开展抽样鉴定？抽样的比例是多少？我们认为应该按照比例原则进行确定，同时也要兼顾权利人平等的原则，比如我们抽取了十部作品，其中五部属于一个权利人，另外五部属于另外一个权利人。还要保证抽样的方式是一样的，从影片的开头、中间和结尾，进行片段的抽样鉴定，进行相应的比对。我刚才也提到了权属证明材料的审查，这也是我们通过相应案件确立的规则，即分类审查。比如影视作品，涉及电影、综艺、电视连续剧等，我们会根据不同的类型，进行权属材料的科学分类，规定审查的相关的材料。

案例 2：贺岁档院线作品侵权案。谢某、黄某二人未经爱奇艺、优酷、腾讯等权利公司的许可，以运用资源采集软件采集视频资源、与其他侵权网站合作分成等方式，在自建网站创设视频链接供他人观看侵权作品，并通过在侵权作品中嵌入广告等方式实现非法牟利。经核实，该案涉及侵权作品数量较多，其中包括《加勒比海盗》《战狼 2》等口碑较好的影视作品，给权利公司造成较大经济损失，并对网络著作权保护环境造成恶劣影响。这个案件中，我们通过证据的调取，还原了整个营利模式，而且我们也发现其营利模式已经跟境外的黑灰产业链进行关联。有的境外赌博网站或者色情网站是通过展示的方式嵌套这些广告的，而且从收取营利的路径上来说，已经不仅仅是通过银行汇款，或者是电子账目进行交易，而是跟第四方支付有交织了。

从上面两个案子中，我们能明显感觉到影视作品信息网络传播权的发展变化带来的案件的多样性和复杂性。

（二）网络文学作品的刑事司法保护

我们再来看一下网络文学作品的刑事司法保护的特点。第一，此类案件从技术手段上来说比较多元化和步骤化。先要爬取作品，再进行服务器的存储、服务器的调用和作品的发送。第二，跨平台的交互作用，多个行为人会开展分工合作，在不同的阶段、不同的层次、雇员和老板之间、实施者和运营者之间，主观明知的判断要有不一样的证据支撑。第三，以营利为目的的认定是永远都要关注的一个内容。第四，不同类型平台的特性，比如涉及跨平台交互作用的时候，我们就要注意到电商平台的证据，一般是什么样的情况，还有社交平台的证据，以及云平台存储的证据，不同平台证据的特性会不一样。我们在审查和引导侦查的时候，就要有针对性地围绕重点开展工作。

在网络文学作品的同一性鉴定中，要对比对方法进行相关判断，对同一性鉴定的比对结论也要进行实质性的分析，尤其是网络文学作品。大家通过手机端阅读网络文学作品，就会发现很多作品是不断更新的，属于未完成时态。在固定证据和比对鉴定的时候，作品的内容常常会不一样。固定的时候，作品只更新到了多少节，到后来鉴定的时候，它又有新的情况，这也是在庭审过程中，辩方经常会提到的一个辩点。

对于电子证据，我们要对存储服务器上的内容进行镜像文件的审查，还要充分利用现场的电脑进行勘验，发现关键性的证据。

我再给大家介绍两个案例。

第一个案例是宗某等三人侵犯网络文学作品案，这是我们 2017 年办理的一个侵犯著作权的案件，也获评当年最高人民检察院知识产权十大典型案件。

宗某伙同被告人王某未经著作权人许可，复制上海玄霆娱乐信息科技有限公司、上海阅文信息技术有限公司、北京幻想纵横网络技术有限公司享有著作权的文字作品存储在云服务器上。被告人宗某负责编写程序，使微信公众号可依据指令将存储在云服务器上的文字作品推送到指定邮箱，以实现传播文字作品的功能。2015 年 8 月开始，被告人陈某杰未经著作权人许可，向被告人宗某、王某支付合作费用，获得传播上述文字作品功能的权限。被告人王某提供个人支付宝账号收取合作费用，后被告人陈某杰通过淘宝网店"墨墨的图书小馆""优加云推送"销售激活码，用户使用该激活码在被告人陈某杰运营的"优加书院""优加云推送"微信公众号平台进行操作后，可通过邮箱获得存储在云服务器上的文字作品。经查明，涉案作品侵犯上海玄霆娱乐信息科技有限公司、上海阅文信息技术有限公司和北京幻想纵横网络技术有限公司享有独家信息网络传播权的文字作品共计 700 部。该案有两个值得关注的点。第一个是办案过程中，充分发挥了检察机关的追诉职能，最初只有一家权利公司报案，检察机关在审查侵权文件的时候，发现该案还涉及上海阅文公司和北京幻想纵横公司，因此又积极跟它们联系，向它们调取了权属的证明文件，追加认定了多部作品。第二个是关于网络文学作品的同一性鉴定。由于网络文学作品内容的特殊性，它和一般的文学作品的比对鉴定相比是有特殊之处的。

第二个案例是覃某等 12 人利用爬虫技术侵犯著作权的案件。该案在 2021 年获评扫黄打非全国十大典型案件，该案涉及单位犯罪。覃某某、柯某、刘某甲共同商议成立北京某有限公司及关联公司。被告人覃某某等 12 人分别负责公司的传媒、内容、技术、产品等管理工作，并实施内容爬取。上述公司未经某科技股份有限公司等权利公司许可，利用内容爬取等信息网络技术，爬取正版电子图书后，在其研发的 10 余个 App 平台上展现，供他人访问、下载阅读，并通过广告植入、付费阅读方式进行牟利。经查明，涉案行为侵犯权利公司享有独家信息网络传播权的文字作品共计 5 072 部，被告人覃某某等 12 人于 2019 年 3 月 25 日被公安机关抓获归案。该案有两个关键词，第一个关键词是单位犯罪的认定。案件涉及多部门，如传媒部、内容部、技术部和产品部，行为人在主观上的明知、客观上的行为，以及在利用爬虫技术侵犯著作权的整个行为链条中发挥的作用，都要在单位犯罪的框架体系下进行性质判断和证据的调取、支撑和论证。第二个关键词是多维的鉴定思路。当时承办人审查了多份鉴定，包括电子证据的鉴定，相应的同一性的鉴定，产品功能性的鉴定，以及营利情况鉴定。也即通过多维的方式论证其是否符合侵犯著作权罪的构成要件。

（三）网络游戏案件

下面我们来看一看网络游戏案件办理过程中需要关注的内容。

我们要了解，网络游戏的本质是计算机程序，在办理侵犯著作权罪案件的过程中，一定要注意刑法和民法的法律规范的衔接。例如对于计算机程序，我们不仅要关注著作权法，还要关注《计算机保护条例》的相关规定，例如什么是计算机软件、计算机程序、软件的开发者、软件的著作权人等。关于软件作品的同一性鉴定，常见的有四种鉴定方法，对于网络游戏的鉴定有两种常见的路径，网络游戏的迭代是非常频繁的，这个时候要区分版本，也要对它的检材进行相应审查。此外，在网络游戏中，对于游戏规则、游戏界面、游戏直播以及游戏标识等热点问题也要予以积极关注和回应。

我们首先看一个私服游戏的侵权案件，这是我们 2012 年办理的一个案件，当年也被评为最高人民检察院年度十大知识产权保护案件。

伍某某担任珠海金山软件有限公司高级开发经理期间，违反与公司签订的保密约定，将该公司享有著作权的《剑侠世界》网络游戏软件的源代码向被告人李某某披露。李某某伙同孙某某、宋某某利用非法获得的游戏软件的源代码，私自架设服务器，运营游戏《情缘剑侠》，注册会员达 1 万余人，非法经营额为人民币 110 余万元。后孙某某、宋某某等人将《情缘剑侠》私服游戏以人民币 58 万元的价格销售给袁某等四人，由袁某等四人继续运营，注册会员达 4 万余人，非法经营额为人民币 40 余万元。经鉴定，从《情缘剑侠》游戏提取的软件源代码同金山公司《剑侠世界》游戏的软件源代码内容完全一致。办理该案的关键是要注意计算机软件源代码的鉴定和审查，同时考虑到吴某的行为构成侵犯著作权罪，后续运营私服游戏的两拨人是以侵犯商业秘密罪追究刑事责任，相当于按照两个罪名处理了案件，取得了很好的效果。

第二个案件是手机游戏的侵权案件。尹某某、张某某二人为北京某科技有限公司员工，二人在离职时以公司拖欠工资为由将公司用于开发软件的电脑、测试用的手机私自拿回家中。后二人租用服务器将私自保管的游戏软件调试后上线运行，并通过专门从事发行工作的董某、王某某将游戏软件上传至手机应用的分发平台，宣传推广游戏供用户下载、充值，非法经营额共计人民币 30 余万元。经鉴定，尹某某、张某某复制发行的游戏软件与北京某科技公司的 3D 贴图模型资源、文字、音频等文件绝大部分一致。董某、王某某在明知他人以营利为目的复制发行侵权软件的情况下提供帮助，分别收取 2 万元、5 万元好处费。这一案件中有两个关键词：鉴定对象和鉴定维度。对共同犯罪的认定，司法解释、指导意见里面多次明确提到：明知他人实施侵犯著作权的行为，提供帮助的，可以认定为侵犯著作权罪的共犯。该案中的董某和王某某都是以侵犯手游著作权罪的共犯来进行认定的。案件中还有一个亮点，对于手游的鉴定突破了传统的鉴定方式，提高了诉讼效率，同时也节约了侵权人的维权的成本。案件承办人认为手机游戏分为两种：一种是相对简单的手游，另一种是相对复杂的手游。对于简单的手游，如果仅仅是对相应的程序进行换皮发行，对原有的程序没有改动，就不需要进行全面的鉴定，只需要对关键的内容还有模块进行比对。对于复杂的手游，如果改动比较大，就要对程序代码、程序功能的模块进行鉴定，通过代码的逻辑功能展开相应的分析。比如，手游是有相应的故事情节的，包括地图、人物的动作、场景的设置、互动方式、弹出的奖励、视觉效果等，这些内容也是有可能要鉴定的。在鉴定过程中，如果涉及专业性的问题，还可以请技术部门的同志配合，向他们取经，或者请专家辅助司法办案，充实智库力量。

本案给了我们很多的启发和思考，规范、准确的鉴定既能提高办案效率，又能节约权利人维权成本，同时也能保证案件定性的准确。有些地区对于比较复杂的手机游戏，是按照侵犯视听作品的著作权进行打击的，上海就有这样的案例，也得到了法院的认可。

下面是关于破坏技术保护措施的案件的办理思路。

常见的技术保护措施有密钥、加密锁、激活码、运行指令等。对于"避开技术保护措施"的理解也要做到民事规范和刑事规范的有效衔接。我们要判断技术保护措施的手段行为和实质行为，对破坏技术保护措施的行为到底是以侵犯著作权罪进行认定，还是以破坏计算机信息系统罪进行认定是有一定的争议的。在实践中，受限于其他证据的情况，有的时候会采用其他的罪名进行刑事打击。不论以何种罪名打击，首先都要判断行为实质上是不是对著作权的侵犯，然后再围绕着实质判断去考虑如何重组现有的证据。如果确实是侵犯著作权的行为，而不仅仅是针对计算机信息系统的破坏行为，那我们的侦查的方向以及取证和完善证据的工作，就应该朝着侵犯著作权罪的方向开展。

另外，关于技术保护措施，在被引入《刑法》第 227 条第（6）项之后，也会产生新的问题，就像之前我们讨论的数字化版权中既遂和未遂的问题，对于犯罪预备的问题，行为人只是生产破坏技术保护措施的密钥，还没有来得及销售的，到底是预备还是未遂？在不同案件中会有一定的争议，我们要结合个案的情况进行判断。

我还是给大家分享两个案件。

第一个是关于销售加密锁侵犯著作权的案件。霍某某身为电子商务有限公司法定代表人及实际负责人，通过购买域名的方式，伪造了广联达公司官方网站，雇用被告人吴某某等五人，未经广联达软件股份有限公司许可，利用在伪造的官方网站留下的客服电话，向全国各地用户销售软件的加密锁和软件破解驱动程序，非法经营额人民币 27 万余元，其中刘某某于 2013 年 6 月起参与上述犯罪，涉及非法经营额人民币 18 万余元。这一案件中有两个关键词：功能性鉴定和网络销售金额的认定。案件发生时刑法还没有修正，对于销售加密锁的行为到底能否构成侵犯著作权罪，实务界有两种观点。判决的时候法官认定销售加密锁属于"破坏技术保护措施"的行为，这个案例对于这种类型的行为的刑法规制起到了一定的指导作用。此外，对于网络销售数额的真假是要进行实质性判断的，不宜依据调取的后台数据直接认定数额，也要考虑到共同犯罪中不同人的参与时间不同，所承担的犯罪金额也是有所区别的。

第二个是销售软件激活码的案件。2016 年 11 月至 2019 年 11 月，林某某伙同罗某某等四人，未经微软（中国）有限公司的授权许可，通过"富通教育专营店"等多家电商平台店铺销售微软 Office、Windows 等软件密钥、账号等，并提供软件下载链接、帮助安装，或直接销售软件密钥、账号，销售金额共计 3 000 余万元。案件侦查时公安机关进行了跨省抓捕。由于案件是"家族式"经营的方式，当时公安机关将整个家族的核心人员进行了相应的控制，及时调取了相应的电子证据，对链条化的经营模式进行了打击。这一案件的特点是销售密钥和账号，并且为用户提供下载链接，构成对技术保护措施的破坏。

五、《刑法》第 217 条的实践和思考

最后一个部分是对《刑法》第 217 条的实践和思考，我从四个维度跟大家分享。首

先，我们要做好法条衔接的思考。著作权法的修改对于《刑法修正案（十一）》是一个很好的依据，《刑法修正案（十一）》的很多法条和法理，都吸纳了著作权法的相关内容，包括增加了著作权有关权利的表述；完善了作品的内容；增加了两种侵权行为，即侵犯表演者权和避开或破坏技术保护措施等，这和侵犯著作权及其相关权利都是相互呼应的。其次，法律适用的维度。在办理数字化版权案件中，要注意民刑交织的情况下的审查思路，一定要明晰法律的概念，这样才能为我们明确刑事打击的边界打好基础，我们在办理刑事案件的过程中要考虑去著作权法里面找依据，保证案件的办理在法律认定上不出错。再次，办理数字版权案件要回应数字时代的新需求，网络平台服务者的法律责任也是我们要考虑的一个因素，例如具不具有故意、通知删除规则在刑事案件中如何判断，或者通过什么样的证据进行支撑。同时，对于新兴的行业和领域，包括与算法、人工智能、投屏技术相关的侵犯著作权罪，还有数据开放平台的技术带来的知识产权保护的问题，都是需要我们关注的。最后，证据学应用的维度，怎样灵活地运用公证的证据，还有未来如何把区块链技术运用到庭审过程中的举证质证环节，这都是可以进行相应的创新的。我们要破解作品类型的多样化问题，著作权法修改之后作品由以前的法定类型变成允许多样化存在，这对未来我们审查作品的同一性的鉴定带来了新的挑战。

专家评议

数据版权刑事保护的理论争议与实践探索

万　勇[①]

今天讲座的内容非常丰富，既涉及理论上具有争议性的问题，例如破坏技术措施的行为究竟是侵犯著作权罪还是破坏计算机信息系统罪；也有实务方面的前沿问题，白云山主任列举了多起典型案例。讲座既有程序法上的问题，例如如何认定权属证明、鉴定意见、电子证据、主观方面；也涉及实体法上的问题，例如作品数量如何认定，罪名如何选择等。我虽然一直研究知识产权法，但之前关注比较多的是民事方面的问题。要说关注知识产权的刑事保护，还是由于 2007 年美国在 WTO 起诉中国。当时美国提出的其中一个理由就涉及中国的知识产权刑事保护的门槛——为什么中国要将盗版复制品的入罪数量规定为 500 部？难道 499 部就不构成犯罪吗？当然，最后 WTO 专家组还是认为 TRIPs 协定中的商业规模的确定由 WTO 各个成员根据各自的国情来确定，还是认为中国的知识产权刑事保护规定并不违反 WTO 规则。以往知识产权法的学者很少关注知识产权的刑事保护，刑法专业的研究人员通常更加关注总论问题。如果是分论，关注得比较多的也是传统的犯罪问题，也即不是特别关注知识产权犯罪。知识产权犯罪也不是证据法领域特别核心的问题。从这个角度来讲，知识产权刑事保护处在一个比较微妙的领域，白云山主任实务经验丰富，对这三个方面都比较了解，她的经验是非常值得我们学习的。从理论的角度来讲，知识产权法学界和刑法学界对于侵犯著作权罪中的发行的含义存在不同的理解。从知识产

---

①　中国人民大学法学院、知识产权学院教授，博士生导师。

权法学的角度来讲，我们认为应当依据著作权法当中对于发行权的定义来解释发行；而按照著作权法的理解，发行显然不包括通过信息网络传播。但是之前的刑事司法解释是将发行解释为包括通过信息网络传播。对于这个问题，《刑法修正案（十一）》已经给予明确。

除了这个问题，我想在涉及知识产权刑事保护方面肯定还有其他具有争议性的问题，需要不同的专业人士共同讨论。最近有关机构在根据《刑法修正案（十一）》起草新的侵犯知识产权刑事案件司法解释的过程当中，就存在争议。比如对于侵犯著作权犯罪的入罪标准是不是应当提高，不同的专业的理解不一样。主张提高的理由是物价水平不断上涨，因此有关违法所得的数额，非法经营额的入罪标准也应当提高。但是反对的理由我们觉得也有一定的道理，国家总体的知识产权保护水平越来越高，因此入罪标准不宜提高。又比如在涉及侵犯著作权犯罪的问题时，可不可以提起刑事附带民事诉讼？被害人如何确定？这都存在比较大的争议，不同的专业从各自的角度都会有不一样的理解。我觉得这个问题不是单纯在侵犯著作权罪的框架下就能够解决的，还得从民刑交叉等更高层面的视角来讨论。总之，要更好地解决知识产权刑事保护问题，需要刑法、证据法，知识产权法等多专业的研究人员共同行动。

数字时代侵犯著作权罪的立法修订与学术探讨

李 梁[①]

白云山主任讲了著作权案件的证据审查、刑法中的著作权犯罪的主观方面的认定和犯罪形态，以及司法实践中的疑难问题，让我受益良多。在司法实践中，有的案件的确不是一个部门法能解决的，而是需要多个部门法结合才能够办下来，刚才白云山主任就至少从著作权法的视角、刑事诉讼法的视角以及刑法的视角来讨论了这个问题。著作权产业发展非常迅速，已经成为促进国家和世界经济发展的重要因素之一。侵犯著作权犯罪也随之活跃，数字时代的来临使得对著作权的保护难度更大，其犯罪特征也发生了重大变化。因此《刑法修正案（十一）》做了相应的修改。修订后的《刑事诉讼法》明确将电子证据列为法定证据的种类。由此，在司法实践中办理网络类的犯罪，对于证据的收集、界定以及审查，给司法实践部门带来较大的挑战。

《刑法修正案（十一）》对于著作权犯罪做了几个方面的修订。一是修改法定刑，提高了侵犯著作权罪和销售侵权复制品罪的法定刑。二是修改罪状，完善了侵犯著作权罪的情形，主要是增加了侵犯表演者权利和破坏权利保护技术措施的刑事责任。三是顺应技术和社会发展趋势，在侵犯著作权罪的行为方式中，增加了"通过信息网络向公众传播"的方式。四是将"文字作品、音乐、电影、电视、录像作品、计算机软件及其他作品"，修改为"文字作品、音乐、美术、视听作品、计算机软件及法律、行政法规规定的其他作品"。

侵犯著作权罪的两个罪名都要求以营利为目的，但是理论界与实务界对这一入罪门槛一直都存在争议。一种观点认为从刑法谦抑性出发，无营利意图的侵犯著作权行为的社会危害性较小，故应当保留入罪门槛。另一种观点认为，从严密著作权刑法保护的理念出

---

① 中央民族大学法学院教授。

发，特别是考虑到信息网络侵权行为，犯罪动机不宜把握等实际因素，主张取消营利门槛；虽然著作权犯罪具有财产性，但是著作权内含的价值与普通犯罪相比，不仅从本质上具有独特的精神性和文化性，而且从量上也具有抽象性和不确定性。所以刑法以营利目的作为入罪门槛，未能将该罪的社会危害性和实质性与盗窃罪、诈骗类财产犯罪加以区别，而且著作权犯罪的危害性又以违法所得的数额来衡量，所以以复制发行的件数、次数以及产销规模来衡量更合理。这也是学者的一种观点，也和《民法典》中被侵权人有权请求惩罚性赔偿的精神保持一致，有利于彰显对公民财产权利的切实全面保护。

另外，侵犯著作权的犯罪形态在理论界和实务界之间有很大的分歧，很多学者也有不同的观点。我们认为侵犯著作权从犯罪着手实施到最后实现危害结果之间存在一定的时间间隔，因此容易区分未遂和既遂形态。

刑法理论一般认为，如果行为人一旦着手实施就能达到既遂，或者着手实施与既遂之间难以分割，就难以证明未遂形态的存在。与之相反，侵犯著作权需要较多的前期准备工作，并按照一定的计划和步骤实施，才能最终达到犯罪的目的。因此，从刑法理论上讲，犯罪既遂、未遂、预备的形态还是应当存在的。

观众互动

问题 1：请问在办理数字化版权这样新颖的案件中，有没有聘请过有专门知识的人或者专家证人？如果有，如何考虑这些有专门知识的人的资格？聘请以后有没有帮助检察机关出庭接受对质？在对质以后，具有专门知识的人提供的专家证据的可采性情况如何？

白云山回答：司法实践中是有鉴定人出庭的情况的，因为在庭审的过程中会有辩护人提出意见。比如对于检材的来源，不仅仅要求司法鉴定人员出庭，还需要侦查人员出庭讲明检材到底是在什么样的环境中提取到的。刚才给大家分享的数据库的案件中，也是根据相关的司法解释的规定，引导侦查机关在案件办理之初就规范电子证据的提取，在这样的情况下，也能够做好庭审的预案。如果出现了问题，我们也可以找侦查人员当证人，去说明提取的相关情况。

问题 2：今天的讲座体现了数字化版权刑事保护中的平衡。一方面，我们希望逐步提高著作权保护的水平；另一方面，我们要保持刑法的谦抑性，不能过分运用刑法来去打击相关的技术创新。那就涉及如何解释相关法条，不能过分地扩张犯罪要件。我关注到一个问题，如何把握"合理使用"，例如在刑事诉讼当中，涉及数字化版权保护的时候是怎么来把握的？刑事当中的标准是否比民事的标准更宽；还是说一定要保持一致？我还想知道，进行数据处理的时候，数据要流动起来，处理起来，分析起来，那数据处理会涉及怎样的合理使用？

白云山回答：我说一下合理使用。在很多刑事案件的办理过程中，会有嫌疑人提出合理使用的辩解，那时候我们肯定要依据《著作权法》第24条规定的合理使用的13种情形进行判断。刑事的判断是不能超越民事规范的要求的，刑事的判断不会比民事判断更加宽泛。我们也从实践的办案中总结出来，嫌疑人一般会有两个大的方面的辩解，第一个是不具备营利性的目的；第二个是合理使用，比如是为了进行教学研究等。我们要进行综合性的实质判断。

万勇回答：按照著作权法的通说，合理使用应当属于对侵权的抗辩。国外也有人把合理使用解释为所谓的使用者或者用户的权利，但这个观点在国内还没有被广泛接受，国内目前通常认为合理使用只是对于侵权的一个抗辩理由，也就意味着只要构成了合理使用，就不构成民事侵权。当然，一般来讲，如果连民事上面的侵权都不构成，也就不构成犯罪了，所以我想是这样一个大概的逻辑。白主任也解释了，刑法中对于合理使用的理解，跟一般的民事或者著作权法的理解不一样。

问题 3：请问区块链技术在著作权侵权案中的应用情况如何？

白云山回答：关于区块链在著作权案件中的应用，是从检察实务的角度上来讲的，因为很多数字版权的案件都涉及怎么才能更好地在法庭上展现出研发过程的证据。我们平时的庭审多媒体一般采用 PPT，如果遇到数字版权形成时间和研发过程的争议问题，版权方事先已经通过区块链进行了权属的固定和存证，经审查后可以作为证据出示。基于区块链本身数据不可篡改的特性，在庭审中展示区块链端的证据，可以更直观地阐明事实，提升证据的证明力。

问题 4：请问游戏外挂案件一般定侵犯著作权罪，还是提供侵入、非法控制计算机信息系统程序、工具罪？

白云山回答：这个问题涉及侵犯著作权罪和提供侵入、非法控制计算机信息系统程序、工具罪，也就是计算机犯罪和著作权犯罪的选择。首先，行为构成什么罪，要把形式判断和实质判断相结合，最终还是要回归到对于侵权行为的实质性的判断。其次，还要看案子中的证据是什么情况，包括已有的证据和未来取证的证据的形式。最后，选择一个适合的罪名。此外，还要对外挂的程序进行判断，判断它是不是达到了破坏技术保护措施的程度，即进行功能性鉴定。

李梁回答：关于游戏外挂的问题，《刑法修正案（十一）》之后，学术上争议不太大的，就是按照销售复制品罪来进行定罪，因为游戏外挂主要是以营利为目的。网络游戏的玩家使用外挂程序具有相当的普遍性，虽然有很多人认为法不责众，但是我们现在还是综合考量判断法益损害程度，秉持刑法的谦抑性。《刑法修正案（十一）》第 217 条第（6）项规定的行为，基本上是按照侵权复制品罪来认定的。

第 20 讲
App 侵犯知识产权案件疑难问题

主讲人介绍

王栋，北京市朝阳区人民检察院检察官，具有丰富的检察实务经验，入选全国检察机关首批知识产权检察人才库，被评为北京市检察机关首批知识产权检察专家人才。办理的侵犯著作权案件多次入选北京市检察机关保护知识产权典型案例。

讲座主题

当下，智能手机已成为个人生活中必不可少的物品，人们可以随时随地使用手机的在线通信、联机游戏等之前计算机才具备的功能。相应地，计算机上出现的侵犯知识产权犯罪在手机上也越来越常见，甚至还出现了新类型的犯罪。我们该怎么处理这些"新瓶装旧酒"的行为和侵犯知识产权犯罪？

正式讲座内容

今天我将介绍以下三个部分的内容。第一部分是办理侵犯手机游戏软件著作权犯罪的难点。第二部分是手机游戏软件作为视听作品进行刑法保护的难点。第三部分是打击利用手机应用程序假冒服务商标犯罪的难点。

一、办理侵犯手机游戏软件著作权犯罪的难点

在著作权作品的分类中，手机游戏属于计算机软件作品，其包含程序以及配合程序运行所需的其他素材，如程序的说明、使用程序所需的指导书等。如果两个游戏软件的内容经过鉴定是一致的，就可以认定为侵犯了权利人的计算机软件著作权。

为了适应社会和科技的发展以及履行国际义务，《刑法修正案（十一）》对侵犯著作权罪作出了较大幅度的修改。在办理下面这个案件时适用的还是为未经修改的《刑法》，本次讲座我将适用修正后的《刑法》的相关法条来为大家介绍本案。

在适用《刑法》第 217 条办理侵犯著作权案件时，要注意以下几点：（1）在主观目的

上，除了侵权的故意之外还需要以营利为目的；（2）本罪需要未经著作权人的许可才能成立；（3）行为人复制、发行、通过信息网络向公众传播著作权人的计算机软件；（4）在犯罪情节上要求违法所得数额较大，或者有其他（特别）严重的情节。根据相关司法解释，"违法所得数额较大和巨大"分别是指 3 万元和 15 万元，其他特别严重的情节包括非法经营额、侵权的数量、浏览人数等。

案例 1：尹某某、张某某侵犯著作权案

北京 A 科技有限公司为制作、开发手机游戏软件的公司，因业务亏损严重，于 2018 年年初停止经营，被告人尹某某、张某某曾为该公司员工。2018 年 5 月至 2019 年 10 月，尹某某、张某某租用云服务器，私自将 A 公司的手游软件调试后上线运营，并由专门从事手游发行中介业务的董某、王某某（经追捕另案起诉）帮助上线至各大手游分发、下载平台，供用户下载、充值，非法经营数额共计人民币 30 余万元。经鉴定，尹某某、张某某复制发行的计算机软件与 A 科技公司游戏软件的 3D 模型资源、贴图、文字、音频等文件基本一致。2020 年 11 月 27 日，北京市朝阳区人民法院以侵犯著作权罪，判处被告人尹某某有期徒刑 2 年 6 个月，并处罚金 10 万元；判处被告人张某某有期徒刑 3 年，并处罚金 10 万元。

难点一：同一性认定

这是一起前员工盗版原公司手机游戏，自己架设私人服务器运营的侵犯著作权案件。本案中将被侵权的作品认定为计算机软件，从鉴定报告可以看出，侵权软件和享有著作权的原版软件经过解压后分别得到 4 229 个和 4 167 个文件。经过比对，双方共有 1 801 个文件的哈希值相同，2 084 个文件的哈希值存在差异。我们可以将哈希值看作电子数据的"身份证"，每个数据只会有一个哈希值。从理论上讲，虽然这个数值有伪造的可能，但是在没有反证的情况下，我们认为具有相同哈希值的文件是一致的。在本案中，不论是辩护人还是犯罪嫌疑人都未对鉴定得出的哈希值提出质疑，因此认定这 1 801 个文件是具有同一性的。

鉴定报告最后一段中写道："将双方 2 084 个差异文件进行反编译后，分别得到了 711 个和 709 个模型资源，各 111 个音频文件。经过对比，709 个模型及贴图的内容相同，111 个音频的文件相同。"也就是说，通过技术手段将哈希值不同的文件还原之后可以认定这些游戏素材的内容实质上是一致的。

此外，我们还可以看一下反编译之后的多媒体文件是什么样子的。

如图 20-1 所示，左边为人物的模型贴图，第一行为人物的 3D 模型，第二行为模型外面的贴图，它们组合成了第三行的模样，在游戏中可以生成具体的人物形象。右边也是同样，只是将人物变成了场景，场景的 3D 模型和场景的 2D 贴图在游戏中可以整合为一个 3D 的模型，最后呈现在大家眼前的就是第三行的景象。我们用肉眼就可以看出来左右两个图片基本上是一致的。

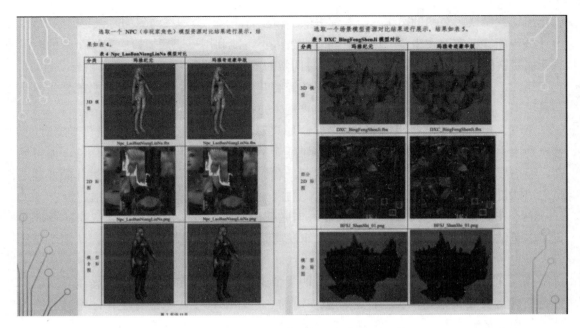

图 20-1 编辑前后多媒体文件比对

再看鉴定书的第二段，"所有经过检测的文件数小于全部解压出的文件数"，这表明该鉴定并没有把手机游戏的全部文件都做同一性的对比，只是鉴定了多媒体资源和哈希值相同的文件。

手机游戏软件作为著作权法中的计算机软件作品，最重要的部分就是它的程序，以及与程序有关的文档。搭建一款电子游戏通常需要以下三个步骤。

1. 需要游戏引擎底层支持

我们可以把游戏引擎简单类比为电脑的操作系统，为开发者提供最基本的游戏规则和功能，便于游戏开发。在本案中，不论是权利人还是被告人，他们使用的都是同一个免费引擎，因此也就不存在抄袭的问题。

2. 需要游戏的代码实现显示、调用游戏素材

这是指代码的编程，通过代码运行，再将各种模型、图片、音乐等组合，最终向用户呈现电子游戏的画面。所有的电子游戏都是建立在代码化的指定程序上的。本案中，鉴定意见并未对最能体现游戏、游戏作者独创性的代码做鉴定。

3. 需要导入地图、角色形象、装备等游戏素材

搭建一个游戏需要导入相应的地图、角色形象、装备等素材。图 20-1 已经给大家展示了本案相关的人物形象和游戏场景，这就是游戏玩家能够见到、听到、感受到的内容。这也是本案主要的鉴定对象。在刚接手这个案件的时候，我就已经注意到了鉴定内容的缺失，但在仔细分析后我认为依据现有的证据可以认定两名被告人复制、发行了他人的计算机软件作品，构成了侵犯著作权罪。

第一，通过其他的证据能够证明两名被告人不可能重新制作游戏引擎和编写程序代码。被侵权的手机游戏权利人（A 科技公司）组织了十余名员工，花费了两年的时间才

制作出这款游戏，公司的员工、经理都提供了相应的证言，公司在清算的时候也做了审计，审计报告能够证实上述事实。因此，两名被告人不可能利用离职后短短的三四个月的时间重新编写软件代码，把很多员工花了很长时间做的工作在三四个月之内重新做一遍。

第二，在审查起诉阶段，报案单位愿意谅解其中一名被告，该被告也自愿签署认罪认罚具结书，供述了他和同伙复制原公司游戏程序的相关事实。

第三，现有的鉴定费用为 6 000 多元。如果对程序代码进行鉴定需要花费半年时间，鉴定费用也不菲，而且鉴定人不清楚犯罪嫌疑人是否对程序的代码进行外壳加密，如果加密，还需要花费更多的鉴定时间和鉴定费用。我认为该案在现有证据条件下进行额外鉴定是对司法资源的浪费，因此就没有再对代码的同一性进行鉴定，而是直接移送起诉。

由于在庭审中，之前认罪认罚的被告当庭翻供，因此我们撤回了认罪认罚的量刑建议。但是结合在案的其他证据，一审与二审法院全部采纳了检察机关的意见，认定两名被告人侵犯了计算机软件的著作权。本案发生的时间比较早，涉案游戏是一个非常早期的手机游戏，开发时间也比较早，不论是游戏的类型还是开发模式和过程都比较传统。所以不管是公诉机关还是审判机关都能够依照前述的三点理由直接认定计算机软件作品的同一性。尽管本案辩护人对程序代码鉴定提出了辩护意见，但法院并没有采纳。

如今，手机游戏的开发越来越成熟，甚至各种手机游戏都有开源的或现成的代码。作为软件开发商，想开发什么类型的游戏，可以直接去市场上购买基本搭建好框架的游戏程序，只需要在这个程序上修修补补，增加一些美工美术的作品，或者是音乐素材、文字，全新的手机游戏就做成了。这就是我们经常说的"换皮游戏"。像这种程序代码没有独创性，或者是独创性占比非常小的手机游戏，我们认为即使权利人持有著作权证，在刑法上也很难将其作为计算机软件作品来保护其著作权。

难点二：犯罪情节认定

回到案例 1 中，构成侵犯著作权罪还需要认定违法所得数额、非法经营额或者其他的一些数量要求。在不影响量刑的前提下，一般使用非法经营额这一情节，因为实践中对该数额取证是相对容易的，而且在计算上也比较简单。"两高一部"《关于办理知识产权刑事案件适用法律若干问题的意见》第 13 条第（2）项至第（4）项可以说是为利用网络实施知识产权犯罪量身定制的。但是假冒注册商标罪的司法解释中并没有类似的定罪情节。

在案例 1 中，根据司法解释规定的非法经营数额来认定犯罪。但是在认定非法经营数额时也有不同的看法。

案例 1 中的被告人通过两名中介联系了安卓的应用商店和发行渠道。被告人和中介能够分得用户充值流水的 10%～20%，其他的则归应用商店和发行渠道所有。在认定非法经营数额时有三种观点：一是认定全部的用户充值流水。这种计算方式最全面、最能反映权利人的实际损失情况，而且被告人在主观上对金额是有认识的，在实施犯罪的时候，他们能够预见到用户是要根据游戏内元宝的标价去充值。被告的获利也是根据玩家的充值额来分配的。虽然他只能分到其中的 10%～20%，但基于他们的认识和行为，需要其对全额承担责任。但是这种认定的方式在罪责刑上不太平衡。被告人和中介伪造了权利证明提供给发行渠道后，不论是应用商店还是发行游戏的渠道商都是不涉及刑事犯罪的。将通过正常营销获得的经营数额全部认定为非法经营额就会导致两名被告人和两名中介人员承担了远超他们非法所得的责任，在刑罚上就超过了他们应当承担的部分。二是仅认定主观明知人员的非法经营额，按照渠道打回来的 10%～20% 的分成来计算，我们认为这种认定的方式是比较可取的，符合主客观一致的原则。在实际的案例里，渠道方的分成是按月先打入中介的银行账户内，再由中介按照约定每个月进行分配。事实上，两名被告人和中介人员一方面共同利用盗版游戏赚钱，另一方面欺骗渠道商帮他们发行游戏来获利。以两名被告和中介人员共同获得的分成金额来认定本案的非法经营额是相对比较合理的。三是仅按两名被告人实际收到的钱款来认定，相当于把中介人员获得的那一部分剔除出去。在主观认识上，被告人和中介人员都知道他们在侵犯他人游戏的著作权，而且是这四个人共同实施的，系共同犯罪，应对犯罪金额共同承担责任。最终，我们采用了第二种思路来认定非法经营额。

跳出这个案件，其实在刑法当中，尤其是知识产权犯罪中普遍存在非法金额认定的难题，特别在卖假货、卖盗版书的领域，司法实务认定的通常思路是：（1）按照嫌疑人的真实售价来计算，一般是根据销售单或者是顾客提供的证据计算。这个价格一般比正品的市场价低非常多，但是也最能反映嫌疑人实际获利的情况。（2）按照标价或者已查清的销售价格，以销售的平均价格来计算，这个价格一般也比正品的市场价低。（3）如果犯罪嫌疑人销售的价格无法查清，则按照正品的市场中间价来计算。

在手机游戏的案件中把电子游戏作为一个计算机软件作品来看待，虽然没有鉴定程序代码本身这一关键要点，但是通过其他的证据补偿了缺失的鉴定。它仍然属于使用传统思路定罪的案件。

在把电子游戏作为计算机软件作品时，著作权法所保护的主要是游戏的源代码以及目标代码构成的计算机软件。但游戏真正表达的是呈现给用户的画面、剧情等，体现了作品的可玩性和娱乐性。相同的感官体验完全可以通过不同的代码编译来实现。也就是说，不同的作者完全可以使用不同的底层技术和代码向玩家提供完全一致的游戏体验。在办理这个案件时，如果法官要求重新鉴定代码，两名被告又真的超出常理，把游戏的引擎或者只是代码在两三个月之内重新制作，导致最后该游戏程序不具有同一性，该怎么处理？这就牵扯到另外一个问题：采用不同的技术手段实现相同的电子游戏体验是否侵犯了著作权？上海三中院在审理《热血传奇》游戏著作权案件时就遇到了这样的情况，法院的做法是将电子游戏认定为"类电作品"。"类电作品"是著作权法修改之前的说法，现在叫视听作品。虽然这是电脑游戏，不是手机游戏，但是从这个案件的判决里我们可以试着总结有益的经验。

二、手机游戏软件作为视听作品进行刑法保护的难点

案例 2：侵犯《热血传奇》游戏著作权案

2018 年 12 月至 2020 年 12 月，被告人谢某某以营利为目的，开发"fly3d"游戏引擎

及"龙途盒子"程序，在未经著作权人许可的情况下，通过互联网下载《热血传奇》游戏相关素材，并利用上述游戏引擎、程序、素材搭建运营《追忆传奇》游戏私服，以收取用户充值钱款的方式非法牟利。之后，谢某某通过网络招揽，以付费教学的方式将相关游戏引擎、程序、素材授权被告人刘某某等 70 余人使用，帮助刘某某等人搭建运营侵权游戏私服，并约定对游戏用户充值钱款进行分成。其中，刘某某搭建运营《江南传奇》游戏私服，招揽用户充值并与谢某某分成。经鉴定，《追忆传奇》《江南传奇》游戏与《热血传奇》游戏在相关地图名称、游戏路径、怪物形象上均相同，关键游戏场景截图完全重叠。经审计，谢某某非法经营额 237 万余元，违法所得 104 万余元；刘某某非法经营额 27 万余元，违法所得 19 万余元。

上海三中院以侵犯著作权罪分别判处被告人谢某某有期徒刑 3 年 6 个月，并处罚金人民币 105 万元；判处被告人刘某某有期徒刑 1 年、缓刑 1 年，并处罚金人民币 20 万元。

本案被告的行为构成侵犯著作权罪，犯罪对象为颇受欢迎的网络游戏，叫作《热血传奇》。案情简单归纳为被告人谢某某为了盈利，自己制作游戏的引擎，编写了程序的代码，使用他人的游戏多媒体素材，做了一个一模一样的网络游戏来运营。之后，他又将自己做的游戏授权给了另一个被告刘某某。谢某某盗版的游戏地图、场景、人物、怪物形象、剧情都与原版游戏一模一样，但是游戏软件的代码和引擎都是他自己重新创作的。办案的检察官和法官将谢某某所使用的素材解释为类电作品或视听作品在刑法上进行规制。这个案例完全突破了常规的办案思路，将电子游戏软件认定为由人物形象、游戏场景、音乐等组成的具有复杂剧情的作品，而且案件在审判的时候，《刑法》和《著作权法》也正在修改，所以在法律适用上面临着新旧刑法均要论证构罪，再依据从旧兼从轻原则来适用的局面。旧的《刑法》中侵犯著作权罪是通过司法解释将通过信息网络传播的行为解释为复制发行行为。同时旧的《刑法》条文只列举了一小部分著作权法中规定的作品类型，在法条末尾使用"其他作品"来兜底。这个案例中，判决书认定谢某某是复制发行他人的游戏中连续动态画面，侵犯了类电作品的著作权。"类电作品"在刑法条文中是没有列举的，它规定在旧的著作权法的实施条例中。我们先按照旧法来理解，类电作品定义在著作权法的实施条例中，而著作权法的实施条例并没有随着著作权法的修改而修改。在这个条例里，类电作品的定义是：摄制在一定介质上，由一系列有伴音或无伴音的画面组成，并且借助适当的装置放映，或者是以其他方式传播的作品。

其实，如何论证电子游戏是摄制在一定介质上，并借助适当的装置放映或者以其他方式传播是非常困难的，这也是司法界争论最大的地方。类电作品的定义是依照电影作品或者电视剧之类的作品的定义形成的，它要求摄制在一定介质上，比如 CD 或者在录影带上。但是电子游戏肯定不是通过摄制的方式存储在一个介质上的。所以在司法领域，对电子游戏是否能够作为类电作品经过了不断的争论，最后在著作权法修改前的一段时间被认为不能适用类电作品。而且电子游戏会随着玩家的操作而变化，强调很强的互动性，电子游戏的画面也会因为玩家的操作而不断变化。不同的玩家操作有不同的反馈，显示的也是不固定的画面内容，很难说它是设置了以后再借助固定的装置来放映。所以在《著作权法》修订前，杭州中院知产法庭在一份判决书中就直接否认了电子游戏属于类电作品。但是审理该案的法官非常有才华、非常有智慧，他在判决中认定电子游戏的动态画面属于应当受著作权法保护的其他作品，回避了作品是什么种类，只是说这是一个应当受著作权法保护的其他作品。但是司法实务界主流的观点还是支持将电子游戏的动态画面认定为类电作品。例如，北京市高级人民法院的《侵害著作权案件审理指南》第 2.14 条规定：运行网络游戏产生的连续动态画面，若符合以类似摄制电影的方法创作的作品构成要件的，受著作权法保护。广东省高级人民法院《关于网络游戏知识产权民事纠纷案件的审判指引》第 17 条也规定：运行网络游戏某一时段所形成的连续动态画面，符合以类似摄制电影的方法创作的作品构成要件的，应予保护。幸好新《著作权法》以及《刑法修正案（十一）》都正式实施了，我们不用再纠结电子游戏是否属于类电作品，以后在办案的时候直接使用视听作品就可以。

我们可以看一下新的法条的规定，传播的方式和作品的类型在《刑法》的条文中已经列明了：通过信息网络向公众传播。不用再强行解释涉案行为属于复制发行的行为。

案例 2 中，谢某某等人利用信息网络向公众传播他人的视听作品侵犯了他人的著作权。这里需要论证的重点是电子游戏是否属于视听作品。图 20-2 是涉案的两个游戏动态画面的截图，一个是原版的游戏，一个是盗版的游戏。在游戏的地图上，输入同一个坐标，得到的截图分别是这两个图像，它们在游戏中的名字都是沃玛森林。

《热血传奇》中　　　　　　《江南传奇》中
沃玛森林坐标　　　　　　沃玛森林坐标

图 20-2　原版、盗版游戏中的画面比对

这两个游戏中，不论下方操作界面的布局，还是整体画面中游戏场景的构成，尤其是中间的这个人物通过大门与场景的互动，都是完全相同的。根据在案的证据已经知道侵权的电子游戏的引擎和游戏代码都是谢某某自己编写的，这部分和权利人的游戏是肯定不具有同一性的。只有游戏的多媒体素材来自权利人的《热血传奇》。根据司法鉴定，涉案的《追忆传奇》《江南传奇》和《热血传奇》，除了少数游戏地图中名称不同、部分怪物是缺失的之外，游戏玩家经过的其余的游戏地图，不管名称还是游戏行进的路径、游戏地图上根据坐标来传递的位置、主要的怪物的名称、人物的形象等都是一样的。图 20-2 展示的为一处关键地图的坐标点，截图以后可以发现主要场景是完全重叠的。所以，办案的检察官认为二者已经达到了实质性的相似。被告人实施了非法复制权利人作品的行为，被告人侵犯的著作权客体是权利游戏软件的连续动态画面。根据相关的司法实践和案例，权利游戏属于 2010 年《著作权法》中的类电作品，在 2020 年《著作权法》中，则属于视听作

品，是著作权法明确予以保护的作品类别。因为修订前的《刑法》处罚较轻，所以依据旧法来认定被告人未经许可使用权利人的游戏素材，私自搭建运营游戏私服的行为是"复制发行"行为。该案发生在《刑法修正案（十一）》生效之前，根据从旧兼从轻原则，适用1997 年《刑法》第 217 条对被告人定罪处罚。

下面我们就重点讨论一下为什么电子游戏的连续动态画面可以认定为视听作品。2020年修订的《著作权法》规定：本法所称的作品是文学、艺术、科学领域内具有独创性并能以一定的形式表示的智力成果。对于文学、艺术、科学领域，我们可以做非常宽泛的理解，它们基本上涵盖了社会生活的方方面面。所以在作品有关的规定当中，也将原来"法律、行政法规规定的作品"修改为"符合作品特征的其他智力成果"。通过这样一个修改，把"法律、行政法规规定"这个限制给去掉，给以后新的作品类型预留了空间。这种扩大作品定义范围的方式符合加强知识产权保护的潮流。

在此次修订过程中与电子游戏案件密切相关的概念就是视听作品，但由于新的著作权法实施条例还没有出台，所以现有法律还没有关于视听作品的定义。我认为视听作品的定义应该是：能够借助适当的装置为人的视觉、听觉所感知的作品。视听作品和原来法律中规定的电影作品或类电作品没有实质上的区别。只是视听作品这个术语涵盖的面更加宽广，也更便于理解，而且去掉了"电影作品的摄制在一种介质上，通过拍摄来产生作品的方式"的限制，还能够与用户互动。过去不管电影作品还是类电作品，都包含着向用户单向发送固定画面的含义，现在通过增加"视听作品"就去除了"摄制于介质之上"以及单向用户传播之类的不必要条件。从视听作品定义的形式上来理解："具有独创性""借助电脑等装置""并能为人的视觉和听觉感知的电子游戏"这样的动态画面当然属于视听作品，比如体育赛事的直播、短视频或者网络直播等也都包含在视听作品的范围之内，就不用再强行解释类电作品了。除了形式上的符合之外，我们也可以从实质上来论证电子游戏属于《著作权法》保护的作品。

通常，侵犯著作权案件中判断涉案行为是否侵权的标准是思想与表达二分法。著作权只保护表达，一般不保护思想。在电子游戏当中，游戏的规则和玩法可以认为是思想。而在一个完全虚构的游戏环境中，游戏的表达体现了游戏所反映的世界观、价值体系，或者游戏中的人物形象的场景构成、游戏中的奖惩结果等要素。这些内容完全由游戏的设计者来决定，它体现了游戏设计者的独创性，而且这些要素最终组合成了可以被用户感知的具有独特情感和风格的作品，具有完整的个性化表达。如果侵权作品包含相同或相似的内容，而且达到了一定的数量和比例，足以使人感知到其来源于特定的其他作品、足以使人对一个作品的感受和对其他作品感受是相同的或者相似的，那我们就可以认为这两部作品构成了实质性的相似。这也是将电子游戏动态的画面认定为视听作品最根本的理由。

在一次知识产权普法活动中，有一家游戏公司向我们咨询：它制作了一款策略类的手机游戏，玩法就是开发土地、获取资源、制造不同类型的军队，再由武将带领这些军队和别的玩家进行战斗，这些武将都是通过抽卡获得的。这个游戏火了之后，有很多类似的游戏不断出现。游戏公司也做了一些公证，保存了一些证据，并向我们咨询类似的游戏是否是侵犯其著作权。他们所描述的游戏的玩法和规则，是游戏的思想，是用游戏的客观的素材表现的对象。只有这种玩法和刚才列举到的世界观、人物形象、游戏的表达相结合，才能构成作品，才是著作权保护的对象。所以，像手机上 MOBA 类的游戏，常见的有《王者荣耀》《英雄联盟》《平安京》，以及吃鸡类的游戏，像《和平精英》《穿越火线》这些，在玩法和游戏规则方面基本是一样的。但是它们之间不存在侵犯著作权的问题，主要的原因在于这些游戏的表达是不一样的。现在，除了思想和思想表达二分法之外，还有一个叫抽象过滤比较的三步测试法。

比较著名的判例是美国的 SPRY FOX V. LOLAPPS 的案件，这是一个对三消类小游戏权利人特别有利的判决，看起来是将一部分的玩法规则纳入了著作权保护的范畴，但是我觉得这只是有可能对民事保护领域有一定的参考价值。在刑事保护领域，如果将游戏的规则、玩法也纳入保护，就会违背刑法谦抑性的原则，因此在这方面还是要慎重的。

那是不是所有的手机游戏甚至电子游戏都能被认定为刑法意义上的视听作品？我的答案是否定的，尤其是现在手机的机能限制，很多游戏还做不到很大型化的情感的表达，很多时候，将手机游戏全部认定为视听作品会过于扩大地保护权利人的权益。尤其是在刑法领域，侵犯著作权罪的视听作品应该包括以下几个特征。

第一，被侵权作品要有独创性和独特的感官体验。这主要是针对一些棋牌类的以及休闲的小游戏而言的。这些游戏在手机上大量存在，基本没有情节，或者是情节性非常弱。有一起争议比较大的民事案件是桂林市中院审理的捕鱼达人案。法官认为《捕鱼达人》这个游戏是具有原创性的，可以认定为视听作品，他的理由是：《著作权法》及相关的法律法规、司法解释均没有明确独创性的程度，只要没有证据证明请求保护的动漫游戏作品并非源自权利人自己创作，或者是属于惯常表达，就应该认定其构成类电作品。该案中原告是权利人，被告是侵权人，被告在这个过程中要承担游戏不具有独创性的举证责任。在民事诉讼中，案件可以这样审理、考虑，而且可以通过适当减少赔偿金额的方式来做调整。对于这种独创性，或者是给用户带来不同的感官体验不强的游戏可以通过赔偿金的减少来做调整。但是在刑法上，不可能因此就少判几年或者是少罚点钱。所以在刑法上，我们认为这种情感表达不强、内容重复的游戏类型不适合纳入视听作品来保护。

第二，手机游戏能够作为视听作品保护，它需要有具有可复制性，也就是有具体的规则来推动游戏进程。这条表面上可能与电子游戏最大的特点——互动性相矛盾。玩过游戏的人都知道，游戏人物如何行动是由玩家来操作的。不同玩家操作的结果呈现的画面是不一样的，有可能我一个下午就把一个游戏通关了，最终三下五除二就把关底 Boss 打死了。但换另外一个玩家来玩，他可能需要花费一个月，甚至更长时间才能通关。他在这个过程中的体验可能和一个轻松通关的玩家不太一样。所以有的人可能说，这两个游戏，一个是我花了很短的时间完成的，一个是我花了很长时间完成的，它们是可复制的吗？考虑可复制性的问题，应该站在更高的角度来思考互动性，不是说玩家操作的画面要是一模一样的，而是整体讨论。作为视听作品的电子游戏，其开发者早已经预设了游戏的角色、场景、人物、音乐以及各种不同的组合，还包括人物之间的关系、情节如何推演，以及这些具体的场景和人物的动作之间有怎样的互动，这些都是游戏制作者已经设定了的，玩家只是通过点击把这些内容实现而已。用户操作的过程，只是让用户通过互动参与的方式实现游戏情节的递进。用户操作到最后，实际上呈现的是游戏制作者为大家设想、预定的流程，这并不妨碍游戏的任务主线、整体画面是呈一致性、可复制性的。因此不同的用户在预设的系统中不同的操作，产生不同的动态画面并不影响游戏整体上是可复制的。与这条规则相反的实例是一些高自由度的沙盒类游戏，还有一些像《和平精英》那样的吃鸡类游戏，它们没有固定的剧情，游戏作者只制定了规则和目标，其他都是由玩家自己去创作。最后这个剧情怎样推演、玩家将获得怎样的游戏体验，都是不一样的。所以我认为这些游戏没有可复制性，不应该视为刑法意义上的视听作品。但还是得强调，这里我认为它们不是刑法意义上的视听作品，但可能在民法意义上它们是视听作品，尤其是前两年有游戏主播因为直播游戏侵犯了游戏的著作权，也就是侵犯了视听作品的一些权利，这是有相关民事判决的。

第三，游戏的画面应该是具有连续性、多样性的。游戏作品在运行和用户操作的过程中能够形成连续的动态的画面，使得用户产生视觉感受。如果一个游戏不断地重复特定的几个画面，就很难将该游戏认定为视听作品。比如前几年非常火的一个叫"旅行青蛙"的游戏。玩家的操作都是相对固定的，玩家稍微点几下，然后放在那里，隔一段时间再去点几下，再放在那里。把这种游戏是认定为视听作品就超出了常人的理解。还有各种消除类的游戏，我认为这些游戏在画面、内容上都是不断重复的，缺乏认定其为视听作品的充分的理由。

上述这三个观点都是我个人归纳总结的，我认为刑法的谦抑性是非常重要的原则。如果一个电子游戏或手机游戏不具备上述三个特点，它可能受到《著作权法》或者是《反不正当竞争法》这些法律的保护，但是在刑事案件中还是要遵循比例的原则：具有一定视听审美价值的游戏才能够纳入刑法意义上的视听作品范围。

将手机游戏认定为视听作品来进行刑法的保护有以下几个优势。

第一，保护的范围更大，比如案例 2。如果只将电子游戏视为计算机软件作品，在犯罪嫌疑人即侵权人重新编写了程序代码的情况下就不能按照侵犯著作权罪来处理，没法纳入刑法规制的范畴。

第二，将电子游戏作为视听作品保护取证相对简单。在案例 1 里，对侵权游戏如果只鉴定多媒体资源，费用是相对便宜的，用的时间也特别少。如果对代码做同一性的鉴定则相对较费时，在对代码进行比对的时候，尤其是当庭举证时，明显没有画面直观，因为我们不可能把所有的代码都打印出来，证明左右两边是一样的。但是通过图像就能够很直观地说明它们是一样的。从最开始的立案到最后的庭审，只鉴定图像都是更简便的，能够节约司法资源。

第三，将手机游戏认定为视听作品和游戏产业的发展有关。在 5G 这种高速低延时的上网环境中，未来的游戏很有可能会像微信小程序一样，不需要本地下载，也不需要安装，所有的玩家本质上都是捧着手机屏幕在看互动的视频。程序的代码运行在一个云服务器上，本地也不再储存。如果再将手机游戏认定为计算机软件作品，那在手机上、用户端是没有任何计算机软件存在的，而将手机游戏视为视听作品就可以很方便地处理云游戏侵权的问题。

但这并不是说将手机游戏认定为视听作品就比认定为计算机软件作品要好，将其认定为视听作品保护仍然存在以下几个问题。

第一，现阶段手机游戏在本质上还是计算机软件作品，即使到了云游戏的阶段，游戏也还是需要由代码编程的，只是在用户端呈现的是视频的体验。一个作品需要著作权法保护的原因是它是具有独创性的智力成果，如果将手机游戏这个画面单独拆分出来保护，其实是割裂了这个作品的整体性。而且，如何确定视听作品在整个创作中所占的比例，可能影响到犯罪数额的计算。毕竟视听作品只是游戏的一部分。在计算犯罪数额时是否要把编写代码或者其他的花费算作成本去除，这是需要考虑的。案例 2 中，法院就没有排除犯罪嫌疑人自己制作游戏引擎、自己编写代码的成本，没对这部分进行评价。如果将整个犯罪所有的经营额都计算进来，这样对被告人罪责刑的认定是否适当、是否公平？我觉得还是可以思考的。

第二，容易导致打击面过大，罪与非罪的界限模糊。刚才介绍了我认为刑法意义上认定视听作品需要的一些限制，但现实中还是存在很多问题。前几年，有几个游戏直播的平台侵犯了游戏厂商的著作权被判赔偿。这些都是民事案件，侵犯的都是当时称为类电作品的著作权。这些直播的平台、游戏的主播是具有主观故意的，而且判赔的金额非常高，有的达到了数百万元。所以，他们的犯罪数额很有可能也是达到了入罪的标准。如果将这些民事案件都作为犯罪来处理，打击面就太大了，会将很多非常轻微的违法行为、应该受行政或是民事法律调整的行为纳入刑法打击的范围。从现实来看，手机游戏的开发经常是"抄来抄去"的状态，很多诉讼其实是为了打击竞争对手来维持自己的垄断地位。很多所谓"权利人"开发的就是一个换皮的游戏，本身独创性也不高，如果将这些作品也作为刑法中的视听作品来保护，就会使得罪与非罪的界限过于模糊，以及会引发与社会治理相关的问题：现在很多手机游戏是有带有赌博抽卡性质的，它们用各种奖励吸引玩家在线，这些游戏对青少年非常不利。所以，在手机游戏的著作权保护上，如果刑法过于激进，将视听作品全盘接收，可能对社会的治理产生一定的影响。

第三，如果手机游戏作为计算机软件作品，可以被拆成视听作品和程序，那是否可以对视听作品继续拆分？我们知道，游戏除了动态的画面以外，还包括图片之类的美术作品，以及配乐、音乐作品。如果计算机软件作品能够这样拆分，是不是如果一个侵权的游戏不能被认定为侵权的视听作品时，就可以再去拆分，说它侵犯了美术作品、音乐作品的著作权？这样不断地拆分显然已经违背了作品的本质。对此，我的观点是在民法上可以按比例求偿，但是在刑法上就脱离了基本的犯罪构成理论，这是不合适的。所以，对于手机游戏的刑法保护，我认为还是应该以计算机软件作品为基础，先对比涉案游戏的源代码、计算机语言，再比对画面、动画等。只有当行为人故意规避程序代码，手机游戏又符合前面提到的限制条件，动态画面具有审美价值的时候，才可以考虑采用视听作品的认定并对其进行保护。

三、打击利用手机应用程序假冒服务商标犯罪的难点

这一类型的犯罪是随着《刑法修正案（十一）》的实施而出现的新类型犯罪。过去，

刑法只处理假冒注册商标的行为，比如常见的假冒知名白酒，或者是假冒一些奢侈品的商标，俗称卖假货。但是刑法修正案增加了假冒服务商标这一侵权类型。什么是服务商标？在民事领域，有非常典型的一类案件，就是假冒加油站。我们在加油站加的油其实并不是加油站生产的，它不是中石化牌或中石油牌汽油，加油站提供的是加油的服务。大家可以想象一下，我们开车到了一个偏僻的地带，想去加油，如果一个加油站挂着中石油的商标，另一个加油站挂着黑风寨的招牌，我想大多数人肯定会根据商标决定去哪个加油站加油。这就体现了服务商标的价值。

案例 3：App 假冒注册商标

2021 年 3 月 1 日起，犯罪嫌疑人开发了几种网贷中介软件，在苹果手机的应用商店供用户下载。其故意将某知名网络公司的注册商标放在应用商店的下载页面的标题中，并在软件的界面中使用，以此来提高用户的信任度和应用的下载量。犯罪嫌疑人利用网贷中介软件将用户引流至其他借贷平台以后，借贷平台会按照每人次支付给犯罪嫌疑人 15 ～ 20 元人民币不等的引流费用，如果用户在该平台成功借贷，借贷平台还要支付犯罪嫌疑人借贷额 3% 的返佣。

案情解读：犯罪嫌疑人制作了几款提供金融服务的手机软件。在手机软件里使用了他人的注册商标。软件安装的图标和软件的名称是没有侵权的，但是在应用商店下载的页面，有一段描述性的注释语句，在这段话中显示了某知名网络公司的注册商标，而且侵权公司在上架 App 的时候设置了许多关联词汇，其中包含被侵权公司的注册商标。如果在应用商店输入该商标名称，页面能够显示侵权软件。

难点一：新司法解释中犯罪情节的认定增加适应互联网犯罪的内容。

利用网络实施犯罪具有危害范围广、隐蔽性高、取证困难，相较于其他犯罪的社会危害性更大等特点。利用网络假冒注册商标的犯罪也不例外，而且互联网的传播成本更低，打破了提供服务的地域限制，一般涉案金额都会比较大。之前有一个很知名的带货主播，他的销售额和一个大型连锁超市差不多。并且网络会产生时空隔绝，消费者在接受服务的时候更难发现提供服务的人是假冒的。因此，利用手机软件假冒注册商标的社会危害性并不比卖假货小，但是网络犯罪的特点导致不管是违法所得额还是非法经营额，取证都非常困难。关于这一点，我结合案例中犯罪嫌疑人的经营模式来讲解。

本案中，犯罪嫌疑人开发了四个手机软件用来引流，其中 A 和 B 是侵权的，C 和 D 是没有侵权的。与犯罪嫌疑人合作的网贷平台需要犯罪嫌疑人帮忙引流、吸引客户到他的平台借贷。两者之间的费用是根据引流的人数和引流以后这些用户的贷款金额来计算的。所以不管是侵权的犯罪嫌疑人还是网贷平台，它们关注的都是有多少用户从中介平台点击链接跳转到了网贷平台，网贷平台又放出去了多少贷款。在图 20-3 中，网贷平台甲就只关注实线的部分。对于它们来说，用户具体是由直实线带来的，还是由波浪实线带来的，不是重点。相同的，网贷乙平台只关注虚线的部分，但具体是直虚线还是波浪虚线，它是不关注的。同样，犯罪嫌疑人方也是这样，他会定期向网贷平台索要后台数据，根据后台数据整理对账。因为每个网贷平台的跳转链接是相同的，整个跳转过程中，后台记录并不会区别数据是直线的还是波浪线，但是司法机关需要提取的恰恰就是这些直线的数据。如果中介平台或者网贷平台不关注这个数据，它们也不会保留，甚至在开发的时候就不会特意去区别这些数据，这是没有办法取证的。在实际办案过程中，侵权的犯罪嫌疑人方甚至不仅有中介贷款业务的软件，还做了介绍客户上网课的软件，还有分析用户消费习惯的软件，所以从后台提取数据的时候基本上区分不出来。

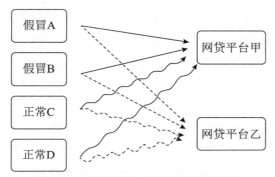

图 20-3　手机软件与网贷平台业务关系

侵权软件带来了非法业务的流量，如果没有办法甄别其中违法的业务，检察机关就很难证明犯罪嫌疑人的非法经营额。在这部分电子数据的分析过程中，我们也思考过，除非犯罪嫌疑人自己记录数据，自己在设计软件的时候就进行区分，否则我们不管通过什么技术手段都没有办法证明。在这种情况下，我们能确定的数据是什么？在图 20-3 中左侧，在犯罪嫌疑人运行的软件的服务器内，可以提取到软件每天有多少用户登录、注册、使用这个软件等与软件本身有关的数据。在图 20-3 右侧的网贷平台，我们可以提取到有多少用户是被左侧软件引流过来的、有多少用户在这个平台贷了款、这个网贷平台又返给犯罪嫌疑人多少钱，这些数据是我们能够确定的，也就是能确定犯罪嫌疑人的经营额和软件运行的基本数据。如果非要去计算假冒的 A、B 软件带来的非法经营额，确切的数值是算不出来的，只能估算出来一个经营额。比如假冒 A 软件比较受欢迎，经过我们数据的分析，它的用户数量占四款软件用户数量的 30%。网贷平台甲和犯罪嫌疑人合作的经营额一共是 100 万元，那么就可以大概推算出来，假冒软件 A 带来的非法经营额就应该是 100 万元的 30%，大概 30 万元。但是估算的经营额显然不能作为定罪量刑的数额，它是一个没有证据支撑的数值。但这个计算的方式是有价值的。我们为什么不能在司法解释当中将用户数作为定罪情节呢？侵犯著作权犯罪情节的认定中的第（3）项、第（4）项中包括作品的点击数、注册的会员数。在前文提到的假冒服务商标的案件里，注册的会员数和点击数在服务器上是很容易提取的，而且这些数量是和非法经营额正相关的。未来制定侵犯知识产权犯罪司法解释的时候，可以考虑加入侵犯著作权罪中的犯罪情节。

难点二：计算非法经营数额时，是计算整个 App 的经营额还是仅计算侵权栏目下的经营额？

App 中除使用假冒注册商标的图标作为栏目图标外，还有一些合法的图标，比如"身份证贷"不上征信，这样的图标是不涉及假冒注册商标的。所以在讨论这个案件的时候，就有人提出一个形象的比喻：侵权加油站里只假冒了易捷便利店的品牌，没有假冒中石化的品牌，那我去加油支付的费用，算不算假冒注册商标的金额？这个问题模糊了网络犯罪和线下的普通的刑事犯罪，这两者还是有区别的。通过侵权手机软件的操作，用户并不会认为侵权手机软件像线下的商场或店铺、菜市场一样，不同的摊位有不同的人来经营。一个手机软件，它的经营者是同一个人，我们很少会想到有不同的人来经营同一个软件，所以既然在这个栏目上使用了假冒的注册商标，通过假冒的注册商标已经吸引了用户来到侵权软件中享受服务、支付费用。那么侵权软件带来的所有的金额都应该是非法经营额。

这又回到了即将出台的知识产权犯罪的司法解释上，按照过去的知识产权犯罪的司法解释的体例，靠这种修补、添加的方式，如果仅针对服务商标来增加相应的解释条文，可能并不适应社会的发展。未来，应对所有的商标一视同仁，不要区分商品商标和服务商标，不再单独针对商标和著作权设置不同的入罪标准或入罪的情形。我们要将所有的知识产权犯罪、将线上线下通盘考虑，根据社会危害性的不同来确定不同的入罪标准。这可能更适合、更符合时代的发展。

专家评议

游戏软件著作权疑难法律问题思考

徐　瑾 [①]

王栋分享了办理侵犯手游软件著作权犯罪的难点、手游软件作为视听作品进行刑法保护的难点、打击利用手机应用程序假冒服务商标犯罪的难点，以及对于这三个难点相应的处理方法，这对我们实务中处理类似案件有重要的借鉴意义。

第一，关于侵犯手游软件著作权犯罪的问题。金华市中级人民法院在 2021 年审理了一起侵犯著作权的刑事案件。被告人在未取得"问道"手游权利人授权的情况下，开发运营了七款私服手游，并通过游戏玩家充值元宝的方式盈利，累计非法经营数额达到了 6 000 余万元。这也是浙江省目前非法经营数额最高的侵犯著作权犯罪案件。手游一般可以分为两个部分：一是手游程序的源代码，二是呈现在玩家面前的由玩法规则、页面设计、美术风格、动画效果、人物形象、配乐音效、规则设计、人物对话以及游戏基本理念等组成的整体。其中，第一部分程序源代码属于我国《著作权法》第 3 条中的计算机软件作品，这一点在理论界与实务界是没有争议的。对于第二部分的保护，实务界给出了两种

---

① 浙江省嘉兴市中级人民法院知识产权庭庭长，三级高级法官。

不同的方案，第一种方案是将各元素按不同的作品类型分别请求保护，第二种方案是将游戏整体作为视频作品，也就是刚才讲的类电作品进行保护，这在近期的司法实践中已经得到了法院的广泛认同，比如浙江省高院审理的"蓝月传奇案"、苏州中院审理的"太极熊猫案"。这两起案件的创新点都在于：法院试图通过将电子游戏整体认定为视听作品的形式将保护的范围延伸到游戏规则、情节。这一做法也存在一定的争议，因为著作权法对视听作品的保护对象就是连续画面。而实践中将游戏整体认定为视听作品的案例在侵权比对的过程中，比对的对象往往不是游戏运行的动态连续画面，而是游戏的名称、来源、功能、合成规则等单个元素，最终得出了两者实质性相似的结论。这种方法和《著作权法》对视听作品的概念界定是存在一定冲突的，如何在理论上协调这种冲突是司法实务在电子游戏著作权案件中亟待解决的问题。

第二，赔偿数额的认定问题。在浙江高院"蓝月传奇"一案当中，杭州中院一审判赔1 100 万元，二审浙江省高院改判为 370 余万元，本案对涉案金额认定的大幅度调整也印证了刚才王栋检察官在分享中提及的实务中对于此类案件的数额认定一直存在不少的争议和困难。在这一案件当中，浙江省高院在说理部分的论证逻辑具有重要的学习与借鉴的意义，大致可以分为以下两个方面。第一是关于酌定赔偿的适用条件。基于计算方式的模糊与复杂，当事人通常难以充分举证，许多法院在此类案件中倾向于直接采用裁量性赔偿。然而，这样的现实是值得我们警惕的。因为浙江省高院在判决理由中指出：裁量性赔偿是在当事人无法举证证明权利人损失或者侵权人侵权获利数额，但有证据证明上述数额明显超出法定赔偿限额的情况下，根据案件具体情况，在法定赔偿额之外确定赔偿数额的一种方法，只能在万不得已的情况下使用，不宜在实务中过分扩展。第二是关于涉案金额计算的精细化。游戏产业各环节的具体营收计算起来是一项颇具挑战性的工作。浙江省高院在这个案件当中为我们提供了一个非常好的示范。在利润率方面，浙江省高院综合考虑了渠道通道率、分成费率、营销分成成本率以及内部成本率等多项因素。在综合贡献力方面重点考虑了侵权游戏在游戏整体收益中的比例、其作为演绎作品独创性部分的比例以及两款游戏的相似程度。这是因为虽然未经著作权人许可，擅自演绎游戏作品的行为固然构成侵权，但这并不能完全否定侵权游戏本身也是一种作品，其中的原创性因素仍不可忽视，这一裁判思路也颇具参考意义。因此，我们可以认为，虽然侵犯知识产权案件的数额认定向来难度较高，但也并非完全无计可施。法院站在维护当事人的利益的角度，应当尽可能地考察个案的具体情况，结合在案证据综合分析当事人的利益受损情况，越是精密化、公式化的计算，越能体现出司法裁判的艺术，也越能有利于服判息讼目的的实现。

第三，App 假冒注册商标的问题。我认为刚才王栋检察官已经讲得非常详细、非常全面了。这里，我还想补充一点，随着数字经济时代越来越自由、开放的发展，商业主体标识在线上也拥有了更多的使用场景，而在秩序多元的使用场景中，是否所有的标识或图形的使用都能被理解为商品性使用，都属于假冒注册商标，我认为是有待商榷的。例如，现在很多创作者在短视频平台上发布的视频中都会被加上一个平台的水印。这是平台标识的一种具体使用情况，但它并不是一种商标性使用，只是写明了平台的名称而已。我们通常都不会将这种水印标识的出现与短视频的内容直接联系起来，更不会认为平台从事与视频中所展现的内容有关的服务。在我国司法实践中，像"滴滴打车案""皇马足球学校案"等案件也能够表明商品性使用的判断应当结合具体的场景综合考虑。因此，在王栋检察官刚才提及的 App 假冒注册商标的问题上，我认为有关标识在 App 中使用的具体方式、具体情形，同样应纳入法官裁判考量的范围。诚如王栋检察官所言，在网络犯罪等领域中增加适应互联网犯罪的内容对于我国互联网行业的良性发展固然十分重要，但我们同样也要关注各行业发展的最新动向，立足于实际情况，切莫扼杀了市场活动参与主体自由从事经营活动的空间。

　　另外，我还想补充说明一下租售游戏账号的问题。实践中这也是游戏开发方、合营方比较头疼的问题。在这类案件中，租售账号一方几乎不会被认定为侵犯著作权，因为这种行为不符合典型意义上的侵害信息网络传播权的要件，即没有提供作品，故法院更倾向于依照反不正当竞争法的一般条款来认定不正当竞争。这样一来，无论注册游戏号带来的损失规模多大，权利人都无法获得以刑事手段打击侵权行为的依据。不过，在上海知识产权法院近期审理的心动网络股份有限公司与周泫雨侵害计算机软件著作权纠纷一案中，法院的裁判思路有了一定的突破。被告周泫雨通过自己营运的公众号向用户免费提供苹果 App store 的账号和密码，供用户登录苹果 App store 账号下载心动公司的游戏。法院认为被告的行为应当属于《计算机软件保护条例》第 24 条规定的"未经著作权人许可，许可他人行使软件著作权"的行为。但这种认定依然没有解决前面提到的困难。我想提出一种可能，如果对侵害信息网络传播权的构成要件——"提供的行为"的理解回归到《世界知识产权组织版权条约》第 8 条中的"making the available to the public"（可被公众获取），将提供行为理解为使作品处于一种可被公众获取的状态、提供一种被获取的可能性，而非现有的服务器标准注册游戏账号的侵权行为模式，或许有可能被纳入侵害信息网络传播权的范畴。

网络游戏著作权及电子证据取证问题

李红新 [①]

　　我们知道，近年来著作权刑事案件的数量是有所增加的，犯罪领域从传统的盗版光盘、盗版出版物扩展到新兴的网络游戏私服犯罪。网上深度的链接犯罪、新类型疑难案件不断增多。知识产权是公民、法人专有的权利，受国家法律的保护。而手游私服就是未经版权拥有者的授权，非法获得服务器端安装程序之后设立的网络服务器，从而给享有自主权的游戏公司造成经济损失，其本质上属于网络盗版。虽然国家对知识产权的保护力度越来越大，但低廉的犯罪成本和高额的利润依然吸引着一些人铤而走险，案件也逐渐呈现出涉案金额高、团队化作案的态势。以前对与游戏 App 有关的犯罪主要是基于侵害商业秘密或者软件整体著作权来进行侵权认定和定罪，上述两种方式最麻烦的就是如何获得完整的侵权产品。因为这要求查获侵权人的服务器、查获相应的软件。而有些服务器部署在云

① 北京大成（郑州）律师事务所高级合伙人、大成刑委会联合牵头人、全国律协刑委会委员、河南省律协刑委会副主任、郑州市律协刑委会主任、河南省法官检察官遴选委员会委员、河南省法学会刑法学研究会理事。

端，尤其是海外的云端，这种取证的难度非常之大，也为立案工作以及侦查机关的取证工作设置了非常高的门槛。如果按照新修订的《著作权法》和《刑法修正案（十一）》，只需要获取侵权产品运行的连续画面即可。也就是刚才王栋检察官谈到的视听作品，认定构成侵犯著作权，进而构成犯罪。新形势下办案思路的可行性主要是基于将游戏运行的连续画面视为一种新型的著作权，这也是《著作权法》修改的关键点，将以连续画面作为表现形式的作品统一命名为视听作品。它的修改不再局限于过去的电影作品和以类似摄制电影的方法创作的作品，即类电作品。但现在的难题是，如果手游软件的源代码被泄露，我们往往只能获取侵权游戏的运行画面，无法查到其服务器所在位置，也不能获得服务器上部署的源代码从而进行商业秘密以及软件授权的对比。也就是说，如果我们得不到这些服务器或得不到这个软件的源代码，就没法进行对比。从这个角度而言，电子证据的取证和审查辨析就尤为重要。王栋检察官介绍的尹某某侵犯著作权案的犯罪是通过认定同一性、存放路径的比对、哈希值的比对来定案的。

关于是否将手游私服认定为侵犯著作权罪，其中有一个很重要的点就是确定行为人运营的手游程序与正版手游程序在实质上是否具有同一性。这需要司法机关委托依法设立的鉴定机构进行同一性的鉴定。也就是说，对两个版本的游戏程序的同一性进行界定，尤其是对游戏程序的源代码的比对，对这两个版本的游戏的规则、情节、结构以及游戏的界面，包括角色的升级、装备的价格、游戏的名称、软件的标志、界面的图案、角色的外形以及装备体貌等进行比对。根据鉴定报告得出的相同比例数来判断涉案的手游软件和正版的手机软件的同一性。相同的比例数越高，说明抄袭的程度就越高，如果比例数达到了百分之八九十，显然侵犯著作权的可能性更大。另外，刚才王栋检察官也谈到了独创性的考察，也就是说考察涉案手游程序的主体内容及核心的部分是否具有自己的独立创作，相比现在已经公开的同类软件是否具有实质价值的创新性，而不仅仅是对于细枝末节的修改。

我们事务所现在办理的刑事案件中 95% 以上会涉及电子证据。因此，如何使电子证据发挥更有力的作用，特别是对于著作权侵权案件和涉及刑事犯罪的案件，在这些案件当中电子证据的审查尤为重要。我办理的一个侵犯商业秘密的案件完全就是靠电子证据来取证和质证的。所以我们作为法律工作者，应该把学习和熟练掌握电子证据的审查作为以后工作中的重要内容。

刚才王栋检察官也谈到，复制行为是未经著作权人许可，复制、发行其计算机软件的产品。这往往是我们定案的焦点问题。根据相关的司法解释，复制发行包括单纯的复制，或者单纯的发行，也包括既复制又发行，还包括通过信息网络传播的行为，通过这些行为来确定嫌疑人的行为是否属于刑法意义上的构成要件。这是我谈的第一个问题，也是我自己对于王栋检察官今天给我们分享的内容的认识。

另外，我还想提第二个问题。刚才王栋检察官也谈到《刑法》第 217 条规定的"以营利为目的"的主观构成要件，以及难以认定犯罪数额、犯罪所得数额、非法盈利额的问题。因为《刑法》第 217 条规定的"以营利为目的"是在判断是否构成侵犯著作权犯罪时首先要认定的主观构成要件。这就需要审查行为人是否明知或者是否有营利目的。在实践当中，运用刑法处理网络游戏著作权的侵权案件不是很多，除了王栋检察官谈到的"热血传奇"以及徐瑾谈到的"问道"外，类似的案件确实很少。但是在现实生活中发生的侵犯网络游戏著作权的行为有很多，只是大部分没有受到刑事追究，都是通过民法上的赔偿或者行政法上的罚款解决。这种状况说明什么？这说明现有的《刑法》规定和司法解释不能使侵犯网络游戏著作权的行为得到全面的追究，造成这种状况最主要的原因就是《刑法》所规定的侵犯著作权罪必须以营利为目的。事实上，我们可以看到很多行为是不以营利为目的的，但是其中也会存在侵权的行为，著作权人的权利也受到侵害。对于网络游戏来说，私设服务器的行为虽然在大多数的情况下是为了获取巨额的利益，但是也不排除有些人不是以赚钱为目的。在这种情况下，由于私服仍然吸引着众多的玩家，自然就会造成合法的网络游戏玩家数量的降低，使合法的网络游戏的开发者和运营者蒙受巨大的经济损失。就像我们说的黑客，有些黑客不是以营利为目的的，只是出于兴趣，却侵犯了相关的著作权。我们国家加入了 TRIPs，在贸易知识产权协定中并没有要求侵犯著作权的行为要以营利为目的。但是我国《刑法》规定的是"以营利为目的"，这就提高了入罪的门槛。如果刑法只是对"以营利为目的侵犯著作权"的行为进行打击，在过去还是可行的，但是在当今网络环境的背景下，我们需要考虑这是否行得通。随着网络的普及，出现了很多不以营利为目的的私设服务器的行为，这也使权利人的权利受到了侵犯。所以我认为，为了更有效地打击网络盗版、网络侵犯手游等著作权的行为，也为了和国际公约的规定相契合，是不是可以把"以营利为目的"的刑法规定做一下修改？另外，刚才王栋检察官也谈到了非法的营利额和违法所得的数额都是很难判断的。私设服务器的行为是不是"以营利为目的"，以及私设服务器的行为在还没有取得经济利益的情况下，行为人的行为如何认定？这个恐怕是司法实践当中存在的难点。但是，如果对这些行为放任不管，那么权利人的权利如何保护？从现行《刑法》的规定来看，确实是有难度，除了《刑法修正案（十一）》的修改之外，后续刑法修正案也会做相应修改，包括王栋检察官谈到的违法所得额、非法经营额，这些都是侵犯著作权的构成要件，但在部分案件中是难以查清的，这就放纵了民法、行政法上的侵权行为和涉嫌犯罪的行为。所以，我提出这样一个问题，也是一种建议，能否在《刑法》第 217 条加上第 2 款："不以营利为目的"，这是定罪上的问题。

最后还有一个问题，我们今天谈到的，外在的游戏连续画面可能涉嫌侵犯著作权罪，但是内在的游戏规则是不是也可以单独列入侵犯著作权的范畴？如果未来民事案件中出现了大量相关的判例，也不应该把对游戏规则的侵权排除在刑事犯罪的范畴之外。也就是说，如果说一款游戏刻意抄袭另一款游戏的玩法，有可能既构成民事侵权也构成刑事犯罪。

通过王栋检察官的分享，我们进一步认识到了侵犯著作权的本质。在对侵犯手游软件著作权的犯罪行为进行审查时，应立足于侵犯著作权罪犯构成的本质特征，兼顾手游软件的个性特征。同时，我也倡议，游戏玩家应该主动抵制私服一类的网络违法行为，这既是维护自身的合法权益，也是维护游戏公司的著作权。

观众互动

问题 1：玩法设计、游戏规则是否可以被著作权法保护？

回答：关于游戏的规则玩法，我还是比较倾向于依据传统的两分法——思想和表达来进行判断。就像我刚才介绍的美国的判例，有一种新的思想针对三消类游戏。有的消除类的游戏的玩法是：将三个相同的房子放到一起，就会变成一个更大的房子，再把更大的房子放在一起又可以组合成新的房子。它们对这种玩法进行了保护，我觉得这属于民法上的突破，在《刑法》上或者说按照司法解释给它设定了相对于民事或者是行政领域更多的条件，对于应受刑法保护的作品进行限制。

问题 2："以营利为目的"是否有必要继续在侵犯著作权犯罪中继续保留？

回答：关于认定侵犯著作权罪中的"以营利为目的"，我还是倾向于继续保留的，因为行政处罚、民事裁判或者刑事判决代表着不同梯度的区分，保留"以营利为目的"正是体现刑事与民事、行政的不同的一个关键的条件，所以"以营利为目的"这个主观的要件还是值得保留的。当然了，可能现在确实有很多人就是想分享被侵权的作品，这也会给权利人带来很大的损失，我认为针对这种案件暂时先用民事赔偿会更为适合。

问题 3：请您谈一下对于复制发行的理解。

回答：旧的司法解释对复制发行规定得非常宽泛，甚至包括通过网络传播，而且新的刑法修正案也已经将这种行为添加进去了，在这种背景下，甚至向外卖书也算发行书，这其实已经超出了普通人的理解。为什么会这样？这是因为制定法律的时候，立法者没有考虑到社会方方面面的问题，只是司法解释制定者通过技术处理，将复制发行的含义扩大化，做了扩张的解释，但是现在随着《刑法修正案（十一）》的实行，未来复制发行会渐渐回归它本身的含义，更多的还是指书籍或影视作品的复制发行，可能不会包括卖侵权的书，或者通过网络来传播电影这些行为。

跋

　　在信息化时代，移动互联网塑造了全新的社会生活形态，网络空间已经成为人们生活的"第二空间"。随着网络技术的飞速发展，现实社会中的犯罪行为也逐渐向网络渗透，网络犯罪日益呈现出复杂化、隐蔽化、跨国化的新特点，对传统的证据收集、审查与运用提出了前所未有的挑战。网络犯罪必留电子痕迹，电子证据已成为网络犯罪治理中不可或缺的重要工具，《电子证据与网络犯罪治理20讲》正是在这样的背景下推出的。

　　借助"电子证据与网络犯罪检察论坛"（现已更名为"电子证据与网络犯罪治理论坛"）的平台，多位在电子证据、网络犯罪、刑事法学等领域具有深厚造诣和丰富经验的专家学者，通过深入浅出的讲解、典型详实的案例，全面剖析了电子证据的新样态和新实践，并紧密结合当前网络犯罪的新趋势、新特点，尝试提出有益的防控与治理对策。本书主编承担了论坛选题、主办主持的工作。本书副主编承担了带领同学团队协助选题、协办论坛、协助编辑的工作。

　　我们深知，网络犯罪治理是一项复杂而艰巨的任务，需要法律、技术、管理等多方的协同努力。在编撰和整理这些选题的过程中，我们不断思考、探索，力求书稿能够实现对实践与理论、事实与法律、打击与治理的并重。

　　随着本书的完稿付梓，我们满怀感慨与期待。本书能够顺利出版，离不开主讲人、评议专家的鼎力支持与无私奉献。他们不仅分享了宝贵的经验，还在百忙之中抽出时间对书稿进行细致的审阅和修改。在此，我们向他们表示最诚挚的感谢和敬意！同时，我们还要向曹颖、陈磊、但伟、邓思清、郭立新、郭树正、何家弘、贺德银、胡昌明、胡向阳、黄淘涛、姜淑珍、江汉祥、李学军、刘勇、刘喆、龙宗智、毛自荐、皮勇、石鹏、唐祥、田庆宜、王轶、王铼、吴峤滨、杨卫军、张斌、张吉豫、张雪樵、赵运恒、赵玮、周加海、周遵友、朱智等专家、学者（以上排名不分先后）表示感谢，他们为论坛的顺利举办给予全力支持，在论坛中分享研究成果与宝贵经验，于互动探讨中激发全新思考与研究灵感，促进了跨领域、跨学科的深入交流与合作。同时，我们也要感谢热心参与的观众，他们的关注与支持给予我们无限动力。还要感谢所有参与本书校对、编辑工作的蔡明焱、陈静宜、陈丽、陈雄博、高一丹、刘慧萍、刘梦瑀、马凡婷、马骁、任司东、邵等弟、宋华秋、孙雪、咸春亭、于天泽、赵希娅、赵欣、赵梓彤、周宇、周麒麟等同学，感谢你们的辛勤付出！最后，我们要向给予支持的最高人民检察院网络犯罪研究中心和中国人民大学法学院证据学研究所的相关领导表示感谢！本书编辑出版的任务繁重，我们还要向清华大学出版社领导和刘晶编辑等出版工作者表达谢意！

本书得到中国人民大学刑事法律科学研究中心资助，属于中国人民大学刑事法律科学研究中心系列丛书之一。在此，感谢中国人民大学法学院、中国人民大学刑事法律科学研究中心的领导对本书顺利出版给予的帮助！

展望未来，随着科技的持续进步和社会的不断演进，电子证据与网络犯罪治理必将面临更为多元的挑战与机遇。我们寄望于本书，期望其成为广大读者理解电子证据本质、探索网络犯罪治理理论与实践的重要窗口。同时，我们衷心期盼本书能激发更多专家、学者乃至社会各界对这一领域的深切关注与深入研究，成为诸君深耕这一学术与实践领域的起点，共同致力于电子证据制度的完善与网络犯罪治理水平的提升！

赵　琦

2024 年 8 月 10 日于北京

质检04